JN284636

金子 肇 著　　　　　　汲古叢書 77

近代中国の中央と地方
――民国前期の国家統合と行財政――

汲 古 書 院

目　次

緒　論――分析の諸前提――　……………………………………………　3
　　第Ⅰ節　課題と分析方法　3
　　第Ⅱ節　研究史、本書の構成及び史料　15
　　第Ⅲ節　北京政府期の地方行財政――制度及び機構――　24

第1篇　袁世凱政権下の国家統合と中央・地方関係

第1章　国家統合の模索と諮詢機関の役割　………………………　49
　　第Ⅰ節　課題の設定　49
　　第Ⅱ節　臨時約法下の諮詢機関と中央・地方関係　51
　　第Ⅲ節　新約法下の諮詢機関と中央・地方関係　59
　　第Ⅳ節　小　結　70

第2章　地方財政機構改革――国税庁と財政庁――　……………　81
　　第Ⅰ節　課題の設定　81
　　第Ⅱ節　国税庁の開設と税制の劃分　83
　　第Ⅲ節　国税庁反対風潮の諸相　92
　　第Ⅳ節　財政庁と税制割分の取消　98
　　第Ⅴ節　小　結　105

第3章　県知事任用改革とその余波――江蘇省を中心に――　……　115
　　第Ⅰ節　課題の設定　115
　　第Ⅱ節　任用改革の実施　116
　　第Ⅲ節　改革の功罪　124
　　第Ⅳ節　任用制度の弛緩と自治風潮　130

第Ⅴ節　小　結　135

第2篇　産業行政をめぐる中央・地方関係

第4章　北京政府の産業行政と中央・地方関係
　　　　　──第一次大戦期の調査審議機関を素材に── ……… 147
　第Ⅰ節　課題の設定　147
　第Ⅱ節　経済調査会の設立と活動　148
　第Ⅲ節　経済調査会の活動停滞　157
　第Ⅳ節　戦後経済調査会の設立　162
　第Ⅴ節　小　結　165

第5章　江蘇省の地方実業経費と殖産興業 ……………… 173
　第Ⅰ節　課題の設定　173
　第Ⅱ節　省財政における地方実業経費　174
　第Ⅲ節　殖産興業政策の展開　181
　第Ⅳ節　実業経費の調達と省営事業の限界　190
　第Ⅴ節　小　結　198

第6章　江蘇省の地方産業行政と中央・地方関係
　　　　　──行政機構の分立と人材の調達── ……… 207
　第Ⅰ節　課題の設定　207
　第Ⅱ節　産業行政機構の分立　208
　第Ⅲ節　行政・技術官僚の学歴と調達手段　214
　第Ⅳ節　「官民合作」の模索　221
　第Ⅴ節　実業庁と教実聯合会　230
　第Ⅵ節　小　結　234

第3篇　国家統合の瓦解と中央・地方関係

第7章　省自治風潮と北京政府の地方自治政策　………… 245
第Ⅰ節　課題の設定　245
第Ⅱ節　北京政府「勢力圏」諸省の省自治風潮　246
第Ⅲ節　内務部の地方自治政策構想　255
第Ⅳ節　地方行政会議をめぐる中央と地方　259
第Ⅴ節　小　結　269

第8章　善後会議における中央と地方　………… 279
第Ⅰ節　課題の設定　279
第Ⅱ節　執政府の「改革」構想　280
第Ⅲ節　西南各省代表の臨時政府制案　284
第Ⅳ節　「省自治」容認の顛末　291
第Ⅴ節　小　結　298

第9章　江蘇省「軍閥」統治の変容と地方行財政　………… 305
第Ⅰ節　課題の設定　305
第Ⅱ節　省財政の破綻　306
第Ⅲ節　財政整理の模索　308
第Ⅳ節　「軍閥」統治の変容　316
第Ⅴ節　小　結　326

結　論──国民政府への展望──　………… 335

図表一覧　344

参考文献一覧　346

中文提要　362

あとがき 365

索引 369

近代中国の中央と地方

――民国前期の国家統合と行財政――

緒　論
——分析の諸前提——

第Ⅰ節　課題と分析方法

(1)　本書の課題

　近年来、現代中国における中央・地方関係に対して学問的な関心が集まってきている。その背景には、「改革開放」以後の中国の行方を占う上で、中央・地方関係の有り様が重要なポイントの一つになっている、という共通の理解があるように思われる。それは、1995年に刊行された『論中央－地方関係：中国制度転型中的一個軸心問題』の著者である呉国光・鄭永年両氏が、同書において、90年代以降の中央・地方関係の緊張は転換過程にある「中国政治制度」の「核心問題」であると指摘したこと[1]、そして日本においても、現代中国の構造的な変化を政治・経済・社会等々の多方面から考察するため、2000年から刊行が始まった『現代中国の構造変動』全8巻のなかに、「政治－中央と地方の構図」と銘打たれた1巻（第4巻）がとくに用意されていたことからも判断できるだろう[2]。しかしながら、本書との関係で注目すべきことは、中央・地方関係を扱った研究の関心が、現在の中国を対象としたものだけに止まらず、清朝末期以降における中国近代史（1840～1949年）の領域にまで幅広い拡がりを見せていることである。

　詳しくは後に先行研究を整理するなかで言及するが、今、雑誌に掲載された論文をひとまず措いて眼に触れた中国の専著を取り上げただけでも、中央・地方関係の視点から清末の督撫政治を分析した劉偉、中華民国期における南京臨時政府・北京政府・国民政府の中央・地方関係に関わる構想・論争・実践を扱っ

た李国忠、南京国民政府期における中央・地方間財政関係を収支の劃分、税制（釐金・田賦・苛捐雑税）、幣制等から検討した張連紅、中華人民共和国成立後における「分税制」（税制の劃分）の模索と実施に対する直接的な関心から、民国期とりわけ国民政府時代の「分税」政策とその制度を考察した趙雲旗各氏の業績を上げることができる[3]。また、台湾においても、2000年に出版された中華民国史専題討論会の論文集が中央・地方関係を特集しており、この問題に対する関心が台湾の歴史学界においても高いことを窺わせる[4]。以上のような研究状況は、中央・地方関係の分析が、21世紀の現在にまで及ぶ近現代中国の歴史と、その政治・経済・社会の構造を解き明かす関鍵の一つであることを示唆するものだろう。

　本書の課題は、以上の研究状況を念頭に置きつつ、中華民国前期（北京政府期：1912〜1928年）を対象に、行財政の展開に着目しながら、国家統合と中央・地方関係の実態を構造的かつ系統的に解明していくことにある。「中央」の分析対象は、当時、国際的にも中国を代表する「中央政府」として認知されていた北京政府に置くが、「地方」については江蘇省に焦点を合わせる（江蘇省を対象とする理由については、本書の分析視角との関連で後述する）。

　さて、本書が中華民国前期——以下、北京政府期に呼称を統一する——をとくに分析対象として設定する理由は、この時期に専制王朝の時代から近現代中国に通底する行財政構造が、もっとも典型的な形で——つまり顕在化する形で——中央・地方関係のなかに現れていたと考えるからである。そして、その「構造」の具現化した状況こそが、これまで北京政府期の「軍閥混戦」や「軍閥割拠」と称された政治的事態にほかならなかった。さらに、北京政府を打倒した北伐の完了後、国家統合を目指す国民党・国民政府が直面したのも、そうした行財政構造だったのであり、その「構造」を改革（或いは改革を志向）することが、国民党にとって近代的国家統合の質を保証する重要な条件になっていたといわねばならない。共産党もまた、国民党による行財政構造の改変が国共内戦の敗北によって挫折してしまったため、その「構造」を継承せざるを得なかった。そして、後述するように、共産党政権は国民党が克服できなかった行

財政の構造を改変するのではなく、むしろその「構造」の上に「社会主義」的な統治体制を構築したように見える。共産党政権が、その改変を課題として意識するようになったのは、実は「改革開放」政策の実施以降になってからと考えられるのである。

以上の意味において、北京政府期の中央・地方関係を行財政史的な視点から考察することは、中国のすぐれて今日的な問題にまで繋がっているということができるだろう。それでは、上の叙述において具体的に説明しなかった論点、即ち中央・地方関係の在り方を規定する「行財政構造」とは、いったい如何なるものとして把握できるのだろうか。以下では、第1篇以降の実証分析において前提・指針となる理論的・方法的な枠組みを示しつつ、徐々にその点にも言及していこう[5]。

(2) 分析方法上の諸問題

中央・地方関係は、当然のことながら国家的な枠組みのなかで論じられる問題である。国家史の分析対象を考えた場合、「国家権力」（執行権と立法権の総体）の制度的編成に関わる「統治形態」レベルの問題と、主権が行使される領域のなかで法的・制度的に組織化される国内政治秩序、換言すれば「政治構造」或いは「行財政構造」レベルの問題とに大別することができる。国家史とは、いわば両レベルの総合として成り立つものだろう。中央・地方関係は、後者の問題、即ち国家権力が政治的に社会（地域）を如何に編成するかという問題と密接に関わっている。したがって、「国家統合」を国家権力による社会（地域）の制度的組織化のプロセスとして捉えるなら、中央・地方関係の編成如何は国家統合論の重要な論点の一つとして浮上してくる。

1　中央・地方関係の特質

国家統合と中央・地方関係との相関を以上のように位置づけた上で、本書では民国期の地方政府、なかんずく省政府の性格を特徴づけるために、「地域的統治権力」と「地方行政機関」という二つの概念を用いることにしたい。ここでいう「地域」と「地方」とは実体的に見るならば同一である。しかし、それ

自体として存在する社会経済的な生活圏としての「地域」は、「中央政府」によって制度的・行政的に組織化された存在としての「地方」とは、論理的レベルにおいて峻別されなければならない（「地域」と「地方」の二重性）。つまり、本書で使う「地方」とは「中央」によって制度的に系列化・秩序化された存在として、「地域」とは「中央」から相対的に自律した存在としてイメージされる(6)。一方、「統治（権）」とは、国家（内外の政治的・経済的秩序全体）の存立とその維持に直接関わる権限や諸活動を意味する。これに対して「行政（権）」とは、「統治」即ち国家の存立に直接影響を及ぼさない、「国民」ないし各地方に散在する「住民」（省民・県民等）に対する保護・統制・サービスに関わる権限や諸活動を指している。

　一般に近代的な国家形成が進展すると、中央政府への「統治権」の一元的集中が進み、地域社会に君臨していた「地域的統治権力」は自立性を失い、たんなる「地方行政機関」へと構造的に転化していく。したがって、通常の近代国家において地方政府が一元的な国家統治に敵対することは先ずあり得ない。また、「統治権」の一元化を前提として、「行政」的諸活動の管掌範囲が中央・地方間で設定される。一般に「統治」に関わってくる「行政」的諸活動については中央が掌握し、それ以外については中央と地方とが分掌する。その分掌如何で「中央集権制」と「地方分権制」の違いも生じてくるのである（つまり、「統治権」の一元化はただちに中央集権化を意味しない）(7)。

　ところが、民国期における中央・地方関係は、以上のような一般論には収まらない特異な性質をもっていた。先ず、省政府が中央政府と有機的に連携すべき「地方行政機関」としての形式を備えながら、同時に事実上の「地域的統治権力」として割拠する、という二重的性格を有し続けた点が指摘できる。この原因は、究極的には統一的国民経済の未成熟という点に帰着するだろうが、19世紀以来の歴史に即して見た場合、清朝後期とりわけ太平天国以降において、省政府（督撫）が清朝中央から自立し始めたこと、そして辛亥革命の結果、中華民国が各省政府のルーズな連合体として出発せざるを得なかったため、それが一層助長されてしまったことが大きい(8)。

「省」は最上級の地方行政単位であるだけに、中央・地方関係の根幹に直接関わる政治単位であり、政治戦略上の重要な拠点ともなり得た。そのため、「省」に自治体としての性格を付与することは中央政府にとって甚だ危険であった。清末から民国期を通じて、中央政府が県以下の各級自治を容認することがあっても、「省自治」に対しては一貫して警戒心をもち続けたこと、また省権力を削減するため廃省分割論が繰り返し叫ばれたことの理由はそこにあった[9]。「省自治」は、1920年代の聯省自治運動のように、省内部において近代的・民主的な制度を構想・構築できたとしても、外部的(全国的・国家的)に見れば「独立」＝割拠として現象せざるを得ず、民国期において近代的な地方自治が体制として成立することは困難だった。以上の特質は、詰まるところ「統治権」が一元化されず各省に分散していたことに帰着する。「統治権」が中央に一元化されてこそ中央と地方との有機的連携が保障され、「行政権」の分配も近代的な地方自治も可能となるはずだったが、民国期の権力構造はそれを簡単には許さない状況にあった[10]。

中央・地方関係の第二の特質となるのは、制度上において中央の各部官庁と省政府とが縦の統属関係を欠いていたことである。この特質が、省政府の「地域的統治権力」としての割拠性をより助長する役目を果たした。清代にあっては、戸部と督撫との関係に象徴されたように、中央と各省の機構は皇帝に直属しつつ横並びに併存・分立していた[11]。『清国行政法』は、この点を「中央官庁ト地方官庁トノ間ニ階級ノ連鎖ナク、従ヒテ中央官庁カ地方官庁ニ対シテ直接ニ監督権ヲ有セサル」、「地方最上級官庁ハ中央官庁ト対立シ直接ニ元首ニ隷属シテ其直接監督ヲ受クルノミ、我〔日本の〕地方長官カ各省大臣ノ監督ノ下ニ立テ其指揮ヲ受ケテ事務ヲ管掌スルモノトハ趣ヲ異ニス」(〔 〕内の注記と読点は筆者)と説明する[12]。皇帝支配を廃し共和制に移行したにもかかわらず、民国期における中央政府各部官庁と省政府とは、この清代の制度上の特質を継承していたのである。

北京政府期の財政部と各省政府との関係について見ると、軍政・行政両長官は「清朝時代の督撫と同じく、中央財政部に対して直接の統属関係を有しない

から、随て財政部の地方に対する監督権も畢竟官制上の具文たるに過ぎな」かった。この点は国民政府期になっても基本的に変化がなく、財政部長と省主席との関係において「財政部の全国財務行政上に於ける地位は、決して総括的指揮・命令を振ひ得る支配的地位に立つものではな」かったという[13]。北京政府は、中央行政と省行政とを有機的に結びつけるため、各省に財政庁・教育庁・実業庁等の中央直属官庁を設けたが、中央の財政・教育・農商各部と各省政府との間に直接の統属関係がない以上、省の各種行政をこれらの中央直属官庁と省政府とが全く別個に管掌することは、そもそも困難であった。

2 「統治権」の分散と財政構造

ところで、先に指摘した「統治権」の各省への分散――換言すれば各省政府の「地域的統治権力」としての割拠化――という事態は、専制王朝以来の伝統的財政構造に制度的な根拠をもっていた。近年公刊された岩井茂樹氏の著作は、中国専制王朝の「財政の体系」の解明を通じ、中国的な国制の在り方や近現代中国の財政構造までも視野に収めた鋭い指摘を行っているが、そこで氏は、専制王朝と現代中国の国家財政に「共通する構造上の特質」を次のように述べている。

> 特設官庁あるいは中央政府の出先機関によって徴収される一部の租税(a)が、直接に中央政府の収入となるのをのぞき、正規の国税的性格をもつ租税の大部分(b)は、地方末端の官府が責任を負わされて徴収の実務をおこない、しかるのちに地方での支出に充当する部分と、中央政府に帰属すべき部分とに分けられて、後者は中央政府ないしはそれが指示する場所へと送達される。

こうした中央・地方間の財政構造は、もちろん専制王朝と現代中国の間に位置する民国期にも基本的に当てはまるものだった。上の構造に依拠した清朝以来の解款制度は、袁世凱政権の近代的財政改革の失敗を挟んでなお命脈を保っていたし[14]、後述するように、江蘇省における国家収入と省収入の大半は、地方行政末端の県知事や税務公所によって徴収され送金される田賦や釐金に依存し

ていた。

　岩井氏は、上の引用に続けて「租税(b)が、地方末端の官府の支配下にある附加的・追加的課徴とその負担者＝税源を同一にする場合には、中央政府に帰属すべき税収と地方官府の獲得しようとする収入とが、理論的に同一の財政資源をめぐるトレードオフの関係に立つばかりではなく、中央政府と地方官府との間の収入をめぐる現実の綱の引きあいを生み出す」とも指摘している[15]。北京政府期の省政府による中央政府への解款の停止、「収入をめぐる現実の綱の引きあい」の結果としての省政府財政権の強化、「軍閥戦争」に伴う省政府と各県政府との財政支援をめぐる対立等々、本書が第１篇以下において明らかにする諸々の事実は[16]、岩井氏の指摘が民国期にも妥当することを示唆している。とりわけ、省政府の解款停止や財政権の強化は、その「地域的統治権力」としての自立性（裏返せば、中央からの「統治権」の拡散）を財政的に支える基盤となっていたのである。

　要するに、「法定的な国税の徴収が、地方官府の手に委ねられている」[17]がゆえに、地方政府が「地方行政機関」と「地域的統治権力」の二重的性格を有している――或いは、「地方行政機関」たるべき地方政府が「地域的統治権力」として割拠する潜在的可能性を有している――というところに、専制王朝の時代から近現代中国に通底し、中央・地方関係を根本から規定する行財政構造の特質があったといってよい。確かに専制王朝や共産党執権下において、中央の統制力が強い場合には地方権力の二重性が表面化することはなかっただろう。しかし、上記の「構造」が改変されない限り、中央の統制力が弱まれば、程度の差こそあれ「統治権」の分散ないし地方権力自立化の傾向が頭をもたげてくる可能性は排除できないはずである[18]。清末から民国期にかけての状況は、その点を十二分に示すものであり、先に近現代中国を通底する「構造」が北京政府の時代に典型的な形で顕在化していたと述べたのは、そうした意味においてであった。また、この「構造」の下にあっては、中央と地方における財政権（租税の徴収と掌握）の所在が国家の存立に直接関わってくるため、財政権は「統治権」の重要な一環を構成することになる。

だが、ここで注意しておかなければならないのは、清末新政期から民国期にかけて、こうした伝統的な行財政構造を改変するため、歴代の中央政府が断続的で紆余曲折をへながらも、国家財政と地方財政との劃分（「国地財政劃分」）を執拗に追求し続けていったという事実である。この「国地財政劃分」において重要なことは、それが西欧的な制度の中国的財政土壌への移植であったこと、たんに国税と地方税とを区分して国家と地方（省・県・市郷等）に税収を配分するだけではなく、それまで地方政府の手に委ねられてきた徴税の在り方を根本から改革し、中央政府に帰属して国税を専管する税務機構の設立を伴ったことにあった（中央・地方間の税務機構の劃分）。

1910年代の袁世凱政権は、清末新政の財政改革方針を継承しつつ、税制の劃分と中央に直属して国税を専管する国税庁の設置に着手した。同政権による近代的財政の形成に向けた試みは、袁の志向が清朝の旧制（解款制度）に回帰したことによって挫折を余儀なくされるが、1920年代に入ると、北京政府は聯省自治運動や省自治風潮に対処するため再び「国地財政劃分」の実現を模索し始める[19]。国民党の時代になると、日中戦争前の南京国民政府期に国家と省の財政収支の劃分、そして省財政と県・市財政の劃分が決定され、また中央直属の国税機構として関務署・塩務署・税務署の三大機構が整備されていった。その後、国民政府は抗戦中の1942年には省財政を編入した国家財政と県財政との劃分、また戦後の46年には国・省・県三級の財政劃分を決定していく[20]。ここでは、本書が対象とする北京政府期の「国地財政劃分」案の内容を参考として掲げておこう（表0-1）。

「国地財政劃分」を目指す動きには、純粋に財政の近代化を目指すだけではなく、政権の強化・生き残りや戦時への対応など様々な思惑が潜んでいた。また、改革をとりまく政治的な環境や中央政府の力量不足、各省政府の反発等によって、伝統的な行財政構造を改変する点では、日中戦争前の南京国民政府が国・省間の劃分に一定の成果を収めたほか、ほとんど実効性がなかったことも確かであった[21]。だが、1910年代の袁世凱政権から45年以降の戦後国民政府期に至るまで、劃分内容の制度的合理性や公平性が着実に進化していったと評さ

表0-1　中華民国前期における国税・地方税劃分案　　＊参考に国民政府1928年案を付す

	国　税	地方税（省税）
袁世凱政権 財政部劃分案 （1913年）	現行税目：田賦、塩税、関税、常関税、統捐、釐金、鉱税、契税、牙税、當税、牙捐、當捐、烟税、酒税、茶税、糖税、漁業税、その他雑税雑捐 将来新設税目：印花税、登録税、遺産税、営業税、所得税、出産税、紙幣発行税、通行税	現行税目：田賦附加税、商税、牲畜税、糧米捐、油捐、醬油捐、船捐、雑貨捐、店捐、房捐、戯捐、車捐、楽戸捐、茶館捐、飯館捐、肉捐、魚捐、屠捐、夫行捐、地捐、その他雑税雑捐 将来新設税目：特別税（房屋税、国家不課税の営業税、国家不課税の消費税）、附加税（営業附加税、所得附加税）
地方行政会議 各省議会提案 （1921年）	関税、塩税、官業収入、中央直接収入等	田賦を主体とし、その他貨物税・正雑税・正雑捐及び省有の新収入等
曹錕憲法 （1923年）	関税、塩税、印花税、煙酒税、その他の消費税、及び全国の税率を一律にしなければならない租税	田賦、契税、及びその他の省税
善後会議 財政部劃分案 （1925年）	所得税、鉱税、営業税、関税、塩税、煙酒税、糸繭税、茶税、糖税、出産税、銷場税、印花税、登録税、相続税、運輸税	田賦、家屋税、宅地税、牲畜税、屠宰税、穀米税、雑貨捐、契税
南京国民政府 劃分案 （1928年）	現行税目：塩税、関税及び内地税、常関税、煙酒税、巻煙草税、石油税、釐金及び釐金類似の通過税、郵包税、印花税、交易所税、公司及び商標註冊税、沿海漁業税、国有財産収入、国有営業収入、中央行政収入 将来新設税目：所得税、遺産税	現行税目：田賦、契税、牙税、當税、屠宰税、内地漁業税、船捐、房捐、地方財産収入、地方営業収入、地方行政収入、その他地方性質に属する現有収入 将来新設税目：営業税、市地税、所得税の付加税

典拠：「財政部咨各省都督民政長検送劃分国家税地方税草案請飭属一体遵照文（附章程）」（『政府公報』第558号、1913年11月22日）、「会員龍欽海等請劃分全国税源以実行地方民治促進中央統一而維国本案」（『地方行政会議紀録』1921年）、「新憲法関於財政之規定」（『中外経済週刊』第40号、1923年12月8日）、「臨時執政府秘書庁転送整理財政草案総綱函」（中華民国史檔案資料叢刊『善後会議』1985年）、「国家収入地方収入劃分標準ニ関スル件」（満鉄調査部『中華民国産業関係法規集』第4輯財政篇、1938年）。

れるように[22]、民国期の歴代中央政府が、「国地財政劃分」——換言すれば西欧的制度の導入による伝統的行財政構造の改変、その意味における「近代財政」

の形成——を繰り返し志向し続けたことは特徴的な事実であった。

　ところが、1949年に成立した共産党政権は、以上のような民国期の歴代政府とは明らかに志向を異にしていた。人民共和国成立後は、当初の中央政府による厳密な「統収統支」をへて、1953年より収入を中央と地方とで区分する「分類分割」方式（〜58年）が、「改革開放」政策の開始以降においては「分類分割」に加え、地方収入の総額を固定比率で中央上納分と地方留保分に分割する「収入総額分割」方式、さらには88年からの全面的な「財政請負」などが、多様な中央・地方間財政改革の試みとして実施されていった[23]。しかしながら、その間において不変だったのは、国税と地方税とが未分離で徴税業務も各級地方政府に委ねられていたことだった[24]。この問題は、伝統的な行財政構造の根幹と関わるだけに深刻な意味をもっているが、こうした状況が変化するのは、1994年の「分税制」実施後においてであり、それ以降、中央税は国家税務局、地方税は地方税務局、中央・地方の共有税は国家税務局が徴収して地方政府に配分する態勢が整えられていった[25]。

　「分税制」導入以前における以上の推移は、「社会主義」的な財政の特質として説明できるかもしれない。けれども、これまでの議論に即して考えるなら、共産党が専制王朝以来の行財政構造を改変するのではなく、むしろその「構造」を温存していたという事実は動かし難いように思われる[26]。岩井氏のように、財政構造において共産党政権と専制国家は同質であったと言い切ることも可能であろう。本書では、この両者の間に介在した民国期——そして、その前期を占める北京政府期——が、西欧的な「国地財政劃分」の実施により、伝統的な「構造」を掘り崩そうとする志向をもち続けた点において専制国家と共産党の時代とは対照的であったこと、したがって中国史において極めて特徴的かつ個性的な時代であったことを強調したい。そして、そこに民国期、北京政府期の行財政史的な独自性を見出すこともできるのである。

3　「中央政府」と「軍閥」

　さて、以上に述べてきた中央・地方関係の下で、北京政府が「中央政府」として存立し続けたことと「軍閥」[27]の地方統治との関係は如何に説明できるの

だろうか。政治的にあれほど分裂状態を呈していたにもかかわらず、北京政府が「中央政府」として存立できたのは、先ず対外的に「外交権」を――一元的に掌握できていたか否かはさておき――行使し得たことが大きい。なぜなら、「外交」とは国際社会において当該国家が様々なレベルの「国家的利害」を諸外国に対し統一的に押し出していくプロセスであり、それゆえ外交権は国際的に認知された「中央政府」こそが本来的に掌握すべきものだからである。しかし、北京政府が「中央政府」たり得た理由として本書が重視したいのは、むしろ対内的な理由、即ち同政府がたとえ形式的・名目的にせよ各省に対する「官職任免権」を掌握していたという点である。「軍閥」の「地域的統治権力」としての割拠は、あくまで形式的・制度的な「中央政府」の任命に基づく「地方行政（軍政）機関」として、地方行財政・軍政を執行（国家意志を代行）することを通じて実現されていた（二重的性格）[28]。

　つまり、「軍閥」の地方統治といえども、国家意志に裏付けられた「公的業務」の遂行という形式を通してのみ可能であり、その限りで彼らは「民国を代表する中央政府」の存在を必要とした。官職上の地位にない者が軍事的・政治的に跋扈すれば、それは匪賊・馬賊の類と同じである。しかし、逆に匪賊・馬賊の類でも官職上の地位を中央政府から与えられることで、一朝にして国家意志の代行主体という公的な存在と認知される。「軍閥」支配の特質は、省政府の二重的性格に対応して、「公的行財政（軍政）」と「私的支配」との二重性として捉えることが可能だろう。その意味において、「軍閥」支配に必須な要件とは、「民国を代表する中央政府」によって官職上の任命（追認も含めて）を受けていることにこそあった[29]。だからこそ、「軍閥割拠」下において「中華民国」という枠組み自体が否定されることもなかったのである。「軍閥」各派が、北京政府の主導権争奪を繰り返したのは、「中央政府」の任命を通じて自派閥を各省に配置し勢力の拡張を図ることができたこと、自派の利害を「中華民国」の国家意志として押し出すことで、「中央政府」が敵対各派を圧迫する政治的な手段となり得たことによる。北京政府がともかくも「中央政府」として維持されたのは、このような枠組みにおいてであった。

上述したように、「軍閥」の地方統治が「中央政府」の国家意志を代行する「地方行財政（軍政）」という形式を通して実現されていたとするなら、「中央政府」と取り結ぶ関係から各省の「軍閥」統治を類型化することも可能であろう。ただし、ここでいう「中央政府」は、必ずしも北京政府と限らなかった。「軍閥」にとって「民国を代表する中央政府」は選択可能な対象であり、それは北京政府でもあれば広東の政府（国民政府も含めて）を選択することも可能であり、将来誕生すべき「聯省政府」を想定して「省自治」や「保境安民」のスローガンの下、独自の正当性を主張することさえ可能だった。この点が、北京政府期の中央・地方関係をより錯綜したものにしたのである。

　本書が対象とする江蘇省は、以上の「中央政府」をめぐる選択肢のなかで、1910年代から20年代にかけ、ほぼ一貫して北京政府が任命する北洋系軍人・官僚の支配下にあり、25年の末に成立した孫伝芳統治に至るまで北京政府から離脱することはなかった（半月ももたずに潰えた1913年「第二革命」時の独立は除外する）。したがって、ほぼ北京政府期を通じて、江蘇省の省権力は「地域的統治権力」としての自立性を保持しながら、同時に北京政府の「地方行政（軍政）機関」という形式を維持し続けるという、その意味では民国期における省政府の二重的性格を典型的に体現した権力であった。また、そのため、江蘇省の行財政は北京政府の地方行財政体系（制度・機構）のなかで運営されていたから、北京政府が国家統合に向けて進める地方行財政改革の効果とその地方政治への影響、中央の政策に対する省政府・省議会・在地有力者等の反応を検証することには適した省であった。つまり江蘇省は、たんなる地域史・地方史の考察ではなく、行財政史的な視点から北京政府期の国家統合と中央・地方関係を分析する上で、絶好の素材を提供してくれる省なのである。本書が江蘇省を対象に選んだ理由はまさしくそこにある[30]。

　以上に述べ来たった分析視角を前提・指針としつつ、或いは上に示した諸々の論点を具体的な史実に即し改めて確認しながら、第1篇以下では歴史過程に沿った実証分析が進められるであろう。けれども、その分析は行財政（或いは統治）に関わる制度分析に終止するわけではなく、行財政（或いは統治）制度

の立案・実施、そしてその改変をめぐって中央・地方の各級政府、諸機構、諸勢力が織りなす政治史として叙述されるはずである[31]。歴史学の本来の任務が、個別的歴史過程の実証的な再構成にあるとするなら、「政治史」の役割は、対象とする個別的政治過程の表層をなぞるだけでなく、政治過程自体に内在する構造性をも組み込んだ実証的再構成を目指すことにある。第1篇以下の実証分析も、当然その点に留意しながら叙述が進められる。

第Ⅱ節　研究史、本書の構成及び史料

(1)　研究史と本書の意義

　先行する日本の北京政府ないし北京政府期を対象とした研究のうち、1995年までの成果については浜口允子氏によってフォローされている[32]。浜口氏が整理する通り、北京政府・北京政府期の研究に一定の蓄積が見られるようになったのは、野澤豊氏が主宰する『近きに在りて』誌上の特集や山田辰雄氏、横山宏章氏らの唱導によって、「中華民国史」という研究分野が意識的に追求され実証研究が進められるようになった80年代以降のことだった[33]。事情は中国においても同様で、北京政府期に関わる「北洋軍閥史」の研究が本格的に始動したのは「改革開放」開始後の80年代からであり、近年では「軍閥」研究だけでなく、隣接諸科学の方法を導入した社会・経済・思想各分野に渡る「北洋軍閥時期史」研究も主張されるようになってきている[34]。

　周知のように、1980年代以前においては、日中両国とも中国共産党史に収斂する「革命史」的アプローチの圧倒的な影響下に、袁世凱政権や「北洋軍閥」は「封建的」・「反動的」な革命の敵と捉えられ、北京政府に関する実証的研究は全く手薄の状態にあった[35]。もっとも、日本についていえば、80年代以降に研究の蓄積が一定程度進んだとはいえ、浜口氏の研究史整理から現在に至る10年余りの間、質的にはともかく、量的に見れば北京政府・北京政府期の研究が格段に増えたとは到底言い難い[36]。これは、90年代半ばから中国・台湾で檔案

史料を収集する動きが活発化したことにより、研究者（とくに若手）の主要な関心が、北京政府期に較べ檔案が豊富に残っている1930年代以降に向かっていったこととも無関係ではないだろう[37]。

一方、欧米においては、すでに1970年代から北京政府・北京政府期に関係する実証的な研究成果が現れていた[38]。80年代以降に民国史研究が定着していった日本では、そうした欧米の研究成果に刺激を受けながら、「国民国家」・「国家建設」といったキーワードの下、地方（地域）社会の動態や省政府（「軍閥」）の諸政策を明らかにし、地方（地域）規模における「統合」の局面から、「国家統合」へと向かう民国期の時代趨勢を探ろうとする研究が一つの潮流を形成した。その代表的な業績として、横山英編『中国の近代化と地方政治』（勁草書房、1985年）、横山英・曽田三郎編『中国の近代化と政治的統合』（渓水社、1992年）、及び塚本元『中国における国家建設の試み――湖南1919-1921年――』（東京大学出版会、1994年）の3冊を上げることができるだろう。

前二者は筆者も参加した論文集であるが、国民国家形成の契機を地方政治に内在する諸契機と関連づけて把握する方法を意識的に採用した点、また地方（地域）に内在する統合局面を中央政府の統合政策との関連において捉える重要性を認識できた点で、筆者にとって本書の原点ともなった業績である[39]。一方、塚本氏の著作は、分裂下の北京政府期においても「国家建設の過程は着実に進行しつつあった」という見地から、1920年代において聯省自治運動がもっとも発展した湖南省の「政治の全体構造」を解明し、それによって「中国全体の政治のあり方」を明らかにしようとした意欲作であり、政治学に立脚した方法・分析枠組みや視角の設定等には学ぶべき点が多々ある。ただし、「中国全体の政治」ないし各省の政治に影響を及ぼす中央政府レベルの政策分析が弱く、省政治との関連から「中国全体の政治」を描き出すことには必ずしも成功していないように思える[40]。

さて、これら3冊の著作に代表される日本の研究は、上の紹介からも窺えるように、何れも民国期の中央・地方関係に対する関心を潜在させるものだった。一方、中国において清末・民国期の中央・地方関係に関する歴史研究が現れて

くるようになるのは、1990年代半ば以降においてである。恐らく、94年の「分税制」の実施が、中央・地方関係に対する歴史的関心を刺激する一因となっていたのであろう。

　その研究状況を概観しておけば、先ず清末新政期については、同時期に初めて「国地財政劃分」が構想されたこともあって財政面における中央・地方関係の分析が多く、張神根、朱英、陳鋒、劉偉、鄧紹輝、申学峰各氏の成果を拾い出すことができる(41)。また、民国期についても確認できた限りで指摘すれば、1996年の《北洋財政制度研究》課題組による北京政府期の中央・地方財政関係を分析した簡潔な論文を嚆矢として、民国期の「国地財政劃分」に各方面から目配りした杜恂誠、中央・地方関係から民国期の政治を概括した石源華、現在の「分税制」に関する関心から民国期、とくに袁世凱政権下の「分税制思想」を論じた印少雲・顧培君、南京国民政府の「国地財政劃分制度」を論じた劉慧宇ら各氏の論文が続き(42)、次いで第Ⅰ節の冒頭で紹介した李国忠、張連紅、趙雲旗各氏の専著が次々と出版され今日に至っている。

　専著のうち、張・趙両氏の研究は国民政府期の分析に中心があるため、ここでは李国忠氏の研究『民国時期中央与地方的関係』（天津人民出版社、2004年）に触れておこう。同書は、南京臨時政府・北京政府期、国民政府期、及び孫文、共産党の中央・地方関係をめぐる構想・実践・論争を丹念に整理し、その上で中央・地方間の統制・協力・連携・衝突等の諸側面を総括している。とくに、各時期・各勢力の中央・少数民族関係に関する構想と政策にかなりの紙数を割いている点は、本書の課題設定が少数民族問題を射程に収めることができなかっただけに、貴重な研究成果ということができよう。ただし、各時期・各勢力の中央・地方関係をめぐる実践については、関係諸法の静態的な分析に止まり、必ずしも制度の立案・実施・改変をめぐって中央・地方の諸政府・諸勢力が展開する動態的な政治史となっていないことが惜しまれる。

　さて、ここで以上の研究史の整理を踏まえて、本書の意義を確認しておきたい。国家統合と中央・地方関係に関わる研究史において、第Ⅰ節で説明したような独自の分析視角を明示的に打ち出した研究は管見の限り見当たらない。こ

れは、本書の意義として何よりも先ず確認しておかなければならない点であろう。しかし、ここで同時に強調しておきたいのは、国家統合と中央・地方関係の検討を通じて、本書が北京政府期の体系的・系統的な政治史分析の一つのあり方を提示することになる点である。その分析とは、すでに第Ⅰ節末尾でも確認しておいたように、民国期の行財政史的な独自性を踏まえた「行財政史研究」——より正確に表現すれば、行財政制度の立案・実施・改変をめぐる「政治史研究」——として構成されるものにほかならない。

　従来の研究において、1910年代から20年代に至る北京政府期の歴史過程を系統的に説明する枠組みは、革命の打倒対象である「北洋軍閥史」でなければ、五・四運動期から国民革命期への移行を説明しようとする「革命史」研究ぐらいのものであったといえよう。今日の中華民国史研究においても、そうした枠組みを設定しようとする動機は、やはり希薄であるといわねばならない。しかし、本書が明らかにするように、北京政府期における地方行財政の制度的枠組みは10年代の袁世凱政権によって形作られ、20年代の地方（地域）政治はその枠組みのなかで、或いはその枠組みの改変を目指す形で展開し、他方において北京の中央政府は、そうした地方の離反傾向を行財政制度の再編を通じて繋ぎ止めようと腐心した。その意味において、1910年代から20年代の歴史は「行財政史」として一貫した論理で説明されるべき確たる根拠をもっている。先に指摘しておいた通り、「中華民国史」という研究の枠組みは、かつてのイデオロギー偏重の「革命史」研究を克服することに大きな役割を果たしたが、近年における実証研究の個別分散化のなかで、その分析枠組みを方法的に鍛え上げ吟味していこうとする姿勢はいささか希薄なものとなっている。第Ⅰ節で示したような分析枠組みに立つ本書は、その意味で民国史研究の在り方に対しても一つの問題提起となるであろう。

　次に、以上の点から派生する本書の第二の意義は、行財政史的視点から北京政府期の国家統合と中央・地方関係を系統的に考察することで、国民党・国民政府が克服しなければならなかった行財政上の課題が明らかになる点である。すでに第Ⅰ節で伝統的な行財政構造については素描しておいたが、第1篇以下

の実証を透過することによって、国民政府が直面することになる課題は、北京政府期の時代的な個性に即したより具体的な像を結ぶであろう。また、この点において本書の検討結果は国民政府期への展望を孕むことになるが、それは同時に、本書の課題設定が国民政府期にまで連続した、民国史の全過程を一定の論理で再構成する方法ともなることを示唆している[43]。さらに、前節で指摘した民国期の行財政史的独自性を踏まえることによって、北京政府期における国家統合と中央・地方関係という問題は、現在の中国まで見通す研究上のパースペクティブも獲得することができるだろう[44]。

　最後に指摘しておくべき意義は、本書が、制度史・制度論を不当に軽視してきた従来の中国近現代史研究に対して、方法的・実証的な批判たり得るという点である。従来、制度史・制度論が軽視されてきた背景には、中国史において制度と実施実態は往々にして乖離するため制度を論ずる意味はほとんどない、という認識があったと思われる。この認識は、中国においても日本においても依然として根強い影響力をもっている。近代中国の政治抗争において軍事力がしばしば決定的な役割を果たしたことも、そうした認識を後押ししたであろうし、また北京政府や国民政府を「反動的」と見なすイデオロギー偏重の「革命史」的アプローチが、それら諸政権の制度に対する軽視を一層助長したともいえよう。しかしながら、この認識を徹底させていけば、「中国に制度は不要である」という暴論に達せざるを得ないのだが、そこまで言い切った研究者を筆者は寡聞にして知らない。また、この認識は、制度と実施実態が乖離するにもかかわらず、近代中国の歴代政府がなぜあれほど大量の法制度を立案していったのかという点を十分に説明することもできない。

　そもそも、「政治」とは国家的事象に収斂する広汎な合意ないし意志の服従を獲得していくプロセスにほかならず、それらを安定して調達するためには規範としての「制度」がどうしても媒介とならざるを得ない。各種の規範＝制度による合意の調達（意志の強制）を通して政治的・経済的・社会的レベルの秩序形成も可能となるのである。つまり、政治史にとって「制度」の重要性は、その遵守の如何にあるのではなく、それが合意の獲得（意志の服従）を安定的

に実現するための必須の手段とならざるを得ないという点にある[45]。だからこそ、制度の立案・実施・改変をめぐって熾烈な政治抗争も展開されるのである。もちろん以上の点は、近代の中国、とりわけ分裂と混乱の極みにあったとされる「軍閥割拠」下の北京政府期といえども例外ではあり得ない。第1篇以下の実証は、その点を中央・地方関係をめぐる制度的な展開に即して実地に示していくであろう。

(2) 本書の構成

さて、ここで本書の構成についてごく簡単に概観しておこう。本書の実証部分は大きく三つの篇に分かれ、各篇とも三つの章によって構成されている。

第1篇は、中央・地方関係の視点から、1910年代の袁世凱政権下における国家統合の模索について論じる。辛亥革命の結果、各省軍政府のルーズな連合体として出発せざるを得なかった中華民国、そしてその臨時大総統に就任した袁世凱にとって、焦眉の課題となったのは統治権を中央政府の下に集中し、その統治権を各省へ浸透させていくことであったが、第1篇の考察も「統治権」に関わる以上の問題を軸にして進められる。

先ず第1章では、袁世凱政権の成立当初において、各省政府と政治的な合意を形成する手段となっていた諮詢機関の役割が、国家統合の進展によって形骸化していくプロセスに着目する。次いで第2章では、統治権の一環を構成する財政権に焦点を当てて「国地財政劃分」政策が、第3章では県知事任用をめぐる改革が、それぞれ分析される。この二つの政策は、「地域的統治権力」として割拠する各省政府の行財政基盤を掘り崩すために推進されたものであった。なお、第1篇の考察には国家統合に向けた袁世凱政権の諸政策を再評価する狙いが込められているが、そうした諸政策が次第に変容・形骸化し、逆に各省政府の「地域的統治権力」化を助長して「軍閥割拠」の局面を招来してしまう要因にも、同等の注意が払われていることに留意されたい。

続く第2篇の課題は、袁世凱の死後、「統治権」の分散が一層顕著となっていった状況の下で、「行政」上の中央・地方関係が如何に展開し推移したのか

という点を、「産業行政」を素材としながら解明することにある。

　先ず第4章において扱うのは、「中央」（北京政府）の側から観察した産業行政をめぐる中央・地方関係であり、具体的には1910年代後半に設立された調査審議機関——経済調査会と戦後経済調査会の活動を通して、中央・地方関係に関わる北京政府の産業行政上の問題点が吟味される。次いで第5章と第6章では、江蘇省に眼を転じて、「地方」の側から産業行政をめぐる中央・地方関係を考察していく。第5章では、1910年代から20年代にかけ江蘇省政府が推進した殖産興業政策の実態を、予算化された地方実業経費支出の問題と絡ませながら明らかにし、続く第6章では、産業行政上において中央・地方関係の焦点となっていた地方産業行政機構の問題を、専門的人材のリクルート、「官民合作」機構の設立といった諸課題との関連で分析していく。

　最後の第3篇において分析されるのは、1920年代の「軍閥割拠」下における中央・地方関係である。各省へと分散する「統治権」の問題を扱う点で、主に10年代を対象として袁世凱政権の統治権集中策の挫折を扱った第1篇とは相関関係にあり、その検討結果を踏まえて分析が進められる。

　1920年代に入ると、北京政府は国家統合を推進する主体としての実力を喪失し、名目的・形式的な中央政府の地位に甘んじざるを得なくなっていた。そのため、地方自治、或いは聯省自治・省自治運動を一定程度許容することによって、国内の統合を模索・構想することが繰り返し追求されるようになる。第7章では21年の地方行政会議が、第8章では25年の善後会議が、ともに地方自治・省自治を許容し北京政府主導の下に中央・地方関係を再編しようとする試みとして分析の俎上に載せられる。また、こうした状況のなかで、10年代から北京政府との関係を維持してきた江蘇省では、20年代前半から省財政の破綻と相次ぐ内戦の惨禍とによって「軍閥」統治の変容が始まっていく。この「軍閥」統治の変容過程を、県市郷行財政における地方有力者層の動向に注目しながら明らかにしていくのが第9章である。

(3) 史料上の問題——公報・新聞史料の可能性——

ところで、以上のような構成からなる本書が主に利用する史料は、中央政府・地方政府（江蘇省）の公報・会議録・報告書類と新聞史料であり、「檔案史料」（未公刊文書史料）は例外的に使用したに過ぎない[46]。従来、本書が多用する北京政府期の公報類について、その利用価値が論じられることはほとんどなかったといえよう[47]。また、各級政府公報と新聞類からも一定の公文書史料を把握することが可能であることも、檔案史料の収集に注目が集まるなかで注意されることがやはり少なかったように思われる[48]。以下では、本書において公報・新聞史料を利用する上で留意した点と、公報・新聞史料のもつ可能性について言及し、史料操作の基本的な枠組みを示しておきたい。

1910年代の北京政府期の場合、中央政府レベルの公報（ここでは主に『政府公報』と『内務公報』を念頭に置いている）からは、「大総統令」・「国務院令」・「部令」ないし「訓令」等の各種命令類だけでなく、大総統と各部総長、大総統と各省の行政・軍政長官の間で交わされる「呈」（下級官庁から上級官庁への報告、或いは民間から官庁への陳情等に用いられる）、或いは各部総長と各省の長官との間で交わされる「咨」（同級官庁間相互の往復文書に使用される）、及びそれらに関連する「公電」を多く確認することができる。ただし、政策分析にとって有益なこれらの公文書も、その全てが網羅的に掲載されているわけではなく断片的である。また、各部局内部（例えば財政部内や内務部内）で遣り取りされる公文書が公報類に掲載されることは基本的にあり得ない。

一方、省政府レベルの公報について見ると、1910年代前半の『江蘇省公報』では、省行政公署、或いは国税庁籌備処・財政庁など省行政長官の指揮・監督を受ける中央直属官庁が県知事に発した各種命令類が掲載の中心を占め、また実業庁の公報である『江蘇実業月誌』には、実業庁に対する省長からの指示と、実業庁長から県知事・省営事業機関等に発された各種命令類が中心に掲載されている。それらの文書には、政策の実施状況を知る上で貴重な情報が含まれているが、やはり地方官庁内部の政策決定過程に関わる公文書が掲載されることはあり得ない。なお、中央・地方各政府の公報に掲載された公文書のうち、重

要なものは新聞にそのまま転載されることが多い。

　以上のように、公報・新聞類から入手できる公文書は断片的で範囲が限定されてしまうため、それだけで政策過程を追尾していくことには限界がある。そこで、断片的な文書情報の隙間を埋め、それらを有機的に結びつけ補強する材料として新聞報道が重要な意味をもってくる。ただし、新聞史料を利用する際には以下の点に留意する必要がある。1910年代以降、商業化が進んだ上海大手紙の『申報』や『新聞報』などは、ニュースソースの開拓を独自に進めていたようで、例えば北京の事件を報道する際には地元紙である『晨報』等の記事を転載するだけでなく、独自の、しかも両紙共通でない情報が盛り込まれることがある。したがって、新聞を使用する場合、できる限り複数紙から情報を収集し相互に比較検討するという煩瑣な作業をこなさなければならない。

　さて、政策過程は大雑把にいって、①政府内における政策立案・調整・確定、②実施、③政策効果の確認とそれに伴う政策の修正・続行ないしは停止の判断、という三つの局面を循環していく。第１篇の実証内容（袁世凱政権の行財政政策）を踏まえると、①の政策立案・調整・確定の過程については、公報に掲載された政策部局の大総統宛呈文と新聞の記事から政策立案の契機や政策意図を知ることは十分に可能である。また、各省軍政・行政各長官の大総統への呈文或いは政策部局への咨文、それと新聞の報道とによって、中央政府の政策立案に対する各省政府の賛成・反対・圧力や、それによる政策内容の修正・調整の内実も確認することができる。第１篇以下の実証が示すように、北京政府期は省政府の意向が中央政府の意志決定を規制することが多かったから、各省軍政・行政各長官から送られる呈文・咨文・公電等の公文書が、公報類に掲載されることの意義は大きい。また、場合によっては、法令からでは窺い知れない政策決定のメカニズムや中央政府各部局間の意見の齟齬など、政策過程の細部を公報の断片的な記述と新聞が伝える内部情報から明らかにすることも可能である。なお、袁世凱政権期は大総統の決裁が重要な意味をもつため、多くの場合、政策確定に関わる大総統宛呈文は公報に掲載される。

　②の実施過程と③の政策効果については、やはり各省軍政・行政各長官から

の呈文・咨文と新聞の報道とによって、省政府や省議会の意向、社会世論の動向などを窺うことができ、政策の浸透度合いや実施過程における修正、実施上の制約要素、或いは政策意図の達成度、政策に伴う政治状況の変化、政策による受益者と被害者等々について基本的な知見を得ることができる。また上述のように、1910年代の『政府公報』には各省から送られてくる公文書が多く掲載されるため、中央政府が推進する政策の地方における実施実態を一端なりとはいえ確認できる。ただし、経験上からいって実施過程と政策効果については、新聞記事から得る情報の有用度が高いような気がする。

　以上のように、各級政府の公報類から得られた情報を新聞の報道と結びつけるなら、政策過程をかなり詳細に跡づけることも可能であるといえよう。ただし、中央政府の公報類は、1920年代以降になると記載される情報が減少し変化してくるような印象をもつ。網羅的に各種公報類を点検した訳ではないが、『政府公報』・『内務公報』など中央政府の公報類を20年代に至るまで通観すると、単号当たりの情報量が明らかに貧弱となり、各省政府からの呈文・咨文・公電の類もほとんど掲載されなくなってくる。20年代以降の中央政府の公報類は、政策が確定した結果として出される命令文書や法律のみを掲載する傾向が強くなるため、公報と新聞の情報とを有機的に結びつけて、中央・地方における政策立案・調整・実施の過程を描き出すことが難しくなっていくようだ。少なくとも、江蘇省の『江蘇省公報』と『江蘇実業月誌』から以上のような傾向を強く感じ取ることはできないから、20年代以降における『政府公報』・『内務公報』の変化は、北京政府の弱体化を直截に反映したものというべきかもしれない。その意味で、情報量が豊富な10年代の公報史料はもっと積極的に活用されてもよいように思われる。

第Ⅲ節　北京政府期の地方行財政──制度及び機構──

　さて、以下では「地方」の具体的な分析対象となる江蘇省に注目しながら、

北京政府下の地方行財政体系（制度・機構）を本書に関わる限りで概観し、第1篇以下の分析と内容の理解に資することとしよう[49]。

周知の如く、北京政府期の地方行政単位は＜省―道―県＞の三級制を採用していた。このうちの「道」には行政長官として道尹（当初は観察使）、官庁として道尹公署（観察使公署）が置かれ、所轄の県知事を監督することになっていたが、江蘇省では実質的な政治的機能を果たしていないため、ここではこれ以上は言及しない。

中華民国の成立当初は、全国一律の地方官制がなく地方行政機構の名称や編制も一定でなかったが、1913年1月、袁世凱政権が公布した各級地方官庁に関する命令によって、その名称や内部編制が統一されていった[50]。その時の「画一現行各省地方行政官庁組織令」（以下、「省組織令」）では、省行政長官の名称は「民政長」、官庁は「行政公署」と称されたが、14年5月に公布された「省官制」によって長官名が「巡按使」、官庁名が「巡按使公署」に、さらに黎元洪が大総統の任にあった16年7月には、それぞれ「省長」と「省長公署」に改められた（以下、本節では煩瑣を避けるため、「省長」と「省長公署」に名称を統一しておく）。省長は、大総統による「特任」官であり[51]、全省の行政を統括するとともに、「省官制」以降になると、中央政府の特別委任に基づいて全省の財政と司法行政を監督することになった。1913年の「省組織令」では、省長公署には総務処と内務・財政・教育・実業の四司が置かれたが[52]、「省官制」以後は後出する財政庁の設立を受けて修正が施され、省長の下に「簡任」職の政務庁長が統括する政務庁を設置し、総務・内務・教育・実業の四科がその下に置かれるようになった[53]。このうちの実業科については、江蘇省の産業行政機構を扱う第6章で詳しく取り上げる。

なお、江蘇省長公署には合議制の「行政会議」が設置され、省政に関わる政策方針が協議されていたようである。同会議は省長を会長とし、会員には財政庁長・金陵関監督兼交渉員・政務庁長・諮議処処長・金陵道尹・江寧地方審検庁長・省城警察庁長・江寧県知事・省長公署諮議及び各科長・財政庁各科長が指定されている。ただし、行政会議の決定は必ずしも省長を拘束するものでは

なく、省長が意志決定をする上での諮問機関的な役割を担っていたものと思われる[54]。また注目しておきたいのは、行政会議に招集されるメンバーは、その役職から考えて何れも外省から赴任した官僚としての性格が濃厚であり、そこには在地有力者層を省長公署の意志決定に参画させようとする配慮が全く認められないことである。この点は、江蘇省の地域的利害をほとんど顧みない北洋系・外省人省長の行財政運営を如実に反映しており、第3章や第9章の議論とも関わる事実といえよう[55]。

　一方、県の行政官庁についても、組織編制が画一化されたのは1913年1月の「画一現行各県地方行政官庁組織令」(以下、「県組織令」)以降であった。この時、清代以来の地方行政単位である府・州・県・庁等は一律「県」に改称され、また行政長官の名称も「県知事」に統一された。県知事は「薦任」官に遇され、任用に当たっては「知事試験」に合格する(保薦による免試合格も含む)ことがその前提となっていたが、詳細は第3章の分析に譲りたい。県知事の職権は広汎に渡り、県内の各種行政を掌理するとともに、治安の維持に関わる警察権と検察・裁判に関わる司法権を掌握していた。また、後述するように、田賦を大宗とする県内の徴税業務を——清代からの旧制に従い「櫃書」等の徴税吏に委ねる形で——担当していたのも県知事であった。

　県の行政官庁である「県知事公署」の内部編制は、1913年の「県組織令」では業務の繁簡に即して2～4の科を設置することになっていた。第3章で触れるように、江蘇省では第三科が教育行政、第四科が産業行政を担当することになっていたようだから、その実態はともかくとして、恐らく省長公署政務庁下の四科に対応して、県知事公署の四科も総務・内務・教育・産業等の所管業務が定まっていたものと思われる[56]。ただし、ここで注目しておきたいのは、「県組織令」では県知事公署の職員は省長が任命する「委任」職であったのに対し、1914年5月に公布された「県官制」になると、職員は清代の「幕僚」さながらの「掾属」として、県知事が自在に委嘱できるようになっていたことである[57]。恐らくはこの点が、第3章で見るように、外省人県知事の下で江蘇省の各県行財政の紊乱を招く一因ともなっていたのだろう。

ところで、省政レベルの行政機関としては、省長公署以外にも1914年に設立された財政庁と1917年に新設された教育・実業両庁が存在した。何れも北京政府の財政部・教育部・農商部に直属する官庁であり、それらの中央各部と直接の統属関係にない省長公署とは、行政系統を異にする点で対峙・並列する関係にあった。そもそも民国初年の省長公署に、財政・教育・産業を管掌する各司・各科があったにもかかわらず、北京政府が直属する三庁を設置していったのは、省長公署に省の行財政権が集中し「地域的統治権力」として肥大化することを抑止するためだったと考えられる。換言すれば、各省に対する中央政府の行財政コントロールを強化しようとしていたのである。ところが、省長と中央各部総長とは、公文書の往来に咨文の形式を用いる同格の「特任」官であり、他方、財政・教育・農商各部に直属する三庁の庁長は、「簡任」官として省長公署に所属する政務庁の庁長と同格であった。加えて、省行財政を省長公署と財政・教育・実業の三庁が全く別個に執行することは不可能であったから、いきおい北京政府は三庁の所管業務に対する省長の指揮・監督権を認めざるを得なかった。ここに、中央直属三庁と省長公署との間に従属関係、或いは矛盾と軋轢が生じてくる制度的な要因があったのだが、その点は第2章で財政庁に即して、また第6章では実業庁に即して詳細に論じる[58]。

　次に、地方行財政とは直接の関係にないが、省政の動向に大きな影響力をもった軍政長官について一瞥しておこう。省の軍政長官は民国成立当初は「都督」と称し、既出の「省組織令」によって民政長が行政長官として設置されるまでは、軍政・行政の両権を一手に掌握していた。その後、1914年には「将軍」(正式には「将軍督理某省軍務」)と改称され、次いで16年には「督軍」と改まり、さらに24年から25年の間に「督辦軍務善後事宜」(略して「督辦」)へと変更されている(江蘇省は24年12月に督軍から督辦に改称)。また、それに対応して、省軍政機関の呼称も「都督府」から「将軍行署」、そして「督軍公署」をへて「督辦軍務善後事宜公署」に変化している。

　軍政長官・軍政機関に関する法令は、袁世凱政権が公布した「現行都督府組織令」(1913年1月)と「将軍府編制令」・「将軍行署編制令」(14年7月)である

が⁽⁵⁹⁾、前者によれば都督は大総統に直隷し、軍令に関しては参謀部の指揮を、軍政に関しては陸軍部の処分を受けると規定されていた。また、後二者によると将軍は大総統に特任され、軍令・軍政については、大総統の命を奉じて参謀本部と陸軍部の監察・指示を受けることになっていた。重要なことは、都督は大総統に直隷する点でけっして地方官ではなかったこと、袁世凱時代の将軍もまた、中央に設置された「将軍府」（大総統に直隷する最高軍事顧問機関）のメンバー、つまり中央政府の軍事官僚でありながら、大総統の命を奉じて臨時に各省に駐在し「行営」を設置するという形式を取っていたことである。将軍府は袁の死後も1925年まで存続しているから、以上の制度的形式は、その後の督軍・督辨にも継承されていったことになる。北京政府期の各省軍政長官が、国政に対しても強力な発言権を有していた制度上の一つの理由は、ここに求めることができるだろう。

　既述のように、民国期において「省」という地方行政単位は中央・地方関係の根幹に関わる重要性をもっていた。北京政府期における各省軍政長官の以上のような地位は、恐らく中央・地方間の意思疎通を円滑にするための手段でもあったのだろうが、彼らに強大な権力を与え「地域的統治権力」として割拠する根拠を提供していたことも確かであった。なお、こうした制度的な構造は、清代の督撫にも通じ、また現在の各省党総書記が、地方指導者であると同時に中央レベルの政策決定に参与する「地方首長兼国家政治家」である点にまで持続している⁽⁶⁰⁾。その意味で、この構造も民国期に限定されない、中央・地方関係に関わる中国固有の制度的特質というべきかもしれない。

　さて、表0-2から表0-4は、北京政府期における江蘇省歴代の行政・軍政両長官と財政・教育・実業各庁長を一覧にしたものである。全体的な傾向として、省自治の機運が高まった1920年代の前半以降に江蘇省籍の人物が多くなるが、軍政長官中の韓国鈞と鄭謙は省長が臨時に軍政業務を兼任したに過ぎないし、鄭謙は江蘇籍とはいえ奉天派の影響力が非常に強い人物であった。また、行政長官中の陳陶遺と徐鼎康は、孫伝芳が北京政府から独断で任命した特殊なケースに属し、それ以前の北京政府が任命した行政長官とは性格を異にする。そう

表0-2　江蘇省歴代の軍政長官

	在任期間	籍貫	備考
程徳全	1912,4,13～1913,9,3	四川省	
張　勲	1913,9,3～12,16	江西省	
馮国璋	1913,12,16～1917,8,1	直隷省	14,6,30：改任将軍、16,7,6：改任督軍、17,8,1：継任大総統
斉耀琳	1917,7,8～8,6	吉林省	馮国璋代理
李　純	1917,8,6～1920,10,12	直隷省	
斉燮元	1920,10,15～1924,12,11	直隷省	20,10,15：代理、12,3：署理、21,9,4：任
韓国鈞	1924,12,11～1925,1,16	江蘇省	24,12,11：兼署督弁軍務善後宜（省長と兼任）
盧永祥	1925,1,16～8,3	山東省	1925,1～：督弁
鄭　謙	1925,8,1～8,29	江蘇省	省長と兼任
楊宇霆	1925,8,29～11,25	奉天省	
孫伝芳	1925,11,25～1927,3,24	山東省	27,3,24：逃走

典拠：劉壽林等編『民国職官年表』（中華書局、1995年）243～252頁、及び同書巻末の附録（人名録）より作成。

表0-3　江蘇省歴代の行政長官

	在任期間	籍貫	備考
応徳閎	1912,11,19～1913,9,6	浙江省	
韓国鈞	1913,9,6～1914,7,15	江蘇省	14,5,23：改任巡按使
斉耀琳	1914,7,15～1920,9,18	吉林省	16,7,6：改任省長
王　瑚	1920,9,18～1922,6,15	直隷省	
韓国鈞	1922,6,15～1925,2,14	江蘇省	
鄭　謙	1925,2,14～　？	江蘇省	
陳陶遺	1925,12,1～1926,12,24	江蘇省	孫伝芳による独断任命
徐鼎康	1926,12,24～　？	江蘇省	孫伝芳による独断任命

典拠：表0-2に同じ。

して見ると、北京政府の任命になる行政・軍政長官は、韓国鈞を除いてほぼ外省出身者によって占められていたと考えてよい。

ここで興味深いのは、籍貫から見た行財政・軍政各機構の人員構成である。この点を、1920年代前半（恐らく23年か）の事例に即して紹介すると、先ず督軍公署は180名の職員のうち江蘇籍は僅か18名（10%）に過ぎないことが判明する。ところが、省長公署は168名の職員中に江蘇籍は119名（70.8%）、財政庁は同じく97名中で54名（55.7%）、教育庁が36名中の30名（83.3%）、実業庁が33

表0-4　江蘇省歴代の財政・教育・実業各庁長

◆財政庁長

	在任期間	籍貫
蔣懋熙	1914,5,25～1915,4,10	江蘇省
胡翔林	1915,4,10～1920,5,13 ?	安徽省
張壽鏞	1920,5,13～10,23	浙江省
厳家熾	1920,10,23～1925,3,5	江蘇省
王其康	1925,4 ?～10	?
李錫純	1925,11,25～ ?	安徽省

◆教育庁長

	在任期間	籍貫
陳潤霖	1917,9,7～11,13 ?	湖南省
符鼎升	1917,11,13～1918,2,28	江西省
胡家祺	1918,2,28～1922,6,21	直隸省
鄧振瀛	1922,6,21～7,15	?
蔣維喬	1922,7,15～1925,2,16	江蘇省
沈彭年	1925,2,10～8,7	江蘇省
胡庶華	1925,9,7～ ?	湖南省

◆実業庁長

	在任期間	籍貫
張軼歐	1917,9,8～1925,2,11	江蘇省
徐蘭墅	1925,2,11～ ?	江蘇省

典拠：表0-2に同じ。ただし、財政庁長については厳家熾以降は『新聞報』の記事によって調整してある。

名中の25名（75.8%）と、何れも督軍公署とは段違いに高い比率を示している[61]。この数値には、「蘇人治蘇」が叫ばれた20年代当初の省自治風潮（詳細は第7章を参照）の影響——つまり、「蘇人治蘇」の要求が高まったため、外省人の占める比率が低下した結果が反映されているのかもしれない。だが、そう仮定してなお指摘できることは、「蘇人治蘇」の要求が高まったにもかかわらず、軍事官僚機構としての督軍公署は外省人の牙城であり続けていたという点である（省自治風潮に対する反発から、督軍公署が外省人比率を高めたとは考えにくい）。その意味で、江蘇省人にとって軍政長官の存在は、外省人による省政壟断の象徴だったといえよう。20年代当初の省自治風潮が、外省人省長の専断に対する批判から督軍廃止（廃督）要求にまでエスカレートしていった一因も、恐らくそこにあったのである。

ところで、この省自治風潮において大きな役割を果たしたのが省議会であった。江蘇省では、清末に成立した諮議局が辛亥革命後の1912年に臨時省議会へ改組したが、翌13年には第1期省議会が成立し、袁世凱政権による省議会活動停止を挟んで18年まで活動を続けた。そして、同年の改選に伴い第2期省議会が、21年には第3期省議会が成立している[62]。第7章で検討する省自治風潮の際に活躍したのは第2期省議会である。省議会議員の定員は160名で、第1期は省内を4区に分けて、第2期と第3期は11区に分けて選挙が実施されている。省議会の主要な権限としては、省単行条例、後述する省庫財政の予決算、省債の募集、省有財産等の処分・購入・管理などに関する議決権をもち、また省行政長官に対する弾劾権、省行政官吏に関する査辦（罪状調査・処罰）請求権を有していた[63]。これらの権限を行使することで、省議会は限界をもちながらも省長の放縦な行財政運営に対する抵抗勢力たり得たのであった[64]。ただし、第9章で触れるように、20年代前半から始まる「軍閥」統治の変容のなかで、第3期省議会は事態の変化に対応できず、省政に関して組織としての発言権を喪失し無力化していく。

　なお、本書では江蘇省の省議会・県議会や「法団」（商会・教育会・農会）を構成する有力者層を、「在地郷紳層」ないし「在地郷紳・商紳層」と呼ぶ。省・県・市郷各級の議会や法団が、社会・経済・政治の各レベルにおいて利害を共有していたことは、それぞれのメンバーが相互に交錯していたことからも明らかである。例えば、省農会会員の徐瀛は第2期省議会議員であり、同じく何潤は儀徴県代表として県議会聯合会に参加していた。また、第3期省議会議員の鮑友恪は、同時に宝応県商会会長を兼任するとともに同県議会の議長経験者でもあり、同じく張福増は、淮陰県商会の会員で省教育会の幹事でもあった。このほか、同期省議会議員のなかには、さらに4名の商会会長・会員と8名の省教育会幹事・会員が確認できる。こうしたメンバーの交錯状況は、新聞史料等によってさらに精査していけば以上の事例だけに止まらないはずであり、そこに議会や法団を構成する階層を、一括りに「在地郷紳層」ないし「在地郷紳・商紳層」と表現する根拠がある[65]。

最後に、江蘇省に即しながら、北京政府期における省財政の制度的枠組みを一瞥しておきたい。北京政府期において、各省政府が担掌する「省財政」は「省国家財政」（以下、国庫財政）と「省地方財政」（以下、省庫財政）とに大別された。北京政府には、関税・塩税等によって賄われる中央政府財政があったから、この中央財政と各省における国庫財政との総和が北京政府期の「国家財政」を意味した。ただし、省内の税収は財政庁が一括管理し国庫と省庫とに適宜配分される仕組みとなっていたため、国庫財政と省庫財政の区分は租税体系・出納機構が区分された近代的な「国地財政劃分」とは違い、あくまで形式的なものに過ぎなかった。各省の国庫財政は、省政府が編成した予算案を国会（国会が機能していない場合は財政部）が審査し、省庫財政の場合は省政府の予算案を省議会が審議する。したがって、江蘇省の国庫財政は北京政府の形式的な統制下にあったが、実際の執行は省政府の裁量に委ねられており、また省議会は国庫財政に対して建議はできても、何ら議決権をもたなかった[66]。

省財政における以上のような国庫・省庫両財政の形式的区分は、従来の研究においてはとんど留意されることがなかったが、北京政府期における省レベルの政治――とりわけ省自治の問題――を考察する際には、ぜひとも押さえておくべき重要な前提となってくる。なぜならば、省庫財政と国庫財政とからなる省財政全体を掌握し、北京政府の地方行財政体系から離脱し自立しようとする「省自治」の方向もあれば、北京政府との関係を保持しつつ省庫財政の拡充（国庫財政の縮減）によって「省自治」を実質化しようとする方向も想定しうるからである。恐らく、前者には湖南省を典型とするような「聯省自治」構想に基づく省自治志向が該当するであろうし、後者には第7章で詳論する1920年代初頭の各省自治風潮における志向があてはまるであろう。

さて、江蘇省の場合、国庫財政は田賦（地丁・漕糧・蘆課）と貨物税（釐金）の二大税収のほか、契税・牙税・鉱税・屠宰税等の正雑各税によって運営され、省庫財政は財源を田賦附加税（時に追加される畝捐を含む）に圧倒的に依存していた。第2章で述べるように、袁世凱政権が実施した税制劃分政策は、田賦などの各種附加税を各省の主要な税収に指定していた。同政権の劃税政策は1914

年に放棄されたが、その後も主要財源を附加税に置く枠組みのなかで省庫財政は運営されていたのである。ところで、10年代における省庫歳入は国庫歳入の13〜14％に過ぎなかったように、両財政の間には収入規模の上で歴然たる格差が存在した[67]。表0-5に示した1922年度の歳入予算においても、国庫の経常歳入は田賦約850万元、貨物税約640万元、正雑各税約160万元を中心に総額が1,680万元余りに達していたのに対し、省庫の経常歳入は田賦附加税に若干の行政収入を加えた250万元余りに過ぎず、両者の格差は10年代から基本的に変化していない。

表0-5　1922年度江蘇省経常歳入予算

◆国庫歳入		◆省庫歳入	
田賦	8,496,046	田賦附税	2,226,131
地丁屯租	4,037,866	地丁屯租	689,165
漕糧屯米	4,253,403	漕糧屯米	1,502,478
蘆課	204,777	蘆課	34,488
貨物税	6,428,507	省有基金	38,580
正雑各税	1,622,800	行政収入	272,935
契税	770,000	内務	2,500
牙税	450,000	教育	113,378
鉱税	2,800	実業	157,057
屠宰税	400,000		
官業収入	64,612		
雑収入	248,150		
合　計	16,860,115	合　計	2,537,646

典拠：江蘇省長公署統計処編『江蘇省政治年鑑』（1924年）三編財政243頁、259頁より作成。

　このように、国庫財政と省庫財政とは、田賦という同一の租税を主要な財源として共有していたが、田賦附加税に依存するという点では、省財政の下位に位置する県財政も省庫財政と全く同様であった[68]。江蘇省の田賦は、地丁（上下忙）銀1両につき1元5角と漕糧米1石につき3元が国庫に納入される正税とされ、附加税は同じく地丁2角5分と漕糧1元が省庫に、地丁3角と漕糧1元が県庫にそれぞれ配分されていた[69]。ただし、田賦の徴収は各県知事が担掌するところであり、各県で徴収された田賦は上の税額に見合う県留保分が控除された後、省財政を管理する財政庁に送付されることで初めて国・省両庫の収入となる。その意味で、国庫と省庫の田賦収入は県知事からの送金に全く依存

していた。田賦と並んで国庫財政の主要財源であった貨物税収入も、省内各地に配置された税局所（税務公所と鉄路・糸繭等各種税局）の徴収と送金に頼っていたから、各県知事と税局所に対する管理・統制は、省財政全体（国庫・省庫両財政）を統括する省政府にとって極めて重要な意味をもっていた[70]。

次に、歳出面に眼を転じてみよう。表0-6の1922年度経常歳出予算を見ると、国庫歳出は中央政府の外交・内務・財政・陸軍など各部の所管に分けて費目が立てられているが、計上された歳出総額1,580万元余りのうち、そのほとんどは陸軍部（約760万）・内務部（約470万）・財政部（約140万）各所管経費によって占められていた。内務部所管経費は、その大半が省長公署・各県知事公署等の行政機関維持費（公署経費）と警察経費であり、財政部所管経費は貨物税と田賦の徴収経費がそのほとんどを占めている。つまり、江蘇省から吸い上げられた巨額の国庫収入は、その大部分が軍事力の扶養と治安の維持、租税の徴収費用、各級行政機関の維持に費やされていたのである。他方、江蘇省の地域的利益に還元される国庫支出の経費枠は極めて限定され、内務部所管の水利費や教

表0-6　1922年度江蘇省経常歳出予算

◆国庫歳出		◆省庫歳出	
外交部所管	77,208	内務行政費	517,056
内務部所管	4,667,654	財務経費	22,120
公署経費	1,143,493	教育経費	1,862,037
警察経費	2,468,364	実業経費	228,832
警備隊	397,396		
巡艦	43,061		
水利	528,644		
その他	86,696		
財政部所管	1,410,640		
財政庁経費等	77,400		
徴収経費等	1,333,240		
陸軍部所管	7,637,041		
司法部所管	911,466		
教育部所管	886,544		
農商部所管	222,636		
合　計	15,813,189	合　計	2,630,045

典拠：前掲『江蘇省政治年鑑』三編財政244頁、260頁より作成。

育部所管の国立大学・学校経費が計上されている程度であった。そのため、教育や産業の振興など地域の発展を図る支出は、省庫財政が負担せざるを得なかったが、第5章で産業行政に即して明らかにするように、乏しい財源の下で慢性的な経費不足は避け難かった。

註

（1）　呉国光・鄭永年『論中央‐地方関係：中国制度転型中的一個軸心問題』（牛津大学出版社、1995年）3頁。

（2）　天児慧編『現代中国の構造変動』4：政治‐中央と地方の構図（東京大学出版会、2000年）。同書に掲載された9篇の論文の註を一瞥するだけでも、現代中国の中央・地方関係に対する国際的な研究関心の拡がりと深さを看取することができる。

（3）　劉偉『晩清督撫政治―中央与地方関係研究』（湖北教育出版社、2003年）、李国忠『民国時期中央与地方的関係』（天津人民出版社、2004年）、張連紅『整合与互動―民国時期中央与地方財政関係研究（1927‐1937）』（南京師範大学出版社、1999年）、趙雲旗『中国分税制財政体制研究』（経済科学出版社、2005年）。

（4）　中華民国史専題第五届討論会秘書処編『中華民国史専題論文集』第5届討論会第2冊（2000年）。

（5）　以下に述べる本書の分析枠組みは、『国家論大綱』第1巻上・下（勁草書房、2003年）に集成された滝村隆一氏の理論的な営為に負うところが大きい。滝村氏の理論は、抽象的・思弁的な「国家論」とは違い、統治形態の制度的分析から国家意志の形成・執行に関わる政策過程分析に至るまで、歴史研究とくに政治史を追究する上で具体的な方法的指針を提供してくれる。

（6）　したがって、本書の所謂「地域」は、一定の指標に基づいて「地域」の範囲を設定するような議論（例えば、スキナーの市場圏論を援用し浙江省の経済的発展の差異によって「地域」を区分した Schoppa,R.Keith, *Chinese Elites and Political Change : Zhejiang Province in the Early Twentieth Century,* Harvard Universty Press, 1982）とは発想を異にしている。

（7）　前掲、呉国光・鄭永年『論中央‐地方関係：中国制度転型中的一個軸心問題』は、現代中国の中央・地方関係を分析する基本概念として、トクヴィルから援用した「政府集権（分権）」と「行政集権（分権）」の区別という立場を主張する（9～11頁）。本文の説明から推測できるように、本書で使用する「統治権」の集中（分散）とは同書の「政府集権（分権）」に、「行政権」の集中・分散を意味する「中央集権」・「地方分権」は同書の「行政集権（分権）」に、それぞれほぼ対応する概念である。なお、日本のトクヴィル研究では、呉国光・鄭永年両氏のいう「政府集権（分権）」・

「行政集権（分権）」を、一般に「政治的集権（分権）」・「行政的集権（分権）」と称するようである（さしあたり、小山勉『トクヴィル―民主主義の三つの学校』筑摩書房、2006年を参照されたい）。

（8） 以上のように、「地方行政機関」と「地域的統治権力」という概念は、「地方」と「地域」との二重性に対応した省政府の二重的性格を示すものである。これに類した概念として、かつて西村成雄氏が「地方権力（政府）」と「地域権力」とを区別し、「従来使用されてきた中央―地方という二元的把握ではなく、中央―地方―地域権力―地域社会という四元的把握による中国政治の四層構造を想定」するという見地を提示したことがある（同『中国ナショナリズムと民主主義』研文出版、1991年、49頁）。ただし、西村氏にあっては、「四元的把握」・「四層構造」という表現が端的に示すように、「地方」と「地域」或いは「地方権力（政府）」と「地域権力」とが実体的に区別されている。以上の点で、実体的同一性とその論理的峻別に基づいて「地方行政機関」と「地域的統治権力」の二重性を導き出す筆者の捉え方とは発想を異にしている。

（9） 中国行政区劃研究会編（張文範主編）『中国省制』（中国大百科全書出版社、1995年）には、民国初年から日中戦争後に至るまでの「省」の廃止・縮小に関する議論が掲載されている。

（10） したがって、中国近代史において「地方自治」を問題にする場合、内部的な民主化だけをもってその近代性を過大に評価しようとすると事態の本質を見誤る。この点については、第9章「小結」も参照。また関連して、Schoppa,R.Keith,"Province and Nation:The Chekiang Provincial Autonomy Movement, 1917-1927", in *The Journal of Asian Studies,* Vol.36,No.4（1977）が、「省自治」を省の独立性を強く意識させる Provincial Autonomy と表現していることは注目してよい。なお、念のために付言しておけば、上記の点は中国近代にのみ特殊に語り得ることではない。一般に国家と地方自治との関係は、行政学の立場からも「地方行政或いは地方自治を過大視し、かえって形式化した讃美論に傾斜してしまって、国家の問題を軽視する誤謬を犯すのは、……地方体制の国家的性格を強調する余り『地方自治』を軽視乃至無視する傾向と軌を一にするものである」（大島太郎『日本地方行財政史序説』未来社、1968年、8頁）と指摘されている。

（11） 浜下武志『近代中国の国際的契機』（東京大学出版会、1990年）29頁、同『朝貢システムと近代アジア』（岩波書店、1997年）12～14頁。

（12） 臨時台湾旧慣調査会編『清国行政法』第1巻上（1914年、大安1965年影印版）59～60頁。

（13） 木村増太郎『支那財政論』（大阪屋号書店、1927年）15頁、林田和夫「支那の財政機構と其運営の特殊性(2)」（『満鉄調査月報』第17巻6号、1937年）。

(14) 第2章の分析、及び岩井茂樹『中国近世財政史の研究』(京都大学学術出版会、2004年)の附篇「中国の近代国家と財政」を参照。
(15) 以上の引用は、前掲岩井『中国近世財政史の研究』476～477頁。
(16) 以上の点については、とくに第2章と第9章の分析を参照されたい。
(17) 前掲、岩井『中国近世財政史の研究』477頁。
(18) 前掲、呉国光・鄭永年『論中央－地方関係：中国制度転型中的一個軸心問題』が、「改革開放」以来の「地方政府は行政的役柄を演じ行政管理の職能を履行するだけでなく、政治的役柄をも演じている」(35頁)と捉えるのは、まさしくこの点と関わっている。地方政府の「政治的役柄」とは、本書でいう「地域的統治権力」としての役割にほかならない。現代中国に対する彼らの処方箋は、「統治権」を中央政府の下に回収・集中しつつ(彼らの言葉では「政府集権」)、地方政府に「行政権」を合理的に配分する(同じく「行政分権」)というものであり、その限りにおいて、彼らは中国の中央・地方関係を普通の現代国家のそれに改変すべきであると言っているに過ぎない。そしてまた、本書が明らかにするように、この課題はすでに民国期の北京政府と国民政府の時代から追求されていたのである。
(19) 以上の点については、第2章・第7章の考察と拙稿「中国の統一化と財政問題——『国地財政劃分』問題を中心に——」(『史学研究』第179号、1988年)を参照のこと。
(20) 国民政府期の「国地財政劃分」については、前掲の張連紅『整合与互動—民国時期中央与地方財政関係研究(1927-1937)』、趙雲旗『中国分税制財政体制研究』、及び前掲拙稿「中国の統一化と財政問題——『国地財政劃分』問題を中心に——」を参照。
(21) 前掲、岩井「中国の近代国家と財政」。
(22) 前掲、趙雲旗『中国分税制財政体制研究』154～160頁。
(23) 大橋英夫「現代中国における中央と地方の財政関係」(『筑波法政』第18号、1995年)、同「中央・地方関係の経済的側面」(前掲、天児編『現代中国の構造変動』4：政治－中央と地方の構図、所収)、張忠任『現代中国の政府間財政関係』(御茶の水書房、2001年)第2章・第5章、三宅康之「1980年代中国の財政制度改革をめぐる中央＝地方関係(1)」(『法学論叢』第152巻4号、2002年)等を参照。
(24) 前掲、趙雲旗『中国分税制財政体制研究』382頁。前掲、呉国光・鄭永年『論中央－地方関係：中国制度転型中的一個軸心問題』第5章は、税収を地方政府の徴税に依存し独自の国税機構をもたない点、即ち「現代国家が備えるべき税収制度が基本的に存在しない」ところにこそ、中国中央政府の「財政危機の制度的根源」があると指摘する。
(25) 前掲、大橋「中央・地方関係の経済的側面」。

(26) 岩井茂樹氏は、広東・福建両省に適用された「定額請負」制について、「19世紀後半の清朝で出現した定額の京餉、協餉制度と本質的に変わらない」と指摘している（前掲、同『中国近世財政史の研究』241頁）。
(27) 近年の傾向として、「軍閥」という用語を意図的に使用しないか、或いは「軍事エリート」等で代替させる動きがある（例えば、塚本元『中国における国家建設の試み──湖南1919-1921年──』東京大学出版会、1994年、深町英夫『近代中国における政党・社会・国家──中国国民党の形成過程──』中央大学出版部、1999年）。従来の「軍閥」＝反動という固定観念や価値評価から自由になるというイメージ上のメリットは理解できるが、方法的に如何なるメリットがあるのかという点では、なお説得力が不十分であることは否めない。問題は用語のイメージにではなく、対象事象に関する概念的把握の説得力如何にあると思われる。本書では、以下の本文で展開するような理解に立って「軍閥」という用語を使用していく。
(28) 「軍閥」統治が「地方行財政」として実存するという着想は、「中国軍閥は……軍事組織であると同時に、半封建的性格を有する行政機関の全体系に依存する、中国における原始的資本蓄積の基本的手段の一つである」（傍点は筆者）というコミンテルンの定義に由来する（「中国情勢の問題に関する決議（1926年12月）」横山英編訳『ドキュメンタリー中国近代史』亜紀書房、1973年、295頁）。「半封建的」という性格規定はともかく、同時代にあって基底還元（階級的基礎・経済的基礎）論とは一線を画する以上のような指摘は慧眼であったといわねばならない。なお、このコミンテルンの決議に注目して過去に「軍閥」論を展開したのは横山英氏のみだが、氏が注目したのは「原始的資本蓄積の基本的手段」という後段の部分であった（同編『辛亥革命研究序説』新歴史研究会、1977年、30〜31頁）。
(29) したがって、「階級的基礎」や「経済的基礎」が「封建的地主階級」であるとか、「資産階級的色彩」を帯びているとかという問題は、行財政史的視点に立った「軍閥」論にとっては、あくまで二義的な問題に過ぎない。中国においては、この点が「軍閥」論の核心を占めている（孫占元「十年来北洋軍閥史重点問題研究概述」『歴史教学』1992年第6期、来新夏・莫建来「50年来北洋軍閥史研究述論」『社会科学戦線』1999年第5期）。
(30) 以上の意味において、本書は北京政府を「中央政府」とした中央・地方関係のケーススタディということになる。江蘇省の事例を、「広東の政府（国民政府を含む）」や将来の「聯省政府」を「中央政府」に選んだ西南諸省、或いは張作霖東三省政権・閻錫山山西省政権などと比較・検討することは、北京政府期の中央・地方関係研究にとって重要な意味をもつ。
(31) 本書は、歴史学・行政学・政治学・財政学等の学問領域に渡る近代日本行財政史・地方自治史研究からも、問題設定の仕方や分析の切り口等において多くの着想を得

ている。もちろん、伝統的な行財政構造の基礎の上に統治権が分散した中華民国期の行財政史に、日本近代史の分析方法・視角を無媒介に適用することは厳に慎まねばならないが、その点を十分配慮した上で日本史の研究成果に学ぶことは必要であろう。主に参照した業績は以下の通り。大石嘉一郎『日本地方財行政史序説』（御茶の水書房、1961年）、同『近代日本の地方自治』（東京大学出版会、1990年）、前掲大島太郎『日本地方行財政史序説』、有泉貞夫『明治政治史の基礎過程――地方政治状況史論――』（吉川弘文館、1980年）、山田公平『近代日本の国民国家と地方自治』（名古屋大学出版会、1991年）、大島美津子『明治国家と地域社会』（岩波書店、1994年）、坂本忠次『日本における地方行財政の展開（新装版）』（御茶の水書房、1996年）、渡辺隆喜『明治国家形成と地方自治』（吉川弘文館、2001年）。

(32) 浜口允子「北京政府論」（野澤豊編『日本の中華民国史研究』汲古書院、1995年）。

(33) 横山宏章「民国政治史の分析視角――政治学の側からの一つの試論――」（『近きに在りて』第15号、1989年）、山田辰雄「今こそ民国史観を」（同上、第17号、1990年）などを参照。

(34) 居閲時「北洋軍閥時期史研究的新触角和新局面」（『社会科学』1996年第7期）。なお、1980年代以降における中国の「軍閥」研究については、渡辺惇「北洋政権研究の現況」（辛亥革命研究会編『中国近代史研究入門』汲古書院、1992年）を参照。また、前掲の塚本『中国における国家建設の試み――湖南1919-1921年――』の補論「『中国近代軍閥』をめぐって」は、欧米の「軍閥」研究が手際よく整理されていて有用である。

(35) ただし、「革命」が「政治」のもっとも苛烈な現象である以上、本来の「革命史」は「政治史」の一環として存在する。したがって、新民主主義革命史観や毛沢東路線闘争史に収斂するものでない、或いは共産党や国民党の正統性を弁証するものでない限り、革命史研究は政治史研究の一環として正当に位置づけられねばならない。その意味で、北京政府期を対象とした近年の革命史研究――前掲深町『近代中国における政党・社会・国家――中国国民党の形成過程――』、坂野良吉『中国国民革命政治過程の研究』（校倉書房、2004年）は、「政治史」研究として大いに評価されるべきである。詳細は、両著に対する拙評（それぞれ『アジア経済』第41巻5号、2000年、『史学雑誌』第113編10号、2004年）を参照されたい。

(36) そうしたなかで、本書に関わるまとまった研究成果としては、後述する「国民国家」・「国家建設」をキーワードとする業績のほかに、横山宏章『中華民国史』（三一書房、1996年）、藤岡喜久男『中華民国第一共和制と張謇』（汲古書院、1999年）、中央大学人文科学研究所編『民国前期中国と東アジアの変動』（中央大学出版部、1999年、とくに第二部「民国前期中国の政治」）等を指摘することができる。

(37) ただし、外交部檔案を駆使して北京政府期における「近代外交」の形成を論じた

川島真『中国近代外交の形成』(名古屋大学出版会、2003年) は貴重な業績である。なお、同書は外交史に関わる専著であるため、本書では正面から取り上げることはしないが、第Ⅳ部は「外交をめぐる中央と地方」と銘打たれ、興味深い考察や論点が示されている。

(38) 例えば、袁世凱政権の集権化を目指す諸改革を強国化への希求に裏打ちされたものと捉え、包括的な分析を試みたヤング氏の業績(Young, Ernest P., *The Presidency of Yuan Shih-K'ai: Liberalism and Dictatorship in Early Republican China,* University of California Press,1976)、そして1910年代から20年代前半を対象に北京政府をめぐる政治過程を実証的に分析したネイザン氏の研究 (Nathan,Andrew J.,*Peking Politics,1918-1923:Factionalism and the Failure of Constitutionalism,* University of California Press,1976)など。なお、袁世凱政権に関してはチェン氏の研究(Chen,Jerome, *Yuan Shih-K'ai,1859-1916,* Stanford University Press,1961) が先駆的であるが、中央・地方関係の視点から見た場合、ヤング氏の研究がより分析的である。

(39) また、両書の成果等を十分に踏まえた曽田三郎「政治的ナショナリズムと地方行政制度の革新」(西村成雄編『現代中国の構造変動』3:ナショナリズム—歴史からの接近、東京大学出版会、2000年、所収)も参照。

(40) 詳しくは、塚本氏の著書に対する拙評(『史学研究』第206号、1994年)を参照。

(41) 張神根「清末国家財政、地方財政劃分評析」(『史学月刊』1996年第1期)、朱英「晚清地方勢力的発展与中央政府的対策」(『探索与争鳴』1996年第1期)、陳鋒「清代中央財政与地方財政的調整」(『歴史研究』1997年第5期)、鄧紹輝「咸同時期中央与地方財政関係的演変」(『史学月刊』2001年第3期)、申学峰「清代中央与地方財政関係的演変」(『河北学刊』2002年第5期、筆者未見)、劉偉「清末中央与地方関係的調整」(『北京科技大学学報』1999年第4期、筆者未見)、同「晚清新政時期中央与各省関係初探」(『華中師範大学学報』人文社会科学版第42巻6期、2003年)、及び前掲の同『晚清督撫政治—中央与地方関係研究』。

(42) 《北洋財政制度研究》課題組「北洋時期中央与地方財政関係研究」(『財政研究』1996年第8期)、杜恂誠「民国時期的中央与地方財政劃分」(『中国社会科学』1998年第3期)、石源華「民国時期中央与地方関係的特殊形態論綱」(『復旦学報』社会科学版1999年第5期)、印少雲・顧培君「清末民初分税制思想述評」(『徐州師範大学学報』哲学社会科学版第27巻2期、2001年)、劉慧宇「論南京国民政府時期国地財政劃分制度」(『中国経済史研究』2001年第4期)。

(43) 筆者が、北京政府期さらには民国期の体系的歴史把握を重視するのは、中国近代史をトータルに再構成しようとした横山英氏の「二つの変革コース」論に刺激されたことが大きい。ただし、本書の実証は横山氏の仮説を裏付けるのではなく、むしろその批判を含意するものとなっている。以下、北京政府期の歴史理解に関わる限

りで氏の論点に言及しておこう。
　横山氏の「二つの変革コース」論は、ブルジョア的変革の二つのコース、即ち「半植民地（または植民地）半封建的な中国」を創出・維持する「半植民地半封建コース」と「独立・ブルジョア民主主義中国」の創出をめざす「反帝反封建コース」との対抗を軸に、中国近代史の全過程を把握しようとしたものである。本書にとって問題となるのは、「半植民地半封建コース」が洋務派・軍閥・南京国民政府以後の国民党政権を担い手とする「半植民地的絶対主義の形成、発展のコース」であり、中華民国の成立を「半植民地的絶対主義成立の画期」と見なした点である。そして、「反帝反封建コース」の担い手たる共産党が国民党政権を打倒したことをもって、「半植民地的絶対主義」は打倒され、中国における「ブルジョア民主主義革命」は成就したとされる（前掲、横山『辛亥革命研究序説』3〜5頁、108頁）。
　横山氏の「絶対主義」イメージは、明らかに講座派の「明治国家＝絶対主義」説を理論的な下敷きにしている。そこで、以下では「絶対主義的」という場合は、「明治国家のような」というほどの意味で用いることにする。
　さて、筆者の疑問は、そもそも幕末・維新期の日本と異なり「半植民地」という国際的地位が確定した辛亥革命前後の中国において、たとえ「半植民地的」という特殊規定を冠するにせよ、「絶対主義的」な統一政権が成立する歴史的条件が果たして存在したのか、というところにある。私見では、第1篇各章の考察による限り、袁世凱政権は確かに「絶対主義的」な統一を志向していたが、袁の死をもってその志向性は挫折したと見るのが妥当のように思われる。つまり、1910年代の中国は日本のような「絶対主義的」志向さえ許容されない厳しい内外条件の下にあり、それゆえ「半植民地」という規定性と「絶対主義」という権力概念は範疇的に両立し得ないと考えるべきである。
　また、第3篇各章の議論から窺えるように、袁世凱死後の「軍閥割拠」状態は、彼の「絶対主義的」統一志向が壊滅した結果であって、集権的な「絶対主義」権力の一般的イメージとは到底相容れない。したがって、横山氏が「ブルジョア民主主義革命運動の第一段階」と捉えた国民革命の敵対権力は、「半植民地的絶対主義」などではなく、「絶対主義的」な統一さえ実現できず分裂状態に陥った政治状況こそが国民革命の真の敵であった。つまり、集権化された「絶対主義的」中央権力の打倒（中央国家機構の掌握）によって一挙に革命の帰趨が決定されるのではなく、分裂した個別「軍閥」権力を各個撃破していかなければ革命が成就しないという意味で、国民革命は極めて困難な課題を背負わされていたと考えるべきなのである（この点については、「結論―国民政府への展望」でもやや詳しく言及してあるので併せ参照されたい）。
　以上のように、筆者は横山氏の「半植民地的絶対主義」論を理論的にも実証的に

も支持することはできないが、1970年代当時にあって、氏の問題提起は中華民国期の国家史・政治史の実証的開拓を促す上で貴重な意義を有していた。しかるに横山氏の問題提起は、その後、辛亥革命が「ブルジョア民主主義革命」か「絶対主義的変革」かという抽象的概念レベルの議論に矮小化されてしまい、中国近代史の体系的再構成という本来の意図は全くといってよいほど顧みられることがなかった。加えて、民国史研究が学界において市民権を得た後も、国民政府史の研究が格段と進展した一方で、辛亥革命の結果誕生した袁世凱政権を中心とする北京政府期の政治史分析は圧倒的に立ち後れてしまった。以上の意味において、本書は改めて横山氏の問題提起を批判的かつ実証的に受け止めようとするものである。

(44) ただし、国民政府期・人民共和国期の国家統合と中央・地方関係を考察するためには、「党」という新たなファクターを分析の枠組みに加えなければならない。その意味で、本書のように後続する両時期から北京政府期をひとまず独立させて取り上げるのは一定の根拠がある。

(45) 以上のように「政治」を定義するなら、「制度」には法的規範に基づく政治的諸制度だけでなく、人々の観念や意識を規定するイデオロギー・慣習といった社会的諸規範も当然含めなければならないだろう。そうなると、「制度」を媒介に様々な行為主体（各級政府・諸機構・諸勢力）が織りなす政治過程を描こうとする本書の立場は、「新制度論」（new institutionalism）の発想に近いのかもしれない。ただし、行財政史として構成される本書では、対象となる「制度」は法的規範としての行財政制度にほぼ限定されている。

(46) 筆者の限られた経験では、川島真氏（前掲『中国近代外交の形成』）が精査した外交部档案などは別として、北京政府期の政策過程分析に有用な档案が残されていることは概して少ないような印象をもつ。この点については、詳しい方のご教示を得たい。

(47) 例えば『政府公報』から得られる情報だけを利用して、単独の省を事例に、制度・機構・人事など多方面に渡る中央・地方関係を再構成することも可能である（張玉法「民国初年中央与地方的関係：山東之例（1912〜1916）—対《政府公報》中有関資料初歩分析」前掲『中華民国史専題論文集』第5届討論会第2冊、所収）。

(48) 新聞史料を丹念に吟味していけば、地方政府の公報からも窺うことのできない、関連各官庁の政策実施をめぐる文書の往来が、部分的に確認できることさえある。例えば、『新聞報』1915年5月18日「警庁保護征収落地税」に掲載された淞滬警察庁長から各区警察署・警備隊に通知した「飭」（訓令）は、内容が落地税徴収の保護を指示したものであるため、税務に関わる公文書が重層的に引用されている。即ち、警察庁長の「飭」には江蘇巡按使公署の「飭」が、巡按使公署の「飭」には上海落地税征収局長の巡按使公署宛「詳」（呈）が引用され、さらに、その「詳」の

なかに江蘇財政庁の落地税征収局長宛の「密飭」が、その「密飭」には財政部の江蘇財政庁宛の「密電」と「飭」が引用されている。
(49)　いちいち注記することはしないが、以下の説明については、銭端升等『民国政制史』下冊（商務印書館、1939年）、銭実甫『北洋政府時期的政治制度』上・下冊（中華書局、1984年）、及び及川恒忠『支那政治組織の研究』（啓成社、1933年）等を参照されたい。なお、銭氏の著作は解説の詳細さと網羅性において、もっとも権威ある民国期制度史の業績であろう。
(50)　「教令第2号／画一現行各省地方行政官庁組織令」・「教令第5号／画一現行各県地方官庁組織令」（『政府公報』第243号、1913年1月9日）など。
(51)　「画一現行各省地方行政官庁組織令」における民政長は「大総統が任命する」とだけあり、官等は明確でなかったが、「省官制」以降の巡按使・省長は「特任」であった（前掲、銭端升等『民国政制史』下冊378〜379頁、387〜388頁）。なお、「特任」職は戦前の日本における勅任官中の親任官に当たる。また、後出する「簡任」職は勅任官に、「薦任」職は奏任官に、「委任」職は判任官にそれぞれ相当し、薦任以上が高等文官であった（熊達雲「近代中国における文官制度導入への模索と日本」『歴史学研究』第649号、1993年）。
(52)　総務処及び四司の職掌については、「各省行政公署暫行辦事章程」（『政府公報』第315号、1913年3月23日）を参照されたい。
(53)　政務庁長は「省官制」上の規定では薦任官であったが、多くは大総統の簡任によっていた。また、政務庁及び四科の職掌については、「江蘇省長公署政務庁辦事職掌暫行章程」（江蘇省長公署統計処編『江蘇省政治年鑑』1924年、首編官庁9〜10頁——近代中国史料叢刊三編第53輯、文海出版社、1989年）を参照。
(54)　「江蘇巡按使斉耀琳呈蘇省組織行政会議繕具章程請飭備案文並　批令（附単）」（『政府公報』1026号、1915年3月18日）。
(55)　これに対して、第6・第9章に登場する省長韓国鈞が1925年2月に提起した「参議庁」の組織構成は、省長及び政務・財政・教育・実業各庁長の省政府側5名に、「各道属士紳」から招聘した5名を加えている点で極めて対照的である。この組織構成は、韓国鈞が本省人であったことに加え、第9章で詳しく検討するように、当時の江蘇省行財政運営が地域的利益に密着する方向に変容を遂げつつあったことと関係している。ただし、韓の提案は省単行法規に関する省議会の議決権を無視して中央政府の承認を求めたものだったため、省議会議員の強い反発を買うことになった（南京第二歴史檔案館蔵北洋政府内務部檔案1001(2)346）。当時の韓国鈞（省政府）と省議会との関係についても、第9章を参照されたい。
(56)　「県組織令」に続いて公布された「各県知事公署暫行辦事章程」（『政府公報』第321号、1913年3月29日）が列挙する科の業務内容からも、その点は類推できる。

(57) 魏光奇「走出伝統：北洋政府時期的県公署制度」(『史学月刊』2004年第5期)。同論文によれば、「県組織令」の規定は清末新政期の1907年に公布された「直省官制通則」の規定を踏襲したものだったという。
(58) 以上のように省長公署と財政・教育・実業三庁の関係を考えると、果たして「省政府」とは何を指すのか、統一的な「省政府」は存在していたのか、という疑念が生じてくる。この点に関する本書の立場は以下の通りである。行政系統を異にするとはいえ、省長の指揮・監督権が認められている以上、省長公署と三庁とは形式制度上の行政的統一性を保持していたと考えるべきであり、組織論の観点から見た「省政府」とは省長公署と三庁の総体を指すものとして考えたい。ただし、政治的意志決定権の所在に注目すると、省長や督軍等の意向が「省政府」の意志として強力に押し出されてくる。つまり、意志論の観点から「省政府」を問題とする場合、その所在と内実は行政・軍政両長官及びその機構に収斂されてくるのは自明である。本書において使用する「省政府」は、後者を意味する場合が圧倒的に多い。
(59) それぞれ、『政府公報』第243号（1913年1月9日）に教令第9号として、第791号（1914年7月19日）に教令第100号・第101号として掲載。
(60) 趙宏偉「省党委員会書記の権力」(前掲、天児編『現代中国の構造変動』4：政治－中央と地方の構図、所収)。
(61) 前掲『江蘇省政治年鑑』首編官庁19～31頁の各職員略歴表より算出。
(62) なお、江蘇省の県議会（県議事会）についても付言しておくと、民国成立後、臨時省議会が議決した「江蘇暫行県制」等に基づき、各県で清末に設置されていた県議事会の改組や新たな組織化が進められていった。組織化の状況は、蘇属（江南）に比べ寧属（江北）の進展が遅かったようである（江蘇省行政公署内務司編『江蘇省内務行政報告書』1914年、上編第3章117～118頁）。袁世凱政権による解散後、江蘇省の県議会が復活するのは1923年6月に省長公署が地方自治回復を発令して以降である。この点は、第9章を参照されたい。
(63) 曹余濂編著『民国江蘇権力機関史略』(江蘇文史資料編輯部、1994年）94～105頁。
(64) 省議会に関する最近の研究としては、浙江省の諮議局・省議会の膨大な議事録・文書類を駆使した沈暁敏『処常与求変：清末民初的浙江諮議局和省議会』(生活・読書・新知三聯書店、2005年）が注目される。
(65) 拙稿「1920年代前半における各省『法団』勢力と北京政府」(前掲、横山編『中国の近代化と地方政治』所収）を参照。この論文で使用した「法団勢力」という概念は、本書でいう「在地郷紳層」・「在地郷紳・商紳層」にほぼ重なる。ただし「法団勢力」(とりわけ商会）が、地域的利害に基礎を置きつつも国政改革に積極的に関わろうとする全国的展望をもった政治勢力として描かれていたのに対し、「在地郷紳層」・「在地郷紳・商紳層」は、地域的利害に切実な利害をもつ勢力としての側

面がより強調されている。
(66) 北京政府期の国家財政を概観するには、笠原十九司「五四運動期の北京政府財政の紊乱」(『宇都宮大学教育学部紀要』第一部第30号、1980年) が参考になる。
(67) この点については、江蘇省の地方実業経費を論じた第5章を参照のこと。
(68) 例えば、松江県の1921年度歳入予算は田賦附加税約11万元を中心に、契税・屠宰税等の附加税のほか学捐・房捐・警捐・船捐等の雑捐で構成され、歳入規模は約20万1,000元であった(『新聞報』1921年10月19日「松江／審査中之預算案」)。ただし、この歳入も、地方自治が実施された民国初年には3対7の比率で県と市郷とに配分されることになっていた(前掲『江蘇省内務行政報告書』上編第3章217〜218頁)。なお、清末民初の県財政については、田中比呂志「清末民初における地方自治と財政——県自治財政を中心に——」(『東京学芸大学紀要』第3部門社会科学56、2005年) も参照。
(69) 「財政略説」(前掲『江蘇省政治年鑑』三編財政237頁)。王樹槐『中国現代化的区域研究／江蘇省、1860-1916』(中央研究院近代史研究所、1984年) 316頁は、田賦は民国1・2年(1912・13年) が地丁毎両1.8元、漕糧毎石5元、民国3〜5年(1914〜16年) が毎両2.1元、民国6〜15年(1917〜26年) が毎両2.5元に換算・徴収されたと記す。また、「省税」と「県税」として、時期は不明だがそれぞれ毎両3角と毎石1元が附加徴収されたとする。
(70) 以上の点は、岩井茂樹氏の示す専制国家の財政体系が、北京政府期にも妥当することを示す事例となる(前掲、同『中国近世財政史の研究』終章)。

第1篇

袁世凱政権下の国家統合と中央・地方関係

第1章
国家統合の模索と諮詢機関の役割

第Ⅰ節　課題の設定

　緒論でも確認しておいたように、近代的な国家形成が進展するに伴い、中央国家権力への統治権の一元化が進んでいく。辛亥革命の結果、各省軍政府のルーズな連合体として出発した中華民国にとって、国家統合の必須の課題となったのは、この「統治権の一元化」であった。ところが、成立当初の中華民国は、統一的な近代社会の形成――とりわけ、国民的な統一経済圏の形成が圧倒的に不十分であり、その根本的な制約の下で、「地方行政機関」たるべき省政府は「地域的統治権力」としての割拠性を保持したままであった。こうした事態はまた、中央政局の不安定さが、同時に中央・地方間の政治秩序の不安定さへと波及してしまう要因にもなっていた。したがって、成立当初の中華民国には、統治権を一元化するための要件として、①中央国家権力（立法権と執行権の総体）に統治権力としての安定した組織的統一性を与え、②中央政府と各省政府とが有機的に連携し得る地方制度を整備する、という二つの課題が不可分な形で突きつけられていた。

　民国初年において、「専制」を目指す勢力も「民主共和」を目指す勢力も、この二つの課題に応えるものでなければ、その政治的な主張・方針はいささかリアリティーを欠いていたといわねばならない。それでは、「専制」を志向した袁世凱は、如何なる具体的な手法でこの二つの課題を解決しようとしたのだろうか。本章では、以上の点を明らかにするために、臨時約法下から新約法下に至る政治秩序の変容を通して袁世凱が駆使した諮詢機関の役割に注目したい。

「諮詢政治」とでも称すべきその政治的手法によって、袁世凱政権は上に指摘した二つの課題に果たしてどこまで応えることができたのか。その達成度如何を確認すること、それが本章の課題にほかならない。

管見の限り、これまで袁世凱の諮詢政治そのものに着目した研究はなかったといってよい。そこで、少し視野を広げて、袁世凱政権に関する政治史的分析に眼を向けてみよう。そこで注目すべき業績として先ず指摘しなければならないのは、1970年代に出版されたヤング氏の著作である[1]。氏の研究は、現在においてもなお袁世凱政権に関する最も包括的な研究ということができ、中央政府の集権化政策と省勢力との対抗関係を軸に、袁世凱政権の国家統一への模索を分析した点で本章の問題意識とも重なっている。しかし、包括的な研究であるだけに論点が多岐に渡り、中華民国が直面していた先の二つの課題について統一的なイメージを得るには自ずと限界がある。

他方、中国において注目されるのは、近年の鄧亦武氏の業績である。南京大学に博士論文として提出された氏の研究は、袁世凱による専制体制の確立過程から行政・経済・教育改革、「洪憲帝制」の挫折までを幅広く扱っているが、従来の道徳的・イデオロギー的な評価を排する点で、中国における袁世凱研究進展の可能性を示唆するものである[2]。また日本では、「強国化への希求」という観点から袁世凱の帝制論を再検討した山田辰雄氏、「専制と民主の相剋」という視角から袁世凱の専制政治を分析した横山宏章氏の業績がある[3]。両氏の研究は、日本の袁世凱政権に関する政治史分析を新たな水準に引き上げたものとして評価できる。だが、先の鄧論文はヤング氏の著作と同じく内容が包括的であるだけに、また山田・横山両氏の研究は「20世紀中国政治史」或いは「中華民国史」の歴史的連続性のなかに袁世凱政権を位置づけることが主眼であるため、何れも「袁世凱専制」独自の制度や実態に踏み込んだ議論とするには不十分の憾みを免れない。

第Ⅱ節　臨時約法下の諮問機関と中央・地方関係

(1)　「議会専制」と地方体制問題

　周知のように、南京の臨時参議院（以下、参議院と略）が制定した「中華民国臨時約法」（以下、臨時約法と略）は、臨時大総統に就任する袁世凱の権力を掣肘する目的をもって制定された。臨時約法下における袁世凱の諮問政治は、この制度的な制約の枠内で、それを形骸化するために展開された。そこで、先ず臨時約法下の統治形態の特質を簡単ながらも確認しておくことが、本節での議論の前提となる。

　統治形態上の特質として決定的に重要なのは、参議院が中央統治権力の頂点に立ち、政府（執行権力）はたんなる下請的な官僚機構に貶められていたという点である。それは「議会専制」と呼ぶに相応しい性格を備えていた。中華民国は、参議院・臨時大総統・国務員（国務総理と各部総長）・法院が共同で「統治権」を行使し、大総統は「政務を総攬」する存在と規定されてはいたが、官制・官規の制定、国務員及び外交大使・公使の任命、宣戦・講和及び条約の締結については、必ず参議院の議決と同意を必要とした。一方、参議院は「一切の法律を議決する」とともに、「自ら集会、開会、閉会を行うこと」ができ、大総統が参議院の議決に不服で再議を求めた場合も、出席議員の3分の2以上の多数をもって、その案件の公布執行を大総統に強制することができた。しかも、驚くべきことに、参議院には以上のような権限とともに大総統・国務員に対する弾劾権が認められながら、大総統には参議院に対する解散権が認められてはいなかった[4]。

　このように、臨時約法の下では、立法権と執行権のチェック・アンド・バランスの要件を欠くため、「政務を総攬」するはずの大総統には統治権中枢としての権限が欠如し、「政務」に対する指揮権を発揮することができなかった。逆に、参議院は大総統の解散権による掣肘を受けることなく国務院（内閣）の

死命を制することができ、文字通りの「議会専制」を実現できるはずであった。それでは、参議院は大総統に代わって「政務」に対する指揮権を発揮することができたのだろうか。答えは否であった。そもそも、議会が政府を自らの下請的機関に貶めておくことは、議会内の各政党が政治理念や政策的基調の上で基本的に一致し、安定した協調関係を保っている条件下においてでもなければ無理である。ところが、北京に移った参議院では、その初期において同盟会・共和党に加えて統一共和党などの小政党が分立し、同盟会と統一共和党等が連合して国民党となった後も、国民党と共和党との抗争は依然として熾烈なものであった(5)。したがって参議院は、政治理念を異にする各政党の連合・妥協、或いは激しい対立のなかでしか「議会の意志」を確定することができず、安定した「政務」の運営に必須なはずの統一的な政治理念や、一貫した政策的基調を打ち出すには甚だ困難な状況に置かれていた(6)。

　1912年の相次ぐ内閣の交代劇と組閣の難航こそ、以上に示した統治形態上の問題点——国家権力としての組織的統一性と指揮主導性の欠如——を端的に証明するものだった。各省軍政府のルーズな連合体として出発した中華民国にとって、こうした中央政府の不安定と不能率は、ただちに中央・地方間の政治秩序の不安定へと連動しかねない要素を孕んでいた。したがって、臨時約法が規定する「共和制」の内実は、たんに「立法府の行政府に対する優越」という従来の一般的解釈では片づけられない、国家の存立に関わる根本的な問題を孕んでいた。それは、袁世凱個人の権力を掣肘するだけでなく、中華民国の国家的な統一性そのものまで弱めてしまう要因を内在させていたのである。議会政治に対する袁世凱の嫌悪は、参議院による「議会専制」が中央権力の統一的な構成を脅かし、それが全国的統治秩序の不安定材料となる限りにおいて正当な根拠をもっていた、といわねばならない(7)。

　したがって、強力な中央政府の下で国家統合を進めようとする袁世凱としては、一方で議会対策に腐心しつつ、他方では早急に「省制」或いは「省官制」を制定して、中央と地方との制度的な連携を打ち立てる必要があった。しかし、1912年7月に参議院に提出された「省制」と「省官制」の政府草案に対しては、

「省総監」(省行政長官)を大総統が簡任(大総統による選定)するという規定に対して民選を主張する各省議会から反対電文が殺到し、また胡漢民(広東都督)や李烈鈞(江西都督)らの国民党系都督からは「軍民分治」に反対する意見が寄せられたため、撤回を余儀なくされた(8)。次いで8月に提出された第2次政府草案は、「軍民分治」については都督の「省尹」(省総監が名称変更されたもの)兼任を認めて妥協が図られていた(9)。しかしながら、参議院が省尹の大総統簡任規定に対して、省議会の選挙した候補2名から大総統が1名を簡任するという条件を付し、また省議会の省尹に対する弾劾権を認める一方で大総統の省議会解散権を否定したため、各省都督から厳しい反対意見が寄せられた(10)。結局、第2次草案も9月末にまたもや撤回を余儀なくされたのである。地方制度を確立するためには、参議院と各省議会の意向だけでなく各省都督の要求にも配慮しなければならず、統治権中枢としての実質的権限を欠く袁世凱政府は窮地に立たされていた。

(2)「行政諮詢院」の設立と各省都督

　こうした苦しい状況のなかで袁世凱が選択した手法は、各省都督の代表からなる諮詢機関を設立して参議院を牽制しつつ、都督代表との協議によって地方制度改革に対する各省政府の合意——以下、「各省の合意」と表現する——を取り付けることだった。1912年7月24日、「大総統令」を奉じた国務院は、各省都督に対して3名の代表を上京させて大総統の諮問に備えるよう要請した(11)。この諮詢機関は、当時の新聞紙上では「各省代表会」や「行政諮詢処」等の名称で呼ばれ、必ずしも統一した呼称はなかったようだが、本章では、翌年の「政治会議」召集(次節において詳述する)の際に「大総統令」のなかで使われた「行政諮詢院」という名称を使用する(12)。

　ところで、1912年において袁世凱政府が設置を計画していた諮詢機関は行政諮詢院だけではなく、もう一つあった。やはり7月頃から政府部内で検討されていた「顧問院」がそれである。9月に参議院に提出された「顧問院官制草案」及び参議院速記録から判断すると、その骨子は以下のようなものだった。①顧

問院は「大総統の最高顧問機関」であり、院長・副院長各1名のほか、員数を定めない政治・外交・軍事・財政・法律の各顧問を置く、②「顧問員」は「勲労顕著或いは学識経験の豊かな者」から大総統が特任する、③顧問員は大総統の諮問に応ずるとともに大総統の特別委任業務を執行し、国務院各部の主管業務と関係する場合は該当する総長と協議の上で処理する(13)。③の権限は、明らかに諮詢機関としての範囲を逸脱しているが、それほど袁世凱が参議院の束縛から自由になろうとしていたことの証左といえるだろう。

事実、顧問院が成立すれば、①顧問員は「国務員」の枠外にあるため、その任命に参議院の同意を必要としない点、②大総統は、参議院によって掣肘を受ける国務院によらずとも顧問院を通じて政策を執行できる点で、大総統府が参議院から独立して統治権中枢に躍り出る可能性が高かった。顧問院は、大総統府の諮詢機関たるに止まらず、国務院からも相対的に自立した大総統直属の執行機関に肥大化する可能性を秘めていたのである。その限りにおいて、顧問院は後述する新約法下の大総統府政事堂の雛型という性格も内包していたといえよう(14)。実は顧問院の設立が構想されるまで、袁世凱は参議院から「総統府官制」の提出を督促されていた。同官制が確定しないにもかかわらず、大総統府の必要経費が増加していくことに参議院（国民党系議員）は苛立っていたのである(15)。恐らく袁としては、官制上の規制を受けることなく大総統府を統治権力として自立させようと模索していたため、官制案の参議院への提出は躊躇していたのであろう。その意味で、顧問院構想が「顧問院官制草案」として具体化され参議院に提出されたのは、袁世凱が大総統府の強化に向けてその制度化に乗り出したことを意味したが、参議院で多数を占める国民党系議員の攻撃を受けて、その目論見は実現するに至らなかった(16)。

この顧問院構想に対し、参議院の議決を必要としない行政措置として構想されたのが行政諮詢院だった。同院を設立する目的は、都督代表に各省の状況を諮問して「意志の疎通」を図ることにあったが、袁政府の主要な関心は明らかに地方制度問題の解決に注がれていた。行政諮詢院は、各省都督の代表によって構成される点で顧問院構想とは異なっていたが、地方制度問題に関する諮問

に応ずるため、地方長官の代表が中央に召集された先例は清末にもあった。1911年1月、憲政編査館は東三省総督錫良、両江総督張人駿、直隷総督陳夔龍、湖広総督瑞徴、雲貴総督李経羲に、地方官制の改定について「会同参酌」するよう要請している。この憲政編査館の措置は、錫良ら10数名の督撫が上奏して、督撫の「内閣」組織への参与と各省行政権の掌握を要求していたことへの対応であった[17]。最初は電文によって協議することになっていたが、後には「内閣」の命により各総督の代表が上京して、地方官制の改定に当たっていた法制院の諮問に備えることとなった[18]。しかし、この時は、中央と地方との利害対立から法制院と総督代表との意志疎通が不調に終わり、具体的な成果を上げるには至らなかった[19]。

　先の「顧問院官制」を立案したのは法制局であったが[20]、行政諮詢院の構想にも法制局は当然関与していたものと思われる。顧問院と行政諮詢院の構想が検討されていた1912年7月末まで、法制局の局長を務めていたのは日本留学の経験をもつ章宗祥であった。彼は、清末の1911年には法制院副使を務め、民国成立後は大総統府秘書をへて法制局局長に就任している[21]。したがって彼は、総督代表が地方官制に関する諮問に備えて上京した折には、法制院でその対応に当たっていたことになる。日本に留学した章宗祥が、顧問院と行政諮詢院の立案に際して、明治憲法下の枢密院や明治政府が地方三新法を決定するために召集した地方官会議をヒントにしたのではないかという推測も成り立つが、確定するだけの史料がなく今後の課題とせざるを得ない。ただ、行政諮詢院の構想について見ると、彼の法制院時代の経験がヒントになっていたであろうことは十分に考えられるし、諮問機関の設置によって参議院の活動——とくにその地方制度に関する議論——を牽制しようとする点で顧問院構想と同一の発想に基づいていた。

　したがって、行政諮詢院の成否は、中央政府が都督代表との協議により、首尾よく「各省の合意」を獲得することができるか否かという点にかかっていた。袁世凱は、「省制」と「省官制」の第1次草案を撤回した後、8月には第2次草案の策定内容について都督代表に諮問する手筈だった。都督代表を通じて、

「軍民分治」に反対する都督との妥協の下に「各省の合意」を形成し、参議院の動きを牽制しつつ政府案をまとめる意向だったのである[22]。ところが、都督代表の派遣が遅れて行政諮詢院の発会が10月にまでずれ込んでしまったため、以上のような袁世凱の目論見は頓挫した。

都督代表の派遣が遅れた主要な原因は、李烈鈞・胡漢民ら国民党系都督のリードの下、17省の都督が自分たちの代表に強い権限を与えるよう要求してきたことにあった。李烈鈞・胡漢民は、各省代表に与えるべき権限として、国務会議（閣議）に出席し意見を陳述する権限や、各省の重要政務について国務会議の開催を請求する権限などを主張した[23]。これに対して、李や胡の要求が「連邦制度」的であると批判する程徳全（江蘇都督）のような意見もあった。彼は、各省代表には自分の省に関わる案件に限って国務会議の傍聴のみを許し、国務会議も議案が各省政務に関わる限りで各省代表に諮問すればよい、と主張した[24]。結局、行政諮詢院の代表権限をめぐる各省都督間の協議が決着したのは8月末のことだった。李烈鈞が起草した全国17省都督の電文は、中央政府が代表の権限を確定する際に以下の4条件を考慮するよう求めていた。①国務会議が各省政務について討議する時は、先ず各省代表に諮問し協議する、②国務会議が特定の省に関わる案件を討議する場合、同省の代表は列席・傍聴し、国務員の諮問もしくは都督の命令に基づき意見を陳述することができる（ただし表決には加わらない）、③大総統は法律案・予算案を参議院に提出する前に各省代表を通じて都督の意見を聴取する、④各省政務に関する命令で特定の省に関わる場合は、先ずその省の代表に支障の有無を諮問する[25]。

一瞥して判断できるように、程徳全の意見が部分的に組み込まれてはいるものの、17省都督の要求は基本的に李烈鈞・胡漢民の主張に沿った内容として集約されている。国民党系都督がリードした17省都督の要求は、「各省の合意」を獲得しようとする袁世凱政権の計画を逆手にとって、地方制度問題の解決のみならず、中央政府の政策形成全般に対して各省都督の直接的な影響力を行使しようとするところに狙いがあった。8月28日、袁世凱は国務院を通じて、17省都督が提出した4条件の実施は困難であると各省政府に回答せざるを得なかっ

た。「純粋に行政上の作用であり法律上の機関ではない」行政諮詢院の権限を立法化することはできず、とくに4条件の第2項は「国務院官制」と抵触し同官制を改定する「立法問題」にまで連動する、というのがその理由だった[26]。「法律上の機関」とするためには参議院の議決を得る必要があり、顧問院の轍を踏まないためにも政府はそうした事態を避けたかったのである[27]。しかし、各省都督の要求は——恐らく李烈鈞や胡漢民の主導の下で——政府の回答を尻目に一層エスカレートしていった。9月初旬までに北京に参集していた10余省の都督代表は、国務会議における表決権獲得の要求を袁世凱に突きつけようと画策していたからである[28]。

　政府は、行政諮詢院の権限を行政措置の枠内で調整すべく検討を重ね、9月中旬に10ヶ条からなる「行政諮詢員簡章」を決定した。その規定によると、都督代表は政府から諮問された案件を国務院主管各部が特派する人員と協議することができたが、各省都督が求めた国務会議における陳述・議決権は、各部特派員と会議を行う際の陳述・議決権に矮小化され、その陳述・議決事項についても主管各部総長による決裁が必要となっていた。各省都督の代表を国務院各部の下に隷属させようとするこの方針は、当然のことながら江西省をはじめとする都督代表の不満と反発を招いた[29]。このような状況のなかで、袁世凱政府が懸案の地方体制問題を行政諮詢院に諮問したとしても、円満に「各省の合意」を形成することは相当に困難であると予想された。

　果たして、10月17日に開かれた行政諮詢院第1次会議[30]には地方制度関連の諮詢案は提出されず、財政部から「劃分国税与地方税案」等の財政関連案件が提出されただけであった[31]。しかし、袁世凱政府が地方制度に関して諮問しなかったのは、各省代表の批判をかわすためというより、政府部内で地方制度改革案の決定が難航し諮問すること自体が無理だったためである。先にも述べた通り、政府は9月末に参議院へ提出していた第2次草案を再び撤回する羽目に陥っていた。この第2次草案は、当初の予定では内容の確定に向けて先ず行政諮詢院に諮問される手筈だったが、代表権限をめぐって各省都督代表の上京が遅れたため直接参議院に提出されたものだった。第2次草案の撤回後、政府は

法制局において第3次草案の策定に取りかかった。しかし、10月になって漸く行政諮詢院の発会にこぎつけた後も、大総統府と国務院との間で、或いは国務院の閣僚間において草案に対する意見調整が難航した。当時、国務総理であった趙秉鈞は、この第3次草案を行政諮詢院の各省都督代表と協議する意向をもっていたというが[32]、結局のところ、草案内容を行政諮詢院に諮問することはできなかった。

こうしたなかで、政府の処遇に対する都督代表の不満も一段と昂じて、湖南省代表のように離京する者も出ていた。11月末、袁世凱はついに各省都督代表の辞職を認めざるを得なかった[33]。諮詢機関を通じて、地方制度改革に対する「各省の合意」を形成しようとした今回の試みは失敗に終わったのである。それは、各省政府との協議によって国家統合を促進することの困難さを証明するものだった。

(3) 地方官制画一化の断行

法制局が起草した地方官制の第3次草案は、地方行政単位を〈省—道—県〉の「虚三級制」とし、省に大総統特任の「総監」を置いた上で、道と県には「官治行政」と「自治行政」の機関を併存させようとしていた。この案に対しては、上述のように国務院内部でも賛否が別れ、また大総統府秘書長の梁士詒らは、省を廃止して「虚三級制」を「実二級制」に改め、道と県に大総統直属の総監を置いて「官治」と「自治」を統括させるよう求めていた[34]。政府内における意見調整の具体的経過は明らかにできないが、行政諮詢院の解散と同時期の11月28日に、大総統府が承認した「省総監制」・「道官制」・「道自治制」等の案が漸く国務会議で審議されている。しかし、依然として国務院内の草案に対する不満は強く、そこでは法制局に3年の期限をつけた「暫行地方官制」を起草させ、当面の状況を乗り切ることが検討されていた[35]。

政府内部における争点は、省政府権力の処遇と自治権限の如何にあったわけだが、その争点をめぐっては、参議院・省議会と各省都督との間で再び紛糾を来すであろうことが予想された。結局、袁世凱政府は国会選挙戦中の間隙を突

く形で、参議院の承認を得ることなく、また各省都督に事前に打診することもなく、地方官制の画一化に踏み切らねばならなかった。1913年1月8日、突如として公布された「画一現行各省地方行政官庁組織令」等の各種・各級の地方官庁組織令や、翌9日に公布された「現行都督府組織令」などがそれを示している。今回の措置はあくまで「暫時画一の辦法」であったが、それによって地方行政単位は〈省―道―県〉の三級制となり、それまで省の軍政・行政両権を掌握していた都督の権限は軍政のみに限定され、都督府から行政機能を分離した「行政公署」が組織されることになった。軍政長官である「都督」と行政長官である「民政長」との間で「軍民分治」が図られたわけだが、同時に都督の民政長兼任が認められたため、「軍民分治」は形式的なものに止まり、都督割拠的な現状に一定の譲歩がなされていた。またその一方で、参議院と各省議会が反対していた民政長の大総統任命制は強行され、行政公署に設置される内務・財政・教育・実業等各司の司長も大総統が選定する簡任官として、中央の各省に対する官職任免権の確保が図られていた[36]。

　この後、政局は3月の宋教仁暗殺、4月の国会を無視した「善後借款」の締結へと急旋回し、袁世凱と国民党との対立は「第二革命」の発動へと発展していった。「第二革命」の鎮圧により、国会に対する優位を確保し各省都督の支持を期待できるようになった袁世凱は、11月に突如国民党の解散令を発して国会の機能を停止させ、新たに設置された諮詢機関である「政治会議」（とそこから生み出された「約法会議」）を駆使して、大総統への統治権の集中とそれに対応した地方制度の構築に乗り出していく。

第Ⅲ節　新約法下の諮詢機関と中央・地方関係

(1)　政治会議と約法会議

　1913年12月15日に開会した政治会議は、袁世凱の諮問に応えて国会と省議会の解散を決議したことで知られている。しかし、当初の構想では、政治会議は

各省政府から2名の代表を召集して地方体制問題を協議する「地方行政会議」として位置づけられていた。袁世凱が国民党籍国会議員の資格を剥奪した翌日の11月5日、「大総統令」を奉じた国務院（熊希齢内閣）は地方行政会議の召集を各省民政長に通達している。この通達には、前年の行政諮詢院が失敗したことに対する反省の弁が含まれており、その点で地方行政会議は行政諮詢院の延長線上に位置づけられるべきものだった(37)。

1913年9月に成立した熊希齢内閣は、梁啓超や張謇らが入閣したところから「第一流内閣」と称されたが、熊は彼らとともに国家の基本方針として「大政方針」を策定していた。「大政方針」は、財政・軍政など内政諸方面に渡って包括的な方針を提起していたが、注目されるのは、そこで「廃省改道」——即ち、省を廃止して道と県の二級制に改める地方制度改革案——が打ち出されていたことである(38)。つまり、事実上の「地域的統治権力」として割拠する省政府の権力を分割することで、中央集権化が目指されていたのである。熊希齢や梁啓超は、「大政方針」のなかでも地方制度改革をとくに重視していたが、当初の計画では「大政方針」を国会に提出して承認を得る予定だった。しかし、袁世凱が国会の機能を停止してしまったため、熊内閣は地方行政会議の召集を発起して、「大政方針」に対し「各省の合意」を取り付けることに計画を切り換えたのである(39)。

ところが、地方行政会議の召集という熊希齢内閣の提案を裁可した袁世凱の思惑は、実はこれとは別のところにあった。国会の機能を停止させた後、袁世凱の次の狙いは、「約法の増修」——統治形態に即していえば、国務総理が統括する国務院（内閣）の存在を名目化して大総統府に統治権を集中させること——に向かっていた。袁にとっては、その目的を合法的に実現する機関が必要となっていたのである(40)。しかも、その機関は政府（執行権力）から独立した参議院や国会のような議会的存在であってはならなかった。ここに、袁世凱の意のままになる諮詢機関の必要性が生じてくるわけだが、その意味で熊内閣の地方行政会議召集の提案は、彼にとって恰好のチャンスと映じたに違いない。そこで袁世凱は、大総統府主導の下で同会議の権限から立法権限を除外するこ

とに決定し、11月26日に「地方行政会議」の名義を「政治会議」に変更して改めて全国に召集令を発した[41]。これ以降、諮詢機関として召集された政治会議は、「内閣が行政を斟酌する暫設機関」から「総統府が要政を会商する最高代表」機関となり、「その地位と権限は厳然と国務会議を凌駕する」存在へと変貌していった[42]。

　諮詢機関としての政治会議の特徴は、行政諮詢院の場合とは異なり、形式的・名目的に各省代表の意見を諮問して、「各省の合意」を確認する機関に過ぎなくなっていたという点にある。事実、「第二革命」以降の政治過程において、「各省の合意」とは実質的に各省都督・民政長の袁世凱に対する支持の表明（＝「忠誠」の確認）を意味するものに過ぎなくなっていた。その事実は、袁世凱による国会の圧迫とその解散決定に至るプロセスが遺憾なく証明していた。1913年8月の大総統選挙実施の決定に際しては、湖北都督を兼任していた副総統黎元洪を筆頭とする15省の都督が、袁の要請を受けて憲法制定に先立つ大総統選挙の実施を主張した。また、国会の憲法起草委員会が作成した「天壇憲法草案」に対しても、10月に袁世凱が草案への不満を打電し意見を求めたのに応えて、各省の都督・民政長は一致して憲法草案の内容に反対を表明した[43]。そして1914年1月には、黎元洪以下22省の都督・民政長の請願を受ける形で、政治会議がついに国会の解散を決定するに至る[44]。政治会議は、「第二革命」の鎮圧によって袁世凱が軍事的な威権をほぼ全国に及ぼし、各省軍政・行政長官の支持＝「忠誠」を期待できるようになった、以上のような政治的条件の下で召集されたのである。

　そのため、政治会議の議員構成は袁世凱の意に沿った人物で固められることになった。政治会議には、中央政府から大総統府特派8名、国務総理選派2名、各部総長選派各1名、大理院選派2名、蒙蔵事務局選派8名が参与し、各省区からは民政長が選派した代表各2名を基準にして総計50名が参集した[45]。このうち、政府代表では国務総理熊希齢の代表と彼の影響下にあった財政・司法・教育・工商・農林各部の代表以外は、大総統府特派代表をはじめ全てが袁世凱系の人物だったという。また、各省区の代表も湖南・貴州・浙江省以外の代表

は、全て袁世凱と梁士詒の影響下にある代表だったといわれる[46]。政治会議における各省区の代表は、行政諮詢院の時とは明らかに異なり、字義通りの「各省代表」という性格を多分に名目化させていたのである。

　一方、政治会議の決定に基づき1914年3月に召集された約法会議は、「造法機関」として「中華民国約法」（以下、新約法と略）を決議したことで知られている。約法会議は、その性格上、諮詢機関ということはできないが、政治会議の決定に由来する点で紛れもなく袁世凱の諮詢政治の所産であった。その議員は、京師選挙会から4名、各省選挙会から各2名、蒙蔵青海連合選挙会から8名、全国商会聯合会から4名が選出されたように、基本的にはやはり各省区が派遣する代表から構成されることになっていた[47]。

　すでに指摘しておいたように、中華民国は辛亥革命が各省の独立運動として発展した結果、独立諸省のルーズな連合体という形式をとって成立せざるを得なかった。そのため、国家の暫定的基本法の制定は「各省の合意」の形成・集約という体裁をとる必要があった。臨時約法が、各省都督府の代表からなる南京の臨時参議院によって制定されたのも、そうした意味からすれば当然であったといえよう。国会が消滅した今、袁世凱が新たな暫定的基本法である新約法を制定するためには、今回もまた臨時約法制定時のように、「各省の合意」を獲得するという形式をとってその正当性を確保することが十分に考えられた。事実、政治会議が袁世凱の諮問を受けて国会解散を決議する契機となった黎元洪以下22省の都督・民政長の請願では、各州代表が集ったフィラデルフィア会議によってアメリカの憲法が制定された例を引きながら、各省の代表を召集した政治会議をフィラデルフィア会議になぞらえていたのである[48]。

　しかしながら、約法会議の各省代表もまた、たんに「各省から派遣された代表」を意味するに過ぎなくなり、「各省の意志を代表する」という実質はほとんど消え失せていた。政治会議は、約法会議代表の選定方法を決定するに当たって、「国家が根本上の統一を謀る」ために「地方代表主義」の原則をとらず、「選賢与能の遺意に符合し各国制限選挙の良規に合致する」という理由から、「都会集中主義」と「人才標準主義」による極端な制限選挙を打ち出した[49]。

1914年1月16日に開かれた政治会議の第4回会議では、各省民政長が選派する代表を中心に造法機関を組織すべき、という許世英の「意見書」に対する支持者が多く、選挙による代表選定を主張する議員はほとんどいなかった(50)。ところが、その会議において議長の李経羲が指名した15名からなる審査会は、24日の第5回会議において、上述のような制限選挙による代表選定方法を審査結果として報告したのである。その際、審査長を務めた蔡鍔（大総統府特派）は、「中国はけっして連邦国家ではない」以上、如何なる形にせよ、「地方の代表」によって国家の根本法を制定することは「統一を破壊する嫌い」があるとまで言い切っていた(51)。

　審査会の報告をめぐっては、依然として民政長による選派を主張して反対する議員が多く、かなり激しい議論が交わされたが、議長李経羲が示した「現在規定するところの選挙方法は、実に民選官派両種の折衷辦法である」という解釈に立って結局は全会一致で了承された(52)。その結果、1914年1月26日に公布された「約法会議組織条例」では、「選挙人」の投票資格が厳しく制限された上で、その資格調査の地域は「選挙監督」——例えば、京師選挙会は内務総長が、各省選挙会は各省民政長が担当した——の駐在地に限定されていた。また、被選挙資格にも極端な制約が設けられたが、「被選挙人」は上述のように「地方代表主義」の原則をとらないため、各省で選挙され派遣されるにもかかわらず、その省の出身者である必要がなかった(53)。その上、当選した代表は「教令」をもって組織される「資格審定会」の審査を受けることになっていたから、約法会議が袁世凱の意志に忠実な代表で固められることになる可能性は極めて高かったのである(54)。

　政治会議の代表構成、そして同会議が決議した「約法会議組織条例」を袁世凱が受け入れたこと、この二つの事実は、「第二革命」後の袁世凱政権がもはや実質を伴った「各省の合意」を形成することに拘泥せず、新たな体制の構築を目指すようになっていたことをはっきりと示していた。「第二革命」後の政治状況、つまり各省政府に対する中央の軍事的・政治的な優位という状況が、袁世凱の政策判断をその方向に誘ったといえよう。そして、約法会議において

新約法など統治権中枢に関わる最高法規が決定されたことは[55]、各省都督・民政長の「忠誠」のみを背景とした名目的な「各省の合意」によって、新約法下の統治形態の骨格が決定されたことを意味した。

(2) 「大総統親裁」と諮詢機関

さて、新約法下の統治形態の特色を簡潔に表現するとすれば、それは「大総統親裁」の一語に尽きる[56]。新約法によれば、大総統は「国の元首として統治権を総攬」し「国民の全体に対して責任を負う」ものとされ[57]、あらゆる国家意志の最終的裁可・決定権は実質的に大総統個人に集中されていた。そして、大総統親裁を制度的に保障するため、国家意志の形成と執行に関わる政府中枢機関は、全て併存・分立しながら大総統に直属することとなった。以下、この点をやや詳しく見てみよう[58]。

先ず、一般的な政務の立案と執行に関わる機関として、大総統府に「政事堂」が置かれた。政事堂には、大総統の政務を「賛襄」する国務卿、国務卿を「賛助」する左丞・右丞各1名が置かれ、具体的な業務を分掌する法制局・機要局・銓叙局・主計局等の各部局には袁世凱の信頼する幕僚が周到に配された[59]。他方、国務院各部は政事堂を介して大総統に直隷し、その手足となって働く官僚機構へと変貌し、各部総長は大総統の命を受けて主管各部の事務を管理するだけの存在となった。また、軍令・軍政に関わる機関としては、「陸海軍大元帥統率辦事処」と「将軍府」が置かれた。軍令機関である陸海軍大元帥統率辦事処は、参謀総長・陸海軍各部総長・大元帥特派の高級軍官等から構成され、軍令は陸海軍大元帥たる大総統の命令の下に頒布・実行されることとなった[60]。一方、将軍府は大総統に直隷する軍政上の最高諮詢機関であり、大総統に特任された将軍たち——その多くは都督が改称したものに過ぎなかった——によって構成された[61]。

司法機関としては、臨時約法の時代から民事・刑事訴訟の最高機関として設置されていた「大理院」のほかに、新たに行政訴訟機関の「平政院」と官僚弾劾機関の「粛政庁」が設けられた。とくに、統治秩序に直接関わってくる平政

院と粛政庁について見ると、長官である平政院院長と都粛政史はともに大総統が任命し、行政訴訟と官僚弾劾に関する裁決の執行には、何れも大総統の最終的な裁可と命令が必要だった[62]。また立法機関については、将来「立法院」が召集される予定になっていたが、新約法によれば立法院は大総統が自在に開会・停会・閉会を宣告し、後述する「参政院」の同意の下で解散させることができたから[63]、実質的には一般的な立法に携わる大総統の協賛機関に過ぎなかったといってよい。要するに新約法下の大総統は、行政・立法・司法三権に関わる全ての国家意志の最終的な決定を親裁するため、必然的にそれを輔弼・協賛する直属諸機関の設置が政務の運営上不可欠なものとなっていた。新約法下における諮詢機関の設置も、袁世凱の親裁を輔弼・協賛するという意味あいにおいて不可欠のものだったのである。

　新約法下の諮詢機関としては、先ず重要政務の諮詢に応ずる「参政院」を上げなければならない。参政院は条約の締結、行政官署の設置、財政の整理、教育・実業の振興等について大総統の諮問に応じ、立法院が成立するまで、その立法業務を代行することになっていたが、注目すべきことに、それ以外にも諮詢機関としての範囲を超えた特別な権限が与えられていた。即ち参政院は、①立法院の解散、②法律と同等の効力をもつ「教令」(緊急命令)の発布、③非常時の緊急財政処分、④再議を受けた立法院が再び議決した法案の拒否、等々の案件について大総統に対する同意権をもち、また⑤新約法(及びそれに付属する法律)の解釈権と、将来制定されるべき正式憲法案の審定権を有していたのである(起草するのは参政院の推挙になる憲法起草委員会)[64]。

　以上のように参政院は、体制の存立と憲法秩序に直接関わる立法権を、大総統と分掌する機関として位置づけられていた。したがって、立法院が召集されることになれば、諮詢機関たる参政院は「任命制」に基づく「上院」的な役割を併せもつことになり、「選挙制」に基づく立法院は「下院」的な役割を果たすことになるはずだった。ヤング氏はその著作のなかで、袁世凱の顧問として新約法の制定に関与したグッドナウと有賀長雄が、任命制と選挙制に基づく国会を構想していた点に言及している[65]。恐らく2人の構想は、以上に述べた参

政院と立法院の性格に関わるものであったろう。

　ここで興味をそそるのは、袁世凱が約法会議に提出した「参政院組織法案」の段階では、同院に対する大総統の主導権を制度的に強化する規定が組み込まれていた点である。その原案は、有賀長雄が日本の枢密院を参考にして作成したものだったといわれるが、参政院には審議に当たる「参政官」40～60名とともに、参政院の同意権に関わる案件以外の議案審査や起草に専従する「参事」10名を置くと規定していた。参事は、議決権はなかったが会議に列席して発言する権限をもち、現任の高等文官やその経験者より大総統が簡任することから見て、袁世凱が信任する政事堂の官僚から選抜される公算が大きかった[66]。今日では、同原案のさらに前段階の素案も確認することが可能だが、そこでは参政官が「議政官」、参事が「参議」と表現されているものの、参議の職掌は先の参事と全く同じである[67]。後述する参政院の構成から見て、同院が袁世凱の意向に忠実な組織となるのは確実ではあったが、彼は参議ないし参事の設置を通して、参政院の審議により強力な主導権を発揮しようと周到な準備を進めていたのである。

　だが、約法会議の審査会は「参政官が一派をなし、参事もまた一派をなして或いは相互に争執」して参政官の存在意義が消失することを理由に、参事に関わる規定の削除を決定し、全体会議でもこの決定が了承された[68]。この事実は、「約法会議組織条例」における周到な選挙方法と制限された被選挙資格、「資格審定会」による厳しい資格審査にもかかわらず、約法会議メンバーの審議が必ずしも袁世凱の意のままにはならなかったことを意味している。少なくとも参政院に関する限り、約法会議が袁の思惑からは相対的に自立した審議を展開していたことは注目されてよい。

　恐らく、こうした約法会議の動きに対処するためであろう、袁世凱は約法会議の審議と並行しながら、参政院とは別の諮詢機関として「政治討論会」を政事堂内に設置し、この二つの諮詢機関を併存・分立させるという手段をとった。政治討論会は、当初、参政院が未成立であることを理由に設立されたが、その成立後も存続して袁世凱が諮問する案件の審議を行っていった[69]。参政院は、

国家最高の諮詢機関として大総統に直属していたが、制度上、議会である立法院に対峙しながらその成立まで立法権を代行するため、〈大総統府―政事堂〉からは組織的に独立していた。これに対し、政治討論会は〈大総統府―政事堂〉に付属した、統治権中枢の意志決定――とりわけ日常的な一般政務の決定――に直接参与する諮詢機関という性格をもっていた[70]。

　1914年5月26日、袁世凱は黎元洪を参政院院長に、汪大燮を副院長に特任するとともに、そのほか69名からなる参政を任命した。その顔ぶれは、清末の督撫・官僚経験者、民国成立後の各省都督・民政長や中央政府の閣僚・官僚経験者、或いは政治会議・約法会議のメンバーでその大部分が占められていた[71]。また、すでに設立されていた政治討論会の会員10名は、袁の幕僚阮忠枢が会長となったように、やはり彼の幕僚を中心に構成されたようである[72]。すでに確認しておいたように、1912年以来、袁世凱政府が実際に組織した諮詢機関は、その内実に濃淡の差こそあれ、「各省代表」によって構成されてきた。しかし、大総統親裁が実現した今、袁世凱の諮詢機関は「各省代表」によって構成される協議機関としての性格を完全に払拭し、「各省の合意」を獲得するための制度的なチャネルとしては機能しなくなっていた[73]。

(3) 地方制度改革の帰趨

　大総統親裁を実現した袁世凱にとって、残る課題は地方制度改革の実施であった。それでは、「各省の合意」を獲得する制度的なチャネルを排除した下で、彼は統治権の一元化を保障し得るような地方制度を構築することができたのだろうか。ここで先ず留意しなければならないことは、袁世凱が熊希齢内閣の「廃省改道」方針を骨子とする地方制度改革案を政治会議に諮問すらしなかったという事実である。そもそも「第二革命」以前の袁世凱は、中央集権化を推進するために、「省」を分割して「道」を地方行政の最高単位とする計画には積極的だったといわれる[74]。しかし、「第二革命」を鎮圧した後になると、彼の方針は明らかに変化の兆しを見せ始めていた。

　「第二革命」鎮圧後の袁世凱は、熊希齢内閣が提示した「廃省」方針を「書

生の空論」と嘲るようになっていたといわれる[75]。また彼は、内閣が主張する「道」区画の見直しについては現有区画の踏襲案を対置していたし、内閣が各道行政の巡察のため臨時に派遣するものとして構想していた「巡按使」職についても、常設官として各道を統括する強い権限を与えるべきだと考えていた[76]。この構想は、事実上、従来の〈省—道—県〉三級制の維持を意味し、熊内閣の「廃省」方針を骨抜きにするものだったといわなければならない。以上の事実から、大総統親裁の形成途上にあった袁世凱は、新たな地方体制を少なくとも現状維持に近い形で再編しようとしており、各省政府の既存の権力基盤を削ぐ方向で地方制度を再構築することには否定的、ないしは消極的であったという点が確認できるだろう。1914年5月23日に公布された「省官制」・「道官制」・「県官制」、7月18日に公布された「将軍府編制令」・「将軍行署編制令」等の命令は、そうした袁世凱の意向が最終的に法律の形をとって確定したものだったのである。ここから窺える新約法下の地方制度の特徴を、とくに省レベルのそれに即して確認してみよう。

　先ず、省の行政長官である「巡按使」の権限を強化する方向で、明らかな譲歩を確認することができる。巡按使は大総統が直接任命する特任官とされたが、巡按使の下で省の政務を統括する政務庁の「庁長」は巡按使の推薦に基づいて大総統が任命する薦任官、政務庁内に設置される総務・内務・教育・実業四科の「科長」は巡按使が自由に任命する委任官（ただし、待遇は薦任待遇）であった。1913年1月の地方官制画一化の時に較べ、巡按使の人事裁量権は明らかに拡大している。また巡按使には、各省の財政と司法行政に対する指揮・監督権が特別に委任され、中央の財政部・司法部の職権に干渉する余地すら与えられていた[77]。とくに財政面では、「第二革命」前は国税と地方税を制度的に区分し、財政部直轄の国税庁によって各省の国税収入を掌握する方針が打ち出され、省政府が国税徴収に介入することは許されなかった。ところが、新約法下では各省に財政部直轄の財政庁が置かれたものの、国地両税の区分は取り消され、巡按使の指揮・監督の下に財政庁が徴税を一括管理して中央に一定額を送金する清末の制度が復活した。この措置は、中央政府の力量如何では、各省政府が

税収の送付を停止してしまうことになり、「地域的統治権力」として割拠するための財源を提供しかねない措置だった。この財政面については第2章において専論するので、より詳細には同章を参照されたい。

　一方、大総統に直隷する将軍府の設置は中央への形式的な軍権集中を意味したが、将軍の大半は旧来の都督が名称を変更しただけで、地方軍政を監督するために引き続き各省に駐在した[78]。また、各都督の従来の軍権を削減する「軍区制」の導入も見送られたため、以上の軍政上の措置は実質的に旧都督の既存の軍事的基盤を追認するものでしかなかった。軍区制の導入は、1913年1月の「現行都督府組織令」の時にも「師区制」という表現で提起され、袁世凱が「廃省改道」方針に積極的だった「第二革命」以前には、各省都督を道レベルの軍政を管轄する「鎮守使」に替えていく計画が検討されていた。事実、「第二革命」鎮圧の過程においても、李純・王占元・張勲・倪嗣沖ら袁配下の北洋系将領が、都督ではなく「鎮守使」や「護軍使」に任命されたように、上記の計画を実施に移す準備は着々と進められていたのである。

　ところが「第二革命」の鎮圧は、事実上、北洋系将領の活躍によって達成されたため、袁世凱の藩屏たる彼らの政治的発言力はいやが上にも高まることとなった。袁世凱としても、各地を守護する彼らの存在と意向を考慮することなしには、地方体制の改革を進めることが困難となっていたのである。「第二革命」以降、確かに袁世凱の軍事的な威権は南方各省にまで浸透したが、それはあくまで北洋系将領の彼に対する「忠誠」を媒介としたものであり、むしろ軍権に対する彼の直接的な統制力は相対的に低下していたといってよい[79]。陸海軍大元帥統率辦事処が行っていた軍区制の審議が、各省都督の主張を配慮して難航を重ね[80]、結局その「合意」を形成できずに決定を見送らざるを得なかったのも、その意味において当然であった。要するに、各省軍政・行政長官の「忠誠」を維持するため、袁世凱は「忠誠」の代償として「第二革命」以前の「廃省改道」方針を放棄し、以上のような制度的妥協に基づく地方体制に甘んじざるを得なかったのである。

第Ⅳ節 小　結

　以上のように、袁世凱は臨時約法下から新約法下に至る政治秩序の変動を通して、積極的に諮詢機関を駆使した政治を展開した。当初、その政治的手法は、大総統の統治権中枢としての独立を実現するための手段であるとともに、「各省の合意」を獲得し中央政府と地方政府との有機的な連携を確保する手段でもあった。一般的にいって諮詢機関は、戦前の日本の枢密院やフランス第二帝政の元老院などのように、議会の立法権に対する掣肘と統治権中枢の擁護を目的として設置されるのが通例といえよう。これに対して、袁世凱政権下の諮詢機関は、政府（執行権力）の統治権中枢としての独立を擁護する機能だけでなく、「各省の合意」を獲得する機能をも期待されていたところに特異性があったのである。そうした特異性は、各省政府のルーズな連合体として成立した中華民国の実態──即ち、本来「地方行政機関」たるべき各省政府が事実上の「地域的統治権力」として割拠し、統治権が分散しているという実態──に対応したものだった。

　しかし、「諮詢政治」の手法は、臨時約法下から新約法下へと政治環境が変動する転換点となった「第二革命」を境に、大総統の統治権中枢としての独立化という目的が突出し始め、中央政府の諸政策に対して「各省の合意」を獲得するというもう一つの目的は大きく後景に退いていった。また、それに即応して、諮詢機関の内実も変化せざるを得なかった。1912年の行政諮詢院の時には、各省都督の代表がいまだ「各省代表」としての実質を伴っていたのに対し、「第二革命」後の政治会議（及びそこから生まれた約法会議）になると、明らかに「各省代表」の内実は形式化し、「各省の合意」を獲得するという側面も形骸化していった。そして、新約法下の参政院や政治討論会になると、諮詢機関は大総統の政務を輔弼・協賛するための機関に特化して、「各省の合意」を獲得するという機能は完全に失われた。その結果もたらされたのが、地方軍政・行政

長官の袁世凱に対する「忠誠」（名目的な「各省の合意」）という不安定な基盤にのみ立脚した、大総統親裁の実現と制度的な妥協を余儀なくされた地方体制への依存であった。

　したがって、成立当初に中華民国が直面した二つの政治課題のうち、中央国家権力の組織的統一性の確立という点は、立法・行政・司法の三権を一手に集中する大総統親裁という形で解決することができた[81]。しかしながら、中央と地方とが有機的に連携する地方制度の確立――即ち、中央統治権の地方への制度的浸透と、それによる各省政府の文字通りの「地方行政機関」化――というもう一つの課題の解決は、極めて不十分なまま終わらざるを得なかった。一見強固に見えた袁世凱政権の支配体制が、「洪憲帝制」の実施によって脆くも潰えた理由の一端はそこに求めることができる[82]。

　袁世凱政権が、各省軍政・行政長官の「忠誠」を背景とする名目的な「合意」に立脚していたとするなら、各省軍政・行政長官が袁世凱から独自に「各省の合意」を形成し始める時こそ、政権の命運が尽きる時であった。帝制実施に反対する「護国戦争」が勃発した時の状況は、まさしくそうしたものであったといえよう。護国軍政府が、その臨時中枢機関である「軍務院」に、諮詢機関として「各省代表会」を設置しようとしていた事実や[83]、「中央に大局を解決する権はない」と断じた江蘇省将軍の馮国璋が、未独立各省政府の代表を集めて「南京会議」を開催した事実も[84]、以上の歴史的文脈に位置づけることで、その政治的な意味が明瞭となってくる。

註

（1）　Young, Ernest P., *The Presidency of Yuan Shih-k'ai: Liberalism and Dictatorship in Early Republican China*（The University of Michigan Press, 1977）。邦訳として、藤岡喜久男訳『袁世凱総統――「開発独裁」の先駆――』（光風社出版、1994年）がある。

（2）　鄧亦武「袁世凱統治研究（1912年‐1916年）」（南京大学博士学位請求論文、2002年）。氏は、「洪憲帝制」前における袁世凱政権の性格を、伝統的専制体制や近代民主体制とは異なる過渡的な権威主義的専制体制（梁啓超等の所謂「開明専制」に相当する）と想定し、歴史的に見て「一定の合理性と必然性」を備えていたと捉えて

いる（136頁）。なお、張神根「対国内外袁世凱研究的分析与思考」（『史学月刊』1993年第3期）は、すでに1990年代の前半から、中国において政治的・道徳的評価を排した袁世凱政権研究の新たな視角と方法とが模索されていたことを示している。また、2004年4月には河南省安陽で「全国首届袁世凱与北洋人物研究学術討論会」が開催され、参加論文集として蘇智良・張華騰・邵雍主編『袁世凱与北洋軍閥』（上海人民出版社、2006年）が出版されているように、中国における袁世凱研究は今後の展開が注目される。同論文集に収録されている論文で、本章と関連するものとしては、馬平安「民国初年袁世凱対中央与地方関係的処理」、沈暁敏「民初袁世凱政府与各省議会関係述論」がある。他方、台湾の袁世凱研究については、差し当たり傳徳華「台湾袁世凱研究概述」（『安徽大学学報』哲学社会科学版2004年第4期）の紹介があるが、本章に関係する近年の業績としては胡春恵等「袁世凱総統時代的中央与地方関係」（中華民国史専題第五届討論会秘書処編『中華民国史専題論文集』第5届討論会、第2冊、2000年、所収）を参照されたい。

（3）　山田辰雄「袁世凱帝制論再考——フランク・J・グッドナウと楊度——」（同編『歴史のなかの現代中国』勁草書房、1996年、所収）、横山宏章『中華民国史——専制と民主の相剋——』（三一書房、1996年）、同『孫文と袁世凱——中華統合の夢——』（岩波書店、1996年）。

（4）　「中華民国臨時約法」（繆全吉『中国制憲史資料彙編—憲法篇』国史館、1989年、49〜56頁）。

（5）　張玉法『民国初年的政党』（中央研究院近代史研究所、1985年）277〜278頁。

（6）　政党間の安定した協調関係という要件を突き詰めていけば、一党の安定的ないし絶対的優位、究極には一党独占状態にあることが、議会を統治権力の頂点に据えた体制を円滑に稼働させる必須の要件となる。この点については、拙稿「国民党による憲法施行体制の統治形態——孫文の統治構想、人民共和国の統治形態との対比から——」（久保亨編著『1949年前後の中国』汲古書院、2006年、所収）も参照されたい。

（7）　本章と同じく、共和制議会政治の失調と地方の自立傾向に袁世凱が専制に傾斜していく要因を見出す議論としては、紀能文「従共和総統到洪憲皇帝—袁世凱洪憲復辟的歴史透視」（『天津師大学報』社会科学版1996年第4期）がある。なお、本章の元となった論文（1997年）の1年後には、中国においても、臨時約法が規定する統治形態の欠陥を執行権中枢内部（大総統府と国務院）の権限不分明、執行権と立法権の不均衡という点から鋭く指摘した論考が発表された（楊天宏「論《臨時約法》対民国政体的設計規劃」『近代史研究』1998年第1期）。

第1章　国家統合の模索と諮詢機関の役割　73

（8）「広東胡都督致　大総統暨国務院電」（『政府公報』第46号、1912年6月15日）、『申報』1912年6月19日「公電／江西都督電」、8月7日「外官制大争論之開始」。この時に参議院へ提出された「省制」・「省官制」草案は、「臨時大総統為省制省官制省議会議員選挙法三項草案提請議決咨」（中国第二歴史档案館編『中華民国史档案資料滙編』第3輯政治(1)、江蘇古籍出版社、1991年、90〜114頁）として見ることができる。なお、当時の各省省議会のうち、国民党が優勢なのは広東・江西・浙江・湖南・安徽・福建等、共和党が優位なのは湖北・四川・江蘇等の省議会であった（前掲、沈暁敏「民初袁世凱政府与各省議会関係述論」）。
（9）「国務院致黎副総統暨各省都督電」（『政府公報』第113号、1912年8月21日）。
（10）「続参議院第七十五次会議速記録」（『政府公報』第161号、1912年10月8日）。各省都督の反対については、「山東都督周自斉呈　大総統暨国務院電」など『政府公報』第154号（1912年10月1日）所載の反対電文、及び「武昌黎副総統致　大総統電」（同上、第184号、1912年11月1日）を参照。
（11）『申報』1912年7月29日「公電／北京国務院電」。
（12）「通令各省派員参与政治会議文」（陸純編『袁大総統書牘彙編』文海出版社、1966年、巻2政令）。なお、本章以外で行政諮詢院に言及した研究として、李国忠『民国時期中央与地方的関係』（天津人民出版社、2004年）416〜417頁がある。ただし、文字通りの簡単な言及に終わっており、本章のように臨時約法下の統治形態との関わりで論じているわけではない。
（13）「臨時大総統為顧問院官制草案提請議決咨」（前掲『中華民国史档案資料滙編』第3輯政治(1)59〜61頁）、「参議院第七十六次会議速記録」（『政府公報』第162号、1912年10月9日）。
（14）大総統府の統治権中枢としての自立という袁世凱の願望は、「顧問院官制」の審議に先立ち参議院で「国務院官制」が審議された際、政府委員が国務総理の権力を極力削減しようと腐心していたことにも現れていた（李学智『民国初年的法治思潮与法制建設—以国会立法活動為中心的研究』中国社会科学出版社、2004年、148〜150頁）。
（15）『大公報』1912年9月5日「大総統尊重法律」。
（16）前掲「参議院第七十六次会議速記録」によると、国民党系議員は顧問院を「小国務院」であると批判し、その特別委任業務は各部総長の職権に抵触するとして一斉に反発していた。
（17）「時報／外省官制参与委員ノ任命」・「半月政治経済志／新官制制定ト督撫」（東亜同文会編『支那調査報告書』第2巻4号、1911年2月）。
（18）「両江総督張人駿奏釐定外省官制宜以旧制為本量加損益摺」（故宮博物院明清档案

部編『清末籌備立憲檔案史料』上冊、中華書局、1979年、591～596頁)。
(19) 『申報』1912年8月29日「評論／各省代表権限平議(続)」。
(20) 『新聞報』1912年8月4日「顧問院官制之擬定」。
(21) 徐友春主編『民国人物大辞典』(河北人民出版社、1911年) 864～865頁、「内閣属官表」(銭実甫編『清季新設職官年表』中華書局、1961年、49頁)。
(22) 『新聞報』1912年8月13日「総統対于修改省官制之折中主義」。
(23) 『新聞報』1912年7月29日「要電／咨商赴京代表之権限」、8月15日「商酌都督代表権限」、『申報』1912年8月8日「公電／南昌李都督電」等を参照。
(24) 『申報』1912年8月4日「公電／江蘇程都督電」、8月10日「対於中央代表権限之大商榷」。
(25) 『申報』1912年8月24日「各省代表権限之確定」。
(26) 『民立報』1912年9月4日「公電／国務院為代表条件覆各省電」。
(27) 国民党系議員は、参議院のほかに各省を代表する組織は不要であるとして行政諮詢院の設立に反発したが(前掲「参議院第七十六次会議速記録」)、共和党は中央と地方の意志疎通が必要であるとの見地から、その組織にはむしろ同情的だったという(『新聞報』1912年11月19日「共和党歓迎各省代表」)。
(28) 『民立報』1912年9月2日「専電／北京電報」、9月3日「各省代表権限」。
(29) 『申報』1912年9月17日「行政諮詢員之簡章已定」、9月25日「各省代表会之権限」、10月1日「諮詢員会之反対者」等。
(30) 各省都督が派遣した代表(各省3名)の顔ぶれは、雲南・新疆を除いて確認できる(『新聞報』1912年10月7日「各省派政務諮詢員名単」)。
(31) 『新聞報』1912年10月26日「行政諮詢処開会紀聞」。
(32) 以上の経緯は、王家倹「民初地方行政制度現代化的探討(1912～1916)」(『国立台湾師範大学歴史学報』第9期、1981年)、『新聞報』1912年11月1日「最近修正之省官制」を参照。
(33) 『新聞報』1912年10月29日「湖南代表憤憤出京」、11月14日「政府敷衍各省代表」、『民立報』1912年11月29日「専電／北京電報」。
(34) 前掲、王家倹「民初地方行政制度現代化的探討(1912～1916)」。
(35) 『新聞報』1912年12月3日「地方官制案国務院通過」。
(36) 「画一現行各省地方行政官庁組織令」・「現行都督府組織令」(『政府公報』第243号、1913年1月9日)。なお、各省の軍政を統括することになった都督は、将来における「師区」(軍区)の確定をまって、後出する「鎮守使」のように、軍事的管轄領域を縮小・限定された――つまり軍事権をより縮小された――存在になるはずであっ

(37) 『申報』1913年11月9日「公電／北京国務院召集地方行政会議電」。
(38) 「政府大政方針宣言」(『東方雑誌』第10巻6号、1913年12月1日)。
(39) 李剣農『戊戌以後三十年中国政治史』(中華書局、1965年) 194頁、『申報』1913年12月21日「政治会議開幕之盛況 (二)」。
(40) 以上の「地方行政会議」と「政治会議」との関係については、唐徳剛『袁氏当国』(広西師範大学出版社、2004年) 111頁でも指摘されている。
(41) 「政治会議組織命令」(孫曜編『中華民国史料』1929年—近代中国史料叢刊正編第2輯、文海出版社、1966年、275～276頁)、及び『申報』1913年11月28日「行政会議之最近消息」。
(42) 前掲「政治会議開幕之盛況 (二)」。
(43) 平川清風『支那共和史』(春申社、1920年) 259～260、276～278頁。また、田中比呂志「近代中国における国家建設の模索——天壇憲法草案制定時期を中心として——」(『歴史学研究』第646号、1993年) も参照。
(44) 「大総統令／附黎兼領都督等原電」(『政府公報』第585号、1913年12月19日)、「政治会議議長李経義呈　大総統奉諮詢救国大計一案内対於国会現有議員給資回籍別候召集一節経全体議決応宣布停止両院現有議員職務等情請裁奪施行文」(同上、第605号、1914年1月13日)。
(45) 「政治会議議員姓名録」(劉壽林等編『民国職官年表』中華書局、1995年、169頁)。
(46) 前掲「政治会議開幕之盛況 (二)」。
(47) 「大総統令／約法会議組織条例」(『政府公報』第619号、1914年1月27日)。
(48) 前掲「大総統令／附黎兼領都督等原電」。
(49) 「政治会議議長李経義呈　大総統遵将本会議議決組織造法機関各項大綱並其所根拠之理由分別撮要陳覆請迅賜裁奪立予施行文」(『政府公報』第619号、1914年1月27日)。なお、北洋軍閥史料編委会『天津市歴史博物館館蔵北洋軍閥史料』袁世凱巻2 (天津古籍出版社、1992年) に収録されている「約法会議組織法草案」(576頁) によると、代表の選定方法が選挙形式をとることとなった理由は、各省都督が派遣した代表によって決定された臨時約法が「不良」であったためと説明されている。
(50) 「政治会議第四次会議速記録」(政治会議編『政治会議速記録』1914年、所収)。なお、許世英は政治会議の議員ではなかった。恐らく、会外から提出された彼の「意見書」が議論の対象になったものと思われる。
(51) 「政治会議第五次会議速記録」(前掲『政治会議速記録』所収)。蔡鍔は、袁世凱が提出した「停止省議会議員職務諮詢案」についても審査長を担当しているが、そ

の審査報告の際にも、省議会の存在は「国家統一を破壊する嫌い」があり「連邦制度を醸成する」と断じていた（「政治会議第十次会議速記録」同上所収）。民国初年の各省議会は、省議会聯合会を結成し憲法起草や大総統選挙への参与を要求するなど、国政に対して積極的に干渉する動きを見せていた（前掲、沈暁敏「民初袁世凱政府与各省議会関係述論」）。省議会が「国家統一を破壊する」という蔡鍔の指摘は、こうした動向を踏まえたものであっただろう。

(52) 前掲「政治会議第五次会議速記録」。「民選官派両種の折衷辧法」という李経羲の解釈は、約法会議議員の選挙に当たって、各省で「選挙監督」を務める民政長に選挙人・被選挙人を選定する上で大きな裁量権が与えられていたことに基づくのだろう（銭端升等『民国政制史』上冊、商務印書館、1939年、84頁を参照）。

(53) 前掲「大総統令／約法会議組織条例」。同条例によれば、約法会議の選挙人資格は30才以上の男子で、①「高等官吏」の現職或いは経験者、②科挙において挙人以上の資格取得者、③高等専門学校以上の学校に3年以上在籍し卒業した者、④1万元以上の財産保有者、被選挙人資格は35才以上の男子で①「高等官吏」5年以上の現職或いは経験者、②国内外専門学校以上の学校で法律・政治学を3年以上修め卒業した者、③挙人以上の科挙資格を取得し法律・政治学を修めた者、④「碩学通儒」等々の厳しい制限が設けられていた（第4・第6条）。

(54) 「教令第20号／約法会議議員資格審定会組織令」（『政府公報』第636号、1914年2月14日）。

(55) 約法会議で決定された国家法規は、新約法のほかに、「参政院組織法」・「審計院編制法」・「立法院組織法」・「立法院議員選挙法」・「修正大総統選挙法」・「国民会議組織法」等がある（以上の法案の審議内容については、約法会議秘書庁編印『約法会議紀録』1915年―近代中国史料叢刊正編第19輯、文海出版社、1968年、に議事録及び速記録が掲載されている）。

(56) 新約法下の統治形態を、「総統制」（大統領制）と規定せず敢えて「大総統親裁」としたのは、前掲銭端升『民国政制史』上冊90頁の次のような指摘に触発されたためである。「総統制政府の下では、大総統の権力は内閣制に較べて大であるが、しかも大総統は立法、司法両機関と実に鼎足して三者となり、相互に牽制するのであって、大総統を一切の政治機構の上に置くものでは無い。然るに新約法は一方で大総統の権力を拡充し、他方で大総統に対する有効な制限を一切取消した。故に新約法は総統制を採用したものとは認め得ない」（引用に当たっては同書の邦訳である及川恒忠訳『最近支那政治制度史』上冊、慶應出版社、1943年、143頁の訳文を利用した）。つまり、三権分立に基づかない限り、たとえ「大総統」を称していても、

その統治形態は「総統制」(大統領制)と呼ぶに値しないということである。
(57) 「中華民国約法」第14・16条(前掲『中国制憲史資料彙編―憲法篇』61～70頁)。
(58) 以下の叙述については、前掲銭端升『民国政制史』上冊第3章も参照。
(59) 「大総統府政事堂組織令」(『政府公報』第715号、1914年5月4日)、李海生等『幕僚政治』(上海人民出版社、1993年) 27～30頁。
(60) 「陸海軍大元帥統率辦事処組織令」(『政府公報』第720号、1914年5月9日)。
(61) 「将軍府編制令」(『政府公報』第791号、1914年7月19日)。
(62) 「行政訴訟法」・「糾弾法」(『政府公報』第793号、1914年7月21日)。
(63) 前掲「中華民国約法」第17条。
(64) 前掲「中華民国約法」第17・20・34・55・60・67の各条、及び「参政院組織法」(『政府公報』第736号、1914年5月25日) 第1・2・3条を参照せよ。なお、参政院に立法院の職務を代行させる点は、すでに袁世凱が約法会議に提出した「増修約法大綱案」の時から主張されていた(前掲『約法会議紀録』第2編／開会議事及閉会／巻之1、34a葉)。
(65) Young, *op.cit.*, pp.174-175(前掲、邦訳書226頁)。また、直隷省民政長の劉若曽も約法会議に、選挙制による「下院」と大総統の簡任及び各部総長・各省都督・民政長の選任による「上院」を組織するよう求めていた(『申報』1914年2月5日「約法会議之進行状況」)。
(66) 「参政院組織法案」(前掲『約法会議紀録』第2編／開会議事及閉会／巻之3)、『申報』1914年5月19日「参政院組織之性質将有変更」。
(67) 「参政院組織法」と題されたこの素案は、法制局用箋に書かれたもので、前掲『天津市歴史博物館館蔵北洋軍閥史料』袁世凱巻2、661～671頁に収録されている。なお、同じく224～239頁にも「参政院組織法案」が収録されているが、そこでは参政院の同意権に関わる案件について、参政官のなかから大総統が常任審査委員を選任すると規定され、同院による同意権の行使にも大総統が主導権を発揮する制度的枠組みが構想されていた。
(68) 前掲『約法会議紀録』第2編／開会議事及閉会／巻之3、9a葉。また、『申報』1914年5月18日「参政院組織法中之人的問題」、5月19日「参政院組織之性質将有変更」、5月21日「新政局之四大院／参政院之組織」も併せて参照せよ。
(69) 『新聞報』1914年5月17日「又有政治討論会出現」、5月19日「政治討論会提前開議」。
(70) 政治討論会の職掌については、①大総統が特別に諮問する案件、②各部の争議案件、③政事堂の審議未決の案件を審議対象とするという報道や(『大公報』1914年

5月19日「北京／政治討論会之性質」)、軍事・外交を除く一切の政治問題を審議するという報道（同上、5月27日「政治討論会之範囲」）のほか、「如何なる要政議案も該会が最終的に解決」し、政事堂・参政院の決定に対しても否決権を有する（同上、5月19日「政治討論会之大権」)、というものまであって確定できない。ただし、次章で触れる政治討論会の活動から見て、同会は袁世凱が一般的政務について最終的な決裁を下す際、必要に応じて駆使する諮詢機関であったといえる。

(71) 参政の経歴については、『申報』1914年5月31日「専件／参政院人物一覧表」。
(72) 阮忠枢については、支那研究会編『最新支那官紳録』（冨山房、1918年）を参照せよ。
(73) ただし、『大公報』1914年6月12日「政治討論会之拡充」は、袁世凱が「集思広益の効を収める」ため、政治討論会に各省代表を加える意向をもっていたとする。しかし、実際に実施された形跡は確認できない。
(74) 丁中江『北洋軍閥史話』第1集（中国友誼出版公司、1992年）447頁。
(75) 前掲『戊戌以後三十年中国政治史』194～195頁。
(76) 『新聞報』1913年12月13日「改省為道之変議」。
(77) 「省官制」（『政府公報』第735号、1914年5月24日)。
(78) 前掲「将軍府編制令」及び「将軍行署編制令」（『政府公報』第791号、1914年7月10日)。
(79) 以上の点については、前掲『北洋軍閥史話』第1集447～448頁を参照。このため、袁世凱は各省将軍の人選と配置を巧みに操作する必要が生じたが、そこでは6省の将軍を自派閥の「皖系」で固めた陸軍総長段祺瑞の実権が高まった（「中央軍政と各省配備状態」『支那』第6巻1号、1915年1月)。
(80) 『新聞報』1914年7月3日「鄂訊録要」によれば、かつての行政諮詢院のように、各省都督の代表を上京させて軍区問題を討議することすら検討されていた。
(81) ただし、大総統親裁の実現は、分立する直属的諸機関（幕僚・官僚）を自在に操る袁世凱の卓抜した政治手腕を抜きにしては語れない。つまり、彼以外の人物では――例えば、息子の袁克定が大総統職を世襲したとしても――大総統親裁が制度としてうまく機能することは極めて困難であった。その限りで、中央国家権力の組織的統一性も、袁世凱個人の手腕と彼に対する幕僚・官僚たちの「忠誠」を必須の前提としており、そこに基盤の脆さがあった。
(82) 本章の分析は、袁世凱が「洪憲帝制」に突き進んだ要因を明らかにすることを目的としていない。しかし、強大な皇帝権に匹敵する大総統親裁をせっかく実現しながら、その上なぜ帝制の復活を断行する必要があったのかという理由を、行財政史

の視点のみをもって解き明かすことは恐らく困難であろう。筆者は、袁世凱が不安定な各省政府の「忠誠」を補完するため、皇帝政治という中国の伝統に訴えて国民の忠誠を獲得する、つまり国民国家論の立場に立つなら、袁世凱が「伝統の新たな創出」によって上からの国民統合（国民形成）を目指したのではないかという仮説を立てている。この点については、拙稿「中国近代史の『悪役』、袁世凱の再評価」（『世界史の研究』第202号、2005年）も参照されたい。

(83)「軍務院組織条例」（両広都司令部参謀庁編『軍務院考実』上海商務印書館、1916年）。軍務院は大総統に直隷し、全国の軍機を統一企画して戦時・戦後及び善後処置に関わる一切の政務を施行する組織であり、大総統が同院の所在地に親臨できない時は、一切の軍民諸政と対内・対外事項を軍務院の名義で実施する（同条例第1・第2条）。その下に、「各省都督」が各2名の代表を派遣する諮詢機関の「各省代表会」が設置されることになっていた（同条例第6条）。

(84)『申報』1916年5月13日「南京大会議与退位」。この状況に対抗して、中央政府でも「地方代表会議」の召集が検討されていた（同上、5月25日「北京将召集代表会議之研究」）。

第2章
地方財政機構改革
―国税庁と財政庁―

第Ⅰ節　課題の設定

　既述のように、「地方行政機関」たるべき省政府が「地域的統治権力」としての性格を色濃く保持していたため、歴代の中華民国中央政府は、省政府の割拠的な存立基盤を掘り崩し、統治権の一元化を至上の課題として追求しなければならなかった。とりわけ、緒論で論じたような伝統的行財政構造の下では、「財政権」が「統治権」の枢要な一環を占めていたため、財政権を中央に回収していくことは統治権を一元化する必須の前提であった。そして、財政権を回収するには、何よりも国家財政と地方財政とを制度的に区分して、中央政府が地方政府からの税収送金に依存する清代の財政システムを、近代的なそれに改変することが目指されねばならなかった。

　清代において、各省で徴収された田賦・塩税・関税等の正規の税収は、一部が各省の必要経費として（留支）、一部が他省への相互援助として利用され（協餉）、その余剰が中央の戸部に送金される仕組みになっていた（京餉）。雍正年間以降、戸部は「酌撥制度」に基づいて京餉・協餉の数量を調節して全国の財政収支を統一的に管理していたが、太平天国以降からは、釐金など正規外の収入も含めて各省に一定額の京餉上納を割り当てる「攤派制」の導入を余儀なくされ、清末になると経費の膨張と対外債務負担が各省への割当額を激増させていった。その結果もたらされたのが、各省政府の中央政府に対する求心力の低下、そして各省への財政権の拡散と混乱だった[1]。

　清末の状況を継承した中華民国期になると、緒論で言及したように、先ず

1910年代に袁世凱政権が税制の劃分とそれに即応した地方財政機構の整備に着手し、その後「軍閥割拠」が常態化した20年代においても北京政府によって税制劃分の実施が繰り返し検討されていった。しかし、こうした民国初年以来の努力が一定の成果を上げるのは、1927年に成立した南京国民政府の下においてであった。本章では以上のプロセスの端緒となる袁世凱政権の「国地財政劃分」政策を、その中心課題となった地方財政機構改革——具体的には国税庁の設立計画から各省国税庁籌備処の設置、そしてその財政庁への改組——に焦点を当てながら分析する。

確かに、北京政府期の中央財政、とりわけ1920年代以降の中央財政は、総税務司の信用があればたとえ各省政府による税収の截留があっても、内債の吸収を通じて破綻を免れ得る構造——「中央と地方の財政的棲み分け」——を形成していた[2]。ただし、それは北京政府が名目的な中央政府として存続し得る限りにおいてであり、統治権の一元化を通じて実質的な中央政府たらんとする志向は、一方において北京政府を不断に規定していたというべきだろう。民国初年以来、北京政府が繰り返し税制の劃分によって財政権の統一を試みたのもそのためであったが、もっともその政策効果が期待できたのは、国家統合の進展に一定の成果を収めた袁世凱の時代にほかならなかった。

ここで研究史を振り返っておこう。先ず、近代中国の国家財政と地方財政との関係を追跡した研究には李権時氏の先駆的な業績がある。ただし、氏の研究はこの問題に関する通時的な流れを知る上では貴重だが、袁世凱政権の改革に立ち入った分析が加えられているわけではない[3]。一方、袁世凱政権の税制劃分政策と地方財政機構改革を論じた専論としては、胡春恵、渡辺惇、戚如高、張神根各氏の研究が指摘できる[4]。しかし、胡氏の場合は改革実施過程に関する分析がなく、渡辺・戚両氏の研究もそうした動態的分析への視点が希薄で、そのため改革に対する各省政府や地方郷紳層の具体的な対応が論旨に組み込まれていない。また、地方財政機構改革が国税庁から財政庁へと推移した意義についても、戚氏は国税庁廃止の時点で分析を止めているため考察が及んでないし、渡辺氏の研究も十分な解答を提示しているとはいい難い。

他方、南京大学に博士論文として提出された張神根氏の研究は、袁世凱政権期の「財政変革」を、国民政府の財政改革に影響を及ぼし「西欧の財政制度・政策」を導入した点で積極的な意義をもつと肯定的に評価し、その限りでは本章の見地を先取りする注目すべき業績となっている[5]。ただし、税制劃分政策と地方財政機構の改革については、中央政府の政策過程分析が考察の中心に置かれ、やはり各省政府や地方郷紳層の動向に関する実証的な検討は極めて不十分なレベルに止まっている。

総じて、袁世凱政権の地方財政機構改革を、従来の研究によってトータルに把握するには依然として大きな限界があるといわなければならない。以上の点を踏まえ、本章の課題を改めて明確にしておくなら、袁世凱政権の地方財政機構改革の推移を、中央政府（大総統府と財政部）、各省政府、そして在地郷紳層それぞれの動向と思惑に留意しつつ、動態的に検討していくということになるだろう。

第Ⅱ節　国税庁の開設と税制の劃分

(1) 国税庁の開設計画

周知のように、成立当初の袁世凱政権の財政は、抜き差しならぬ窮乏状態に置かれていた。清朝以来の内外債務の償還、辛亥革命によって膨張した軍隊の整理等に過重な負担を強いられ、また各省から税収の送金がほとんど途絶していたため、確たる直接の収入源をもたない中央政府はその存立自体が危ぶまれる状態にあった。こうした状況のなかで、相次いで財政総長を務めた熊希齢（在任期間1912年3月30日～7月14日）と周学熙（在任期間12年7月26日～13年5月16日）は、当面の対策として対外借款契約によって危急をしのぐ一方、抜本的な対策として、清朝以来の中央・地方間の財政関係を改革し独自の財源を確保する必要性を十分に認識していた。

熊希齢によれば、清代地方財政の問題点は、各省において財政を処理した布

政司(藩司)が「中央に直隷せず従来は督撫の指揮統括下にあって、中央と各省との意見の懸隔が日々甚だしく責任も明確でなかった」こと、そして督撫によって新設された「善後局・経徴局・籌餉局・支応局等の局所」が「名目百出し権限はまちまちで、藩司はただ考核の虚名を有するのみで甚だしきは相互に交渉がなかった」という点にあった(6)。布政司は督撫(総督・巡撫)とのみ統属関係にあって中央の戸部(後に度支部)に直属しなかったが、督撫も戸部とは何ら統属関係がなかった。また、関務・塩務・糧務等の特設財政官庁は督撫が兼務するか、或いはその隷属下にあって布政司は指揮権をもたなかった。その上、清末には督撫が釐金等の新規(正規外)の租税を徴収する目的で「局所」を増設したため、本来、正規税収のなかでも田賦の収支を主要な任務としていた布政司が、省財政全体を統括し中央財政へと結びつける役割を果たすことは全く困難であった(7)。

　辛亥革命後の各省政府は、こうした清末における各省財政の状況を継承しつつ、中央政府への送金をほとんど停止していたのである。熊希齢の認識は周学熙もまた共有するところであったが(8)、具体的な状況打開策として彼らの打ち出したのが、全国の税制を財政部が管轄する国税と各省政府が管轄する地方税とに区分し、各省で徴収される国税を、財政部直属の地方財政官庁＝国税庁に集中しようという計画であった。中華民国の成立後も、中央の財政部と各省政府との間には直接の統属関係がなかったが(9)、この計画が実現すれば、〈財政部－各省国税庁〉は省政府との統属関係に左右されない固有の財政空間を獲得し、一挙に中央政府財政の独立性を確保できるはずだった。

　ところで、この改革案は彼らによって初めて構想されたわけではない。すでに清朝末年の新政期から、財政改革が立憲制移行のための重要な前提と意識されており、国税と地方税の割分も改革の日程に上っていた。そのため、清朝政府は度支部に「清理財政処」を設置するとともに、各省には「清理財政局」を設置していた。清理財政局の総辦には布政使が、会辦には関塩糧各道や「局所」の候補道員が充てられたが、度支部からも財政監理官２名を派遣して税制割分のため調査業務に参画させている。また、各省の布政司を度支部の直接的監督

第 2 章 地方財政機構改革 85

下に置くことも検討されていた⁽¹⁰⁾。要するに、熊希齢と周学熙の改革案は、清末新政時の計画を継承するものだったのである。

さて、この 2 人の改革案は「各省国税庁官制草案」と「釐定国家税地方税法草案」とに具体化された。「各省国税庁官制草案」は熊希齢の下で立案され、1912 年 6 月末に臨時参議院（以下、参議院と略）に提出された。草案によると、国税庁は各省の国税事務を監督・執行するとともに、国税と地方税が割分される以前は、関塩両税を除く全ての租税の徴収に当たり、地方税の付加税も代理徴収できることになっていた。また、国税庁長は主管事務について地方下級官吏に対する指揮監督権を有したが、地方行政に関係する案件は地方長官と共同で処理しなければならなかった。なお、国税庁長は地方の状況を斟酌して地方行政官、或いは「自治団体」に租税の徴収を委託することができるとされたように、徴収業務自体を国税庁官吏が直接担当することは当初から想定されていなかったようである。また、状況に応じて省内に国税庁分庁を設置することもできたが、この点は後に省城に国税庁を、業務煩瑣な地方に分庁を、省内僻遠の地方等に支庁を設置するという形に具体化されていった⁽¹¹⁾。

一方、「釐定国家税地方税法草案」は、周学熙の下で立案され参議院に提出された。同草案の内容は後に若干の変更が見られるが、その点も考慮しながら作成したのが**表2-1**である。同表によると、現行の田賦・釐金や将来新設が予定される印花税・営業税・所得税のように巨額の収入が見込まれた重要税種は

表2-1 国税と地方税の割分案

国家税	現行税目	田賦、塩税、関税、常関税、統捐、釐金、鉱税、牙税、契税、當税、牙捐、當捐、煙税、酒税、茶税、糖税、漁業税、（その他の雑税雑捐）
	将来新設税目	印花税、登録税、遺産税、営業税、所得税、出産税、紙幣発行税、（通行税）
地方税	現行税目	田賦附加税、商税、牲畜税、糧米捐、〔土膏捐〕、油捐、醤油捐、船捐、雑貨捐、店捐、房捐、戯捐、車捐、楽戸捐、茶館捐、飯館捐、肉捐、魚捐、屠捐、夫行捐、その他雑税雑捐、（地捐）
	将来新設税目	特別税：房屋税、国家非課税物件の営業税・消費税、〔入市税〕、〔使用物税〕、〔使用人税〕 附加税：営業附加税、所得附加税

典拠：①『申報』1913年 1 月11日「要件／釐定税則草案」、②「財政部咨各省都督民政長検送劃分国家税地方税草案請飭属一体遵照文（附章程）」（『政府公報』第558号、1913年11月22日）。
註：（ ）内の税目は②の史料で追加、〔 〕内の税目は②の史料で削除されている。

国家税に組み込まれている⁽¹²⁾。その反面、地方税としては、田賦・営業税・所得税の附加税（それぞれ正税徴収額の3割、2割、1.5割という制限つきで徴収）が主要財源に充てられ、その他は収入の零細な税目が列挙されているに過ぎない。明らかに中央財政に偏重したこの劃税基準は、中央集権的なフランスと日本の制度を模倣したものだったという⁽¹³⁾。

　国務院と財政部の当初の計画では、国税庁関連法案は1912年内に参議院を通過させ、翌13年1月中旬には公布する手筈だった。また、3月1日をもって国税と地方税の分離徴収を開始し、13年2月中に各省国税庁を、3月内に分庁を、5月内に支庁をそれぞれ成立させる予定だったという⁽¹⁴⁾。政府は、かなり性急に計画の実現を目指していたわけだが、その主要な理由は、対外借款に依存する財政体質から政府財政を一刻も早く脱却させようとしていたところにあった。12年後半、周学熙は断続的に外国銀行団と「善後借款」の契約交渉を進める一方で、銀行団が借款の条件として使途の監督を要求したことを踏まえ、列強の財政監督を阻止し外債依存から脱却するには、税制劃分等の根本問題を解決することが肝要であると力説していたのである⁽¹⁵⁾。

　しかしながら、税制の劃分と国税庁の設立——以下、「劃税設庁」と表現する——を実施に移すには、各省政府の賛同と協力を得る必要があった。すでに熊希齢が「劃税設庁」を決意していた1912年6月当たりから、直隷・広東・江蘇各省の都督らは田賦の地方税編入を主張しており、政策実施の困難さが予想されていたのである⁽¹⁶⁾。そこで周学熙は、「劃税設庁」政策に対する各省政府の合意を得るため、10月に各省財政視察員の派遣を決定した。財政視察員の目的については、「右委員ノ顔振ヲ見ルニ多ク各省自省出身者ニテ……其省ニ於テ曽テ官歴信望ヲ有スルモノヲ斟酌シタル痕歴々」と観察されていたように⁽¹⁷⁾、各省の出身者を通じて都督や郷紳・商紳などの在地有力者層と融合・協調を図りつつ、政策への合意を得ようとするものだった⁽¹⁸⁾。

　各省政府の「劃税設庁」政策に対する思惑は複雑であったと推測される。確かに今回の政策は、清朝後期以来、中央政府に対して自立化の傾向を強めてきた各省政府の財政基盤に対する介入であり、その点では容認し難いものがあっ

たであろう。しかし、辛亥革命後の各省財政は必ずしも省政府の下に集権化されていたわけではなかった。第Ⅱ節以下で紹介していくように、税収の多くは県議会や在地の郷紳たちによって截留され、省政府もまた中央政府と同様、深刻な収入不足に見舞われていたからである。

　太平天国以降において各省督撫（とくに洋務派）は、「紳糧」等の在地有力者を「局所」（公局）に組み込みつつ省財政の集権化を進めていた[19]。ただし、新政期以降になると、新たに設置された諮議局等の地方議会に結集した郷紳たちは、省政府と省財政の在り方をめぐって対立の様相を呈しつつあったと考えられる[20]。その意味では、国税庁を矢面にして地方議会に結集する郷紳層を掣肘し、そして自らの存立基盤を維持し得る限りで今回の改革を利用することも、省政府にとっては考え得る選択肢の一つだった。翻って、在地郷紳層の立場に立てば、財政部の政策は清朝後期以来「局所」を通じて徴税業務に参入していた彼らの「既得権」を侵犯する政策にほかならなかった。

　複雑な思惑のなかで、各省政府の多くが選択したのは中央政府の改革を利用する途であった。財政視察員の派遣によって、「劃税設庁」政策に対する合意の調達は当初の予想に反して順調に進捗し、1912年12月までに14省の都督・民政長が中央に賛同の電文を寄せてきたからである[21]。ただし、国民党系都督が支配する広東・江西・安徽各省はそこに加わってはいなかった。

(2)　国税庁籌備処の設置

　ところが、1912年末から正式国会召集に向けた選挙戦のなかで参議院が事実上の休会状態に入ったため、「各省国税庁官制草案」と「釐定国家税地方税法草案」の審議は棚上げとなってしまった。財政部が当初予定していた13年1月中の公布は全く困難となったのである。そのため、政策の実施を急ぐ周学熙は「国税庁総籌備処辦事章程」と「国税庁籌備処暫行章程」を制定して、財政部内に国税庁総籌備処を設置するとともに、各省には国税庁籌備処を設置する方針を決定した。この決定は、あくまで正式な官制が公布されるまでの臨時の措置であったが、全ての官制・法律の公布に参議院の議決を必要とした臨時約法

の規定に背馳する「非合法」の措置でもあった⁽²²⁾。

　1913年1月10日に袁世凱の裁可を得た「国税庁籌備処暫行章程」によれば、各省の国税庁籌備処には処長と坐辦各1名が置かれ、内部組織はほぼ「各省国税庁官制草案」の規定を踏襲した、文牘・函電の処理等を担当する第一科、国税徴収業務の監督等を担当する第二科、国税額の検査等を担当する第三科からなっていた。また、同月22日に公布された「国税庁総籌備処辦事章程」によると、中央の財政部に置かれる総籌備処は総辦・会辦各1名と若干名の籌議員から構成されていた。総籌備処は、財政部内の賦税司や関係各司と連携しつつ国税整理方法の企画・検討作業に従事することになっていたが、将来、各省国税庁が正式に成立した時には賦税司に吸収される予定であった⁽²³⁾。

　では、国税業務の企画・監督・執行に当たる国税庁総籌備処と各省籌備処には、どのような経歴をもつ人材が配置・任命されていたのだろうか。「国税庁籌備処暫行章程」によれば、総籌備処及び各省籌備処の科員以上のメンバーは「徴収命令官」とされ、その任用に際しては、①地方財政の状況を熟知した者で、②「高等財務行政官」を3年以上経験し成績良好であるか、もしくは③本国或いは外国の学校で政治経済を専修し行政官を3年以上務めた者、という条件を満たさなければならなかった。

　表2-2と**表2-3**は、清朝時代の官歴と留学歴に注目して彼らの経歴をまとめたものである。**表2-2**で先ず注目されるのは、総籌備処メンバーに各省財政監理官を含む度支部官僚経験者が多く見られる点であるが、これは清朝の「清理財政」事業に参画した経験を買われて任用されたものと思われる。例えば、総辦の王璟芳は度支部会計司員外郎であり、籌議員には田賦司郎中・副司長で広東財政監理官を務めた宋壽徴（後に広東籌備処長へ転出）、田賦司郎中の銭承鋕、主事・税務司長の雷多壽、考核司長の李思浩、黒竜江財政副監理官を務めた楼振声などが名を連ねていた。また、地方官経験者が確認できるのは、旧府州県財政を処理してきた経験と実績とから任用されたのだろう。

　留学歴をもつ者は全て日本留学で数の上では4名に止まるが、実際の業務においては重要な役割を果たしていた。会辦の李景銘は、早稲田大学を卒業し帰

国後度支部に奉職した人物で、総辦の王璟芳とともに「国税庁籌備処暫行章程」の立案に参画している[24]。また、法政・明治の両大学で学んだ籌議員の賈士毅は、各省財政視察員が派遣された際、その派遣母体となった財政調査委員会の設立を周学熙に建議した人物である[25]。先に、財政部が起草した「釐定国家税地方税法草案」の劃税基準が、フランス・日本の制度を模倣したものであることを指摘しておいたが、それも賈士毅の執筆した論文「劃分国税与地方税私議」で示された劃税案が腹案となっていたようである[26]。

次に、表2-3によって各省籌備処の処長・坐辦の経歴を見ると、その半分弱が不明なのはやや残念だが、やはり度支部官僚と地方財政官や府州県官の経験者が多く、また日本に留学した者も9名ほど確認できる。とくに度支部官僚経

表2-2 国税庁総籌備処官僚の経歴（総計23名）

	内　容
官　歴	前清度支部官僚・各省財政監理官 8 前清地方官（府州県官・道員）・省銀行 5 資政院事務官 1 在日郵伝部調査員 1 不明 8
留学歴	日本 4（早稲田1、法政2、高商1）

典拠：印鋳局編纂処編『職員録』中華民国2年第1期（1913年3月）、北京支那研究会編『最新支那官紳録』（冨山房、1918年）、徐友春主編『民国人物大辞典』（河北人民出版社、1991年）。

表2-3 各省国税庁籌備処処長・坐辦の経歴（22省総計43名）

	内　容
財政視察員からの留任	同一省への留任：処長 5、坐辦 5 他省への留任：処長 3、坐辦 1
着任省との関係	本省人：処長 9、坐辦 6、不明：処長 0、坐辦 3 他省人：処長13、坐辦12
官　歴	前清度支部官僚・各省財政監理官 6（処長 5、坐辦 1） 前清巡撫・布政使・按察使歴任 1（坐辦 1） 前清地方財政官・府州県官（含候補）7（処長 6、坐辦 1） 民国各省都督府財政官・財政司長 2（処長 1、坐辦 1） その他 7 不明 20
留学歴	日本 9（早稲田 2、法政 5、不明 2）

典拠：表2-2に同じ。
　註：官歴中の「各省財政管理官」は、度支部の任命により各省に派遣された者。「前清地方財政官」は、善後局・釐金局・塩運使・海関道や清理財政局の人員。

験者6名は、清理財政処総務科坐辨を務めた曲卓新（山東籌備処長）をはじめ、黒龍江・吉林財政監理官を歴任した甘鵬雲（吉林籌備処長）、安徽財政副監理官の熊正琦（安徽籌備処長）、湖南財政監理官の李啓琛（湖北籌備処長）、山西財政監理官の袁永廉（山西籌備処坐辨、後に処長）、奉天財政副監理官の楽守綱（甘粛籌備処長）のように、全て中央の清理財政処の人員か財政監理官として各省の清理財政局に派遣されたことのある者たちで、曲・甘・袁の3名は留学経験があった。また、地方財政官経験者のなかにも、湖北清理財政局会辨を務めた金鼎（江蘇籌備処長）や直隷清理財政局坐辨を務めた汪士元（河南籌備処長）のように、やはり清末の「清理財政」事業に参与した人物がいる。

　前述の通り、熊希齢と周学熙の「劃税設庁」政策は清末新政の財政改革方針を継承するものだったが、それは以上のように国税庁総籌備処・各省籌備処の人材面にも現れていたのである。また、そこには近代財政に対する理解と知識をもった留学経験者がかなり組み込まれ、とりわけ中央の総籌備処では政策立案において重要な役割を担っていた。ただし、任命された各省籌備処の処長・坐辨については、各省財政視察員からの留任者が確認できる点、また着任省の出身者が併せて計15名ほど確認できる点で、依然として各省政府や郷紳層＝在地有力者との協調という点も、人選の重要な条件の一つになっていたことがわかる。それでは、以上のような態勢で臨んだ各省における「劃税設庁」業務は、果たしてどのように進展したのであろうか。

　各省国税庁籌備処が先ず取り組まねばならなかったのは、「釐定国家税地方税法草案」に即して国税と地方税を劃分し、国税事務を省政府から接収することだった。1913年3月22日に財政部が制定した「各省国税事務移交辨法」は、各省財政を統括する財政司[27]に対して、民政長の命令の日より20日以内に、国税移管予定の租税に関する一切の帳簿・案巻や主管人員の名簿を提出するよう指示していた[28]。周学熙は、新会計年度が始まる7月1日までに国税の完全な接収を目指し、総籌備処の賦税司への吸収さえ予定していたように[29]、政策の進展にかなり楽観的な見通しをもっていた。

　確かに、7月以前の恐らく早い時期に提出された総籌備処の意見書は、すで

に接収が完了した省が8省、一部が完了した省は4省に上ると報告していた[30]。しかし、周学熙が善後借款契約の責任をとって5月に財政総長を辞職した後、各省における国税の接収業務は彼の期待通りには進んでいかなかった。1913年10月30日現在の接収状況を示した**表2-4**を見ればそれは歴然としている。とくに、7月12日に勃発した「第二革命」によって独立した湖南・安徽・江西・江蘇・広東各省の業務の停滞は深刻で、反乱が鎮圧されるまで籌備処の活動は停止・中断のやむなきに至っていた。また、奉天・吉林・甘粛・新疆等の各省を

表2-4　各省国税庁籌備処の国税事務接収状況（1913年10月30日現在）

省名	設立月日	接収状況
直隸	2/25	5月1日籌款・釐捐・貨捐各局等を接収、田賦等は民政長の要請で未接収
奉天	3/1	4月1日完全接収
吉林	4/5	7月1日完全接収
黒龍江	3/12	4月1日田賦の一部を除いて完全接収
山東	3/1	常関・釐金・津浦鉄路貨税・鉱・煙酒・糖・牙・契各税は接収、田賦は7月1日接収
山西	3/22	7月1日に接収を予定するも案巻繁雑のため未だ一律接収できず
河南	2/27	財政司が田賦の地方税編入を求めたため遅延、7月中旬完全接収
湖北	5/1	未だ報告なし
湖南	4/12	5月1日完全接収するも第二革命のため籌備処が機能停止
安徽	3/13	7月1日表面上は接収するも依然民政長が税権を掌握、第二革命のため籌備処が機能停止
江西	1/27	都督の抵抗が強く業務進捗せず、第二革命のため籌備処が機能停止
江蘇	1/13	田賦以外の各税接収、第二革命のため籌備処が機能停止
浙江	4/27	5月10日捐税牙帖接収、7月1日田賦接収
福建	4/16	5月1日までに田賦・商捐・契税・酒捐等を接収
広東	7/1	第二革命のため成果なし
広西	5/15	7月1日国税接収、ただ財政司は塩課等の地方税編入を要求し抵抗
四川	2/1	6月1日までに田賦・常関・統捐・契税・煙酒・茶・糖・牙・當・鉱各税接収、県議会の抵抗あり
雲南	4/4	7月1日国税接収
貴州	2/3	6月1日塩税以外の国税接収
陝西	1/16	5月1日田賦の一部を除き完全接収
甘粛	1/1	2月20日完全接収
新疆	4/1	4月1日完全接収

典拠：「各省国税籌備処辦理情形（自民国元年開辦至二年十月三十日止）」『税務月刊』第1号、1914年1月1日）。
註：設立月日は全て1913年。

除けば、接収を完了していない省が圧倒的に目立っている。財政部賦税司は、この状況の原因を「第一に国家が統一の実を上げていない、第二に国税庁の成立後間もない、第三に処長の更迭が頻繁であった」からと分析していた[31]。しかしながら、賦税司の分析とは別に、国税接収業務が進展しなかった背景には、先に示唆したところからも十分予想されるように、省議会を頂点とする地方議会に結集した郷紳層の反対と省政府（都督・民政長）の非協力的な態度、という地方の側の問題があった。

第Ⅲ節　国税庁反対風潮の諸相

(1) 省議会と省政府

　国税庁籌備処設置に対する各省議会の反対理由は、公的には「劃税設庁」政策自体に法的な根拠がないという点にあった。いうまでもなく、これは臨時約法の規定に従って「各省国税庁官制草案」と「釐定国家税地方税法草案」が参議院もしくは正式国会の議決を経ていない、という厳然たる事実に基づいていた。省議会が中央政府や国会に発した反対電文が集中して出てくるようになるのは、「第二革命」（1913年7月12日～9月12日）をめぐる緊迫した情勢のなかにおいてである。史料上で反対電文を発したことが確認できるのは、6月の福建・江西省、8月の陝西・四川・吉林省の五つの省議会に過ぎないが[32]、江西省議会によると「十数省議会ノ賛同ヲ得タリ」というから[33]、ほぼ全国各省の省議会がこぞって「劃税設庁」政策に反対していたことがわかる。「第二革命」によって独立した福建・江西・四川の各省議会だけでなく、陝西・吉林両省議会の反対電文が確認できるのは、それを証明するものであろう。

　ただし、各省議会が反対した背景には、「劃税設庁」政策が法的な根拠を欠いているという点以上に、議員を構成する在地郷紳層の利害に関わる切実な理由があった。既述のように、各省の郷紳層は太平天国以降、「局所」を通じて徴税業務に個別的・直接的に参入していたが、新政期になると諮議局や県議事

会等の地方議会が、彼らの「階層」としての共通利害を確認する公的な意志結集機関として登場し、省・地方行財政に対する発言権を強めていた。清末の「局所」や地方議会については、進士・挙人・貢生等の科挙上位資格保持者だけでなく、監生・生員等の下位資格保持者、或いは科挙の資格をもたないが経済活動により商紳化しつつあった新興の「名望家」なども、多数参入していたことが明らかにされている[34]。辛亥革命後において県レベルの租税徴収業務に参入していたのも、局所や地方議会を構成したこのような階層にほかならなかった、といえよう。

　四川省では、各県の銭糧・契税・酒税の徴収は県議会が選挙した人員が担当していた。同省の国税庁籌備処長が財政部に送った報告は、これを「本地人士に財権が掌握され県議会が財政を監督するため、財は中飽に帰し款は豪紳に蝕まれる」と非難している[35]。こうした状況は、他の省でもほぼ同様であったと見られ、江蘇省では都督府が省内各地に派遣した釐金徴収員を「地方士紳」・「紳商」が認めず、逆に意中の人物を「公挙」して都督府にその任命を求めていた。同省の「地方紳董ハ一意当該地方ノ利益ニ重キヲ置キ地方ノ収入ハ先ツ地方ノ行政費ニ充テ其剰余ヲ以テ省ノ財政司ニ送付スル」有様だったという[36]。また、このほかにも、「財政の権は専ら地方紳士の手によって操縦されている」（山西省民政長）、「各県議会・参事会はややもすれば督令と司章（都督の命令と財政司の規則―筆者）を楯にとって抵抗する」（広西省国税庁籌備処）といった事実を確認することができる[37]。恐らく、各省・地方議会（「地方士紳」や「紳商」）にとっては清末以来の「地方自治」の成果である租税徴収業務への参入も、省政府や国税庁籌備処の立場に立つなら、財政権に対する不当な侵害を意味するものでしかなかったのである。

　四川省の場合、国税庁籌備処長が新たに徴税局長を任命して県議会から徴収権を回収しようとし、各県議会・参事会と省議会の激しい抵抗を受けていた。県議会・参事会の意向を受けた省議会は、籌備処に措置の撤回を求めたが、籌備処長は任命した徴税局長の任地への派遣を強行しようとしていた[38]。四川省議会が「劃税設庁」政策に反対した電文は、政策の合法的根拠の欠如を指摘す

るとともに、こうした事態を糾弾していたのである。湖南省でも、籌備処長が徴税員養成のため「征収員練習館」を設立しようとしたところ、省の財政・経済各専門学校が激しく反発し、「私人を任用するもの」として省議会に告発しているが、これも同様の文脈で捉えることが可能かと思われる(39)。

　また、「劃税設庁」政策によって、省議会がそれまで行使していた予算審議権の範囲が大幅に縮小されることも、各省議会が一斉に反発する理由の一つとなっていた。国税と地方税が劃分されると、省内財源の圧倒的部分を占める国税収入は国税庁籌備処の管理下に入り、それに伴い各省の「国家地方予算」の審議権は省議会の手を離れる。したがって、省議会の予算審議権は、零細な地方税収入に基づき省政府が編成する文字通りの省財政予算、即ち「省地方予算」に限定されるはずであった。しかし、財政部や国務院の再三の警告にもかかわらず、漕糧の地方税化を執拗に要求した江蘇省、田賦税率の変更を検討していた福建省のように権限外の国税業務に干渉する省議会や、湖南・四川・浙江・広東・吉林・江西・安徽・甘粛諸省のように「国家地方予算」の審議権を要求するか、もしくは予算の審議をめぐって紛糾する省議会が相次いだ。また、7月初めの衆議院では、暫定措置として「国家地方行政予算」の審査権を省議会に与えるよう求めた建議案が提出されていた(40)。「第二革命」の直前と最中に集中した各省議会の反対電文は、予算審議権をめぐる以上の状況が生みだした産物でもあったのである。

　一方、各省政府にとって、国税庁籌備処が「地方紳士」・「地方紳董」の徴税業務上の「既得権」を排除していこうとする限りでは、その政策に抵抗する理由は何ら見当たらなかったといえよう(41)。既述のように、税収の多くを県議会や在地の郷紳たちによって截留されていた省政府も、深刻な収入不足に見舞われていたからである。しかしながら、その一方において、各省政府は省内の財政運営に対する主導権をあくまで手放そうとはしなかった。広東省の国民党系都督胡漢民は、そもそも中央政府が進める「劃税設庁」政策には反対であったが、財政司長の廖仲愷が上京して財政部と協議した結果、財政司長が籌備処長を兼務するという妥協案を引き出していた。このため、籌備処は当面財政司

に付属することになり、二つの財政機関の形式的分離が果たされたのは、「第二革命」の勃発を目前に控えた7月1日のことだった[42]。また、やはり国民党系都督の柏文蔚が支配する安徽省では、**表2-4**が示すように籌備処が7月1日に国税を接収した後も、依然として民政長（柏文蔚の兼任）が「税権」を掌握し続けていた。

　他方、国税庁籌備処と財政司が組織的に分離していた省でも、基本的に事態は同じだった。河南省では、財政司が籌備処による税務調査員の派遣を妨害して田賦の国税移管に反対していた。広西省でも財政司が塩税の留用を求め、籌備処は省政府との間で税務権限の分担をめぐって意志疎通が図れず国税接収業務の停滞に苦しんでいた[43]。さらに、「劃税設庁」政策に協力的だったといわれる浙江都督朱瑞でさえ、籌備処を当面は省政府内の付属機関として、その業務を国税の徴収監督に止め、財政司に省内全収入の支出管理を任せるよう求めていた。このため、財政部は各省に対して財政司による支出管理権の掌握を認めざるを得なかったのである[44]。

　さらに租税の徴収が、田賦については県知事に、釐金その他については旧来の「局所」に委託されたことも、国税庁籌備処の国税管理業務の制約となった。第Ⅱ節で触れたように、財政部は国税庁が徴収業務を直接担当することを当初から想定していなかった。各省の境域は広大であり膨大な経費需要が見込まれる点で、それは極めて困難だったからである。1913年7月に出された国務院の訓令は、国税の徴収に当たる「局所」の官吏の任免権は籌備処長が執行し、県知事の選別・任命は各省民政長が籌備処長と共同で処理するように指示していた[45]。しかしながら、県知事は、次章で述べるように本来民政長の実質的な人事権下にあり、また地方税の徴収も担当していたため、籌備処長が省政府を無視して十分な監督権を行使することはままならなかった。「局所」もまた、地方税の徴収を兼務していたため、依然として財政司との命令系統を維持し続けていたが、それに加えて清末以来の濫設と税務員の腐敗とが国税庁籌備処による国税の管理を一層困難にした[46]。

(2) 「第二革命」後の動向

「第二革命」の鎮圧によって袁世凱政権は国会に対する優位を獲得するとともに、軍事力を背景として各省都督・民政長の「忠誠」を期待できるようになった。1913年11月には国会の機能が停止され、12月からの政治会議、翌14年3月からの約法会議の召集を通じて、国会の解散、省議会等の地方議会の解体、新約法の公布、など臨時約法下の共和体制を否定する諸改革が矢継ぎ早に断行されていった。この過程は第1章で明らかにしたように、あらゆる国家意志の裁可・決定権を、実質的に袁世凱個人に集中する「大総統親裁」体制が形成されていく過程でもあった。

「第二革命」以後のこうした情勢は、一見して「劃税設庁」政策を各省に浸透させる上でも、中央政府に有利な条件を提供したように思われる。だが、事態はけっしてそのようには進んでいかなかった。先ず、「劃税設庁」政策を厳格に推進した省の国税庁籌備処長が、中央政府の休職・免職処分を受けていることが注目される。1913年10月、広西都督兼民政長の陸栄廷によって同省籌備処長の沈式荀が弾劾され休職処分となった。陸栄廷の弾劾理由は、沈の業務態度が信頼できないということにあった。沈式荀の業務態度を調査した財政部は、翌年、「着任以来、一意国税の処理に邁進し業務能力は賞賛に値する」ものの、「業務に熱心な余り地方に罪するところがあったのも免れ難かった」として処罰の実施を取りやめたが、彼を広西籌備処長に復帰させようとはしなかった[47]。また、14年3月には山西省の籌備処長袁永廉が、やはり「国税の処理が地方に手厳しかった」という理由で免職処分になっている（以上、傍点は筆者）[48]。これらの事実は、財政部が業務に熱心な籌備処長の処分を考慮しなければならないほど、「劃税設庁」政策に対する省政府や郷紳＝在地有力者層の不満が広汎に伏在していたことを示すものといえよう。

次に注目されるのは、「第二革命」の鎮圧により帰順した省でも、中央の意を受けて派遣された都督・民政長の治下にありながら、むしろ彼らによって国税庁籌備処の業務が妨害されていた事実である。江蘇省では、「第二革命」鎮定のため江北鎮撫使として送り込まれ、その後都督となった張勲が独断で釐金

第2章　地方財政機構改革　97

を徴収する税局所の所長を任命していた。これに対して、籌備処長の張壽齡は、張勲による任命を不当とするとともに、籌備処が税局所長の資格審査を実施し、不良分子を淘汰した上で彼らを籌備処の指揮下に移すよう要請した。だが、張勲は籌備処による資格審査には応じたものの、自らが任命した税局所長の整理・淘汰を受け入れようとはしなかった。このため、江北では釐金収入が張勲の任命した税局所長から彼の兵站に送金され籌備処には送られなかった[49]。

　江西省では民政長の汪瑞闓が、籌備処とは別に財政整理を目的とした専門部局を設置しようと計画していた。彼は、財政部から籌備処の業務と重複する機関の設置は不必要であると通達されたにもかかわらず、籌備処には「国税を整理する権限はあっても省財政全体を統括調査する権限はない」として、計画の実行をあきらめようとしなかった。こうしたなかで、籌備処長として赴任した王純は、当然のことながら財政権の不統一に苦しまねばならなかった。彼が財政部に訴えたところによれば、主要な「局所」の税収や人事権は都督の李純と江西宣撫使の段芝貴が掌握し、各県知事も汪瑞闓の人事権下にあるため、徴収業務に対する命令系統を一本化することは困難であった[50]。

　第三に、「第二革命」が決着をみた1913年9月以降、国税庁籌備処長の多くが財政司長を兼務するようになったことも、国税業務の各省政府からの独立性を形骸化させた。財政部は一方で、「第二革命」中より会計司や賦税司の科長級官僚を浙江・江蘇・江西等の籌備処長・坐辦に送り込み、指導力の強化を図っていた[51]。籌備処長の財政司長兼任という措置も、一面で籌備処の省財政全体に対する統制力の強化を狙ったものと思われるが、むしろ財政部直属の籌備処長が財政司長として都督・民政長の命令にも従わざるを得なくなる点で、命令系統の一層の混乱をもたらすものであった。既述のように、「第二革命」前から広東では財政司長の廖仲愷が籌備処長を兼務していたが、湖南・雲南でも財政司長をいったん免職した上で、籌備処長に配置転換する措置がとられていた。そして9月になると、山東・安徽・江蘇・浙江・江西等の省に対して一斉に籌備処長の財政司長兼務が発令され、その後ほぼ全ての省にも同様の人事命令が出されていった[52]。

以上の点から判断する限り、「第二革命」後の新たな条件のなかでも、各省の国税を国税庁籌備処の管理下に集中し中央政府の独自の財源とすることは、ほとんど期待できなかったといえよう。1913年10月末、財政部は各省の都督・民政長に対して中央政府財政への支援と経費の節減を訴えた。しかし、各省籌備処の中央への国税送金は一向に好転する兆しを見せなかった。1914年1月時点においても、省財政の困窮を理由に協力を渋る都督・民政長が多く、籌備処長の懇請の末やっと支援を認めた江西や浙江等の省でも、送金額はたかだか40万元と20万元に過ぎなかった[53]。こうした事態は、都督・民政長が財政司を通じ依然として全省の支出管理権を保持していたことに起因していた。戚如高論文は、1913年7月から14年5月に至る時期が「国税庁籌備処の黄金時代であった」と評しているが、事実はそれから程遠い状態にあったのである。

だが、「第二革命」後に再び財政総長に復帰した熊希齢（国務総理兼任、在任期間1913年9月11日〜14年2月9日）は、けっして「劃税設庁」政策を放棄しようとはしなかった。彼は、11月には改めて「劃分国家税地方税草案」を各省政府に送付し、また12月には国税庁籌備処処員の業務能力と都督・民政長の協力姿勢をチェックするため調査官の派遣を企画するなど、政策続行に並々ならぬ意欲を示していたのである[54]。

第Ⅳ節　財政庁と税制劃分の取消

(1) 財政庁への改組

ところが、1914年5月23日、袁世凱政権は突如として各省の国税庁籌備処と財政司を同時に廃止し、二つの機関を合併して財政部直属の財政庁に改組する「大総統令」を発した[55]。そして、25日には早くも各省財政庁長の任命が行われた。すでに第1章において詳述したように、1914年の5月という時期は、ちょうど大総統親裁を保障する統治形態が制度的に確定した時期に当たり、国家意志の形成・執行に関わる全ての政府中枢機関は、併存・分立しながら〈大総統

府-政事堂〉に直属するようになっていた。また、「省官制」・「道官制」・「県官制」等が公布され、民国成立以来の懸案だった地方制度改革がほぼ決着をみたのもこの時期であった。財政庁への改組は、明らかにこうした体制改革の一環として断行されたものだったのである。

ただし、国税庁籌備処と財政司が廃止され財政庁に改組される兆候は、これ以前からすでに存在していたというべきだろう。前述のように、各省において籌備処長と財政司長は兼任状態にあり、二つの地方財政官庁の併存は有名無実となっていた。財政庁の出現は、いわば既成事実の制度的な追認と合理化を意味していたのである。また、5月8日に出された「大総統令」は、浙江民政長屈映光の要請に基づき、各省の中央直属機関の予算編成を民政長に一任することを命令していた⁽⁵⁶⁾。この決定は、国税庁籌備処が省政府に対する組織的独立性を完全に失うことを意味したが、これも各省における籌備処の実態を制度的に追認したものにほかならなかった。

その上、国税庁籌備処と財政司の機能を統合した財政庁は、必然的に省財政全体を統括することになったため、袁世凱政権はこれまでのように国税と地方税とを区別する理由がなくなった。熊希齢の辞職後、財政総長に就任していた周自斉（在任期間1914年2月9日～15年3月5日）は、以上の事態を受けて国税と地方税の区分を取り消すよう上申し、6月1日に袁世凱の裁可を得た⁽⁵⁷⁾。周自斉の呈文は、国税・地方税の劃分が「ここ一年以来、効果を上げていない」ことを認めるとともに、「地方税劃分の後、執行された自治・学堂・実業等の事業もいたずらに名のみあって収入の多くは中飽に帰した」ため、今後、国地両税を一括して財政庁に集中し、「事の緩急を調査・考慮の上、経費の分配を酌量す」べきであると主張していた。ここに、1912年以来堅持されてきた「劃税設庁」政策は、その完全な失敗が大総統と財政総長とによって確認され、全面的に放棄された。張神根氏がいみじくも指摘したように、袁世凱の「関心は財政が彼の政治に奉仕できるか否かにあり、できなければ、それは良い財政でなかった」のである⁽⁵⁸⁾。

ところで、この政策転換の背景には、1914年2月の熊希齢内閣の瓦解後、財

政政策をめぐる主導権が財政部から大総統府へ移行していたという事実があった。熊希齢の後を受けて財政総長に就任した周自斉は袁世凱の意向には忠実であったが、その財政手腕に不安を抱いた袁は、同じ2月に大総統府の諮詢機関として「財政会議」の設立を決定した(59)。財政会議には、大総統府・国務院各部の財政に通暁した人員と、各省から主に国税庁籌備処長(＝財政司長)が参与したが、これは明らかに大総統府が財政計画立案の主導権を握り、また籌備処長(＝財政司長)を大総統府の直接的影響下に置こうとする措置だった。そして、この財政会議において決定されたのが、宣統2年の割当額に照らして各省政府が中央に一定の税収を上納するという、清末の「攤派制」の復活であった(60)。14年5月から6月にかけて断行された国税庁籌備処・財政司の廃止と財政庁の設立、国税と地方税の区分取消という一連の事態が、2月のこの決定の延長線上にあったことは贅言を要しないであろう。

　一方、熊希齢が財政総長を辞職した後の財政部内には、こうした大総統府＝袁世凱(及びそれに追随する財政総長周自斉)の清末旧制度への傾斜を睨みつつ、依然として国税庁籌備処の権限強化を模索する動きが存在した。1914年3月、財政部は各省における国税の支出には籌備処の承認が必要である旨を都督・民政長に通達している(61)。また4月には、国税庁を正式に成立させて都督・民政長の干渉を排除することや、浙江省寧波に国税庁分庁を試験的に設立することなどが検討されていた(62)。しかし、熊希齢辞職後の財政部内で、「割税設庁」政策を支持する勢力が発言権と影響力を失いつつあったことも、また動かし難い事実であった。

　それを象徴するのが、かつて国税庁総籌備処会辦を務めた李景銘の失脚である。1913年7月に総籌備処が賦税司に吸収された後、彼は税制改定のため新たに設置された税法委員会の副会長となり、熊希齢の辞職後は賦税司長となって引き続き国税の整理・改良に従事していた。ところが、1914年3月の大総統府財政会議において、県知事の任免権を各省籌備処長にも与えるよう発言していた彼は、その後、民政長の県知事任免に籌備処長の同意を義務づけた命令を独断で全国に発令した。この独断専行は当然各省政府の反発と抗議を招き、彼は

そのため引責辞職に追い込まれたのである(63)。

　この李景銘の行為については、財政会議の審議内容を取り違えた単純な誤解に基づくもの、とする史料もある。しかしながら、既述の通り各省民政長が県知事の任免権を掌握しているため籌備処の監督業務が著しく損なわれていたこと、またこの時期、李景銘が務める賦税司長の職権に抵触する「整理旧税所」と「籌辦新税所」の新設が、周自斉の要請によって袁世凱の裁可を得ていたこと(64)、しかも整理旧税所には大総統府財政顧問の趙椿年・楊壽枬といった袁世凱寄りの人物が送り込まれていたこと(65)、以上の事実から総合的に判断するなら、李景銘の独断専行は大総統府と袁世凱の意向に忠実な周自斉財政総長による有形無形の圧力のなかで、「劃税設庁」政策を堅持・強化しようとした苦衷の決断であったとみるのが妥当であろう。

　李景銘が日本留学経験者であったことはすでに述べたが、以上のような状況のなかで、彼のほかにも日本に留学し「新思想」をもつ財政部の官僚たちは、沈黙を余儀なくされるか、もしくは大総統府が主導する清末旧制度への回帰に付和雷同していくしか術はなかったのである(66)。

(2) 巡按使と財政庁

　各省の財政庁も、財政部に直属する地方財政官庁であり、しかも国税と地方税の区分がなくなったため省財政全体を統括する権限をもっていた。1914年5月に任命された財政庁長のほとんどは国税庁籌備処長の留任だったが、その経歴を整理したのが**表2-5**である。興味深いのは、清末に財政集権化を進めてい

表2-5　各省財政庁庁長の経歴（22省総計22名）

	内　　容
官歴	前清地方財政官・府州県官（含候補）15 前清度支部官僚 2 その他 3 不明 2
留学歴	日本 6（早稲田1、法政3、陸士1、不明1） 英国 1（出身校は不明）

典拠：『政府公報』第737号（1914年5月26日）大総統令、前掲『最新支那官紳録』、『民国人物大辞典』より作成。

た度支部の官僚経験者が減り、むしろ度支部による整理対象であった支応局・捐釐総局・度支公所等の「局所」に関与した地方財政官や府州県官の経験者がその比率を著しく高めていることであろう。留学経験者が7名ほど確認できるとはいえ、中央に新設された前出の整理旧税所でも旧州県官が多く任用されていたことを勘案すれば(67)、袁世凱政権が清末の地方財政官・府州県官経験者を重視するようになっていたことは明らかであった。

それでは、財政庁の成立によって袁世凱政権は財政の統一・集権化に邁進できたのだろうか。そのキーポイントとなるのは、国税庁籌備処の場合と同様、財政庁が省政府と如何なる権力関係にあったかという点である。先ず注目すべきなのは、5月に公布された「省官制」において、巡按使（旧民政長）の権限が強化され、彼らに省財政に対する指揮・監督権が特別に委任されていた点であろう。「省官制」第8条によれば、巡按使は租税出納と徴収官に対する審査・評定権を有し、財政庁長は徴収官の任免については巡按使の裁可を得た上で財政部に報告しなければならなかった(68)。

「省官制」は、大総統府の諮詢機関である「政治討論会」が審議・検討し(69)、袁世凱がその結果に賛同したものだった。そもそも「第二革命」以前の彼は、中央集権化のために地方行政単位としての「省」を廃止する意向をもっていたが、この時期になると国務卿徐世昌の提言を受けて、「省」の存続と都督・民政長の権限を強化する方向を打ち出していた(70)。徐世昌の提言は、「第二革命」以後の各省政府が「中央を擁護している」という状況認識に基づいていたが、「省官制」の規定は、前章で指摘しておいたように、省政府の「忠誠」を維持するために代償として支払わねばならなかった制度的妥協の産物だった。

続いて6月11日には「財政庁辦事権限条例」が公布された。同条例の内容をめぐり、財政部内では財政庁に強大な権限を与えて財政統一を促進しようとする主張もあったようだが、結果として「省官制」における巡按使と財政庁長との権限配分が追認され、財政庁長は巡按使の指揮・監督下に置かれることとなった(71)。しかし、この条例の公布をもって巡按使と財政庁長との権限配分が確定したわけではなかった。各省の財政を統括したい財政部は、巡按使の指揮・監

督権限に抵触しない限りで、財政庁長に釐金を徴収する税局所長の任免権と県知事に対する弾劾権を与えることは可能であると考えていた[72]。一方、省政府の側には、安徽巡按使韓国鈞のように、清代の督撫と布政司との関係に倣って、財政庁を巡按使の完全な支配下に置き財政部に直属させるべきではない、と主張する者も存在した。11月、韓国鈞を謁見した袁世凱は彼の提案に同意し、諮問を受けた政治討論会もいったんはその実施に賛同する旨を答申した[73]。ここでも、袁世凱は清朝の旧制に回帰する方向を選ぼうとしていたのである。

しかし、財政部は大総統府のこうした動きをさすがに黙視できず、「地方財政大権」を完全に巡按使に与えれば「政治的統一」の破壊につながるとして、政治討論会の決定に対し厳しい反駁を加えた。このため、袁世凱は財政部と韓国鈞との主張の間で揺れ動き、最終的な決断を下すことができなかった。この問題に決着がついたのは12月になってからだったが、その決着の方法は、韓国鈞の提案を却下するかわりに巡按使に有利な「財政庁辦事権限条例」の規定を従来通りとし、一方で財政庁には釐金を徴収する税局所長の任免権を「完全な特権」として認める、という折衷的なものだった[74]。

けれども、この後、財政部が財政庁を通じて各省財政を首尾よく統制していくことは甚だ困難となった。財政庁長は、財政部に直属するとともに巡按使の指揮・監督を受けるため、巡按使が承認した政策には財政部が反対し、逆に財政部の命令を受けて実施した政策は巡按使に差し止められるという有様が常態化していった[75]。こうした状況のなかで財政総長に復帰した周学熙（在任期間1915年3月5日～16年4月23日）は、各省の財政運営について、巡按使が財政庁長と連帯責任を負うことを定めた「監督財政長官考成条例」を公布した[76]。この条例は、清朝時代の戸部と督撫との関係同様、直接の統属関係になかった巡按使を財政部の制度的な規制下に置こうとする措置だったが、果たしてその効果は上がらなかった。このほか、巡按使の監督権限の明確化、巡按使からの制度的な独立を含めた財政庁長権限の強化[77]、等々の対応策も周学熙によって検討されていたが、実施に移された形跡を確認することはできない。

また、財政部に直属する財政庁長の任命は、当然のことながら中央政府の専

権事項であったが、巡按使の指揮・監督下にあるため、その意志を全く無視して人選を行うことができなかった。この時期、各省には行政長官である巡按使とともに軍政を監督する将軍（旧都督）が置かれていたが、1914年6月30日現在で将軍が巡按使を兼務しているのは9省に上っていた[78]。一方、「軍民分治」が実施されていた省でも、巡按使は将軍の意向を無視しては意中の人物を財政庁長に推薦することができなかった[79]。財政庁長人事は、巡按使と将軍の意向に配慮して行う必要があったのである。

　総じて見るなら、各省政府は財政庁の成立と税制区分の取り消しによって、中央政府から独自に、そして自らの主導権の下で省財政を集権化していく有利な条件を獲得したといえるだろう。国税・地方税区分の取り消しに伴い、財政部は各省の税収を原則的に財政庁の下へ集中するよう各省政府に要請した。国税庁籌備処時代には、県市郷で郷紳たちによって管理され教育・慈善・公益事業の費用となっていた地方附加税・特別税も、県知事の報告に基づいて財政庁が必要額を裁量・決定し、その限りで截留が認められることになった。しかし、截留された県市郷の税収は、もはや在地の郷紳によってではなく県知事が管理して上記各種事業へ分配するものとされた[80]。

　江蘇省では、張謇の兄張詧ら39名が「公民代表」として附加税・特別税の従来通りの截留を巡按使に訴え、また太倉県の「士紳」たちは、「地方の款で地方の事業を運営することに官庁は監督の権はあっても干渉する権はない」と主張して省政府に抗議した。太倉県の「士紳」たちが主張するところによれば、光緒末年より同県の「公款公産」は「紳董」が「設所清理」して経理してきたものであり、徴信録を刊行して「侵呑中飽の弊」もなく、「教育慈善積穀河工等の善挙」に充当されてきたものだった[81]。しかし、以上のような郷紳たちの強い反対にもかかわらず、江蘇省では附加税・特別税を財政庁が基本的に管理・統括するという上述の措置は省政府によって断行されている[82]。

　こうした省財政の集権化方針は、省政府が中央政府に対して「忠誠」を示し、その表現として割り当てられた税収上納額を遵守している限り、それがたとえ税収を地方政府の徴収に依存する伝統的な行財政構造に立脚するものであって

も、袁世凱にとっては「良い財政」であったろう。しかし、同時に注意しておかなければならないのは、巡按使（将軍）が省財政に対する指揮・監督権を掌握している限り、財政庁が管理する税収入は彼らの財政基盤の自立化に利する可能性を常に孕んでいたことである。その意味で、財政部の意図とは別に、この省財政集権化方針は、財政庁を指揮・監督する巡按使（将軍）にとってむしろ歓迎すべきものであったといえるだろう。

　大総統親裁が機能した1914年以降、袁世凱政権の財政は好転した。そこでは、外国が徴税・監督権を行使する塩税収入の増加、同じく外国が掌握する総税務司の「信用」に基づく内債収入の順調さ、等が大きな役割を果たすとともに、各省政府から上納される税収も貢献していた[83]。1915年において、各省から納付される「解款」と「専款」は、それぞれ予算額の82％と99％が中央に送られ、それらの金額は国庫収入の28％を占めるようになっていた[84]。「劃税設庁」政策を放棄した大総統親裁の下では、この各省からの高い送金率こそが、各省政府の袁世凱に対する「忠誠」の度合いを計るバロメーターだったのである。しかし、これまでの考察から明らかなように、各省から中央への送金が好調であったことは、財政庁を軸とした地方財政システムの制度的な効果によるものではなかった。むしろ、優勢な北洋軍を背景とした各省巡按使・将軍の袁世凱に対する不安定な「忠誠」——逆説的ではあるが、その代償としての各省政府の財政権強化——に圧倒的に依存するものだったというべきだろう。

　したがって、袁世凱政権の政治的な権威が失墜し、各省政府が「忠誠」を誓う必要のない状況が到来すれば、各省からの税収送金が一挙に途絶するであろうことは眼に見えていた。事実、「洪憲帝制」が実施され「護国戦争」の勃発が政権を大きく揺るがせた時、ほとんどの省政府は送金を停止してしまい、上納額は戦争前の30％以下にまで落ち込んでいたのである[85]。

第Ⅴ節　小　結

熊希齢と周学熙が中心となって推進した財政部の「劃税設庁」政策は、清末新政時の財政改革方針を踏襲するものだったが、伝統的な行財政構造を改変しようとする点で、明らかに中国財政の近代財政への脱皮を志向するものだった。国税・地方税の劃分と国税庁の設立とによって、財政部は直接の統属関係にない各省政府から独立した中央政府財源を確保し、他方、省政府の地方税収入を制約することで「地域的統治権力」としての割拠的財政基盤を掘り崩すことができるはずであった。そして、国税庁総籌備処と各省籌備処でその目的を達成すべく期待されたのは、清末の度支部において劃税政策に参与していた、或いは留学して近代的な財政知識を身につけていた官僚たちだった。

　しかし、あくまで省財政に対する主導権を保持しようとする省政府は、国税庁籌備処が進める国税接収・管理業務には非協力的だった。「劃税設庁」政策はまた、清朝後期以来、在地の徴税業務に参入していた郷紳層に対する挑戦でもあった。この点について、国税庁籌備処は省政府と利害が一致していたが、多くの省で地方議会の激しい抵抗を惹起した。「第二革命」の鎮定後、袁世凱は強大な軍事力を背景に各省都督・民政長の「忠誠」を勝ち取ることに成功したものの、「劃税設庁」政策に対する省政府と在地郷紳層の不満は依然として伏在し、中央から派遣された都督・民政長の下でも籌備処と省政府との摩擦は容易に解消しなかった。このため、籌備処は各省の国税収入を確保することができず、袁世凱政権の税収難は一向に改善されなかった。

　こうしたなかで、大総統親裁体制を固めつつあった袁世凱は、国税庁籌備処の廃止に踏み切るとともに、新たな地方財政官庁として財政庁を設置し税制劃分方針を放棄するに至った。この背景には、財政政策立案の主導権が財政部から大総統府へ移行していたという事実があり、政策転換には明らかに袁個人の意向が強く働いていた。この政策転換によって、それまで「劃税設庁」政策を推進してきた留学経験のある財政部官僚たちは、確実にその影響力を低下させた。むしろ、この時期になると、袁世凱は近代的財政知識を身につけた官僚より、清末に地方官を経験した徐世昌や韓国鈞の言動に左右されるようになっていたのである。各省財政庁長の多くが、清末の地方財政官・府州県官経験者に

よって占められたのも、こうした事態に符合するものだった。

　しかし、財政部直属の地方財政官庁として各省財政を統括するはずの財政庁は、同時に巡按使の指揮・監督下に置かれたため、中央直属官庁としての意義は名目化せざるを得なかった。そもそも、財政部と巡按使との間に直接の統属関係がない以上、「省財政」という一つの対象を財政庁と巡按使が全く無関係に管轄することは困難であり、したがって財政庁を省の最高行政長官たる巡按使の指揮・監督下に置くことは、省行財政の統一的な運営を維持するための必然的な要請だったといえよう。この点で、国税と地方税とを区分し、省政府が干渉できない独自の財政空間を確保しようとする国税庁構想は確かに合理的な根拠をもっていたのである。それにもかかわらず、国税庁籌備処から財政庁への改組が断行されたのは、各省政府の中央政府に対する「忠誠」を、制度的な妥協・譲歩によって維持しようとする大総統府＝袁世凱の意図が、そこに強く働いていたからだった。

　結局、本章で考察した一連の地方財政機構改革の結果、もっともその恩恵に浴したのはほかならぬ省政府だった。財政庁の成立によって省政府の財政権はむしろ強化され、それまで在地郷紳層が截留・管理していた税収も、財政庁を通じて省政府の支配下に置かれようとしていた。「地方行政機関」たるべき省政府は、「地域的統治権力」として中央政府から自立し得る制度的な前提を獲得したのである。確かに、財政庁の成立に伴って復活した清末の「攤派制」は、袁世凱の権威と各省政府の「忠誠」が健在な限りにおいて好調に機能した。しかしながら、彼という強烈な政治的個性が消失した時、それは脆くも崩れ去る運命にあったといえよう。「護国戦争」時の中央への送金額の減少は、そうした運命の帰趨を遺憾なく物語るものだった。そして、その行き着く先こそ、袁世凱死後における統治権の一層の分散状態（＝「軍閥割拠」状態）にほかならなかったのである。

　したがって、1920年代になると北京政府は再び国税と地方税の劃分を検討し始め、各省政府や省議会にその承認を求めていかざるを得なくなる。北京政府主導の下に中央・地方関係の再構築を目指した1921年の地方行政会議、1925年

の善後会議では、ともに「国地財政劃分」の実施が審議内容のなかに含まれていた。この事実は、「国地財政劃分」の実施が中央・地方関係の核心的問題であったことを端的に示すものだった[86]。しかし、そうした中央政府の試みが一定の成果を収めるのは、南京国民政府の成立を待たなければならなかったのである。

註

（1）　岩井茂樹「清代国家財政における中央と地方――酌撥制度を中心にして――」（『東洋史研究』第42巻2号、1983年）。後に同『中国近世財政史の研究』（京都大学学術出版会、2004年）に第2章「正額財政の集権構造とその変質」として収録。

（2）　岡本隆司「北洋軍閥期における総税務司の役割――関税収入と内外債を中心に――」（『史学雑誌』第104編6号、1995年）25頁。後に同『近代中国と海関』（名古屋大学出版会、1999年）に第7章（タイトルは同じ）として収録。

（3）　李権時『国地財政劃分問題』（世界書局、1929年）、Chuan-Shih Li, *Central and Local Finance in China: A Study of the Fiscal Relation between the Central, the Provincial and the Local Governments*（AMS Press, 1968）.

（4）　胡春恵「民初袁世凱在財政上的集権措施」（中華文化復興運動推行委員会主編『中国近代現代史論集』第20編、台湾商務印書館、1986年、所収）、渡辺惇「袁世凱政権の財政経済政策――周学熙を中心として――」（『近きに在りて』第11号、1987年）、戚如高「民初国税庁簡論」（『民国檔案』1991年第4期）、張神根「袁世凱統治時期北京政府的財政変革（1912-1916年）」（南京大学博士学位請求論文、1993年）。

（5）　張神根氏に次いで、袁世凱政権の国地両税劃分政策と地方財政機構改革を積極的に評価した成果としては、極めて簡略なものながら《北洋財税制度研究》課題組「北洋時期中央与地方財政関係研究」（『財政研究』1996年第8期）がある。また、税制劃分については趙雲旗『中国分税制財政体制研究』（経済科学出版社、2005年）も、1章を割いて肯定的に評価する。

（6）　熊希齢「提議各省設国税司致参議院函」（林増平・周秋光編『熊希齢集』湖南人民出版社、1985年）587～588頁。なお、同書では、この書簡が出された時期を1913年11月としているが、これは明らかな誤りである。

（7）　臨時台湾旧慣調査会『清国行政法』第5巻（1911年、大安1966年影印版）298～316頁。また、鄧紹輝「咸同時期中央与地方財政関係的演変」（『史学月刊』2001年

第3期)も参照。
(8)「財政方針説明書」(周叔媜『周止菴(学熙)先生別伝』近代中国史料叢刊正編第1輯、文海出版社、1966年、49〜63頁)。
(9) 木村増太郎『支那財政論』(大阪屋号書店、1927年)10〜23頁。民国成立当初の都督は、各省で独自に推挙されたため中央政府と何ら制度上の関係がなかったが、1913年1月の「画一現行各省地方行政官庁組織令」の公布後、行政長官=民政長の任命権は大総統に帰した。民政長の官等は後出する巡按使と同じく特任官であったはずであり、財政総長と官等の上で同級であった(緒論第Ⅲ節も参照)。つまり、財政総長と省行政長官とは大総統の下で対等な関係にあり上下の統属関係を欠いていた。臨時約法の下で、財政総長は主管業務について地方長官の違法・越権行為を取り消すことができたが(「各部官制通則」『政府公報』第80号、1912年7月19日)、統属関係がない以上それは官制上の空文に過ぎなかった。新約法下になると、財政総長が巡按使の違法・越権行為を取り消すには大総統の裁可が必要となり、官制上においても財政総長の権限は一層低下した(「修正財政部官制」同上、第783号、1914年7月11日)。
(10)「会議政務処覆奏度支部清理財政辨法摺」光緒34年12月10日、「度支部奏妥酌清理財政章程繕単呈覧摺」同年12月20日(故宮博物院明清檔案部編『清末籌備立憲檔案史料』下冊、中華書局、1979年)。
(11) 以上の点については、「臨時大総統交議各省国税庁官制草案咨」(中国第二歴史檔案館編『中華民国史檔案資料滙編』第3輯財政(2)、江蘇古籍出版社、1991年、1213〜1215頁)、『大公報』1912年7月3日「要件/各省国税庁官制草案理由」、『申報』1912年12月22日「民国新計画紀要/国税分庁出現」を参照。
(12) ただし、総税務司管理下の関税と常関税の一部、税制改良のため特設機関の設置が必要とされた塩税は国税庁の管轄外に置かれた。
(13) 前掲、李権時『国地財政劃分問題』45頁。
(14) 『大公報』1912年12月23日「趙総理預擬実行国税庁之政見」、及び「北京/国税庁分期設立之籌備」を参照。
(15) 「財政部呈 大総統謹将擬派各省財政視察員開単請批准施行文並 批」(『政府公報』第174号、1912年10月22日)。
(16) 『民立報』1912年6月17日「直督之財政談」、及び『申報』6月23日「公電/広東胡都督電」、8月16日「地税省有問題之大商権」等を参照。田賦の地方税化をめぐる議論については、印少雲・顧培君「清末民初分税制思想述評」(『徐州師範大学学報』哲学社会科学版第27巻2期、2001年)を参照されたい。

(17)「財政部ノ財政整理ニ関スル計画ノ件」大正元年10月14日、伊集院公使→内田外相（外務省記録1.4.2.17-1『支那財政関係一件／一般ノ部』4）。

(18)『申報』1912年10月31日「財政視察員之特定権責」。財政視察員の名単は、前掲「財政部呈　大総統謹将擬派各省財政視察員開単請批准施行文並　批（附単）」を参照。

(19)　山本進「清代後期四川における財政改革と公局」（『史学雑誌』第103編7号、1994年）。後に同『清代財政史研究』（汲古書院、2002年）第2章（タイトルは同じ）として収録。

(20)　諮議局の議案が財政経済問題に集中していたのは、その証左となるだろう（王樹槐「清末民初江蘇省的諮議局与省議会」前掲『中国近代現代史論集』第16編、所収）。

(21)　賛同の電文は「各省都督民政長賛成劃分税制設立国税庁電共十七則」（『政府公報』第235号、1912年12月22日）に一括されている。

(22)「財政総長周学熙呈　大総統陳明視察財政情形並請先設国税庁籌備処以資整理而重税務文並　批」（『政府公報』第246号、1913年1月12日）、『申報』1913年1月13日「国税庁官制亦将用命令宣布耶」。

(23)　前掲、戚如高「民初国税庁簡論」112頁、「財政総長周学熙呈　大総統擬訂国税庁籌備処章程請鑒察批示文並　批（附章程）」（『政府公報』第245号、1913年1月11日）、「財政部部令第13号／国税庁籌備処辦事章程」（同上、第259号、1913年1月25日）。

(24)　黄遠庸「虎頭蛇尾之国税庁」（『遠生遺著』下冊、文星書店印行、1962年）。

(25)　前掲、戚如高「民初国税庁簡論」111頁。

(26)　前掲、胡春恵「民初袁世凱在財政上的集権措施」28頁。

(27)　1913年1月に公布された「画一現行各省地方行政官庁組織令」により、省財政は各省行政公署の財政司が処理することになっていた。

(28)　前掲、戚如高「民初国税庁簡論」112頁、及び「財政部訓令第129号／各省国税事務移交辦法」（『政府公報』第316号、1913年3月24日）。

(29)「国務総理段祺瑞財政総長周学熙呈　大総統陳明裁撤国税庁総籌備処並另組税法委員会請鑒核批示文並　批」（『政府公報』第420号、1913年7月7日）。この呈文は周学熙の辞職後のものだが、国務総理段祺瑞との連名になっていることから見て、周学熙が辞職前に用意していた案文を段祺瑞が提出したものと思われる。

(30)「国税庁総籌備処擬整頓税務説帖」（孫曜編『中華民国史料』1929年－近代中国史料叢刊正編第2輯、文海出版社、1966年、167～169頁）。

(31)「財政部賦税司1913年10月份工作報告」（前掲『中華民国史檔案資料滙編』第3輯財政（2）1223頁）。

第 2 章　地方財政機構改革　111

(32) 　各省議会の電文、及び国務院・財政部の反駁については、『民立報』1913年7月1日「公電／贛議会保存省税」、8月20日「国税庁当然取消／陝西省議会致両院電」、『申報』8月22日「各省会之反対設置国税庁者」、「財政部致福建孫都督江民政長電」（『政府公報』第409号、1913年6月26日）、「財政部覆国務院査設庁劃税原為統一財政請電復江西省議会勿稍疑沮函」（同上、第420号、7月7日）、「国務院訓令第27号／令吉林民政長」（同上、第471号、8月27日）。

(33) 　「地方国家両税劃分ニ関シ争執ノ件」大正2年7月7日、在九江八木外務書記生→芳沢総領事（外務省記録3.14.4.5『清国地方税雑税関係雑件』第2巻ノ2）。

(34) 　西川正夫「辛亥革命期における郷紳の動向——四川省南渓県——」（『金沢大学法文学部論集（史学篇）』第23号、1975年）、Schoppa,R.keith,"Local Self-Government in Zhejiang,1909-1927",in *Modern China*,Vol.2（1976）。

(35) 　「各省国税籌備処辧理情形」（『税務月刊』第1号、1914年1月1日）、「令四川国税庁籌備処処長所陳整理税務情形与将来計画応即遵照辦理其未経呈報者仰即擬議辦法呈部核定施行」（同上第6号、1914年6月1日）。

(36) 　『新聞報』1912年5月4日「蘇省貨物税之現状」、5月9日「蘇州近聞録／保員接辦税務公所未准」、「江蘇省歳出入豫算及各種賠償金借款中江蘇省ノ負担額ニ関スル件報告」大正2年2月27日、在南京船津領事→牧野外相（外務省記録3.4.2.17-3『支那財政関係一件／江蘇省ノ部』）。

(37) 　「山西民政長陳鈺呈　大総統報明晋省歷年辧理財政及移交国税等情請鑒核訓示祇遵文並　批」（『政府公報』第640号、1914年2月18日）、「電財政部国税法令応由中央公布並瀝陳整理為難情形文」（『広西国税庁籌備処文牘輯要』発行年不明）。

(38) 　『民立報』1913年8月12日「成都通信／国税庁専門搗乱」、及び前掲の『申報』記事「各省会之反対設置国税庁者」を参照。

(39) 　『民立報』1913年5月27日「長沙通信／国税庁大起風潮」。

(40) 　沈家五・任平「民国元年袁世凱争奪江蘇地方財政的経過」（『民国檔案』1997年第3期）、沈暁敏「民初袁世凱政府与各省議会関係述論」（蘇智良・張華騰・邵雍主編『袁世凱与北洋軍閥』上海人民出版社、2006年、所収）、『申報』1913年3月5日「省議会討論国家税項之取締」、7月14日「衆議員対於各省預決算之建議案」、『大公報』7月8日「公電／国務院通電」。

(41) 　ただし、各省政府と郷紳層とは在地徴税権をめぐって矛盾を孕みつつも、財政基盤と地域的利害の維持という双方の思惑が一致すれば、反中央という一点で共闘することも可能だった。「第二革命」で独立した各省政府と省議会との共闘を、そうした文脈で捉えることも可能だろう。

(42) 「広東国税庁籌備処処長廖仲愷呈　大総統報明到任曁啓用関防日期文並　批」（『政府公報』第443号、1913年7月30日）、『民立報』1913年5月2日「広州通信／国税庁与財政司」。

(43) 表2-4、及び『順天時報』1913年4月3日「河南特信／河南国税庁紀事」、「電都督陳述辦事困難請明定暫時辦法以清界限文」（前掲『広西国税庁籌備処文牘輯要』）。

(44) 前掲、戚如高「民初国税庁簡論」113頁、『申報』1913年1月28日「朱都督対於国税庁籌備処之政見」、3月4日「新民国之理財政策」。

(45) 「国務院訓令第19号／令各省民政長国税庁籌備処長」（『政府公報』第438号、1913年7月25日）。

(46) 前掲、戚如高「民初国税庁簡論」114～115頁、及び張神根「袁世凱統治時期北京政府的財政変革（1912－1916年）」21頁。『順天時報』1914年4月6日「某国税庁長之呈文」。

(47) 「大総統令」（『政府公報』第527号、1913年10月22日）、「署財政総長周自斉呈　大総統拠広西都督陸栄廷電劾国税庁籌備処処長沈式荀一案査無証拠事多誤会既拠該都督請予銷案可否鑒原免議請核示文並　批」（同上、第690号、1914年4月9日）。

(48) 「大総統令」（『政府公報』第666号、1914年3月16日）。

(49) 『新聞報』1913年9月28日「国税庁与張勲之交渉」、『順天時報』1913年10月17日「各省要聞／江蘇近日之財政」。

(50) 『申報』1913年10月3日「地方通信（江西）／設局清理財政」、10月22日「地方通信（江西）／贛省整理国税之難題」。

(51) 『政府公報』1913年8月・9月分の人事命令より確認。

(52) 各省国税庁籌備処の人事異動は、既存の各種職官年表の類には記載されていない。以上の事実も、『政府公報』登載の人事命令を精査して確認したものである。

(53) 「財政部致武昌黎副総統各省都督民政長通電」（『政府公報』第538号、1913年11月2日）、『申報』1914年1月21日「旧暦年前之各省解款」。

(54) 「財政部咨各省都督民政長検送劃分国家税地方税草案請飭属一体遵照文（附草案）」（『政府公報』第558号、1913年11月22日）、『申報』1913年12月31日「財政上刷新之二大計画」。

(55) 「大総統令」（『政府公報』第735号、1914年5月24日）。

(56) 「大総統令」（『政府公報』第720号、1914年5月9日）。

(57) 「財政総長周自斉呈請取銷国税地方税名目以便支配而利進行文並　批令」（『政府公報』第747号、1914年6月5日）。

(58) 前掲、張神根「袁世凱統治時期北京政府的財政変革（1912－1916年）」20頁。

(59) 黄遠庸「財政叢話」(前掲『遠生遺著』下冊)。『新聞報』1914年2月27日「組織財政会議消息」、3月2日「周自斉受任後之財政」。
(60) 『申報』1914年2月18日「熊総理辞職後之財政進行観」、3月18日「北京会議之新陳消長観」、3月23日「政府理財紀」。
(61) 『申報』1914年3月9日「公電／財政部通告国庫開支須由国税庁処長簽字電」。
(62) 『申報』1914年4月25日「関於賦税之治法治人観」、4月29日「浙垣新紀事」。
(63) 『申報』1914年4月3日「賦税司長請暇之原因」。
(64) 「署財政総長周自斉呈　大総統報明暫設整理旧税所及籌辦新税所各機関並擬具各章程請鈞鑒批准施行文並　批(附章程)」(『政府公報』第648号、1914年2月26日)。
(65) 『申報』1914年3月31日「関於財政之庁局新陳観」、徐友春主編『民国人物大辞典』(河北人民出版社、1991年)より検出。
(66) 前掲、黄遠庸「財政叢話」216頁。
(67) 同上。
(68) 「省官制」(『政府公報』第735号、1914年5月24日)。
(69) 政治討論会の政府内における位置と役割については、第1章の叙述も参照のこと。
(70) 『大公報』1914年4月28日「廃省案根本取消」、『申報』11月30日「財政部与巡按使之権限」。この点は、第1章においても言及しておいた。
(71) 「財政庁辦事権限条例」(『政府公報』第754号、1914年6月12日)、『申報』1914年6月10日「京外官制之修改譚」。
(72) 「財政部呈声明財政庁辦事権限以重責成而求実効請訓示文並　批令」(『政府公報』第885号、1914年10月22日)。
(73) 前掲「財政部与巡按使之権限」。
(74) 同上、及び「財政部呈覆核政治討論会議復安徽巡按使韓国鈞条陳財政庁辦事権限酌擬折衷辦法請訓示文並　批令」(『政府公報』第928号、1914年12月4日)。
(75) 『申報』1915年7月18日「中央地方間之財政問題」。
(76) 「内務財政陸軍部呈遵諭会商擬訂監督財政長官考成条例仰祈鈞鑒文並　批令(附条例)」(『政府公報』第1147号、1915年7月18日)。
(77) 『申報』1915年7月21日「中央地方間之財政商権」、8月9日「巡按使与財政庁之権限」。
(78) 劉壽林等編『民国職官年表』(中華書局、1995年)上編「地方之部」の各省軍政民政司法職官年表より検出。
(79) 安徽省の例として、『申報』1915年7月28日「更動消息中之京外官吏」、9月23日「皖財政庁長之辞職説」を参照。

(80)「咨江蘇巡按使各県在忙漕等款内帯征之特税准其照常帯征以維公益仍由県知事将収放款目冊報財政官署備核咨復査照由」（財政部印刷局印『各省国税庁章則彙編』発行年不明）、『申報』1914年7月6日「取消地方税名目之手続」。
(81)『申報』1914年7月8日「江蘇又有力争附税者」、7月17日「請留蘇省附税之電稿」。
(82)『申報』1914年7月20日「正当開支無須自請截留」。
(83) 前掲、渡辺「袁世凱政権の財政経済政策——周学熙を中心として——」及び岡本「北洋軍閥期における総税務司の役割——関税収入と内外債を中心に——」を参照。
(84) 前掲、岩井『中国近世財政史研究』附篇「中国の近代国家と財政」504頁。
(85)『申報』1916年4月22日「変幻莫測之北京社会」。
(86) 地方行政会議については第7章で詳細に論ずる。善後会議における「国地財政劃分」提案の内容とその帰趨については、拙稿「中国の統一化と財政問題——『国地財政劃分』問題を中心に——」（『史学研究』第179号、1988年）を参照されたい。

第3章
県知事任用改革とその余波
——江蘇省を中心に——

第Ⅰ節　課題の設定

　すでに第1章と第2章とで明らかにしたように、袁世凱政権は、事実上の「地域的統治権力」として割拠する省政府の基盤を掘り崩すため、精力的な諸政策を展開していった。しかし、省権力に対する制圧と同時に、彼の政権が、地方行政末端に位置する「県」に対しても、中央政府の統治権を浸透させるため非常な努力を注いでいたことを見逃してはならない。行政的・制度的な組織化を通じて県レベルにまで中央政府の統治権を及ぼしてこそ、省権力を制圧することも実質的な意味をもつはずだったのである。

　本章は、以上の問題認識に立って、袁世凱政権下の内務部が1914年から実施した県知事任用改革を俎上に載せる。いうまでもなく、県知事は国家統治の末端にあって地域住民と対峙する「親民の官」であり、県知事の人事考課を中央政府が把握・統制することは、中央の統治権を県レベルにまで浸透させる上で何よりも必要なことであった。その県知事任用改革の具体的内容を明らかにし、改革が地方政治にもたらした影響を、1920年代の初頭まで射程に収めながら江蘇省を中心に検討すること、そこに本章の具体的な課題を設定したい[1]。10年代における袁世凱政権の政策が、いったい20年代の中国政治にいかなる波紋を投げかけたのか。本章の考察は、その一端を明らかにすることによって、20年代を分析の対象に据えた第3篇の前提ともなるであろう。

　緒論で指摘しておいたように、江蘇省は1910年代から20年代の初めに至るまで、ほぼ一貫して北洋系の軍人・官僚による支配下にあり、袁世凱政権の県知

事任用改革が及ぼした影響とその20年代への波紋を検討する格好の素材となっている。従来、江蘇省を対象とした研究には、単一の県を分析対象として清末民初の地方自治や政治構造の変動を実証した業績がある[2]。これに対して、県知事の任用をめぐる中央・地方関係の解明に主眼をおく本章では、あくまでその問題に関わる江蘇省各県の全般的な状況を分析対象として議論を進めていきたい。

第Ⅱ節　任用改革の実施

　袁世凱政権は、任用改革実施に踏み切る以前においても、県知事人事の統制に手を拱いていたわけではなく、1912年11月には、各省都督・民政長に対して知事を任用する際は厳格な資格審査を実施するよう訓令している。同訓令は、「政治経験及び政治学識」を任用の基準とし、その基準を満たさない現任県知事に対しては即刻更迭の措置をとるよう指示していた。また、資格審査に合格した人員についても、その履歴と都督・民政長の「考語」を国務院に送り、大総統の任命を受けるべきことが強調されていた[3]。しかし、この後も、中央政府は各省の県知事人事を十全に掌握し監督することはできなかった。1913年9月に国務院・内務部が各省民政長に宛てた電文は、依然として各省政府の多くが官吏任命の申請を簡略な電文ですまし、資格や業績についても説明を付していないと難詰し、その改善を求めていたのである[4]。

　この状況が転換するのは、「第二革命」の鎮圧を経た1913年秋以降のことだった。第1・第2両章で明らかにしたように、「第二革命」を制圧した袁世凱は、軍事力を背景として各省都督・民政長の「忠誠」を期待できるようになった。そして、それを裏付けるかのように、13年秋以降になると、各省の民政長は次々と県知事の勤務評定結果を内務部へ報告するようになっていたのである[5]。各省民政長の報告が、どれだけ実態を踏まえていたものかという点はともかく、このような状況は、袁世凱政権が本格的な県知事人事統制に踏み切る恰好の条

件を提供した。果たして、同年12月、中央政府は「知事任用暫行条例」・「知事試験暫行条例」(2日)、及び両条例の「施行細則」(7日)を相次いで公布・施行し、県知事任用制度の改革に乗り出していったのである。

(1) 「知事試験」の実施

上述の二つの条例が公布される以前にも、内務部は県知事任用のための試験を試行していた。ただし、この試験は受験者が当時の現任県知事に限られていたように、いわば以下に説明していく「知事試験」実施に至るまでの臨時的な措置であったといえよう[6]。「知事任用暫行条例」(以下、「任用条例」と略す)によって、「地方民政長官」は、「知事試験暫行条例」(以下、「試験条例」と略す)が定める「知事試験」を受験し合格した者か、やはり同条例が定める「保薦」の制度によって免試合格となった者でなければ、中央政府に県知事として任命を申請できなくなった。また、「試験条例」施行前から任用されていた現任県知事についても、やはり知事試験を受けさせ、試験に合格するまでは「署理」もしくは「代理」の肩書きで県政を担当させなければならなかった[7]。

「試験条例」が規定するところによれば、知事試験の実施に際しては「試験委員会」が設置され、委員長は内務総長が兼任する。知事試験を受験できる者は、年齢30才以上で以下の条件を満たす必要があった。①国内または外国の大学・専門学校で法律・政治・経済学を3年以上修めた者、②国内または外国の専門学校以上の各学校、或いは国内の法政講習所で法律・政治・経済学を1年半以上学び、かつ行政事務経験2年以上の者、③簡任官或いは薦任官に3年以上在職したことがある者、④簡任官或いは薦任官に相当する資格をもち、行政事務経験3年以上の者、⑤簡任官或いは薦任官相当の資格をもち、国内外の専門学校以上の各学校または国内の法政講習所で法律・政治・経済学を1年半以上学び、行政事務経験1年以上の者、⑥前5項の資格を有さない者で、「国務総理・各部総長・各地方最高民政長官」が知事試験に「特送」する者[8]。

知事試験の内容は、①甄録試(論文)、②第一試(法令解釈・国際条約大要)、③第二試(地方行政策問・裁判問題・公文書起草)、④口述試(地方民情風俗習慣と

学識・行政経験に関する口頭諮問）の 4 段階に分かれ、各試験の平均点60点以上が合格とされた。また、合格の等級は平均点80点以上が甲等、70点以上が乙等、60点以上が丙等とされ、甲・乙両等級は「分発」（県知事有資格者として各省に分配派遣すること）の対象となったが、丙等は官吏講習所（後に地方行政講習所）での学習が命じられ、その成績如何によって初めて分発の対象になることができた。

　一方、「保薦」の方法については以下のように規定されている。「保薦」する権利があるのは「各部総長と各地方最高民政長官」であり、ある人物が「政治学識及び政治経験に富む」と判断した場合は、学識・経験を示す著作・業績と、品行・才覚に関する「考語」を盛り込んだ推薦文を内務総長に送る。内務総長は、この推薦文の内容を吟味した後、推薦された人物を「試験委員会」の審査に付し、委員の過半数が承認すれば免試合格となる。なお、1914年 4 月の「試験条例」改定によって以上の規定は修正され、国務総理にも「保薦」の権利が与えられた。また、被推薦者は政治学識か政治経験の何れか一方の資格を有すればよくなり、品行・才覚の有無も問われなくなった[9]。

　内務部は、教育部が認可していない法政学校卒業生の受験を禁止するなど[10]、出願資格については極めて厳格な態度で臨もうとしたが、各省から試験の免除を求めて送られてくる「保薦」人員の資格審査には、とりわけ腐心したようである。内務総長朱啓鈐（在任期間1913年 9 月～16年 4 月）は、第 1 期試験において「政治学識及び政治経験に富む」という「保薦」条件を満たさない者が多かったため、第 2 期試験からは「保薦知事資格限制条目」を策定し、政治学識に関わる著述、及び政治経験に関する行政経歴・成績についてその内容を具体的に指定した[11]。また、第 3 期試験から、現任県知事を除いた免試合格者には、必ず内務総長の「伝見考詢」（面接諮問）を受けさせることにし、諮問により推薦内容に虚偽が判明すれば免試資格を取り消すことになった。「伝見考詢」は、第 2 期試験までは在京の免試合格者に対してのみ行われていたが、この措置によって、ほぼ免試合格者の全体に対象が拡大されたのだった[12]。

　ここで、各省から送られてくる「保薦」人員の申請手続きについて、江蘇省

を事例に今少し補足しておこう。第4期試験に際し、江蘇省の巡按使（民政長の改称）斉耀琳は、同省の軍務を督理する将軍（都督の改称）馮国璋と財政庁長蔣懋熙が推薦した人員の「清単」（名簿）を内務部に咨送している。先に述べたように、各省において「保薦」する権限をもつのは「各地方最高民政長官」であったから、恐らく他の省でも巡按使が省内各機関から提出された推薦名簿を取りまとめ、一括して内務部に送付したものと見られる。ちなみに、馮国璋が推薦したのは、将軍行署の職員やかつての県知事経験者、蔣懋熙が推薦したのは財政庁の科長・科員や釐金を徴収する税務公所所長・釐捐局長などであった。また、名簿とともに推薦された各人員の「履歴事績冊」と著述（多数の場合は「著述清単」を付す）が送付され、「履歴事績冊」には推薦者の「考語」を記すことになっていた。ここでいう「考語」は、「練達世情経験宏富聴断勤敏緝捕認真」、「才具明敏慮事周詳歴辦要差均有条理」というように16字で表現されるのが通例であったらしい[13]。

　試験委員会の審査は、上の推薦名簿・事績冊・著述とともに、姓名・年齢・籍貫・推薦者・履歴を記した写真付きの「調書」、推薦された人員と同郷の官僚が署名・捺印した「保結」（身分保証書）を取り揃えて行われ、審査の結果は試験委員長・主試委員・襄校委員が署名・捺印する「保薦人員審査書」の作成によって確定する[14]。上記「保薦知事資格限制条目」に基づく資格審査は、内務部が作成した「調査事項冊」を見る限り非常に厳格だったようであり、官歴や事績の証明材料が不十分であったり、事績中に記された著述の現物が送られてこないことなどを理由に、詳細な再調査の実施や次期知事試験への審査の見送り等の厳しい判断が、個々の「保薦」者ごとに下されていた[15]。

　さて、知事試験は袁世凱政権の時代に計4回ほど実施された。**表3-1**は、『内務公報』から判明した第1期から第4期までの甲・乙・丙各等合格者の数を示したものである。各省への分発対象となる甲・乙両等の合格者は、第1・第2期では300人台で推移していたが、第3期になると600人台となり、第4期は900人以上に増加して、結局、4回の試験で総計約2,300人が県知事となる資格を得ている。知事試験の受験者は、上述した出願条件を満たす一般受験者と、

表3-1　各期知事試験の合格者　　　　　　　　　　　単位：人

	甲等	乙等	丙等	計
第1期	73	311	235	619
第2期	49	295	128	472
第3期	116	508	162	786
第4期	918		—	918

典拠：『内務公報』第6期（1914年3月15日）、第9期（1914年6月15日）、第13期（1914年10月15日）、第22期（1915年7月15日）。
註：第4期は甲等・乙等合格の分発者数。

「国務総理・各部総長・各地方最高民政長官」が指定する特送受験者、及び現任県知事受験者の3種類に大別することができた。**表3-2**は、第2期試験における現任・特送・一般各受験者の合格者数を比較したものである。総受験者2,671人のうち、一般受験者が1,913人（71.6％）と大半を占めているが、その一方で、「各地方最高民政長官」が中心となって送り込んだ特送受験者が716人（26.8％）もいること、そして現任県知事の受験者は僅か42人（1.6％）に止まっていることが注目される[16]。

表3-2　第2期知事試験の合格者分類　　　　　　　単位：人（合格率：％）

	受験者	合格者(%)	甲等合格(%)	乙等合格(%)	丙等合格(%)
現 任	42	22（52.4）	6（14.3）	15（35.7）	1（2.4）
特 送	716	124（17.3）	10（1.4）	73（10.2）	41（5.7）
一 般	1913	326（17.0）	33（1.7）	207（10.8）	86（4.5）
計	2671	472（17.7）	49（1.8）	295（11.0）	128（4.8）

典拠：「第二次知事試験各場録取人数比較表」（『内務公報』第10期、1914年7月15日）。

　第2期試験における一般受験者の合格率は17.0％（分発対象となる甲・乙等合格は12.5％）ほどに過ぎず、知事試験がかなりの難関であったことが窺える。当時、受験者向けの参考書が出版されていたのも肯ける厳しさである[17]。また、特送受験者の合格率17.3％（甲・乙等合格者で11.6％）は一般受験者とほぼ同水準にあるが、むしろこの数値は、各省民政長等による「特送」が、必ずしも受験者の能力・資質を踏まえたものではなかったことを示すものだろう。第1期試験では特送受験者の合格率が高かったため、各省民政長に特送待遇での受験

を運動する輩が非常に多かったという事実は、この推測を裏付けるものである[18]。他方、現任県知事受験者は、合格率が52.4%（甲・乙等合格で50.0%）に達し、他の受験者に比べて資質が優秀であるようにも見える。しかし、42人の受験者のうち、最初の甄録試で落第した者が7人もいること[19]、現任県知事でありながら最終的に半数が落第していることなどから判断すれば、やはりこの数値も、各省における従来の県知事任用が行政能力の有無を基準にしていなかったことの証左となる。

　4回に渡る知事試験でもっとも内務部を悩ませたのは、この現任県知事の受験が遅々として進まなかったことだった。当初、内務部は第1期試験から相当数の現任県知事が受験してくるものと見込んでいたが、各省政府が地方における交替人員の不足や交通の不便などを理由に派遣の困難さを訴えてきたため、第3・第4期試験で集中的に現任県知事を受験させるという方針に変更した。このため、1914年2月の第1期試験と4月の第2期試験に各省から派遣されてきた現任県知事は、僅か60余人（全国総数の20分の1）に過ぎなかった。ところが、6月に予定していた第3期試験が迫ると、各省政府はまたしても「時期の切迫と地方の需要」を理由に受験の困難さを訴えてきた。そのため、内務部は、第3期試験の9月への延期と、本来9月に予定されていた第4期試験の翌年3月への延期を、やむなく決定せざるを得なかったのである[20]。

(2) 県知事の分発と任命

　さて、免試合格も含めて知事試験の難関を突破した者は、上述のように中央政府から候補県知事として各省に「分発」される。分発の制度は清代から存在していたが[21]、「任用条例」の「施行細則」によると、候補県知事の各省への分発は2種類——即ち、内務総長が地方の必要に応じて分配する「指分」と、「地方民政長官」が必要に応じて内務総長に申請する「請分」とに別れていた[22]。また、1914年3月に公布された「知事指分令」では、①指分数は各省の知事ポストの多寡に応じて決定し、請分数は各省に指分すべき員数のなかに繰り入れる、②分発者がかつて実缺或いは候補として行政経験を積んだ省、また

は地方の実情に鑑みその人物が適材と認めうる省があれば、その省を指分先に指定する、③分発先が決定した者は「改分」(分配変更)を願い出ることはできない、④各省の長官は他省への指分が決定した人員について転属任用を申請することができる、等々のより詳細な規定が設けられていた(23)。

　袁世凱政権が、候補県知事の分発に当たってもっとも留意したのは、「本籍廻避」の徹底だった。「任用条例」では、親族廻避とともに分発者の「原籍がある民政長官の所轄区域内」には分発できないという規定が設けられていた。本籍廻避の実施を中央政府が明確な形で提起したのは、「任用条例」の公布に先立つ1913年10月17日の「大総統令」においてであった(24)。11月に入ると、この「大総統令」に応える形で、副総統兼湖北省都督の黎元洪と同省民政長の饒漢祥が、①簡任官以上の行政官・司法官には本省人を任用しないこと、②各県知事はその本籍地から500里外の地に配置すべきこと、を中央政府と各省都督・民政長に打診し、続いて四川民政長の陳廷傑と河南民政長の張鳳台とが、黎元洪と饒漢祥の主張に賛同する意見を中央政府に提出した(25)。張鳳台の意見は、現任県知事を上京させて試験を受けさせた後、改めて各省へ分発すべきであるとも主張しており、現任県知事の受験を規定した「任用条例」に直接的な影響を与えたようである。恐らく、知事試験の実施や本籍廻避制の導入は、以上のような各省軍政・行政長官の意見を汲み上げつつ策定されていったと考えるのが妥当だろう。

　袁世凱政権が本籍廻避の徹底を期したのは、県知事が地域住民、とくに地方郷紳層の影響力から超然としてこそ、地方体制の安定、ひいては国家的な安定がもたらされるという認識があったからにほかならない。次節の江蘇省の事例が示すように、辛亥革命以来、同県人・同省人が県知事に就任するという状況は、各省共通のものだったと思われるが、袁世凱にとって在地郷紳層と県知事が結合する事態は、「官吏は暴徒を恃んで爪牙となし、暴徒は官吏をもって傀儡となし」て、地方政治を混乱に陥れるものだった。「第二革命」後の1913年11月に出された「大総統令」は、こうした状況を「暴民政治は国家の大患である」と位置づけ、「県知事は親民の官でありその任は甚だ重い。とくに郷挙里

選の説に仮託して営私植党を逞しくする誤りを許してはならない」と強調していたのである[26]。恐らく袁世凱は、「第二革命」を発動した各省において「革命」を支えていた基盤も、郷紳と県知事とが結合した所謂「暴民政治」にあったと考えていたに違いない。1914年2月に断行された地方自治の停止とその後の制度的再編も、以上のような県知事と地域社会（在地郷紳）との結合・癒着への対応であったといえよう[27]。

さて、ここで候補県知事の分発数について、若干の数値を示しながら確認しておこう。表3-3は、第1期知事試験の合格者（免試合格者も含む）を対象とした第1期分発の実績をまとめたものである。分発者総数は490人に上り指分が圧倒的に多い。知事試験に合格して分発された者は、甲等合格が請分・指分併せて70人、乙等合格が同じく304人で合計374人（76.3%）、「保薦」による試験免除で分発された者は請分・指分併せて116人（23.6%）に達する。第2期分発は、請分・指分及び甲・乙等の区別が不明であるが、分発者の総数は515人で、そのうち受験分発者が344人（66.8%）、免試分発者が171人（33.2%）となり、免試合格による分発者の数が多くなってきている[28]。残念ながら第3期以降になると、免試分発者の数を十分に把握することができなくなり、受験分発者についてのみ第3期が619人、第4期が918人という数値が確認できる[29]。先に紹介した合格者の数にほぼ対応して、受験分発者の数が増加しているが、恐らく免試分発者の数も、第3期から第4期にかけて激増していったものと思われる（免試分発者の増加については第Ⅲ節で詳述する）。

表3-3　第1期分発の実績　　　　　　　　　　　単位：人

	甲等合格	乙等合格	免試合格	計
請　分	16	30	23	69
指　分	54	274	93	421
総　計	70	304	116	490

典拠：「第一屆知事試験取列甲乙等人員分発名単」・「第一屆知事試験保薦註冊人員分発名単」『内務公報』第8期、1914年5月15日）。

ところで、分発された候補県知事が各省に到着すると、そのなかから省行政

長官が欠員の状況や能力・経験等を酌量して任用者を選考する。ただし制度上は、省行政長官が内務部に呈請し大総統の裁可を得て初めて正式な任命となる。知事試験実施後の内務部は、県知事の任命に至る以上のプロセスについても厳格な統制をもって臨もうとしていた。例えば1914年6月には、各省巡按使に向けて、分発した人員を県知事に採用したい場合は、試験合格と免試合格の区別、過去の業績などを内務部に報告し、改めて審査を受けるよう厳命している。また、任用方法についても一定の基準を示し、分発者のうちで地方行政の経験と業績が顕著な者を正式の県知事に登用して、学識があっても経験の浅い者は1年間の「試署」（試験的採用）扱いにする、という「試署実授辨法」を通達している[30]。さらに翌1915年1月になると、分発人員の増加に対応した能力査定方法として「県知事甄別章程」を公布し、分発到省後満1年で実施する「到省甄別」と、県知事着任後に行われる「期年甄別」の具体的な方法を定めた[31]。なお、「試署実授辨法」と「県知事甄別章程」は、各々、江西巡按使戚揚と安徽巡按使韓国鈞の提案に基づいていたが、何れも清朝時代の方法を参照して作成されたものだった。

第Ⅲ節　改革の功罪

さて、以上に紹介してきた県知事任用制度の改革は、果たして各省の県知事人事にいかなる影響を及ぼしたのだろうか。本節では、江蘇省を具体的な素材としながら、この点について検討してみよう。

(1) 本籍廻避の徹底

1914年11月9日付け『申報』は、民国初年における江蘇省吏治の状況を、①「純粋放任時代」（1912年1月～6月）、②軍民分治が実行された「片面放任の時期」（1912年6月～13年7月）、③「第二革命」によって「純粋放任が復活した時期」（1913年8月～12月）、④「整頓に着手した時期」（1914年以降）、の4期に区

分している⁽³²⁾。この区分は、あくまで中央政府の立場に立ったものだが、そのうち④の時期が県知事任用制度の改革が始まった時期に該当し、それ以前は、程度の違いこそあれ基本的に吏治が「放任」状態にあった時期とされている。そこで、先ずは改革開始前の江蘇省における県知事任用の実態について簡単に触れておくことにしよう。

辛亥革命による光復後、江蘇省都督府は臨時省議会の議決を受けて「江蘇暫行地方制」を公布した。同制では、州県の行政長官は「民政長」と称し、3年を任期として州県で選挙された者を都督府が委任することになっていた（選挙法が成立する以前は都督府の直接委任であった）⁽³³⁾。ただし、光復後の「州県民政長」＝県知事は、選挙というよりは地方の推挙によって都督が委任した場合が多く、着任者は「本県或いは隣県に籍隷する者」が多くを占めたという。また、省政府内務司が整理した1913年までの各県歴任知事の経歴を眺めると、外省人の県知事は、清末に江蘇省や他省で地方官僚を経験したことのある者が多く、本県人・隣県人の県知事は、清末の諮議局・県議事会・董事会等や地方自治籌辦処・自治研究所等の関係者、或いは教育会・商会など法団の関係者によって占められていた、という事実が判明する⁽³⁴⁾。つまり、辛亥革命後の江蘇省では、在地の郷紳が県知事の人選を事実上左右し、そのため清末に地方自治事業等に携わった同県人・隣県人の県知事が多くなっていたのである。

もっとも、1912年11月の「大総統訓令」によって「江蘇暫行地方制」は無効となり、都督府は、民政長という職名を「知事」に改称するとともに、以後、県知事の任命には大総統の裁可が必要である旨を各県に通達した⁽³⁵⁾。しかし、前節冒頭で述べたように、「第二革命」以前の中央政府の命令は十分な効力を発揮することができなかったから、上述のような辛亥革命以来の任用状況が簡単に変化したとは考えられない。また、大総統の正式な任命を受けた県知事も、恐らくはほとんどいなかったであろう。

では、改革の実施によって、この状況はどのように変化したのだろうか。改革の開始から10ヶ月たった1914年10月現在の統計によると、省内60県の県知事のうち、第1・第2期知事試験に受験・合格して江蘇省に分発された者は21人、

「保薦免試」の資格を認可された者は10人、「保薦免試」の資格を中央で審査中の者が15人、不明が14人という構成になっていた。また、そのうち大総統に任命された「実補」は10人、中央政府に試験的採用を申請して受理された「試署」が17人、中央政府に未申請のまま任用されている者は33人であった。北京政府の正式な認可を受けた「実補」と「試署」の合計は27人に止まり、未だ全県知事の半数にも達していないが、新たな任用制度に基づく県知事が任用経緯の不明な14人を除いた46人（76.7％）に及んでいるところから見て、江蘇省では改革の効果がかなり上がっていたと評価できるだろう。事実、江蘇省の実績は「隣省の合法知事が数人であるのに較べると大いに径庭がある」と当時の『申報』も指摘していた[36]。

　しかし、改革の効果としてより注目すべきなのは、本籍廻避の制度が改革前の状況を著しく改変していた点である。上と同じ統計から各県知事の出身地を見ると、1914年10月現在、全60県中において本省人の県知事は10人（16.7％）に過ぎなくなり、残り50人は全て外省人で占められるようになっていた。ちなみに、外省籍知事の内訳け浙江籍の17人を筆頭に、安徽6人、山東・直隷各4人、江西・四川各3人と続き、残り13人のうち河南・広東・湖南・順天府・福建・貴州・湖北出身者で10人を占め、3人は省籍不明である。1912年には本省人知事が全体の約6分の5、翌13年には6分の3を占めていたといわれるから、江蘇省籍の県知事が急速に減少していることがわかる[37]。また、**表3-4**は江南地方28県について1911年から20年に至る県知事の着任（異動）人数を整理したものだが、本省人の着任数が外省人を上回っていた状況が、任用改革の開始された14年から急変し、とくに15年以降は本省人で江南各県の県知事になった者は皆無となっている。

　前節で述べたように、県知事に対する本籍廻避は県知事と在地郷紳層との結合・癒着関係を断ち切るためであったが、注目すべきことに、袁世凱政権は省行政長官である巡按使に対しても本籍廻避を同時に断行していた[38]。したがって、本籍廻避は、〈中央－省－県〉の統治・行政体系を、集権的な人事コントロールの下に再編成する制度的な根幹として捉えられていたといわねばならな

表3-4 江南28県の県知事着任（異動）数　　　単位：人

	本省人(内、本県人)	外省人	着任(異動)計
1911	13 (12)	14	27
1912	24 (7)	5	29
1913	19 (5)	18	37
1914	6 (0)	27	33
1915	0 (0)	17	17
1916	0 (0)	21	21
1917	0 (0)	16	16
1918	0 (0)	15	15
1919	0 (0)	14	14
1920	0 (0)	8	8

典拠：「辛亥光復至民国九年的江南各県行政長官名録」（朱沛連撰著『江蘇省及六十四県市志畧』国史館印行、1987年）。
註：1911年は江蘇省独立以後の着任（異動）数。また、数値は延べ数。

い。そして、上に紹介した如く、江蘇省では県知事の本籍廻避が改革以降において定着し、辛亥革命以来の県知事と在地郷紳層との結合関係は完全に覆されていった。問題は、それが袁政権が目指した集権的な効果を収めたのかという点にあったわけだが、その点は次節において触れる。

(2) 候補県知事の堆積

　以上のような県知事任用改革の進展は、他方において、分発された候補県知事の堆積という新たな問題を生み出していた。江蘇省では、第3期分発が終了した1914年11月の時点で、すでに200人近くの候補県知事が登用をまって省内に滞留していたが、17年の春になると、さらに増加して600人を越えるまでに膨れ上がった[39]。このような状況は、何も江蘇省だけの特殊な問題とは限らなかった。14年12月には奉天省の、15年11月には吉林省の巡按使が県知事のポストに対して分発人員が過剰に過ぎるとして、内務部に分発の暫時停止を願い出ている。また、江蘇省の隣省である安徽省でも、1920年の数値ではあるが500余人の候補県知事が堆積していた[40]。

　前節で紹介したように、省の行政長官は候補県知事の能力・経験等を斟酌して任用を決定することになっていたが、1914年7月から江蘇巡按使となった斉

耀琳の場合、先ず第1期から第4期までの分発された順序を基準にして、さらにそのなかから科挙出身者を優先的に登用したため、県知事のおよそ9割は、かつて進士・挙人の資格を有していた者で占められたという。また、県知事に欠員がない場合、候補県知事は主に税務公所・税局（釐金徴収機関）の所長・局長ポストに補充されたが、省政府や軍当局の要人にコネや縁故のある者が優先されたため、多くの候補県知事にはその機会が回ってこなかった[41]。1915年において、斉耀琳が中央に「保薦免試」を願い出て認可された132人の候補県知事のうち、「軍閥」の要求に基づいて免試を願い出た者が3分の1、道尹の要請による者が4分の1を占め、残りは「官閥」（恐らく巡按使を頂点とする省政府要人）の支援に関わる者たちであった。また、1917年において、江北の各県知事や税局長のポストは、全て長江巡閲使張勲の側近・腹心によって固められていた[42]。

　したがって、中央から分発された大量の候補県知事は、省政府から臨時に与えられる調査任務等の手当などで糊口をしのがねばならず、それにありつくことができなければ日々の生活にも困窮する有様であったという[43]。斉耀琳は、1915年に候補県知事の「治術・吏才の培養」を図るため「県知事行政治研究所」の設立を北京政府に願い出ているが、実際は研究所での成績に応じた報奨金を月々支給し、候補県知事に生活の糧を与えることが真の狙いであったようである[44]。以上のような状況は、猟官運動や情実人事の横行をもたらし、その結果として行政能力に欠け蓄財に専念する県知事を増加させる、という悪しき連鎖を生み出す温床となったに違いない。そして、この悪連鎖は、県知事が極めて短期間のうちに次々と交替していくという傾向を常態化させていった。

　江南28県の県知事着任数（異動数）の推移を示した前掲**表3-4**を見ると、在職期間の短期化という傾向は、任用改革以前の方がむしろ顕著であったように見える。しかしながら、1911年から13年にかけての県知事着任数（異動数）の異常な多さは、辛亥革命後の地方秩序の不安定さや「第二革命」の混乱が要因であったと見ることができる。また、改革実施初年の14年の多さも、本籍廻避の徹底に伴う外省人知事着任の急増によるものであろう。したがって、候補県知

事の堆積を在任期間の短期化と結びつけることができるのは、少なくとも15年以降ということになる。そこで、1915年から22年にかけての県知事在職者数を全省各県ごとに調べてみると、以下のような結果を得ることができる。この8年間の県知事在職者数がもっとも多かったのは、11人が在職していた金壇県で、以下、句容・武進等4県の9人、六合・青浦・川沙等12県の8人、嘉定・呉江・江陰等7県の7人、松江・無錫・宝山等12県の6人、江寧・江浦・宜興等13県の5人、宿遷等3県の4人と続き、次いで南通・東海等4県が3人、高淳県が2人、上海等3県が1人となっている(45)。

　単純に計算すると、県知事1人当たりの在職平均期間が1年以下となるのは、実に17県（全省60県の28.3%）にも及ぶ。また、4人以下の県知事しか在任しなかった11県を除く残り49県（81.7%）は、在職期間の平均が2年未満となる。このなかには、1915年以前から在職し15年の最初数ヶ月ほど任にあった県知事、または22年12月以降も引き続き在任した県知事が含まれているため、実際の平均値はもう少し高くなるはずだが、それにしても在職1〜2年で離任する県知事の圧倒的な多さは動かし難い(46)。

　在職期間が短くなると、当然のことながら、県知事が持続的・長期的な展望の下に県政を運営することが困難となってくる。また、県知事の頻繁な交替は、多くの場合、県政府職員の連帯的な更迭を伴っていたはずであり、それも県行政の一貫性を著しく損ねていたに違いない。県職員の連帯的な更迭は、緒論で述べておいたように、1914年の「県官制」公布以来、彼らが県知事の裁量によって委嘱される「掾属」（幕友）から構成されるようになっていたことと関係している。各県職員の異動状況をつぶさに把握することは困難だが、当時の新聞記事を注意深く精査していけば、新任知事が任地に到着すると同時に現任の職員が次々と辞職を願い出る、もしくは新任知事の帯同してきた人員が新たに職員に委任される、といった事例を拾い出すことは存外たやすい(47)。

　また、県政府人員構成の頻繁な変動は、実務習熟に欠けた職員を生み出し、それが蓄財を目論む県知事の存在と相まって、「交代」（財務監査）事務の恒常的な怠慢をもたらした。県財政収支の監査と引継が全く形骸化したため、代々

の県知事が積み上げた公金横領等による欠損が深刻化していったのである。地方自治が機能していた時代は、県知事の作成した報告を県議会が審査することができたし、それ以外にも、呉江県では「県有公款公産」を経理する県財政常任委員会を組織し、そこに県議会から「稽核員」を派遣する計画なども企画されていた(48)。しかし、1914年2月に地方自治が停止された後は、地域住民の側から県知事の業務怠慢を監視する制度的な手段がなくなってしまった。中央政府財政部は、県知事の「交代」業務を正常化するため、1914年には「各県交替査辦交代懲戒処分細則」を各省に通知しているが、江蘇省政府も同じ時期に「劃清交代辦法」を策定している。しかし、18年になっても、省長(巡按使の改称)の指示で、江蘇財政庁が「清理県知事交代辦法」を各県知事に通達しなければならなかったように、「交代」事務の放縦化はその後も全く解消されなかったのである(49)。

第Ⅳ節　任用制度の弛緩と自治風潮

既述のように知事試験は1915年の第4期試験をもって中止されたが、それは第3期試験までに各省に分発された人員が2,300余人にも達したため、これ以上の分発追加は候補県知事の過剰を招くという正当な判断に基づいていた(50)。しかし、江蘇省について紹介したように、分発人員の堆積とそれに伴う弊害は、知事試験が停止された15年にはすでに生じていたのである。袁世凱政権の県知事任用制度は、実施2年目にして早くも綻びを見せ始めていたといえよう。本節では、1915年以降における任用制度の弛緩を全国的な視野から確認し、県知事人事の放縦が地方政治に与えた影響について、再び江蘇省を素材にしながら検討していく。

(1)　任用制度の弛緩

任用制度の弛緩は、先ず行政能力に疑問がある免試分発者の増加となって現

れた。制度の核心が知事試験による有能な官僚の選抜にあったにもかかわらず、1915年の第4期試験では、「保薦免試」を認められた者が何と2,408人にも上っていたのである[51]。第Ⅰ節で紹介したように、第4期の受験分発者の数は918人であったから、免試分発者の数がそれを遙かに上回ることになるのは確実であった。さらに、15年からは「各省労績保奨」（第4期で213人）、「特准」・「部議准」（1916年初に147人）など、これまでになかった様々な名目の免試分発者が出現するようになり[52]、以上の傾向を一層助長していく。また、内務部は、第1・第2期試験で「任用条例」公布以前に任用されていた現任県知事の受験が少なかったため、第3期試験からは、彼らに対しても「保薦免試」による分発を認めざるを得なかった。確認できた限りであるが、1914年末の第3期分発では176人の、翌15年の第4期分発では69人の現任県知事が、それぞれ免試資格を得て元の任地先に分発されている[53]。第2期試験を受験した現任県知事42人のうち、21人しか分発の資格を得ることができなかったのに比べると格段の違いである（**表3-2**を参照）。

　第二に、免試分発が増加するのと並行して、免試合格者に対する「伝見考詢」も形骸化していった。その理由としては、先ず、短期間に大量の人員を面接審査していくことの難しさがあった。例えば、内務総長の朱啓鈐は、1914年10月に6日間をかけて総計235人の免試合格者を面接し18人を失格としているが、その後も1915年7月には10日間で629人（失格51人）、同年10月には8日間で403人（失格2人）というように、短日間のうちに大量の人員を面接しなければならなかった[54]。これでは、不良分子を正確にチェックすることは極めて困難だったはずである。しかし、それ以上に「伝見考詢」の有名無実化を促したのは、省政府の側からの働きかけであった。本来、内務総長の「伝見考詢」が免除されるのは、免試合格者のなかでも現任県知事に限られていたが、省政府にとってみれば、それ以外の免試合格者も免除対象に加えてほしいというのが本音だったであろう。

　1915年4月に、雲南巡按使の任可澄が免試合格者の「伝見考詢」免除を中央政府に願い出て裁可されているが、この申請は雲南省が辺境の地にあるという

理由に基づくもので、他の省政府がこれに便乗することはなかった。ところが6月になって、察哈爾都統の何宗蓮が、免試合格となった現職書記官らの業務多忙を理由に、彼らを「伝見考詢」免除の上即刻分発するよう求めて裁可されると、状況はにわかに一変する(55)。各省の巡按使・将軍は、免試合格者がすでに省内の要職に就いていることを理由に、次々と「伝見考詢」の免除を願い出るようになり、北京政府も察哈爾の前例があることから、その要請を尽く認めていかざるを得なかった。同年10月に内務部が袁世凱に提出した呈文によれば、それまでに「伝見考詢」の免除を願い出たのは、全国18省区の巡按使・将軍に及び、免除となった免試合格者の数は256人にも上っていたのである(56)。

以上のように、袁世凱が存命中であった1915年から県知事任用制度は綻び始めていたのだが、彼の死後になると、制度の枢要であった本籍廻避制さえも多くの省で遵守されなくなっていった。本籍廻避の弛緩は「護国戦争」を契機に始まったようで、その後になると、雲南・貴州・広東・湖南・四川・浙江・安徽各省や東三省では、同省人の県知事が多数を占めるようになっていたという。このため、1916年には四川・湖南・浙江等に分発されていた湖北籍の候補県知事百数十人が一斉に湖北省へ帰郷し、省議会と省政府に湖北での任用を要求するといった事件まで起きている。既述の「知事指分令」が、分発された候補県知事の「改分」を認めていなかったにもかかわらず、それは全く空洞化していたのである(57)。こうした事態を受けて、北京政府部内では本籍廻避の廃止さえ検討されたが、結局のところ継続していくことが確認されている(58)。とはいえ、本籍廻避を原則とした分発・任命制度の弛緩は、もはや覆い隠しようのない事実であった(59)。

(2) 自治風潮への胎動

一方、江蘇省では、既述のように候補県知事の堆積等が問題となっていたにもかかわらず、袁世凱政権の崩壊後も、同政権が始めた県知事任用制度の形式は依然として堅持されていた。本籍廻避の持続については、前掲**表3-4**からも窺うことができるが、同表が示す時期以降の1922年になっても、全省60県のう

ち本省人知事はやはり皆無で、外省人は上位が浙江15人、直隷9人、安徽7人、山東6人、湖北・湖南各4人等々と続き、第Ⅲ節で見た1914年時点の出身地別構成から大きな変化は見られない。

また、同じ年の現職県知事中、知事試験を受験し合格した者は17人、免試合格は29人で、残り14人がその他の事由により県知事となる資格を得た者たちであった。袁世凱政権の県知事任用制度によって県知事の資格を獲得した者は、全体の76.7％に達している。前掲Wou論文によると、1923年の河南省で、袁政権の任用制度に基づいて在職していた県知事は全体の約40％に過ぎなかったから、江蘇省では任用制度の枠組みが強固に残っていたというべきだろう[60]。江蘇省において袁世凱政権の定めた制度的な枠組みが強固に残っていた理由は、護国戦争の後も、「北洋派官吏」を重用し江蘇省の「地方勢力」を掣肘したといわれる督軍（将軍の改称）馮国璋と省長斉耀琳のコンビが依然として健在であったこと[61]、そして1917年に馮国璋に代わって督軍となった李純も、馮の配下として台頭した北洋系の軍人であったことによると思われる。

けれども、「護国戦争」後の江蘇省において、それ以前とは違った変化の兆候が現れ始めていたのも事実であった。「護国戦争」中の1916年前半には、すでに県知事の不正を告発する省民の動きが起きていたようだが[62]、省議会が活動を再開した同年10月当たりになると、僅か10日の間に20余県もの「紳民」が県知事の不正を省政府に告発し、省議会では違法行為を犯した県知事の査辦を求める議案が続出するなど、県知事の放漫な県政運営に対する批判が、より激しく噴出するようになっていた[63]。省議会では、個別的な査辦請求議案のほかに、県知事人事と県政の抜本的な刷新を求めた提案も提出されている。例えば、ある議案は県知事腐敗の原因として、①行政手腕に乏しい者を試験的に任用し短期間で異動させること、②悪政が露見しても処分せず他県に異動させること、③公款に莫大な欠損を出しても放置していること、④「優缺」（余得の多いポスト）に向け随意に異動させていること、の4点を上げて省長の斉耀琳にその改善を求めていた[64]。

また1916年10月には、県知事が管理する税収と公款の損耗を防ぐため、将来

回復されるべき県議会・参事会、或いは「地方公款公産経理処」が県知事の「交代」(財務監査)を監視するという議案が省議会で議決され、省政府もこれを受け入れている(65)。地方公款公産経理処については、翌17年の省議会に「暫行規程草案」が提出されているが、同経理処のメンバーは地方事業や法団に携わる「地方人士」が想定されていた。また1918年には、武進県で「地方士紳」の構成する「預算会議」が、県知事の予算編成業務に参与するために組織されている(66)。1910年代の後半になると、地方公款公産経理処や預算会議のような組織を通じて、「地方人士」・「地方士紳」が県知事の財政事務を監督する枠組みが、徐々に形成されつつあったといってよいだろう(67)。

だが全般的に眺めると、こうした動きに対する省長斉耀琳の対応は、余りに無頓着で拙劣に過ぎた。彼は、各県紳民による告発や省議会の査辦請求を事実上無視し、省議会の反発を抑えるため、査辦請求の対象となった県知事を他県に異動させるという姑息な対応に終始した。しかも、人事異動の発令を受けた県知事たちが、漕糧を徴収する際の徴収費利得を確保するため、徴収業務が終わるまで転任を延期するよう願い出ると、それさえ放置するという有様であった(68)。本籍廻避が堅持されていたとはいえ、その実態は、もはや袁世凱政権が企図したような、集権的な行財政体系を根幹で支える機能を果たすものではなかった。むしろ、行政手腕を無視した外省人省長による放縦な県知事任用と、地域の公益を顧みない外省人知事の腐敗を通じて、本籍廻避は、地方住民の北京政府に対する不信感と反発とを増幅させていたのである。

以上のような状況の帰趨が、1920年の直皖戦争後から高まった省自治風潮であった。この省自治風潮によって、省長の斉耀琳は省議会の弾劾を受けて北京政府から更迭されたが、省議会の主要な弾劾理由は、斉耀琳が度重なる査辦請求を無視して県知事の腐敗を放置・増長させたことにあった(69)。そして、今回の省自治風潮は、省長民選や財政庁長の本省人任用といった要求を生み出すとともに、県知事などその他様々な官職についても、本省人・本県人を任用すべきであるとする気運を醸成していった。

省議会では、1921年1月に県政府第三科・第四科(それぞれ教育行政と産業行

政を担当)の主任に「本地方合格人員」を選任するよう求めた提案が採択されている[70]。この決議案は、各県の第三・第四両科の「主任人員」が県知事の「幕客」によって占められ、その政策が地域的利益から乖離していること、「我が江蘇も、民国元二年の間は地方人士を三・四科主任に用いていたが、自治の取消によって官権が膨張し地方人士が徐々に更迭されていった」ことを指摘し、そこに地方事業停滞の主因を求めていた。また同年6月には、南京・蘇州・上海の「街警」と各県の「警佐」に、本省人を採用するよう求めた提案が決議された。さらに22年12月の省議会では、県知事をはじめ経徴官吏・各税局所長・警務人員などに本省人の任用を求めた議案、或いは全ての行政官吏の本省人任用を求めた議案などが一挙に8件も上程され審議に付されていた[71]。これらの議案の裏には、やはり「民国元二三年の江蘇省では江蘇人が任用され、政治の実績も今日に比べて10倍も勝っていた」という認識があり[72]、そこには明らかに袁世凱政権が本籍廻避を実施した以前の状況——辛亥革命がもたらした状況——に回帰したいという願望が宿っていた。

第V節　小　結

　袁世凱政権下の内務部が実施した県知事任用改革は、知事試験による優秀な官僚の選抜と本籍廻避制度の徹底とによって、集権的な人事統制の下に地方を従属させる体制の形成を目指すものだった。換言すれば、辛亥革命がもたらした分権的=割拠的な政治状況を、地方行政の末端から改変しようとするものだったといえよう。

　知事試験には、王朝時代の科挙試験を想起させるものがあるが、行政実務の能力を問う点で明らかに科挙試験とは異なっていた。また本籍廻避も、確かに清朝の旧制を踏襲したものではあったが、省レベル以下の政治が自律的に展開していた当時にあって、集権的な人事コントロールを確立する現実的で即効性ある方法は、恐らく本籍廻避以外には見当たらなかったであろう。あたかも明

治初年の日本において、大久保利通掌握下の内務省が、各府県庁に対する他府県出身長官・官員の任命を強力に推進し、「中央優位の価値体系の下に地方を従属させる体制」を形成したように[73]、袁世凱も本籍廻避を徹底することによって、地方行政を集権的に再編成しようとしたのである。

ところが、知事試験による選抜は、免試分発者が激増することによって、優秀な官僚を確保するという当初の目的から早々に逸脱していった。また、各省に分発される候補県知事の量的肥大化と堆積は、江蘇省を事例として検証したように、在職期間の短期化、県政運営の放漫化といった諸々の弊害を生み出した。一方、県知事を在地社会から超然とさせることを目的の一つとした本籍廻避制も、「護国戦争」後になると多くの省で形骸化してしまった。また、江蘇省のように堅持された場合でも、袁世凱政権が企図したような集権的効果を発揮するのではなく、外省人知事と在地社会との対立を強めて、むしろ地方の中央に対する反感を増幅させる役割を果たしてしまった。

以上のように、県知事任用改革は袁世凱政権の期待に反した様々な余波を生み出していったが、その帰結が1920年代に入って沸き起こった各省の省自治風潮であった。江蘇省について紹介したように、省自治風潮は外省人知事の県政腐敗に対する省議会の不満を契機として、省長の弾劾が決議されるとともに、県知事をはじめとする行政官吏の本省人任用を求めるものだった。20年代の初頭には、浙江籍省長屈映光の下で「浙江の植民地」という謡言のあった山東省、浙江省紹興籍の省長戚揚の下で「紹興人の植民地」といわれた江西省などでも、やはり県知事の腐敗を主な理由として省議会が省長を弾劾している。恐らく、北洋系の督軍・省長が支配する諸省の多くは、本籍廻避が続いていたため、江蘇省と同様の事態が生じていたのである[74]。

聯省自治の主張が勢いを強めつつあった当時、北京政府にとって、自らの勢力圏下にある北洋系諸省で省自治の気運が高まることは脅威であった。そして、こうした状況を打開すべく開催されたのが、内務部主催による1921年5月の地方行政会議であったのだが、その点については第7章で詳述する。

註

（1）　北京政府期における県知事の任用状況を分析した先行研究には、Odoric Y.K.Wou, "The District Magistrate Profession in the Early Republican Period: Occupational Recruitment, Training and Mobility", in *Modern Asian Studies*, 8,2（1974）がある。同論文は、河南省を対象として、県知事の任用方法・教育歴・出身地・在職期間等を、詳細なデータに基づいて解析した先駆的かつ貴重な業績である。ただし、河南省の実態に密着した研究であるため、中央レベル＝袁世凱政権が実施した県知事任用改革については十分に考察されていない。また、本章の元となった論文の発表（2001年）後に刊行された魏光奇『官治与自治──20世紀上半期的中国県制──』（商務印書館、2004年）は、清末から国民政府期にかけての県行財政制度を系統的に分析した業績であるが、とくに第7章第1節が北京政府期の県知事任用制度の分析に充てられている。魏氏の研究が明らかにする知事試験など県知事任用制度の実態については、本章の元になった論文と内容がほぼ重なっているため、実証的にさほど新味はない。ただし、本章が江蘇省について明らかにする候補県知事の堆積や在職期間の短期化等の事実を他省についても実証している点は、江蘇省の事例がけっして特殊な事例ではなかったことを示唆するものであり興味深い。なお、国民政府期における県知事（県長）任用制度とその実態については、魏光奇氏の同上書第7章第2節のほかに、王奇生「民国時期県長的群体構成与人事嬗逓──以1927年至1949年長江流域省份為中心──」（『歴史研究』1999年第2期）がある。
（2）　黄東蘭「清末地方自治制度の導入と地域社会の対応──江蘇省川沙県の自治風潮を中心に──」（『史学雑誌』第107編11号、1998年、後に同『近代中国の地方自治と明治日本』汲古書院、2005年、にタイトルを一部変更の上第9章として収録）、田中比呂志「清末民初における地方政治構造とその変化──江蘇省宝山県における地方エリートの活動──」（同上、第104編3号、1995年）、佐藤仁史「清末民初の政争における地域対立の構図」（『歴史学研究』第806号、2005年）などの業績を参照されたい。
（3）　「臨時大総統訓令第2号」（『政府公報』第210号、1912年11月27日）。
（4）　「公電／国務院内務部致各省民政長電」（『政府公報』第502号、1913年9月27日）。
（5）　『内務公報』第3期（1913年12月15日）には、国務総理熊希齢と内務総長朱啓鈐が、河南民政長張鳳台の勤務評定結果を袁世凱に報告した呈文が掲載されている。これ以降、第9期（1914年6月15日）までの『内務公報』上には、その他16省より寄せられた勤務評定に基づく同様の呈文が掲載されている。
（6）　銭端升等『民国政制史』下冊（商務印書館、1939年）564頁。

(7) 「知事任用暫行条例」(『政府公報』第569号、1913年12月3日)。以下、同条例の内容については同史料による。
(8) 「知事試験暫行条例」(『政府公報』第569号、1913年12月3日)。なお、各条件中の簡任・薦任官は実欠・署欠を問わず、簡任・薦任官相当資格は候補・候選に、行政事務経験は任差或いは署欠に、それぞれ適用された。以下、同条例の内容については同史料による。
(9) 「修正知事試験条例」(『政府公報』第695号、1914年4月14日)、前掲銭端升等『民国政制史』下冊565頁。
(10) 「江蘇省行政公署訓令第3067号」(『江蘇省公報』第260期、1914年5月30日)。
(11) 「呈　大総統遵擬保薦知事資格限制条目文」(『内務公報』第8期、1914年5月15日)。
(12) 「呈　大総統免試知事各員照章伝見考詢分別准駁開単請覲文」(『内務公報』第14期、1914年11月15日)。
(13) 江蘇巡按使咨、内務部辦理知事試験事務処収、1915年3月24日、薦字第252号及び同第253号(南京第二歴史檔案館蔵・北洋政府内務部檔案1001.05638)。
(14) 例えば、梁同恩(直隷省豊潤県人)という人物は、馮国璋が直隷都督だった時代に衆議院直隷第8覆選区監督を務めていた関係で馮に推薦され、また同郷の審計院試署協審官張志澂が「保結」に署名しいいる(前掲、内務部檔案1001.5638)。
(15) 前掲、内務部檔案1001.05638／内務部査字25号「調査事項冊」、1915年2月8日。
(16) 前掲、魏光奇『官治与自治──20世紀上半期的中国県制──』306〜307頁は、第1期と第4期について同様の数字を紹介している。それによると、第1期試験の総受験者は2,418名、そのうち一般受験者は2,068名(85.5%)、特送受験者が329名(13.6%)、現任受験者が21名(0.9%)であった。本文に掲げた第2期試験では、この第1期に比べ一般受験者が微増に止まって割合を下げているのに対し、特送受験者が2倍以上に膨れ上がり割合もほぼ倍増していることが注目されよう。ちなみに、第4期試験では総受験者が9,700名余りで、そのうち一般受験者が6,560名余り、特送受験者が2,950名余り、現任受験者が200名余りであった。
(17) 例えば、劉壽之編訂『第四届知事考試預備須知』(1915年、知事考試編輯社)は、甄録試・第一試・第二試・口述試に渡り、作文上の注意点、出題される法令の重要度のランク付け、地方行政策問の書式等々について詳細にアドバイスする。
(18) 『新聞報』1914年5月6日「考試知事之厳格主義」。
(19) 「第二次知事試験各場録取人数比較表」(『内務公報』第10期、1914年7月15日)。
(20) 「江蘇省行政公署訓令第3076号」(『江蘇省公報』第261期、1914年6月2日)。

(21) 『清国行政法』によれば、「分発トハ新進士及其他ノ者カ或ル期間、中央又ハ地方諸官庁ニ在リテ事務見習ヲ為スヲ謂フ」とある（臨時台湾旧慣調査会、第1巻下、1914年、大安1965年影印版、196頁）。
(22) 「知事任用暫行条例施行細則」（『政府公報』第575号、1913年12月9日）。
(23) 「知事指分令」（『政府公報』第671号、1914年3月21日）。
(24) 「大総統令／安民之道察吏為先……」（『政府公報』第528号、1913年10月18日）。
(25) 「武昌黎副総統等呈　大総統暨致国務院等電」（『政府公報』第550号、1913年11月14日）、「四川民政長陳廷傑呈　大総統暨致国務院等電」（同上、第563号、11月27日）、「河南民政長張鳳台呈　大総統謹陳整頓吏治管見請採択文並　批」（同上、第566号、11月30日）。
(26) 以上、「大総統令／暴民政治為国家之大患……」（『政府公報』第544号、1913年11月8日）、「大総統令／国家設官分職……」（同上、第551号、1913年11月15日）。
(27) この点については、田中比呂志「民国初期における地方自治制度の再編と地域社会」（『歴史学研究』第772号、2003年）を参照。
(28) 「第二次知事試験保薦免試核准人員分発単」・「第二届知事試験考取人員分発単」（『内務公報』第11期、1914年8月15日）。
(29) 第3期については「第三届知事試験考取人員分発単」・「願考新疆人員分発単」（『内務公報』第14期、1914年11月15日）、また第4期については「第四届知事試験考取人員分発単」（同上、第22期、1915年7月）より算出。
(30) 「江蘇巡按使公署通飭第829号」（『江蘇省公報』第279期、1914年7月14日）、「江蘇巡按使公署飭第1412号」（同上、第289号、1914年8月6日）。
(31) 「内務部呈覆核政治討論会議覆安徽巡按使条陳関於用人事項擬辦法並擬訂県知事甄別章程請示文並　批令（附単）」（『政府公報』第975号、1915年1月25日）。
(32) 『申報』1914年11月9日「江蘇之吏治」。
(33) 「江蘇暫行地方制」（江蘇省行政公署内務司編『江蘇省内務行政報告書』1914年、上編第2章64～65頁）。なお、邱遠猷・張希坡『中華民国開国法制史』（首都師範大学出版社、1997年）177～178頁では、同法制は「江蘇暫行地方官制」とされ、民政長は州県議会の「公挙」を受けて都督府が委任するとされている。
(34) 前掲『江蘇省内務行政報告書』上編第2章114頁、及び83～97頁所載の「各県知事履歴一覧表」を参照。なお、前掲田中「清末民初における地方政治構造とその変化——江蘇省宝山県における地方エリートの活動——」も、江南で本県人・隣県人の知事が多かった事実を指摘している。また、宝山県では、成立時の県政府職員31人のうち30人が同県人で、清末の籌備県自治公所・勧学所・清丈局等の関係者であっ

た(「宝山県民政署職員表」・「宝山光復記」県民政署編『宝山共和雑誌』第1期、1912年8月)。恐らく、県知事だけでなく県政府職員も同県人によって占められるという状況は、他県においても多く見られたはずである。

(35) 『申報』1912年12月14日「江蘇都督通令彙録／県知事均須任命」。

(36) 『申報』1914年10月17日「江蘇之県知事」。

(37) 以上の統計数値は、前掲「江蘇之県知事」による。なお、同記事中に掲げられた数値と記事末尾に付された「江蘇省現任県知事一覧表」の数値とは若干異なっているが、ここでは一覧表の数値をとった。

(38) 例えば江蘇省では、1914年7月に本省人の韓国鈞が安徽省に転任し、吉林省籍の斉耀琳が新たな巡按使に任命されている(『申報』1914年7月20日「最近升調三巡按使之原因」)。

(39) 『申報』1914年11月10日「江蘇之吏治(続)」、『時報』1917年3月8日「蘇省候補官僚之生活」。

(40) 奉天・吉林については、「咨奉天巡按使嗣後県知事分発除回奉人員仍応分発外其余暫行停分文」(『内務公報』第16期、1915年1月)、「咨吉林巡按使此後県知事分発不另配簽原省人員仍照章分発文」(同上、第27期、1915年12月)、安徽については、『申報』1920年11月26日「地方通信(安慶)／分皖候補知事之呼籲」を参照。

(41) 前掲「蘇省候補官僚之生活」。

(42) 『申報』1915年6月22日「江蘇之政績」、『時報』1917年8月30日「寧省政聞一束」。

(43) 『申報』1915年1月20日「江蘇之県知事(二)」。

(44) 「江蘇巡按使斉耀琳奏蘇省擬設県知事政治研究所并訂定簡章摺　並批令(附単)」(『政府公報』第1293号、1915年12月13日)、前掲「蘇省候補官僚之生活」。

(45) 「六十県知事任期之久暫」(江蘇省長公署統計処編『江蘇省政治年鑑』1924年、首編官庁35～44頁—近代中国史料叢刊三編第53輯、文海出版社、1989年)。なお、呉訒「江蘇辛亥光復後各州県首任民政長考」(『民国檔案』1994年第4期)は、辛亥革命後の初代各県知事に関する同年鑑の脱漏を指摘し、厳密な考証を行った研究である。ただし、本章の考察には殆ど影響はないと判断し、本文中の各県在職県知事数は同年鑑にそのまま依拠して算出した。

(46) 前掲、魏光奇『官治与自治——20世紀上半期的中国県制——』315頁は、北京政府期において戦乱の少ない省ほど県知事の更迭が少ないと指摘し、県知事の在職期間の平均が1年前後の貴州省をその事例として上げている。とすると、江蘇省は県知事の更迭という点では、もっともましな省だったのかもしれない。なお、前掲Wou論文は河南省について県知事の頻繁な更迭・移動を確認しているが、それは

「軍閥戦争」の激化した1920年代以降が一層甚だしかったという。また、前掲の王奇生「民国時期県長的群体構成与人事嬗逓――以1927年至1949年長江流域省份為中心――」によると、国民政府期においても県長の更迭は北京政府期に劣らず甚だしかった。

(47) 『申報』1916年2月22日「地方通信（無錫）／新知事接篆」、8月16日「地方通信（無錫）／県署佐治員之新組織」、『時報』1918年10月26日「蘇州通信／県署掾属之易委」、1920年8月10日「各県消息（常州）／代理知事已蒞常」など。

(48) 「函知県知事議決交代案」（呉江県議会編『呉江県議会議決案』1913年）、及び「函復県知事交議県財政常任委員暨安節育嬰常任委員服務規則案」（呉江参事会編『呉江県参事会議文牘』1914年）。なお、清代の「交代」制度に関する最近の業績として、土居智典「清代財政監査制度の研究――交代制度を中心として――」（『史学研究』第247号、2005年）がある。

(49) 「江蘇省行政公署国税庁籌備処訓令第640号」（『江蘇省公報』第213期、1914年2月10日）、「江蘇省行政公署訓令第1349号」（同上、第227期、1914年3月14日）、『申報』1918年8月29日「清理県知事交代辦法」。

(50) 「内務部呈第四期知事試験応行預定各辦法請核示文並　批令」（『政府公報』第1062号、1915年4月23日）。なお、知事試験の停止は、1914年9月に「文官高等考試令」・「文官普通考試令」が公布されたことにもよるだろう。

(51) 「第四届知事試験主試委員長章宗祥呈報審査保薦県知事免試各案情形分別准駁造冊請鑒文並　批令」（『政府公報』第1104号、1915年6月4日）。

(52) 「第四期知事試験主試委員長章宗祥呈審査京外各長官保奨労績裁缺曁呈請録用各員分別准駁造冊請核文並　批令」（『政府公報』第1104号、1915年6月4日）、「特准免試県知事暨由部議准以県知事任用人員分発単」（『内務公報』第29期、1916年3月）。

(53) 第3期分発は、「第三届核准免試各省現任県知事分発単」（『内務公報』第15期、1914年12月15日）、「十一月分各省続報第三届核准免試現任知事分発単」（同上、第16期、1915年1月）、「内務部呈三年十二月分各省続報第三届核准免試知事現任県缺毋庸改分他省人員経部照章分発並擬請緩覲繕単請示文並　批令（附単）」（『政府公報』第971号、1915年1月21日）より計算した。第4期分発については、「第四期保薦核准知事現任人員分発単」（『内務公報』第28期、1916年1月）を参照されたい。

(54) それぞれの「伝見考詢」については、「呈　大総統免試知事各員照章伝見考詢分別准駁開単請覲文」（『内務公報』第14期、1914年11月15日）、「呈　大総統七月分報到之第三第四両期核准免試知事照章伝見考詢分別准駁開具清単世将応行分発人員請

期観見文」(同上、第24期、1915年9月)、「呈　大総統十月分報到之第三第四両期核准免試知事照章伝見考詢分別准駁開具清単請期観見文」(同上、第27期、1915年12月)を参照。

(55)　「雲南巡按使任可澄呈遵照部電将滇省核准免試知事籍隷外省在差各員譚沛霖等擬請特准免考詢由部照章分発文　並批令」(『政府公報』第1048号、1915年4月9日)、「留任署察哈爾都統何宗蓮呈保免核准県知事陳粛瑜等擬請飭部先予分発察区任用文並批令」(同上、1132号、1915年7月3日)。

(56)　「内務部呈直隷等省呈准免予考詢之保薦核准各知事屠元豫等由部遵照分発開単呈鑒文並　批令（附単)」(『政府公報』第1237号、1915年10月18日)。

(57)　以上の事実については、『申報』1916年12月20日「鄂籍知事請破廻避現例」、「通告各省分発決定之知事嗣後非因親老及有応行廻避事実不得呈請改分文」(『内務公報』第41期、1917年3月)を参照のこと。

(58)　『申報』1916年11月6日「県知事不廻避本籍之駁議」、「呈　大総統為申明知事廻避本籍定章以維法紀而崇吏治文」(『内務公報』第42期、1917年3月9日)。

(59)　前掲、魏光奇『官治与自治——20世紀上半期的中国県制——』319頁によれば、北京政府が県知事の本省人任用を認めたのは省自治運動の高揚をへた後の1925年のことだった。

(60)　江蘇省の県知事に関する1922年の以上の数値は、「六十県現任知事之畧歴」(前掲『江蘇省政治年鑑』首編官庁33～34頁)より算出した。

(61)　江蘇社会科学院《江蘇史綱》課題組『江蘇史綱』近代巻（江蘇古籍出版社、1993年）290～291頁。

(62)　味岡徹「護国戦争後の地方自治回復——江蘇省を中心に——」(中央大学『人文研紀要』第2号、1983年)

(63)　『申報』1916年10月8日「南京快信」、12月16日「蘇省会十三四両日会議記」。

(64)　「張議員援提議請省長整頓吏治案」(『江蘇省議会彙刊』民国5年第7号、1916年10月5日)。

(65)　議決案については「咨請省長議決県知事交代須依限清結案」(『江蘇省議会彙刊』民国5年第10号、1916年10月8日)、省長の対応については「省公署咨復議決県知事交代依限清結案令庁通行遵照文」(同上、民国5年第18号、1916年10月16日)。

(66)　「嘉定黄守恒等請議制定江蘇各県地方公款公産経理処暫行規程案」(『江蘇省議会彙刊』民国6年第11号、1917年4月4日)、『時報』1918年12月27日「地方通信（常州通信）／県署提出預算会議之議案」。

(67)　県政府の予算編成に対する「地方人士・士紳」の参入は、これ以後も恒常的に継

続していったものと思われる。例えば、後述する省自治風潮をへた1922年にも、呉県で同県籍の省議会議員・勧学所所長・各法団領袖・各市郷董事を審査員とする「預算審査会」が、県知事・県政府職員列席の下に開かれている（『申報』1922年6月25日「地方通信（蘇州）／預算審査会之第一日」）。在地郷紳・商紳層の地方行財政への参画については第9章で詳細に検討する。

(68) 『時報』1917年2月14日「蘇省県知事調動之内容」、3月17日「蘇省吏治与自治」。
(69) 『時報』1920年6月23日「各省消息（江蘇）／斉省長弾劾案之前因後果」。江蘇省の省自治風潮と省長弾劾については、第7章において詳述する。
(70) 「県公署第三第四両科主任必須選任地方合格人員充当案」（『江蘇省議会第二届第三年常臨両会議決案類編』1921年、上編第九類287a〜88a葉）、上海『民国日報』1921年1月30日「地方人当辦地方事」。
(71) 『申報』1921年6月1日「省議会議決案咨省署文四則」、1922年12月18日「蘇議会紀事」。
(72) 『申報』1922年11月3日「蘇省議員建議参用本省人員」。
(73) 大島美津子「大久保支配体制下の府県統治」（日本政治学会編『近代日本政治における中央と地方』日本政治学年報1984、岩波書店、1985年、所収）。
(74) 『申報』1920年3月8日「魯省長与議員之武劇」、11月24日「北京通信」。山東省と江西省の省自治風潮については第7章で紹介する。一方、北京政府の勢力圏外にあり「聯省自治」を標榜した省でも、県知事の腐敗についてはそれほど大差がなかったはずである。そのため、湖南省では省自治を実施した後も県議会による県知事弾劾が頻繁に起きていたし（笹川裕史「1920年代湖南省の政治変革と地方議会」『史学研究』第171号、1986年）、広東省では数々の制度的な問題を孕みながら「県長民選」が実施されていた（塩出浩和「広東省における自治要求運動と県長民選──1920〜1921年──」『アジア研究』第38巻第3号、1992年）。

第 2 篇

産業行政をめぐる中央・地方関係

第4章
北京政府の産業行政と中央・地方関係
——第一次大戦期の調査審議機関を素材に——

第Ⅰ節　課題の設定

　1917年8月、北京政府において産業行政を主管する農商部は「経済調査会」という調査審議機関を設立した。また、約1年半後の1919年1月には国務院に「戦後経済調査会」という機関が設置された。この二つの機関の目的は、第一次大戦間及び大戦後の国際環境の変動を睨んで、国内或いは海外の経済状況を調査し、調査審議結果を戦中・戦後の通商産業政策の形成に寄与せしめんとするところにあった。

　ところで、この経済調査会と戦後経済調査会は、先行する日本の政策に倣って設立されたものと考えてほぼ間違いない。1916年4月、日本政府はやはり戦中・戦後の世界秩序の変動に対応するため、「経済調査会」という名前の調査審議機関を発足させていたのである。日本の経済調査会については、すでに詳細な分析も進められている[1]。だが、中国政府が日本とほぼ同じ時期に同じ目的の調査審議機関を設立していた事実は、従来の中国近代史研究において全く顧みられることがなかった。それは、何よりも北京政府を「軍閥政府」と捉え、その主体的政策努力を軽視する従来の歴史観に起因していたといえるが、より直接的には、当時の新聞・公報類を精査しない限り二つの調査審議機関の存在を知ることすら難しい、という圧倒的な史料不足によるところが大きい。

　本章の課題は、経済調査会と戦後経済調査会という二つの調査審議機関を素材として、北京政府産業行政の実態に迫っていくことにある。同政府の産業行政（経済政策）については、日本における野澤豊、渡辺惇、久保亨、中国にお

ける張学継、虞和平各氏の研究のように袁世凱政権期のそれに注目が集まっているが[2]、本章のように袁政権以降を扱った研究となると依然として乏しい状態に止まっている。そうしたなかで、中央・地方関係の解明に主眼を置く本書が、敢えてこの二つの調査審議機関に注目して北京政府の産業行政を検討しようとする理由は以下の点にある。

　第一次大戦による世界情勢の変化は、各国に世界経済の再編に対応した産業行政の企画と通商産業政策の策定を促さずにはおかなかった。そうした必要性は、大戦中に資本主義の「黄金時代」を体験し国民経済の形成に踏み出し始めた中国にとって、とりわけ切実だったというべきだろう。その意味で、経済調査会と戦後経済調査会の設立は、世界経済再編への対応という現実的要請に対して、北京政府が主体的・積極的な姿勢をもって臨んだことを示していた。ところが、二つの調査審議機関の実体と活動には、北京政府の産業行政主体としての特質——それを限界と読み替えることも可能である——が様々な形で刻印され、しかもその特質＝限界は、産業行政の中央・地方的連携という点で本書のテーマとも密接に関わっていたのである。史料の乏しさにもかかわらず、敢えて経済調査会と戦後経済調査会を取り上げる所以はここにある。

　以下、産業行政における中央・地方的連携の問題が顕著に現れた農商部経済調査会を分析の中心に据えながら、それと対比する形で国務院戦後経済調査会にも言及し、北京政府産業行政の実態に迫っていきたい。

第Ⅱ節　経済調査会の設立と活動

(1)　設　立

　北京政府農商部が経済調査会を設立する契機となったのは、1917年8月14日のドイツ・オーストリアに対する宣戦布告であった。段祺瑞内閣下の農商部は、参戦後の18日、各省の商会と海外の中華総商会に打電し、①この「工商界発展の時期」に農商部は発展計画について各地の商会と誠意をもって討議したいと

願っていること、②戦時においてヨーロッパの連合国が必要とする製品を国内外の商会が相互に連携して調査し、積極的な輸出の振興を図らねばならないこと、③戦後に需要が見込まれる輸出品についても事前に調査を開始し、海外の情勢については農商部が各国に駐在する領事等を通じて情報を提供すること、等々を通達した。この電文は、「挙国一致して経済競争の潮流に対応し将来の窮状を免れん」とする認識に裏打ちされていたが[3]、経済調査会の設立も、まさにそうした認識を政策の上で具体化したものだった。

経済調査会の設置と並行して、農商総長の張国淦は同じ8月に直属機関として各省に設置される実業庁の設立につき国務会議(閣議)の承認をとりつけ、さらに「内には国民の生計を伸長し外には世界経済の競争に応ずる」ため、専門的人材の登用を含む部内の人員整理にも着手していた[4]。つまり、第一次大戦への参戦を契機に、農商部は積極的に世界経済の再編に対応し、部内の政策能力の向上を図ろうとしていたのである。また、同年2月の『時報』は、連合国が北京政府に対しても「連合国経済会議」の決議に加わるよう非公式に打診してきたこと、北京政府当局も承諾する意向であることを報じ、連合国経済会議の決議内容を掲載・紹介していた[5]。1916年6月にパリで開かれた連合国経済会議は、戦後世界経済秩序の再構築を目的の一つとしていたが、仮に『時報』の観測が真実だとするなら、農商部による経済調査会の設立も、日本の経済調査会と同じく(註(1)参照)、戦後の世界経済再編を睨んだ連合国経済会議の決議に対応するためだったことになる[6]。

経済調査会は、1917年8月20日に発会式を挙行した[7]。16日に公布された「農商部経済調査会章程」によると、会の主旨は「全国の経済実況を調査し、並びに戦時・戦後に実施すべき経済上の措置を企画する」ことにあった。経済調査会の会員は、農商総長が農商部のなかから選抜する「経済の学識と経験に富んだ」官僚と、同じく農商総長が招聘する名誉会員(定員なし)とによって構成され、会長はこれらの会員中から選ばれる。また、会内には四つの「股」(部会)——総務を担当する第一股(会計、文書の収発保存、各経済情報の翻訳、議案の記録等)、農林漁牧業担当の第二股(綿業、蚕業、林業等の農水畜産業)、商

工業を担当する第三股（工業、金融、運輸、内外貿易、関係税制等）、鉱業担当の第四股――が設置され、実施する調査については、その内容が北京政府の関係部局、或いは各省の省長公署及び所属機関に関わる場合は、会長が農商総長と協議し農商部から協力を依頼していくこととされた[8]。このように、経済調査会は農商部単独の調査審議機関であり、必要に応じて関係各部ないし各省政府との協力も考慮されていたが、日本のように政府全体の緊密な連絡の下に組織された機関ではなかった。

さて、会長に推薦され就任したのは魏宸組である。フランス留学の経験をもつ彼は、経済調査会の会長に就任するまでに、南京臨時政府の外交次長、北京政府国務院秘書長や駐オランダ公使等を歴任している。その後も駐ベルギー・駐ドイツ公使等を歴任し、ベルサイユ講和会議においては中国全権団の一員となっているように、主に外交畑で活躍した人物であった[9]。農商総長に招聘された名誉会員については、会長となった魏宸組を除いて確実な史料がない。しかし、張国淦総長は、経済調査会の成立前から蘇錫岱（南京総商会会長）、虞洽卿（上海総商会）、卞蔭庭（天津総商会会長）、呂遠先（漢口総商会・全国商会聯合会会長）、楊木森（高陽商会・全国商会聯合会副会長）、陳陛（北京総商会会長）ら全国財界の要人多数を名誉会員として招聘していたようである[10]。彼らが実際に調査会に参与したか否かは疑わしいものの、農商部が日本と同じく全国財界の実力者を鋭意結集しようとしていたことは確かであろう。

ところで、会長となった魏宸組は発会式において挨拶し、「わが国は戊戌以来新政を講じて20年になろうとするが、成果があったなどとはとても言えない。その重要な原因は、あらゆる事業がみな平時において確実な調査を実施することもなく慌ただしく開始され、いい加減でやがては消滅してしまったからだ」と述べ、経済調査会の活動方針については「先ず農商部のこれまでの調査を整理し、新たな調査内容と相互斟酌して事実の真相を追求する。次いで東西各国の最近の経済関係書報類を購入し、或いは別途手段を講じて他国の欧戦以後の経済状況を考求しわが国と比較する」という抱負を披露した[11]。ここからも窺えるように、経済調査会の活動の力点は、先ず何よりも経済状況の実態を調査

することにあった。これは、日本の経済調査会が、当初から官民双方の豊富な調査に基づいて提出された施策提案を審議していったのとは明らかに異なっている。この違いは、それまで北京政府の通商産業政策に関する情報収集・調査努力が極めて不十分であったことを反映する事実と見てよいだろう[12]。

(2) 活　動

　1917年8月16日の「農商部経済調査会章程」の公布を受けて、18日には農商部の官僚が先に紹介した経済調査会の四つの股（部会）に総計25名ほど配属された[13]。この後、恐らく彼らが中心となって、以下に紹介する「調査規則」・「会議規則」や調査事業の項目を示した「調査細目」など、同会の運営や調査の指針に関わる文書が作成されていったものと思われる。

　9月14日に公布された「会議規則」の規定によれば、経済調査会の会議は全体会議と各股会議とに分かれ、経常全体会議は毎月1日に、臨時全体会議は必要に応じて随時召集されることになっていた。その間に産業各部門の調査審議を担当する各股会議が開かれるはずであり、全体会議は各股の調査審議結果や意見を定期的に集約する役割を担っていたのだろう。一方、「調査規則」では、国内各省区の経済調査は各省区の「主管公署」に、国外の調査は駐外各公使を通じて各領事に依頼することが規定されている。国内の調査については「章程」にも規定されていたが、この「調査規則」から、経済調査会が在外公館を通じて海外各国の経済通商情報も収集しようとしていたことが確認できる。また、「調査規則」の規定とは別に、農商部から直接海外に調査員を派遣することも考慮されていたようで、1918年12月には同部の参事・技正ら4名が戦後経済状況を調査するため欧米諸国に派遣されている[14]。以上のような内外の調査結果に基づいて、各股或いは各会員が作成した政策の実施計画は、全体会議の議決を経て農商総長が採択施行することになっていた[15]。

　経済調査会が決定した「調査細目」は、先に紹介した四つの股の担当内容に対応して非常に細かく項目が設定され、そのため『政府公報』の第680号（1917年12月7日）から第700号（12月29日）まで21回に分けて掲載されたほど膨

大な分量に達していた。ここでは第二股が担当する蚕糸業類を例として、その一端を紹介しておこう。

蚕糸業類の調査内容は、先ず生糸・繭・蚕種・桑・蚕糸業政策の6大項目に分類されている。生糸については、①中国蚕糸の生産地と生産額、②中国生糸の種類と価格、③中国蚕糸の販路の動向、④輸出糸の種類と販売並びに製糸業の状況、⑤製糸工場の釜数と設立年、⑥各製糸工場の生産額と使用器械、⑦生糸の販売輸送と金融、⑧糸税国家収入と税制の改良点、の中項目に分かれる。そのうち③の「中国蚕糸の販路の動向」を例にとると、さらに国内に関しては一般絹織物原料としての消費額、国外に関しては各国生糸の特性と中国糸の販路への影響、生糸消費国における他国糸の消費額、産糸国の年間生産量と供給額、世界の生糸供給量と産糸国輸出額の増減、産糸国の生糸価格・生産額と人力・物力・地価の比較、等々の各小項目に細分される。同様に、その他大項目中の繭は8、蚕種は7、桑は6の中項目に分かれ、最後の蚕糸業政策は①世界各産糸国の政策、②世界蚕糸業の趨勢と中国蚕糸業の救済策という二つの中項目からなり、後者はさらに国内外の政策的対応、直接・間接の保護政策、等々の小項目が設定されている。

このように微に入り細を穿った調査項目が、第一股は一般的な生産・分配・交易・消費・経済政策の各類、第二股は蚕糸・茶・綿・糖・食糧・豆・麻・煙草・墾務・林業・牧畜・水産等の各類、第三股は紡績・化学・飲食・機械・電気等の各種工業類、及び国内外貿易・金融・保険等の各種商業類、第四股が石炭・鉄・金・銅・銀等の鉱物資源類に渡って網羅されていたのである。

1917年11月30日、農商総長の張国淦は、各省の省長及び綏遠・察哈爾・熱河各区都統と駐外各国公使に「調査細目」を送付して協力を要請するとともに[16]、各省実業庁長に対しては各省において調査活動の主体となる「経済調査分会」の組織を、駐外各領事には詳細な調査の実施を訓令した[17]。また、各省の商会と海外の中華総商会に対しても公函を送り、「本部の提唱下に商会の協力支援があれば、事業は鋭意進展し必ずや速やかに成果を収めることができる」と指摘し、調査事業に対する積極的な協力を求めていた[18]。ここで注目すべきなの

は、張国淦が各省の実業庁に設立を命じた経済調査分会であろう。張は、各省長・都統にも同分会の設立を要請していたが、それは実業庁が未設の省区においては彼ら地方長官に依存せざるを得なかったからであり、基本はあくまで実業庁が分会の調査活動を統括することにあった。以上の点を踏まえるなら、経済調査会の調査活動は、農商部の直属機関として各省に設立された実業庁と各地商会の組織的なネットワークに依拠して、実施することが目指されていたものと推測できる。

　これまで度々指摘してきたように、中華民国は辛亥革命で清朝から独立した各省軍政府のルーズな連合体として出発せざるを得なかったが、袁世凱の死後、各省政府の中央政府に対する自立性はより顕著となっていた。そうした中央・地方関係は、当然、経済調査会の全国的な調査事業の展開にとっても大きな障害となるはずだった。農商部が、同部に直属する各省実業庁に経済調査分会を設置するよう訓令したのは、こうした局面を打開しようとするためだったのである。ただし、実業庁について詳細に検討する第6章で示すように、中央政府が実業庁の設立を決定し実業庁長を任命した後も、省長・督軍の多くは同庁の設置に反発してその設立をサボタージュしていたから、張国淦の要請と訓令とによって経済調査分会が各省に遍く設立されたと考えるのは早計であろう。事実、彼の要請と訓令が発せられてから半年余りがたった1918年夏の時点においても、北京政府に経済調査分会の設立を報告してきたのは、京兆・湖北・山西・河南（以上、17年12月成立）、陝西・安徽・奉天・吉林・江蘇（以上、18年1月成立）、浙江・山東・新疆（同年3月成立）、綏遠・甘粛（同年4月成立）の14省区に止まっていたのである[19]。

　一方、農商部が各地商会のネットワークを利用しようとしたことは、先の公函だけでなく、対ドイツ・オーストリア宣戦直後に国内外の各地商会と経済発展方策につき協議することを希望していたこと、経済調査会の設立に際しても上海・天津・北京等の総商会や全国商会聯合会の要人を招聘していたこと、等々の事実を想起すればほぼ確実であろう。ちなみに、各地商会との協議については、1917年12月に「各省商会代表と実業界重要人物」を北京に招いて「実業会

議」を開催することに具体化された⁽²⁰⁾。農商部は、それ以前から各省政府に対して、第一次大戦に即応した経済発展策について商会と協議するよう要請していた。例えば、その要請を受けた江蘇省の省長公署は、特派江蘇交渉員・江海関監督・上海県知事等に、上海総商会・同県商会と「戦後国際貿易の拡張方法」につき討論するよう訓令している⁽²¹⁾。農商部の要請に基づくこうした試みが、いったい如何ほどの成果を上げたのかは明らかにできないが、少なくとも農商総長張国淦には不十分と感じられたようである⁽²²⁾。そこで企画されたのが、各省の商会代表等が一堂に会する「実業会議」だったのである。ただし、経済調査会の拡大会議として期待されたはずのこの会議は、商会代表の参集が思わしくなく、18年1月に開会が延期されたが⁽²³⁾、新聞の報道からは開催されたことが確認できず実現に至らなかった公算が大きい。

　ところで、各省における経済調査分会の実態を知ることができる史料は極めて乏しい。以下では、若干の史料が確認できる江蘇・浙江両省の分会について紹介しておこう。江蘇分会は1918年1月15日に、農商部鉱政司長から同省の実業庁長に転出・着任した張軼歐を会長として設置された。「江蘇分会章程」によると、主旨は「本省の経済実況を調査し並びに戦時・戦後に実施すべき経済上の措置を企画する」とあるように、調査対象を江蘇省に限定しているほかは中央の経済調査会と同じである。会の構成は、①会員（定員なし。実業庁職員の兼任、加えて省長公署職員より派遣された経済学識と経験が豊富な者）、②名誉会員（定員なし。会長が省長の指示を受けて招聘）からなっており、部会は三股編成で中央と異なって鉱業を担当する第四股が設置されていないが、残り三股の業務担当内容は中央の調査会と同一である。名誉会員には、上海総商会と同県商会の指導的メンバーである朱佩珍・沈聯芳・顧履桂・虞洽卿・聞漢章・穆藕初・姚曾綏・栄宗敬等々、計13名が招聘されている。また、このほかに省議会や農会の経済学識経験者も選定されていたようである⁽²⁴⁾。

　浙江分会は、やはり実業庁長雲海秋を会長として3月3日に発足した。同会の「規程」によると、その主旨には、省内経済及び戦時・戦後に実施すべき事項の調査とともに、「地方の利益を発展させ国家の税源を増進する」という一

文が挿入されている。会員と部会の構成は江蘇分会とほぼ同じで、名誉会員にはやはり「実業大家」を招聘することになっていた。浙江分会の「規程」で興味深いのは、分会の経費が調達できるまで職員や書記は無報酬とし、出張費・通信費等は実業庁の調査費から支出すると規定されていることである[25]。江蘇分会の「章程」は、この点を明記していないが、やはり実業庁や省長公署から配属された職員は無報酬だったという[26]。農商部の督促を受けて、恐らくは十分な資金的裏付けを欠いたまま急ぎ設立された結果であろう。

　さて、江蘇・浙江両分会のうち、具体的な活動内容を確認することができるのは江蘇分会である。『時報』は江蘇分会が作成した「調査細目」を掲載しているが、中央の経済調査会が作成した「調査細目」と項目の分類がほぼ同一であり、また江蘇分会が定めた「調査細目」は「総会の調査細目に依拠した」とも報道されているから、中央の「調査細目」がほぼそのまま使用されたのであろう。会長の張軼歐は、江蘇省ことに「上海一埠の経済調査は全国経済（調査）の鋳型（原文は型体）たるもの」（括弧内は筆者の補足と註）という認識から、上海の調査をとくに重視していたようである。上海財界の有力メンバー多数が江蘇分会の名誉会員として招聘されたのも、彼のこうした認識に基づいていたと考えられる[27]。一方、商会サイドも、江蘇分会の成立を告げる実業庁の公函を受けた上海総商会が、会員・会友に対して積極的な協力を通告していたように、経済調査会の調査事業に関与していく姿勢を示していた[28]。

　1918年4月以降、江蘇分会の調査活動は本格化し、判明する限りで上海・揚州・鎮江・南通・海門・崇明・川沙をはじめ、江北地方の徐・淮・海各属各県に調査員を派遣して実地調査に当たっている。調査員は、もっぱら分会会員を兼務する実業庁の科員が担当したようである。実業庁が上海県知事に宛てた訓令によると、各県には「調査細目と各種表式」が送付される場合と、「表式」を携えた調査員を派遣して「特別調査」を行う場合とがあった。周知のように、農商部の「農商統計表」は調査票を調査対象機関等に送付して記入の上返送させる自記式の調査に基づいていた。これに対して、調査分会の調査は、自記式の調査に調査員派遣による実地調査も加味されていたのである。実地調査は上

述した「調査細目」に従って行われたはずだが、各県の失業者の多寡、大戦の勃発が輸出品に与えた影響、或いは物価の変動状況などにも留意して、対象とした調査分野は極めて多岐に及んだという[29]。実業庁によって1919年に刊行された『江蘇省紡織業状況』は、そうした調査事業成果の一端であった[30]。

　以上に紹介してきたように、経済調査会の江蘇・浙江両分会は実業庁の官僚を主体としながら、地方経済界の有力者を名誉会員として組み込みつつ、商会の組織的な協力を得ることによって調査事業を進めていこうとした。もちろん、農商部は通常の産業政策に関することならば、省長公署や各県知事公署という旧来の行政系統を通じて、各省地方にまで指示・指導を下達することも可能であった（それが遵守され政策的な効果を上げるか否かは全く別問題であるが）。例えば、この時期において、農商部が農産物種子の調査を江蘇省に通達した際には、＜農商部→実業庁→各県知事公署→各市郷農会＞という伝達系統が、同じくアメリカ綿の栽培奨励を通達した際には、＜農商部→実業庁→各県知事公署→各市郷董＞という系統が、それぞれ機能していた[31]。

　しかしながら、ことが調査事業となると、省長公署や県知事公署といった旧来の行政系統に依拠するだけでは不十分さを免れなかった。例えば、上海総商会は農商部の訓令を受けた実業庁から上海の紡織工業調査の取りまとめを依頼され、各紡織企業に経済調査会が作成した「調査表」を送付して調査への協力を要請している。実業庁は、その他の地域については各県知事に調査を依頼していたが、上海は省内の紡織企業の大半が集中し外資企業も多いため県知事では調査に限界があると判断して、総商会に調査の代行と結果の取りまとめを依頼したのである[32]。同じ時期、農商部は「農商統計表」作成に向けた経済情報の収集にも着手していた。1918年1月に公布された農商統計調査に関わる各種規則（「全国農商統計調査規則」・「各県農商統計調査報告規則」等）では、県知事が各市郷董事・商会・農会等を活用しつつ調査することになっていたが[33]、農商部はこれとは別に各地の商会に対してとくに訓令を発し、そこでも「各県行政官」では統計処理に限界があると指摘して、商会が県知事とよく協力し調査を実施するよう指示している[34]。

すでに第3章で分析し、続く第5章と第6章で明らかにするように、各省政府が推進する産業行政はともすれば中央政府との有機的な連携を欠き、県知事の放縦かつ怠慢な行政は極めて深刻であったから、調査事業のように上からの指示のみならず下からの応答が必須となってくる場合、従来の省長公署や県知事公署という行政系統を利用するだけでは自ずと限界があったのである。経済調査会の調査事業——とりわけ、商工業・金融関係の情報収集——において、＜農商部・経済調査会→実業庁・経済調査分会→商会＞という系統は、それだけに重要な意義が付与されていたといってよい。また、商会の活用は、江蘇分会が自記式の調査と並行して調査員による実地調査を実施したことと相まって、従来の農商統計調査より調査の精度を向上させる点でも意味があったと思われる。江蘇省の実業庁が、上海総商会に協力を要請した紡織業調査の結果を、上記『江蘇省紡織業状況』として発刊することができたのは、以上の意味において示唆的である。

中央から各省に至る＜農商部・経済調査会—実業庁・調査分会＞という新たな産業行政系統と各地商会との有機的な連携を通じて、各省地方にまで中央の指示と調査事業を浸透させ、その成果を第一次大戦中と戦後の通商産業政策の形成に反映させる。それこそが、北京政府農商部の思い描いた構図にほかならなかった。

第Ⅲ節　経済調査会の活動停滞

以上のように、江蘇・浙江両省については経済調査分会の設立経緯を確認することができ、とくに江蘇省の分会はかなり実体を伴った調査活動を展開していたことが判明する。けれども、既述のように調査分会が設立されたのは江浙両省を含めて14省区に止まっていた。そうした事情は、各省の調査結果を集約し、通商産業政策を立案していくべき農商部と調査会本部の活動を制約せずにはおかなかったはずである。

前節では設立当初、即ち1917年から18年にかけての活動を比較的詳しく紹介したが、その後の動向については、史料の乏しさから詳細に明らかにすることが困難である。とりわけ、中央の各股会議や全体会議の調査審議状況を具体的に押さえることができないのは、経済調査会の実績を推し量る上で非常に大きな限界となっている。ただし、農商部の官報である『農商公報』には、18年8月から1年間に渡り『経済調査会月刊』が附録として添付され、また19年12月には経済調査会自身が機関刊行物として『経済彙刊』を発刊している。以下では、それらの刊行物から得ることのできる情報と、1920年3月15日付け『申報』に掲載された調査会に関する記事とを総合することによって、18年以降における活動内容の片鱗を不十分ながらも示しておくことにしたい[35]。

　『農商公報』の各期に付された『経済調査会月刊』の内容は、建議・報告・著訳・文牘からなっていたが、建議案としては、第一次大戦への参戦を機に関税率の修改を諸外国に働きかけ保護関税の実施を目指す案など、戦中・戦後の国内商工業保護政策に関する計5件の意見書が掲載されている[36]。これらの意見書の提出者のうち、梁孝肅は経済調査会の会員、銭稼孫は農商部僉事・第一農事試験場長、漆運鈞は経済調査会会員・農商部僉事上任事主事であったことが判明する[37]。また、著訳には日本の金融・財政学者堀江帰一の論文が「今後経済界之変化及日本之対華経済政策」と題して翻訳され、農商部と経済調査会が戦中・戦後における日本の対中政策の動向に注目していたことを窺わせる[38]。このほか文牘には、駐フランス公使胡惟徳から寄せられた同国戦時下の運輸・通貨・食糧事情に関する情報も掲載されていた[39]。

　一方、『経済彙刊』第1期の内容は、文牘・調査・著訳・附録に分かれている。調査報告として掲載されているのは、江蘇省綿業・上海紡織業・上海金融機関（以上、経済調査会江蘇分会）、吉林経済状況（同吉林分会）、営口食糧輸出（営口総商会）、上海・漢口・天津等の物産（湯一鶚）、北京ガラス商工業（漆運鈞）等々に関する国内の各調査と、福建省長公署が送ってきたジャワ島糖業調査報告である（括弧内は調査担当者を示す）。また著訳の建議項目には、①産業組合制度の制定と提唱によって産業発展を図る案（劉文嘉）、②信用制度の充実に

より国内金融の活性化と産業の振興を図る案（梁孝粛）、それに③通商条約修改に関する意見書1件（同上）と④戦後の商業整頓策に関する意見書2件（朝鮮総領事富士英、釜山領事柯鴻烈）が掲載されている(40)。調査報告を提出した湯一鶚と漆運鈞、建議案を作成した劉文嘉と梁孝粛は、何れも『経済彙刊』の編集業務を担当していた人物だが、このうち先に指摘した漆運鈞と梁孝粛がそうであったように、残りの2人も経済調査会会員ないし農商部官僚であったと考えてよかろう(41)。

　上記『申報』の記事は、経済調査会の「会員のなかで計画方案を提出した者はとても多かった」と指摘しているが、『経済調査会月刊』と『経済彙刊』で見ることのできる建議案は、各股会議や全体会議に提出された審議案件の一端を示すものであろう。また、『経済彙刊』に江蘇分会だけでなく吉林分会の調査報告が掲載されていることは、調査活動について前節で紹介した江蘇省以外にも、農商部の指示に応えようとする実業庁・経済調査分会が存在したことを窺わせる。さらに、駐仏公使から情報が寄せられていたこと、そして商業整頓に関する2件の意見書が朝鮮総領事と釜山領事の提出したものであったことは、在外公館に対する農商部の協力要請がそれなりに機能していたことを示唆するように思える。しかしながら、それらは一部の断片的な事実に過ぎなかった。総体的に眺めるならば、各省の実業庁・経済調査分会による調査事業は極めて不十分な状態のまま滞り、各地商会や在外公館との連携も農商部の思惑通りには進んでいなかったのである。

　1918年12月19日、農商部は各省の省長及び各都統・京兆尹に対して、いまだに経済調査分会を組織していない省区があることを指摘しつつ、同時に「すでに分会を組織した省区でも調査報告については依然として乏しい限り」と実情を訴え、実業庁に「調査細目」に即した調査結果を1ヶ月以内に報告させるよう要請している(42)。また、各省の実業庁長に対しても、「なかには実地に調査し省長を通じて報告してきた実業庁もあるが、その数は多くなく、また調査を継続実施できていない」と難詰し、調査結果を速やかに報告するよう訓令していた(43)。さらに、第一次大戦の終結から半年が過ぎた翌19年5月になると、農

商部は「先に決定していた細目表式の条項は煩雑であり、調査にはなお時日を要する。ヨーロッパの戦争が終わりを告げた今、迅速に全国の経済及び重要産業の状況を熟察して施策の準備としなければならない」という見地から、調査対象を9種類の農産物（米・麦・豆・綿・麻・生糸・茶・煙草・甘蔗）の耕作・製造加工・販売及び輸出入の状況に縮小し、各省の実業庁と海関監督にその旨を通達した。これらの農産物及びその加工品は、何れも当時の中国にとって重要な輸出品、ないし大戦中に勃興しつつあった工業分野に関わる輸入製品・原料であり、調査対象としては当時の通商産業状況に見合ったものであった[44]。この時期になると、農商部も「調査細目」に即した網羅的な調査は無理であると判断し、調査項目を現実的な線に即して絞り始めていたのである。

だが、以上のような農商部の度重なる督促と調査内容の圧縮にもかかわらず、状況は同年8月になっても全く改善の兆しを見せなかった。その時点で農商部に調査報告を送ってきていたのは、江蘇・吉林・山西の実業庁と福建・綏遠の省長・都統だけであり、しかも江蘇省実業庁が送付した報告書は各県の経済調査など計8冊からなる詳細なものであったが、他の省区の報告書は、土地・食糧などの断片的な調査結果を1冊にまとめたものに過ぎなかったのである[45]。このため、農商部は上記5省区の実業庁と省長・都統に調査の継続を訓令・懇請するとともに、それまで全く調査報告書を送ってこなかった各省区に対しても、改めて早急な調査の実施を求めなければならなかった[46]。

以上の点は、国内外の商会と在外公館についても同様であった。農商部は、1918年11月の大戦終結を受けて、翌12月には駐外各公使・領事と内外各地の商会に対し、各居留地・駐在国における商品需要や必需品市場価格の調査、及び戦後通商政策に関する意見書の提出を新たに要請した[47]。しかしながら、それから半年以上を経過した1919年8月の時点においても、駐外各領事のなかで調査報告と意見書を提出してきたのは鎮南浦・釜山・朝鮮・ウラジオストック、調査報告を送付してきたのはスラバヤ・オーストラリア・新義州・元山・キューバ・ジャワ等の総領事・領事に過ぎず、農商部は全く情報を提供しようとしないその他の各領事に対して、「調査細目」に基づいた詳細な報告と意見書の提

出を改めて訓令せざるを得なかった(48)。他方、内外の商会についても、19年8月までに国内では保定・長春・南京・南昌・営口・京師・安東・景徳鎮等の商会が、海外ではビルマ（現ミャンマー）・ポンチアナク（インドネシア）などの商会が、「調査細目」に基づく不完全な調査結果を農商部に報告してきていたに過ぎなかった(49)。各地商会のなかには、直接農商部に調査結果を報告しなくとも、前節で触れた上海総商会のように、実業庁・経済調査分会の調査に協力した商会も存在しただろうが、それにしても国内外商会の協力ぶりは農商部の期待からは程遠かったのである。

一方、北京中央の経済調査会自体に眼を移しても、同会が成立した1917年8月から20年3月までに、魏宸組のほか4名の会長が次々と交替していることから見て、活動が順調に進展していたとは考えにくい。さらに経費の面でも、当初は農商部から月1,400〜1,500元程度が支給されたに過ぎなかったが、張国淦の後を受けて農商総長に就任した田文烈が会員数をいたずらに水増しし、そこに書記・録事など職員数の増加が加わって毎月の経費が5,000元にまで膨張したため、20年3月頃までには人件費の工面にさえ汲々とする状態に陥っていた。経済調査会の会員は月々の会議数が数回に過ぎず、その上100元の月給が支給されるため、各部の僉事（薦任官相当）や主事（委任官相当）よりも実利のあるポストだったといわれる(50)。恐らく、新総長の田文烈が随意に会員を水増ししていったのも、そこに起因する情実人事の結果だと思われる。何れにせよ、会員の任命・招聘に際して経済学識や経験を重視し財界有力者との提携にも留意するという当初の方針は、こうした状況のなかで次第に希薄化せざるを得なかったと推測される。

したがって、先に紹介したような建議案が提出されたとしても、経済調査会の調査審議が、農商部の通商産業政策の形成にどれだけ貢献できたか甚だ疑わしいといわねばならない。そこに各省における調査事業の遅延、内外各地の商会や在外公使・領事との連携の不十分さが加わって、活動の停滞は決定的となっていたのである。

第Ⅳ節　戦後経済調査会の設立

　このように農商部経済調査会の活動が沈滞に向かっていた1918年12月末、国務院＝銭能訓内閣によって召集され、翌19年1月20日、正式に成立したのが戦後経済調査会であった[51]。同会の設立については、すでに18年11月末には銭能訓が大総統徐世昌に提案し裁可を得ていたが、いかにも唐突の感を免れず、銭の大総統宛呈文においても19年1月の発会式で銭が演説した設立宣言においても、農商部の経済調査会については全く触れられていない[52]。また、新聞報道などその他の史料による限り、農商部と緊密に連携して計画・実施された形跡を窺うこともできない。つまり、同会は経済調査会の活動停滞を打開しその任務を発展的に継承するため設立されたのではなく、国務院の独自の判断によって別途企画されたという性格が濃厚である。

　戦後経済調査会の「暫行辦事規則」[53]によると、会の目的は「経済状況を調査し国内実業を振興する」ことにあり、具体的な職務としては、第一次大戦後の国内経済──金融（幣制・銀行・公債・外国資本）、実業（農林工商各業・国際貿易・移民）、国内経済及び産業政策に影響を及ぼす関税政策──に関する調査に加えて、戦後国際経済──各国の金融・産業状況──の調査が規定されている。同会の委員長は国務総理の兼任で、副委員長は大総統が国内実業界の有力者から選び、委員及び専任委員（会に常駐し委員長と協議しつつ会務を主宰する）、名誉委員（調査協力の責を有す）は、経済学識経験者から大総統或いは政府が招聘することになっており定員はなかった。

　「暫行辦事規則」の内容で注目されるのは、大総統ないし国務院各部の諮問に対して戦後経済調査会は随時答申し、同会の議決案件は政府に建議し採択施行を求めると記されていることである。国務院は、西南諸省の督軍・省長に調査への協力を要請した電文のなかで、今回の試みは日本の経済調査会の設立を意識したものであると指摘していたが[54]、上に示した戦後経済調査会の権能か

らも、当時の銭能訓内閣が日本の「経済調査会官制」（註(1)参照）を参考にしていたことが窺える。同会は、農商部の経済調査会があくまで同部の付属機関としてその政策形成に寄与することを目的としていたのに対し、国務総理が委員長を兼務する国務院の直轄機関であり、その調査審議結果は国務院全体の意志として政策に反映されるはずであった。戦後経済調査会は、北京政府全体の取り組みという点で日本の経済調査会の性格により近く、その限りにおいては農商部の付属機関に過ぎない経済調査会より、政策の立案・確定に向けた機能性を有していたといえるだろう。

　また、戦後経済調査会の「暫行辦事規則」には、経済調査会の「章程」と異なって、必要に応じ特派委員を各国へ実地調査に派遣することも規定されていた[55]。ただし、農商部が欧米の戦後経済状況を調査するため参事・技正を派遣していたことは、すでに確認しておいた通りであり、海外への調査員の派遣が戦後経済調査会の独自な取り組みであったというわけにはいかない。また、国務院が1919年2月に駐外各公使や各省督軍・省長に調査協力を要請した電文を見る限り、それは農商部が「調査細目」を送付して行った協力要請とやはり重複するものでしかない。さらに江蘇省では、省長の訓令を受けた実業庁が、上海総商会に戦後経済調査会の調査への協力を促しているが、これとて農商部が経済調査会の調査につきすでに依頼済みのことであった[56]。1919年2月末の第1回全体会議において、戦後経済調査会の秘書長郭則澐は、「本会の職責は戦後世界経済の全体を調査することにあり、農商部の経済調査会がその一部分のみを調査しようとするのとは異なっている」と述べている[57]。だが、ここまで紹介してきた両調査会の内容を踏まえるなら、この発言は牽強付会の誹りを免れないだろう。

　要するに、同一任務をもった調査審議機関が同一政府内で並立し、しかも別個に重複した調査活動を行うという事態が出来したのである。日本でも経済調査会の会期中に農商務省が「臨時産業調査局」を設置していたが、それは農商務大臣が経済調査会に出席して両機関の相互関係について理解を求め、互いの協力を要請した上でのことであって[58]、以上に紹介した北京政府の場合とは余

その上、戦後経済調査会の活動は、農商部の経済調査会と比べても見劣りがするものだった。同会は、国務総理銭能訓と孫宝琦がそれぞれ正副委員長に就任して活動を開始したが[59]、実は副委員長にはもう1人周学熙も選任されていた。しかし、彼は会の設立以降に開かれた各種会議（全体会議・専任委員会議）を全く主宰しておらず、1919年1月の成立会で委員長の銭能訓が主席を務めたほかは全て孫宝琦が主席を担当している[60]。したがって、周学熙は戦後経済調査会の活動に実質的にはコミットしていなかったと考えてよいだろう。他方、もう1人の副委員長孫宝琦は、北京政府の外交総長・代理国務総理・財政総長等々の要職を歴任してきた官僚であるが、1916年には漢冶萍公司の董事長を務めたことがあった[61]。それが、国内実業界の有力者から抜擢されるはずの副委員長に彼が選ばれた理由であったのかもしれない。だが、実際に参与したか否かは疑わしいものの、財界の要人多数を名誉会員に招聘した農商部経済調査会に比べると、財界と提携を図ろうとする姿勢にいささか欠ける人選であったことは否めない。しかも、19年3月以降になって漸く公布された戦後経済調査会の正式な「章程」では、専任委員会議の決定を受けて、国内実業界から副委員長を選ぶという条項さえも削除されていた[62]。

　確かに、1919年2月から20年2月までの1年間に専任委員会議が77回も開かれていることや、委員の調査出張や調査報告が幾つか確認できることから判断すれば、戦後経済調査会の活動はそれなりに順調であったように見える[63]。だが、その一方で、定員のなかった専任委員・委員・名誉委員が、19年8月に報道された時点で総計300余名にまで膨れあがっていたことは注意を要する。成立直後の19年1月に公表された名簿によれば、各委員の合計は約160名であったから、委員の数がどんどん水増しされていった様子が窺える[64]。また、1月下旬の発会式に出席した委員は140～150名であったから、出席者数はまだしも当時の委員総数に見合っていたが、その後月に1回開かれる全体会議は「欠席者が甚だ多い」という有り様だった。

　これらの原因は、経済学識経験者という条件を度外視して、委員の大部分に

旧国会の議員が充当されていたことにあった。委員には、月300元（常駐が義務づけられた専任委員は12月にさらに100元のボーナス）の俸給が支払われていたが、会議欠席者が余りに多いため、銭能訓の後を受けた国務総理龔心湛は、会議に委員本人が出席した場合に限り俸給を支払うという方法に改め、その結果、毎月の必要経費は10万元から5万元に半減したという。戦後経済調査会は、新国会の成立によって失職した旧国会議員への公職提供と生活保障の場、という様相を呈していたのである[65]。

同会は、1919年8月になって毎月の会合を股会と全体会の2回に増やし、それまでの内部編成を実業（農・工・商・鉱・林・漁・牧各業）、交通（鉄道・海運・郵便・電信）、財政（国有財産・租税・公債）、関税（海関税・常関税・釐金）、金融（幣制・銀行）、国際貿易・僑民（輸出入・僑工・僑商）、各国実業（農・工・商・鉱・交通）、各国財政金融（租税・公債・幣制・銀行調査）の八股（部会）に再編した。しかしながら、各股への委員の配属は各委員の志願に委ねられたように、こうした取り組みは必ずしも組織的・系統的な活動の活性化を保証するものとはいえなかった[66]。戦後経済調査会は、20年2月になると「国務総理に直隷し国内外経済状況の調査と研究を掌理する」経済調査局に改組され、総裁に孫宝琦、副総裁に郭則澐と王湘斌が任命された。しかし、その後の活動は新聞の報道からも消え去り廃止された時期さえ不詳である[67]。

一方、経費不足で手詰まり状態にあった農商部経済調査会は、1920年3月には、農商部の負担を軽減するため経済調査局への編入が会内で主張され、また「産業調査会」に改名し活動範囲を縮小することが検討されていたが、これまたその後の状況は不明である[68]。経済調査会も、そして恐らく各省の分会も、組織的に自然消滅してしまったと考えて大過あるまい。

第Ⅴ節　小　結

第一次大戦間・大戦後の通商産業政策形成に寄与するはずだった北京政府の

調査審議機関は、農商部経済調査会が各省分会の調査活動において一定の成果を収めたほか、これといった成績を残すことなく消滅していった。大戦後世界経済の再編に積極的に参入しようとした北京政府を制約したのは、本章の考察による限り、以下のような政策主体としての特質＝限界であったいうことができるだろう。

　第一は、農商部の経済調査会と無関係に国務院が戦後経済調査会を設立したように、政府内部での協力体制がほとんど欠如していたことである[69]。総理大臣を会長とする日本の経済調査会は、大蔵大臣と農商務大臣が副会長に就任し、大蔵・農商務・外務・逓信・海軍各省及び鉄道院等から、次官・局長・書記官級の官僚多数が会議に委員や幹事の肩書きで参加していた[70]。しかし、経済調査会にせよ戦後経済調査会にせよ、外交・財政・交通部など関係部局と協力して調査審議活動を行った形跡は確認することができず、少なくともそうした協力関係が希薄であったことは否めない[71]。また、政府部内において調査審議から政策の立案に向けた凝集力や目的意識が弱かったことは、専門的な学識・経験が重視される構成メンバーの内実が次第に形骸化し、或いは人選に当たって旧国会議員の扶養といういびつな目的が付随したことに現れていた。

　第二に指摘すべきなのは、調査審議の実施上の問題である。経済調査会が各省の省長公署や在外各公館に送付した「調査細目」は、確認しておいたように網羅的かつ膨大なものであった。それは、確かに農商部の意気込みを示すものではあったが、反面において、農商部が戦中・戦後経営における課題の所在を、明確な見通しをもって十分に絞り込んでいなかったことの反映でもあった。この点は、日本の経済調査会が大戦後における戦後経営の方策を14の案件に絞って集中的に調査審議し決議していたことと著しい対照をなしている[72]。そもそも、膨大な分量の「調査細目」に即して調査を実施していくことは、多大な困難と時間を伴わずにはおかなかったはずであり、その成果を政策形成に向け集約していくこと自体が並大抵のことではなかったと思われる。

　以上に述べたのは、北京政府がその内部に抱えていた産業行政上の問題点である。それでは、仮にそれらの問題が解消されたとしたら、経済調査会或いは

戦後経済調査会の調査審議活動は順調に進展したのであろうか。思うに、次に指摘する第三の問題点が存在する以上、二つの機関が顕著な成果を収めることは恐らく難しかったであろう。その問題点とは、いうまでもなく、中央・地方間における行政的連携の圧倒的な不足という事態にほかならない。実業庁と経済調査分会の設置が全国的に進展しなかったのは、各省政府が北京政府の「地方行政機関」であるにもかかわらず、中央の指示を容易に受けつけなかったからだった。各省への「統治権」の分散（各省政府の「地域的統治権力」としての割拠）が、全国的な産業行政の連携を大きく阻んでいたのである。中央と地方とを結ぶ産業行政系統の機能不全こそ、北京政府の産業行政——通商産業政策の立案と遂行をめぐる北京政府の主体的努力——を制約した最大の要因であったといってよい。

したがって、経済調査会の調査審議活動が困難を極めることは、中央と地方とを有機的に結びつける産業行政系統の不備によって、当初から運命づけられていたというべきかもしれない。農商部が各地商会の協力に期待しようとしたのも、こうした事情がしからしめた当然の選択だったのである。

註

（1） 日本の経済調査会は、1916年4月に当時の大隈重信内閣の下で発足した。同会の設立は、第一次大戦中の経済協力と戦後経済秩序の再編とを睨んで、同年6月にパリで開かれた「連合国経済会議」への参加準備と並行して進められた。「経済調査会官制」によると、同会は「内閣総理大臣ノ監督ニ属シ欧州戦争ニ伴ヒ施設スヘキ経済上必要ナル事項ヲ調査審議ス」るものとされ、「関係各大臣ノ諮詢ニ応シ意見ヲ開申ス」るとともに「関係各大臣ニ建議スル」ことができた（同官制については、臨時国民経済調査会『経済調査会経過及成績』1919年3月、25頁を参照。原田三喜雄編『第一次大戦期通商・産業政策資料集』柏書房、1987年、第2巻、所収）。会長には総理大臣、副会長には大蔵大臣と農商務大臣がそれぞれ就任し、委員の顔ぶれは「当時の内閣・政府の大臣・次官・局長・書記官、貴族院ならびに衆議院の議員、当時の代表的な銀行・会社の役員、商業会議所会頭などの財界人、大学教授などの学識経験者など」からなり、「当時のわが国の官民上げての協力ぶり」、「政府官僚と独占的ブルジョアジーの緊密な提携ぶり」を示すものだったという。詳しく

は、原田三喜雄「聯合国経済会議と経済調査会」(前掲『第一次大戦期通商・産業政策資料集』第1巻、所収)、同『近代日本と経済発展政策』(東洋経済新報社、2000年) 第3章「第一次大戦参加と経済調査会の成立」、第4章「第一次大戦期の経済発展政策の構図」を参照。本章では、北京政府下の調査審議機関の特質を際立たせるため、必要に応じて日本の経済調査会についても言及する。

(2) 野澤豊「民国初期、袁世凱政権の経済政策と張謇」(『近きに在りて』第5号、1984年)、渡辺惇「袁世凱政権の財政経済政策——周学熙を中心として——」(同上、第11号、1987年)、久保亨「近現代中国における国家と経済——中華民国期経済政策史論——」(山田辰雄編『歴史のなかの現代中国』勁草書房、1996年)、張学継「論袁世凱政府的工商業政策」(『中国経済史研究』1991年第1期)、及び虞和平「民国初年経済法制建設述評」(『近代史研究』1992年第4期)。

(3) 『申報』1917年8月24日「農商部討論宣戦後実業」。もっとも、農商部は第一次大戦への参戦以前にも、輸出額10万元以上で3年以上経営を継続している企業、資本金5万元以上の工場を設立し業績良好な企業等に奨励の徽章を授与するなど、通商産業上の奨励策を実施していたが(『時報』1917年4月18日「振興実業之奨励」)、戦中・戦後の通商産業政策を本格的に検討するようになったのは、やはり参戦以降と見てよいだろう。

(4) 『申報』1917年8月21日「農商部新設之機関」、『時報』1917年8月26日「農商部改組之発表」。以上の点については、詳しくは第6章を参照のこと。

(5) 『時報』1917年2月27日「我国加入巴黎経済会議之研究」。

(6) 連合国経済会議については、前掲原田「聯合国経済会議と経済調査会」を参照。

(7) 『申報』1917年8月20日「農商部経済調査会之開幕」。

(8) 「農商部令第137号/農商部経済調査会章程」(『政府公報』第571号、1917年8月18日)。

(9) 徐友春主編『民国人物大辞典』(河北人民出版社、1991年) 1611頁、郭卿友主編『中華民国時期軍政職官誌』上 (甘粛人民出版社、1990年) 100〜106頁。また、魏宸組については、川島真『中国近代外交の形成』(名古屋大学出版会、2004年) 564頁註(34)も参照。

(10) 『時報』1917年8月22日「記農商部経済調査会」。

(11) 『時報』1917年8月25日「農商部経済調査会開会紀事」。

(12) 前掲、原田『近代日本と経済発展政策』第4章「第一次大戦期の経済発展政策の構図」。これに対して、明治以来の日本が、精力的に各国駐在領事等の調査網を通じて通商情報の収集に取り組んできたことはよく知られている(角山栄編著『日本

領事報告の研究』同文館、1986年、及び同『「通商国家」日本の情報戦略』日本放送出版協会、1988年）。

(13)　「農商部令第139号」（『政府公報』第574号、1917年8月21日）。
(14)　「令参事王治昌等摘抄調査細目発交赴欧便道調査由」（『経済彙刊』第1期、1919年12月1日）。
(15)　「農商部令第161号」（『政府公報』第600号、1917年9月16日）。
(16)　「農商部咨各省長京兆尹請設立経済調査分会並咨送調査細目文」・「農商部咨綏遠察哈爾熱河都統咨送経済調査細目請従速設立経済調査分会文」・「農商部咨駐外各公使咨送経済調査細目請遴派専員切実調査文」（『政府公報』第680号、1917年12月7日）。
(17)　「農商部訓令第552号／令各省実業庁長」・「農商部訓令第553号／令駐外各領事」（『政府公報』第680号）。
(18)　「農商部致各省商会及海外中華商会函」（『政府公報』第680号）。
(19)　「各省区呈報経済調査分会成立日期一覧表」（『経済調査会月刊』─『農商公報』第50期、1918年9月15日、附録）。
(20)　『申報』1917年11月25日「召集実業会議之催促」。
(21)　『申報』1917年8月26日「発展工商事業之籌備」、8月30日「拡張戦後国際貿易之預籌」、8月31日「発展工商事業之討論」。
(22)　『申報』1917年11月15日「農商総長研究実業之召集」。
(23)　『時報』1917年12月16日「参与商務会議之敦促」、『申報』12月22日「北京商務会議展緩之電告」。
(24)　『申報』1918年4月16日「経済調査分会之名誉会員」。
(25)　『時報』1918年3月5日「浙省経済調査分会之規程」。
(26)　『時報』1918年4月17日「江蘇経済調査分会之概況」。
(27)　前掲「江蘇経済調査分会之概況」。
(28)　『申報』1918年2月5日「経済調査会成立後之進行」。
(29)　『時報』1918年4月17日「経済分会派員調査」、5月14日「揚州通信／実業調査員葩揚」、10月18日「南京快信」、『申報』6月28日「鎮江／庁委来査実業」、7月8日「経済調査員過滬」等を参照のこと。
(30)　『申報』1919年8月2日「実業庁刊行紡織業状況」。『江蘇省紡織業状況』は、日本でも東洋文庫等の機関で閲覧することができる。
(31)　『申報』1918年2月28日「農事試験場徴求籽種」、5月17日「県署転令市経董勧種美棉」。

(32) 『申報』1918年3月3日「利用振興棉業之時期」。
(33) 「農商部令第9号」(『政府公報』第721号、1918年1月24日)。
(34) 「農商部訓令第222号／令京師総商会等」(『政府公報』第786号、1918年4月1日)。
(35) 『経済調査会月刊』が附録として添付された『農商公報』は、第49期(1918年8月15日)から第60期(1919年7月15日)まで。また、『経済彙刊』第1期は1919年12月1日の刊行、『申報』1920年3月15日の記事名は「農部経済調査会近況」である。なお、『経済彙刊』については『申報』の記事が、「現在のところ第1期が出版され、以後も継続して印刷に付されるだろう」と紹介している。しかし、後述するように経済調査会は20年3月以降に自然消滅していったと推測されるので、第2期は刊行されなかった公算が大きい。
(36) 　意見書の提出者とタイトル、及び意見書が収録された『経済調査会月刊』を添付する『農商公報』の号数は以下の通り。梁孝肅「対於修改関税宜採保護政策意見書」(第49期・第50期、1918年8月15日・9月15日)、韓安「保護工商業計画意見書」(第51期・第52期、10月15日・11月15日)、「戦時保護工商業意見書」(第53期、12月15日)、銭穉孫「対于工商業一部分之保護政策意見書」(第54期、1919年1月15日)、漆運鈞「保護工商業意見書」(同上)。
(37) 「呈大総統第3号／給与職員奨章呈請飭局備案」(『農商公報』第55期、1919年2月15日)を参照のこと。各部に設置される僉事・主事の地位と職掌については、銭実甫『北洋政府時期的政治制度』(中華書局、1984年)上巻92頁を参照。
(38) 『農商公報』第49期・第50期附録の『経済調査会月刊』を参照。
(39) 『農商公報』第49期附録の『経済調査会月刊』を参照。
(40) 『経済彙刊』第1期の調査及び著訳を参照。建議案と意見書の正式なタイトルは以下の通り。「擬請速訂産業組合制度設法提倡以応戦後経済競争而促国内産業発達案」、「擬請改訂農工信用制度赶期挙辦以活金融而興産業案」、「修改商約意見書」、「戦後設法整頓商業意見書」、「擬具戦後整頓商業意見書」。
(41) 「派湯一鶚為経済彙刊主任謝恩隆等会同辦理由」・「派梁孝肅等為経済彙刊編輯員由」(『経済彙刊』第1期、文牘部令)。
(42) 「農商部咨各省長各都統京兆尹請従速調査経済状況随時咨報文」(『政府公報』第1044号、1918年12月24日)。
(43) 「農商部訓令第1079号／令各省実業庁長」(『政府公報』第1044号)。
(44) 「令各省実業庁及関監督改訂調査簡表分発各処限期塡報由附表七種」(『経済彙刊』第1期、文牘訓令)。当時の輸出入貿易に占める各農産物及びその製造加工品の位置については、『中華民国海関華洋貿易総冊』中華民国6年(1917) 1 (国史館史料

処、1982年）48～71頁、東亜同文会調査編纂部『第四回支那年鑑』（1920年）1390～1409頁より判断した。

(45) 「令江蘇山西吉林実業庁長催令遵照調査細目及各項表式従速完全補報由」（『経済彙刊』第1期、文牘訓令）、「咨江蘇福建山西吉林綏遠各省区公署請飭属遵照調査細目及各項表式従速続査完全補報迅賜彙転由」（同上、文牘咨）。

(46) 「令各省実業庁催令遵照調査細目及各項表式飭員赶速査報勿再延宕并即呈復由」（『経済彙刊』第1期、文牘訓令）、「咨京兆尹各省県各都統請催飭所属遵照前発調査細目及各項表式赶速詳細具報由」（同上、文牘咨）。

(47) 「令各領事華僑商会調査外人需要情形詳稽物価擬具意見報部由」・「令各商会籌劃整頓方法組設対外貿易機関暨調査国内外物価以資比較由」（『経済彙刊』第1期、文牘訓令）、「咨駐外各公使調査外人需要情形暨設法整頓商業報部由」（同上、文牘咨）。

(48) 「令駐外各領事飭照前発調査細目及各項表式就駐在国所有者分別従速査報并附陳意見由」（『経済彙刊』第1期、文牘訓令）。当時、北京政府が設置していた領事館は、イギリス・イギリス領や日本（朝鮮を含む）を中心に31ヶ所に及んでいた（前掲『第四回支那年鑑』641～643頁）。

(49) 「令各省総商会華僑総商会催飭遵照調査細目及各項表式従速査報及賡続補送勿再延宕由」（『経済彙刊』第1期、文牘訓令）。

(50) 前掲「農部経済調査会近況」。

(51) 『申報』1919年1月3日「戦後経済調査会開会」、1月24日「戦後経済調査会開会」。

(52) 「国務総理呈　大総統為擬設戦後経済調査会酌訂暫行辦事規則請予核定施行文」・「銭委員長能訓開成立会宣言」（中華民国国務院印行『戦後経済調査会第一次報告書（1919年）』呈文・宣言—近代中国史料叢刊三編第90輯、文海出版社、2001年）。

(53) 以下、戦後経済調査会の「暫行辦事規則」については、前掲「戦後経済調査会開会」（1919年1月3日付け）を参照のこと。

(54) 「致広東広西四川雲南各督軍省長分任調査報告電」（前掲『戦後経済調査会第一次報告書（1919年）』文牘上）、『申報』1919年2月21日「戦後経済調査会之進行」。

(55) 前掲「戦後経済調査会開会」（1919年1月3日付け）。

(56) 『申報』1919年3月13日「調査戦後経済之公函」、前掲「戦後経済調査会之進行」。

(57) 『申報』1919年3月1日「戦後経済調査会開会記」。

(58) 前掲、原田「聯合国経済会議と経済調査会」。

(59) 前掲「戦後経済調査会開会記」。

(60) 前掲『戦後経済調査会第一次報告書（1919年）』議事録・職員表。

(61) 前掲『民国人物大辞典』796頁。

(62) 前掲『戦後経済調査会第一次報告書（1919年）』規則・議事録。
(63) 前掲『戦後経済調査会第一次報告書（1919年）』議事録、及び中華民国国務院印行『戦後経済調査会第四次報告書（1920年）』調査・文牘・議事録（第一次報告書と出版情報は同じ）。
(64) 『申報』1919年1月10日「経済調査会之人材」、8月15日「紀戦後経済調査会近況」。
(65) 前掲「戦後経済調査会開会」（1919年1月24日付け）及び「紀戦後経済調査会近況」。
(66) 前掲「紀戦後経済調査会近況」。
(67) 「教令第5号／経済調査局暫行条例」（『政府公報』第1450号、1920年2月27日）、『申報』1920年2月29日「経済調査会改局之経過」、前掲『中華民国時期軍政職官誌』上75頁。
(68) 前掲「農部経済調査会近況」。
(69) こうした北京政府内部における協力体制の欠如は、第7章で詳しく検討するように、1921年の地方行政会議開催に向けて内務部が地方自治政策を構想した際にも起きていた。したがって、本省で扱った二つの調査審議機関をめぐる事例が特殊であったとはいえない。
(70) 前掲、原田『近代日本と経済発展政策』第4章「第一次大戦期の経済発展政策の構図」。
(71) 国務院が設置した点で北京政府全体の取り組みであった戦後経済調査会でさえ、財政・農商・交通など関係部局との連携は調査資料提供の要請に止まっていたように思われる（前掲『戦後経済調査会第一次報告書（1919）』文牘上）。また、同会の会員には旧国会議員以外に他部局・他機関の官僚も含まれていたといわれるが（前掲「紀戦後経済調査会近況」）、それにしても各部局が組織として相互に連携しているという印象は甚だ薄い。
(72) 日本の経済調査会の調査審議は、総会・連合部会・特別委員会の三つのレベルで行われ、1917年11月の調査会廃止に至る約1年9ヶ月の間、総会4回、連合部会23回（うち特別委員報告会13回）、特別委員会188回、講演及び報告会10回、合計225回の会合が開かれた。議決案14件の内訳は、貿易部門1、租税部門2、交通部門4、金融部門1、産業部門6となっており、「そのほとんどが大戦勃発によってもたらされた大戦終息後に予想される内外の環境条件の変化にたいして、わが国の産業経済がいかに対応すべきかのいわば大戦後における戦後経営の方策を問うたもの」であった（前掲、原田「聯合国経済会議と経済調査会」、同『近代日本と経済発展政策』第4章「第一次大戦期の経済発展政策の構図」）。

第5章
江蘇省の地方実業経費と殖産興業

第Ⅰ節　課題の設定

　第4章の冒頭でも触れたように、近代の中国にとって自立的国民経済の形成を促す産業行政の展開は重要な意味をもっていた。明治以来の日本が、世界資本主義体制のなかで経済的自立を遂げていく際に、殖産興業政策など政府による産業行政の展開が重要な役割を果たしたことは周知の事実だが、欧米や日本の経済攻勢にさらされ続けた中国にとって、その重要性は日本以上に切実であったといえるだろう。

　ところで、近代中国における産業行政の問題を考える場合、第4章で取り上げた中央政府のそれだけでなく、否むしろそれ以上に注目しなければならないのが地方産業行政の在り方である。なぜなら、広大な領域を有する中国では、多様に展開する国内諸地域の社会経済に密着した地方産業行政の整備・充実が不可欠であり、また地方産業行政との緊密な連携なくして、中央政府による全国的産業行政の展開も実効性をもつとは考えられなかったからである。しかしながら、第4章でその一端に触れたように、国家統合の遅れた中国では、各省政府が中央政府と緊密に連携して地方産業行政を展開するには程遠い状況が続いた。しかも、当時の地方産業行政のなかには、「軍閥戦争」に伴う政情の不安定さに加えて、慢性的な資金不足、行政機構の分立、専門的人材の不足など、克服されなければならない困難な問題が山積していた。

　本章の目的は、1910年代から20年代の江蘇省を事例として、省政府による地方産業行政、とりわけ殖産興業政策の一端を紹介することにある。その分析を

通じて、中央政府から相対的に自立して独自の展開を見せる地方産業行政の実態、そして上に示した問題点のうちでも、地方産業行政における慢性的資金不足の具体的な様相が明らかにされるであろう。ここで、研究史を振り返っておくと、北洋新政に代表される清末新政期の殖産興業政策が各省政府主導の下に展開されたことは、すでに多くの研究者が明らかにしている[1]。しかし、中華民国成立以降における省政府の経済・産業政策については、渡辺惇氏や横山英氏らによって「北洋袁世凱政権」と民国成立後の「軍閥政権」との性格的連続性が強調されたにもかかわらず、存外に専論的な研究が少ない。また、その連続性の確認も、もっぱら「軍閥・官僚」の私的な資本蓄積→産業資本への投下という点の例示に止まってきたといってよい[2]。

なお、本章で検討する殖産興業政策の対象は、「地方実業経費」を財源とする政策・事業に限るものとする（以下、地方産業行政に関わる経費を、当時の予算費目のまま「地方実業経費」と呼ぶ）。その主要な理由は、各省における財源の調達方法が清末の「就地籌款」から「預算制度」に変化したこと[3]、したがって民国期には予算化される地方実業経費の重要性が非常に大きくなっていたことにある。また、省住民の地域的利益追求という観点から見た場合、地方実業経費の規模と使途は地域経済の利害と密接に絡んでいたから、省民の関心も当然高かったと考えなければならない[4]。ここに、地方実業経費と殖産興業政策との関連を重視する今一つの動機がある。これまで、北京政府期の地方実業経費については、阮忠仁氏の業績を除いてこれまた詳細な研究の少ないのが実情であった[5]。そこで、先ず江蘇省の地方実業経費の規模と使途について基本的な事実を確認し、その上で殖産興業政策の実態に迫っていくことにしよう。

第Ⅱ節　省財政における地方実業経費

(1)　地方実業経費の規模

北京政府期において、各省で支出される地方実業経費は二つに大別された。

これは、緒論で指摘しておいたように、省財政が「国庫財政」と「省庫財政」とに分割されていたためである。しかし、第2章で確認した通り、袁世凱時代以降、省内の租税収入は財政部に直属し省長が指揮・監督する財政庁によって一括管理され、「国庫支出」と「省庫支出」とに適時配分されるようになったから、それはあくまで形式的な分割に過ぎず、租税体系・出納機構等が明確に画定されていたわけではなかった。つまり、「国庫財政」とは形式的に分離された「省庫財政」が、省議会の議決した予算に基づき各省政府が執行する本来的な「地方財政」として存在していたのである。

　二つに大別される実業経費も、こうした省財政の形式的な構造に対応していた。一つは中央政府農商部が管轄する「国庫支出」分で、若干の例外を除いて年4万元内外が実業庁など産業行政機構の維持経費に支出された。しかし、農商部の所管といってもそれはあくまで名目的なもので、実際に予算を執行するのは各省政府だった。また、農商部には中央政府予算に独自の「農商経費」があったから、各省で支出される国庫支出経費はそれと区別する意味で地方実業経費に数えられることもあった。今一つの実業経費は各省政府が所管する「省庫支出」分で、省の産業・経済に関わる諸事業に投入された[6]。いうまでもなく、省政府が予算を編成し省議会の議決に基づいて執行されるという意味において、この「省庫支出」分こそが本来の「地方実業経費」にほかならなかった。ただし、省庫支出経費の執行は、1917年から農商部に直属する実業庁が省長の指揮・監督の下で担当することになったため、産業行政をめぐる指揮系統も複雑となった。この点については、次章で詳しく取り上げる。

　本章で検討の対象となるのは、以上の指摘から察せられるように、省庫から支出される後者の経費である。省庫から支出される「地方実業経費」の規模は、基本的には各省の財政力によって左右されたはずだが、史料によって数値の異同が大きく信頼すべき統計数値を紹介することはできない[7]。ちなみに、1919年2月の『申報』の記事は、黒龍江省の150〜160万元を筆頭に、江蘇省が70〜80万元、奉天省が70万元以上、浙江省が20万元弱、直隷省が10万元、等々と上位各省の経費額を例示し、その他の省は10万元以下であると述べている（ただ

し、西南諸省は不明)⁽⁸⁾。黒龍江省の場合は、省立官銀号への既投資額50万元が含まれているため、一概に規模の大小を他省と引き比べるわけにはいかない。しかも、『申報』が掲げた金額は、後述する江蘇省の例から見て予算額を意味していた公算が大きく、実際の支出額は一般にそれを下回っていたと考えられる。しかし、他の統計史料と照らしあわせると、江蘇省が全国的に見て実業経費支出の上位にあったことは、ほぼ間違いないだろう。

次に、江蘇省実業経費の省庫歳出全体に占める位置を確認しよう。表5-1は、江蘇省財政庁の報告を北京政府財政部が整理したもので、数値の正確さに関しては甚だ心許ないが実支出額推移の趨勢を知る上では便利であろう。一瞥して分かるように、実業経費の支出額は1913年度を除くと一貫して教育経費と内務経費に次ぐ位置にあり、歳出全体においてそれほど大きなウェイトを占めていたわけではない。江蘇省の地方実業経費は、北京政府期を通して省庫一般会計から支出されたため、第Ⅳ節で指摘するように、その財源は他の諸経費と同じく田賦附加税収入に依存していた。また、北京政府期には清末の銅元鋳造差益のような特殊財源が実業経費に充当されたという事実も確認できない。したがって、表5-1の省庫歳出に示された金額と割合は、そのまま江蘇省実業経費の規模をほぼ反映していたと見なすことができる。

表5-1 江蘇省の歴年省庫歳出の内訳（1913～23年度）　　　　　単位：元（％）

	1913	1914	1915	1916	1917	1918	1919	1920	1921	1922	1923
内務	125,368	601,011	569,031	503,943	572,584	749,933	638,147	623,198	403,458	499,496	417,541
	(17.4)	(31.4)	(32.5)	(26.7)	(24.8)	(26.6)	(24.6)	(19.6)	(15.3)	(17.8)	(11.1)
財務	1,016	3,069	1,025	5,062	2,398	1,990	85,783	21,794	32,250	69,434	25,570
	(0.1)	(0.2)	(0.1)	(0.3)	(0.1)	(0.1)	(3.3)	(0.7)	(1.2)	(2.5)	(0.7)
教育	433,870	1,115,947	1,039,894	1,194,856	1,238,382	1,570,302	1,423,683	1,761,483	1,552,505	1,755,816	2,244,378
	(60.2)	(58.3)	(59.4)	(63.4)	(53.6)	(55.7)	(54.9)	(55.4)	(58.9)	(62.6)	(59.5)
実業	147,427	143,454	112,860	158,425	371,767	471,328	403,606	425,758	285,076	151,129	273,452
	(20.5)	(7.5)	(6.5)	(8.4)	(16.1)	(16.7)	(15.6)	(13.4)	(10.8)	(5.4)	(7.2)
その他	12,839	52,119	26,679	23,640	125,445	25,705	41,755	348,267	361,169	327,923	811,738
	(1.8)	(2.6)	(1.5)	(1.2)	(5.4)	(0.9)	(1.6)	(10.9)	(13.8)	(11.7)	(21.5)
総計	720,520	1,915,600	1,749,489	1,885,926	2,310,571	2,819,258	2,592,974	3,180,500	2,634,458	2,803,798	3,772,679

典拠：『各省区歴年財政彙覧』江蘇省（財政部財政調査処編、1927年）の各年度「地方歳出表」より作成。
註：各経費の配列は典拠史料に従った。

ただ、注目しなければならないのは、1916年度から17年度にかけて支出額が

倍増し、18年度には約47万元でピークに達して20年度まで40万元台を維持した後、一転して減少傾向に転じていることである。また歳出総額に占める割合も、13年度を除外すれば17年度から20年度が他の年度に比べて高い水準にあることが分かる。これは、その他の経費支出が、10年代においてほぼ一定のパーセンテージで推移しているのとは好対照である。地方実業経費の増加とその水準が維持された時期は、第一次大戦期に中国経済が活況を呈した時期、所謂「大戦ブーム期」に当たっている(9)。これらの事実は、中国経済の好転に対応して、江蘇省政府の産業・経済政策が何らかの積極的展開を見せたことの財政的な反映であると見てよい。

　一方、1920年代に入り支出額が減少したのは、各種借款の償還費が増加——それは、**表5-1**の「その他」項目の支出増加に反映されている——したため、実業経費にしわ寄せが及んだからだと考えられる。同時期、「内務経費」に占める水利・土木費の割合も低下傾向にあり、そのため内務経費の絶対額は実業経費とともに減少している(10)。第Ⅳ節で述べるように、20年代は江蘇省財政全体が破綻の危機に瀕した時期であり、それが実業経費に限らず経済的投資全般を減少させる要因となっていた。

　また、以上のような実支出額と省政府が編成した予算案の額との間に、恒常的といってよいほど乖離が存在したことも関心をそそられる。1917年度の省政府原案では約47万元、21年度では約130万元、22年度では約98万元の予算が組まれていた(11)。これを**表5-1**の実支出額と比較すると、17年度の実支出額はそれでも省政府原案の79％に達するものの、21年度は22％、22年度は15％に過ぎないことが分かる。省議会によって大幅な削減にあったであろうことを考慮するにしても、20年代以降の乖離は尋常ではない。そこには、省庫財政能力を無視した省政府の産業行政計画、或いは実業経費支出の需要に応えきれない省財政自体の問題、等々の事情が複雑に絡み合っていたと推測される。この点については後に改めて触れることがあるだろう。

(2) 地方実業経費の使途

続いて、表5-2から地方実業経費の費目別構成とその推移を俯瞰しておこう。表5-1同様、数値の信頼性に限界はあるが趨勢を把握する限りにおいて利用することにしたい。

表5-2 江蘇省地方実業経費支出の内訳（1913～23年度）　　　　　単位：元（％）

	1913	1914	1915	1916	1917	1918	1919	1920	1921	1922	1923
農事経費	—	—	—	813 (0.5)	30,563 (8.2)	60,167 (12.8)	56,458 (14.0)	59,231 (13.9)	55,234 (19.4)	57,474 (38.0)	67,985 (24.9)
林務経費	—	—	—	5,940 (3.7)	22,623 (6.1)	32,718 (6.9)	33,221 (8.2)	28,752 (6.8)	23,271 (8.2)	22,258 (14.7)	30,741 (11.2)
工業経費	134,327 (91.1)	85,300 (59.5)	95,500 (84.6)	110,350 (69.7)	285,539 (76.8)	357,193 (75.8)	289,097 (71.6)	283,657 (66.6)	154,926 (54.3)	47,990 (31.8)	120,118 (43.9)
商務経費	8,700 (5.9)	46,914 (32.7)	4,830 (4.3)	4,422 (2.8)	—	—	6,408 (1.6)	12,601 (3.0)	2,632 (0.9)	7,700 (5.1)	22,562 (8.3)
漁業経費	—	—	—	—	—	—	3,755 (0.9)	7,089 (1.7)	27,123 (9.5)	8,455 (5.6)	7,100 (2.6)
水利経費	2,400 (1.6)	—	—	—	—	—	—	—	—	—	—
補助経費	2,000 (1.4)	2,944 (2.1)	4,500 (4.0)	8,000 (5.0)	11,500 (3.1)	7,000 (1.5)	9,480 (2.3)	7,960 (1.9)	11,410 (4.0)	3,892 (2.6)	17,260 (6.3)
視察経費	—	—	—	—	—	8,560 (1.8)	3,208 (0.0)	5,400 (1.3)	3,360 (1.2)	3,360 (2.2)	2,520 (0.9)
予備経費	—	8,296 (5.7)	8,030 (7.1)	28,900 (18.3)	21,342 (5.8)	5,690 (1.2)	1,979 (0.6)	21,068 (4.8)	7,120 (2.5)	—	5,166 (1.9)
総計	147,427 (20.5)	143,454 (7.5)	112,860 (6.5)	158,425 (8.4)	371,767 (16.1)	471,328 (16.7)	403,606 (15.6)	425,758 (13.4)	285,076 (10.8)	151,129 (5.4)	273,452 (7.2)

典拠：『各省区歴年財政彙覧』江蘇省（財政部財政調査処編、1927年）349～488頁より作成。
註：各経費の％は各年度地方実業経費総額中に占める割合。総計の％は各年度省庫歳出総額に占める割合。
　　なお、各経費の配列は基本的に典拠史料に従った。

先ず眼を引くのは工業経費の突出である。1910年代の各年度において、それはほぼ実業経費総額の6割から多い時には9割を占めている。しかしながら、20年代に入ると工業経費の絶対額が減少してゆき、それに対して農林経費（農事経費と林務経費）の方は絶対額が10年代の水準を維持しているため、むしろ農林経費の割合が増加し工業経費の比重が下がる傾向を見せている。これは、10年代にはもっぱら工業育成計画に殖産興業政策の重点が置かれ、10年代の末当たりから、工業の育成よりも農林事業の推進が政策的に重視され始めたことを示唆するものである。

他方、商務経費は1914年度が高い割合を示しているほか、各年度を通してそ

第5章　江蘇省の地方実業経費と殖産興業　179

れほど支出額は多くない。また、漁業経費は19年度から計上されているが、商務経費同様、その支出額は工業・農林経費に比べると微々たるものである。なお、水利経費が13年度以降計上されていないのは、先ほど述べたように水利・土木費が内務経費に組み込まれたためであったと推測される。また、この水利・土木費のほかに、地方実業経費中において産業基盤を整備するための費目を見出すことはできない。

　ところで、地方実業経費の大部分を占めた工業経費と農林経費の主要な投下対象は、以下に紹介するような各種省営事業であった。1919年時点において江蘇省の省営事業機関には、省立工場として第一から第十工場（ただし、第十工場は準備中）、糸織模範工場、陶業工廠等が省内各地に配置され（設置された県については、後出する表5-3を参照）、また南京には漕糧串票を印刷する官紙印刷廠があった。他方、農林機関では、第一農事試験場（淮陰県）、第二農事試験場（銅山県）、第一造林場（江寧県）、蚕桑模範場（江都県）、育蚕試験所（無錫県）等の機関が存在した。先に述べた第一次大戦期における地方実業経費の増加、それに伴う産業政策の積極的な展開は、以上のような省営事業への資金投入や事業の拡張を主要な内容にしていたということができるだろう。

　工業・農業関係以外では、1919年時点で江蘇銀行（本店上海）や公済公典・協済公典（江寧県）といわれる典当舗（協済公典は官商合辦）、第一商品陳列所（上海県）、漁業技術伝習所（海州）、下関商埠局等々が存在し、さらに南京に江寧鉄路と電灯廠（発電所）、上海閘北に水電廠（水力発電兼水道事業）があった[12]。ただし、江寧鉄路は軍人・兵士の独占的利用の観を呈していたといわれ、電灯廠・水電廠についても、1919年に南京電灯廠が余剰電力の民間工場への供給を考慮してはいたが、主に官庁などへの電灯電力の供給を目的としていたから、産業基盤的社会資本としての性格は希薄であり、また実際にそうした機能を果たすこともなかった[13]。

　ところで、地方実業経費の多くが省営事業に費やされたのは、江蘇省に限ったことではなく全国各省に共通した現象だった[14]。清末の新政期において各省で官営の実業振興機関が計画ないし設立され、その唱導下に民間の殖産興業が

推進されたことは周知の通りだが、中華民国の成立以後も各省政府は引き続きこの方針を踏襲していたのである。もっとも、地方実業経費の規模、省政府の政策意欲と目標とに即応して、各省における省営事業の規模と内容にはかなりの格差が存在した。そうしたなかで、江蘇省は「省立実業機関がもっとも整備されている」[15]といわれたように、農林商工各部門に渡って省営事業機関が設立され、とりわけ省立工場の充実は他省の追随を許さぬものがあったのである[16]。清末新政期の江蘇省は、「工芸局廠」の設立数が全国的に見てもそう多くはなかったから[17]、省立工場の建設は民国期における江蘇省政府の殖産興業意欲を直截に反映したものと見なしてよい。

　また、支出額の上で非常に僅少であるとはいえ、民間工業（手工業）に対する直接的財政支援が存在しなかったわけではない。1917年度には預備経費の費目に「補助蘇城紗緞」費1,500元が計上され、また工業経費の費目には南京絹織業界が設立した「糸織手工伝習所」の補助経費が1919・20・23年の3ヶ年度に渡り、2,400元から9,600元ほどの範囲で計上されている[18]。これらの民間工業（手工業）助成経費が、計上額通り実際に支出されていたか否かは疑問の残るところだが、財政的な裏付けをもった工業奨励策の一環として、省立工場の建設とともに注目しておきたい。

　商務・補助・視察・預備各経費から、さほど注目すべき支出項目を見出すことはできない。ただ注意しておきたいのは、商務経費と預備経費において「商品陳列所」費・「パナマ博出品協会」費・「地方物品展覧会」費・「賽会」費等の名目で勧業物産会関係の経費がしばしば登場していることである。これら諸経費は1910年代に多く計上されているが、20年代に入っても20年度と23年度に計上されており、各種物産会への参加やその開催が勧業政策の一環として重視されていたことを窺わせる[19]。事実、江蘇省では15年・21年・25年の3回に渡って「地方物品展覧会」が開催され、また26年には江蘇・浙江・安徽3省の「糸繭展覧会」が催されていた。

第Ⅲ節　殖産興業政策の展開

前節では江蘇省実業経費の支出構造を検討し、①大部分の経費が省営事業に投入されていたこと、②少額とはいえ民間工業への資金助成が存在していたこと、③そして勧業物産会のための経費が断続的ながらしばしば計上されていたこと、等の特徴的傾向を抽出した。本節では、この三点を、地方実業経費に裏付けられた殖産興業政策の具体化と見る立場から順次考察していく。

(1) 省営事業（その1）―省立工場

省立工場の建設は、表5-3が示す通り民国成立当初から始まっている。そもそも江蘇省政府が省立工場を設立した意図は、綿織業を中心とした「国貨」の提唱と辛亥革命後の民生回復にあった[20]。その経緯は、日本側の調査も「支那革命後各地に於て各種実業或は国貨の改良振興を唱ふるもの多く利権回収の声に刺戟せられて漸次製造工業は其幼芽を萌し来れり、江蘇省当局に於ても大に鑑みる所あり特に省内に七ヶ所の省立模範工場を設立し織布、漂染其他の課を

表5-3　江蘇省の省立工場（1923年現在）

	創業年月	所在地	基金	職員	工徒	設立当初の設置科目（判明分）	1923年時の製造品目
第一工場	1912.9	南京	50,000	8	180	機織、漂染、造紙、造花、竹工	提花布、木機製布
第二工場	1912.10	蘇州	50,000	22	200	綿織染色、糸織染色、織毯、手芸	糸光布・靴下、改良江綢
第三工場	1912.10	鎮江	50,000	22	200	機織、漂染、草器	同上
第七工場	1913.5	銅山	8,000	11	100		各種布、絨毯、皮革類
第六工場	1913.12	江都	50,000	16	120	機織、漂染、柳条器	提花布、糸光布、石鹸
第四工場	1914.1	淮陰	57,000	12	237	機織、漂染、蒲細工	各種綿布、敷物・靴下、籠・鞄類
第五工場	1916.4	上海	300,000			綿縄、糸織、綿職	金物
糸織模範工場	1917.9	蘇州	280,000	25	319	手織廠、設計廠、職工伝習所	鉄機繻子、鉄機紗
第九工場	1918.1	武進	50,000	20	130		縫い針、提花布、糸光布
陶業工廠	1918.4	宜興	33,000	17	40	各種陶器	各種陶器
第八工場	1918.5	東海	50,000	11	120	漂染、綿織	各種糸光花布
第十工場	1920.9	松江	48,702	6	30	琺瑯引き品	琺瑯引き品

典拠：『江蘇省政治年鑑』（江蘇省長公署統計処編、1924年）六編実業387～388頁、『江蘇省実業視察報告書』（江蘇省長公署第四科編、1919年）240頁、『支那の工業と原料』第1巻上578～581頁、『申報』1912年11月11日、1916年10月26日等より作成。
註：基金の単位は元（第五工場は弗）、職員・工徒の単位は人。糸織模範工場は職工伝習所を含む。第五工場は1922年11月に操業停止。

設けて一面貧民又は無職の徒に生活の資を与へ一面は以て外国綿布の輸入を防遏せんとせり」と記している通りである(21)。

　省立工場は、以上のように民生の回復を目指す慈善・社会事業としての目的をもっていたが、それは同時に、収容した「工徒」に工芸技術を施して民間の「国貨」生産の改良と利権の挽回を図るためでもあった。ただし、創立当初は「失業旗人」を収容する慈善事業として出発し、経費の調達が困難だったため営業も重視するようになった第一工場、全くの慈善事業から始まり工徒の技能向上に伴って営業中心に方針を転換した第二工場、当初から技術の伝習とともに営業にも留意していた第四工場、「職工が極貧のため」営業と慈善の双方を考慮した第六工場、当初から「勧工を主とし営業を副とした」第七工場、等々の事例が示すように、創業早々から営業重視の方針も同時に留意され、他方、慈善・社会事業的な性格は次第に薄れていったようである(22)。1916年3月に巡按使公署が主催した実業行政会議において、省庫予算から支給される省立工場の経常費を、今後逓減させて5年後には停止することが決定されており、また23年の実業庁長の報告は、17・10年以降も省立工場が「営業に偏重」した時代としている(23)。したがって、省立工場は慈善・技術伝習と営利の追求という二つの目的を併存させながら出発し、10年代の後半以降、徐々に営利追求の方向へシフトしていったと見るのが妥当だろう。

　省立工場の業務内容は、「各種手工の教授を実習」させたといわれるように手工業技術の伝習が中心だった(24)。伝習科目については**表5-3**を参照されたい。各工場の規模も**表5-3**から大体のところは察せられようが、念のため機織科を有した省立工場の綿織機台数について紹介しておけば、各々ほぼ60台から100台の織機を保有していたことが確認できる。これらの織機の大半は、史料上の表現では「木機」・「足踏織機」だったといわれ、「鉄機」・「提花機」を数台所有している工場もあった(25)。

　省立工場は、次節で紹介するように幾つかの問題点を孕んでいたが、1910年代には確かに一定の成果を挙げていたようである。創設から17年度までの営業収支状況が確認できる第一から第七工場について見ると、毎年度、何れの工場

も黒字を計上し資産残高を着実に増やしている（ただし、その残高は17年度の時点で最高が第三工場の5万9,350元余り、最低が第六工場の1万1,846元余り、といった程度に過ぎなかったが）[26]。省長公署は、16年に省立工場の全般的状況を報告した省議会提出文書のなかで、各工場が生産する綿絹織物等の製品は朝鮮や華北に販路を広げて国内外の勧業物産会でも好評を博し、また第一工場を卒業した工徒は教員や技師として招聘されたと述べていた[27]。

また、工場ごとに見ても、「その製品の販路は本省各県から浙江・福建・海外や南洋諸島に及ぶ」（第二工場）、製造する江綢等は「模様が清新、堅細にして耐久性に優れ、販路は上海及び江北各埠に広がって信用も著しい」（第三工場）、「製品の販路は淮北一円に広がっている」（第四工場）、「織造する布の販路は各地に拡大して非常に歓迎を受け、石鹸もまた純国産原料を用いて香りがよく長持ちする。歴年、製品の供給が需要に追いつかず頗る利益を得ている」（第六工場）、「染織・条革各科の製品は優美であり、江北地方で販売するのに適しているが、徐々に南京・上海等各地や山東や河南等の省に販路を拡大しようとしている」（第七工場）等々と、事業の順調な発展ぶりが報告されている。さらに、技術伝習の実績については、「各科の学徒は前後2回95人が伝習を終えて卒業し、みな各工場や学校に招聘されていった」（第四工場）、「伝習工徒のうち満期卒業したのは150人、そのうち5分の4は自分で営業を始め、5分の1は工場に止まって服務している。成績のもっとも優秀な者は工場において技師の任に耐えることができ、卒業後に技師となっている者は9人に達する」（第七工場）という状況であった[28]。

以上の「成果」は、何れも1910年代当時において省立工場を管轄していた省長公署─実業科の報告に基づいており、自画自賛の意味合いを考慮すれば幾分か割り引いて考える必要がある。だが、省長公署と実業科が残した報告以外でも、例えば15年の『雲南実業雑誌』は、「江蘇省では省立工場の創立以来、染織工芸を提唱し日々進歩のやまぬ勢いで成果も顕著である。また織布の文様色彩は外国品と比べても遜色なく、堅潔耐用の点では外国品にまさって」いると述べ、そのため江蘇省内の各県では省立工場を模範として200余りの工場が群

起し、福建・広東等からも注文が殺到したと紹介している(29)。また、日本人の調査では、「之等工場の製品は頗る評判宜しく何れも好成績を収め居る由なれば何れ省庫の補助を仰がずして経営し得るに至るべし」と観察し、とくに南京第一工場については「最も発達せるは機織科にして……足踏織機約六十台を据付け格子縞綿布（愛国布）及綾織布等の各種綿布を織造し居るが一日の織造高三十疋内外にして僅に半ヶ年の修業としては成績甚だ良好なるものあり」と述べ、また南京の綿織業は「近年利権回収又は土貨維持等の好名目の下に盛んに近時流行の所謂愛国布を製織し其売行亦甚だ盛況を呈せるより民間の経営益々増加の傾向あり」と指摘している(30)。

　以上の紹介から、省立工場は製品の販路を省内外に伸ばし、また「広幅、薄手の舶来綿布に匹敵するだけの品質」を備えていたといわれる「愛国布」(31)をはじめ、外国製品に対抗できる「堅潔耐用」な各種綿布を製織していたことが窺える。江蘇省では、清末から民国初年は各地の織布工場が「人工手拉木機」（バッタン機？）を採用して土布の改良（広幅製織）に努めた「土布時代と機布時代の過渡期」に当たり、各工場が「鉄機」を採用し始めるのは1916・17年以降のことだったという(32)。省立工場は、16年以前の「土布時代と機布時代の過渡期」において舶来品に匹敵する綿布を製織し、技師の育成等を通じて民間工場の勃興や販路の拡大を刺激していたわけである。ただし日本側の調査は、経費不足のため「経営に少なからざる困難を舐め来れり」（第一工場）とか、織機が「当初百台ありしも……五十台に減じたる」（第六工場）といった状況を同時に指摘している。先に紹介した1917年度の資産残高において、第六工場は最低の１万1,846元余り、第一工場もそれ次いで低い２万6,474元余りに過ぎなかったが、経費の不足は両工場に限らず各省立工場の実績向上を制約していたと考えるべきだろう(33)。

　ところで、民国成立直後に次ぐ省立工場建設の第二のピークは第一次大戦間——とくに1916年から18年——の時期だった（**表5-3**参照）。この時期は、省立工場だけでなく農林蚕桑機関も相次いで創設されており、省営事業の拡張がもっとも積極的に展開された時期だったことが分かる。そのため経費需要が実業経

費の増加に追いつかず、第八工場や第十工場は、困難な資金繰りの末にやっと創業にこぎつけている[34]。経費調達上の困難を伴いながら、この時期に省政府の事業拡張計画が省議会の賛同を得て実施されたのも、「大戦ブーム」という時代背景を無視しては理解できないだろう[35]。しかし、大戦ブーム期の事業拡張熱に、省内産業の実態を踏まえた行政的施策としての側面があったことも確かであった。その一端は、上海第五工場（1916年設立）と蘇州糸織模範工場（1917年設立）が、外国産や杭州産の絹織物に圧迫され衰退傾向にあった江蘇絹織業の改良・復興を目指していたことからも看取できる。

江蘇省の絹織業が抱えていた問題は、原料糸（座繰糸）の不足と技術改良の立ち遅れという点にあった。原料糸の不足は、器械製糸業の発達に伴う繭行の増加により養蚕農民が繭を繭行に売って座繰糸の生産量が減少したことによる。このため、江浙糸綢機織業聯合会は繭行開設の緩和に激しく反対し、問題解決の「根本計画」として「植桑の推広」を強く訴えていた[36]。一方、製織技術面における立ち遅れも歴然としていた。第一次大戦期から戦後初期にかけては、絹織業が小営業段階から工場制手工業・機械制工業の段階に移行しつつあった時期といわれるが[37]、杭州では早くも1911年頃から緯成公司などがジャカード機を導入し大々的な技術革新を図っていた。ところが、蘇州では16・17年頃に紗緞荘がやっと「手工工場」を設立し始めたばかりで、ジャカード機の普及も購入費用の割高と技術者の不足とが相まって、「旧式織機に比すれば実に蓼々たるもの」に過ぎなかったといわれる。また、南京の紗緞荘に至っては、伝統を墨守して蘇州のような適応力もなく、技術改良資金の調達さえままならぬ状態だったという[38]。

第五工場と糸織模範工場は、直接的にはもちろん絹織技術の改良を目的としていたが、間接的には絹織業の復興によって「蚕戸の繰糸」を刺激することも意図されていた。第五工場は、省長斉耀琳が杭州の緯成公司の成功に対抗すべく発起したものだった。ただし、糸織科だけでなく綿織科も併設したため、ジャカード式絹織機の導入は10台を予定したに止まった（実際には「糸織機20台」が装備されたようである）。また、同工場は上海で機械織りが発達していたため、

1917年から金物製造に業務を転換し絹織業の改良という目的からは離れていったが、開業当初に製織した府綢は、淮・揚両属に販路を広げ「非常に社会の歓迎を受けた」といわれる(39)。

これに対し、糸織模範工場は資金調達能力に欠ける民間業者の資本負担を代替し、「ジャガード式を以て職工を養成し其熟練する職工の増加を以て当地機業界の革新を図らん」という明確な方針の下に着工された(40)。そのため、当初予定されていた建設資金50万元が財政難によって20万元に縮小されはしたものの、予算上ではジャカード機70台の購入が計画されていた。設立時の同工場は手織廠・設計廠・職工伝習所の三部門からなり、払下げによる民営化ないし官商合辦への転換も考慮されていた(41)。また、「提唱」を主旨とする同工場は、民間の「機坊」とも協力しつつ技術の改良に努力したといわれ、「北京・山東・河南・温州・南京の各客幇や蘇州の各緞荘が工場に訪れて交易し、営業面でも大いに活況を呈した」と報告されている(42)。

なお、省政府の絹織業に対する助成事業は、省立模範工場の建設だけでなく、南京糸織工伝習所への資金援助（後述）や「改良糸織奨励条例」・「推広桑棉奨励条例」等の法令公布（1916年）などにも及んでいたが、それらは民間の技術改良の奨励や桑葉栽培の普及を目指すものだった(43)。

(2) 省営事業（その2）—農林蚕桑機関

農林蚕桑機関には、前節で触れた第一・第二農事試験場、第一造林場、蚕桑模範場、育蚕試験所に加えて、1920年代に設立された稲作試験場と綿作試験場があった。このなかで農林事業の核となったのは、蚕桑模範場（17年設立）と育蚕試験所（18年設立）であり、それらは絹織・製糸両業への原料供給と密接に関わっていた。

蚕桑模範場や育蚕試験所が設立された頃は、すでに述べたように絹織業界が座繰糸の不足に苦しんで省政府に救済を訴えていた時期だったが、同時に製糸業界が原料繭の品質向上を求めて省政府・中央政府に蚕種改良の必要性を訴えていた時期でもあった(44)。したがって省当局は、一方で桑・繭を増産して絹織

業への原料糸供給を確保するとともに、他方で蚕種改良という製糸業界の要請にも応えて、原料供給面で対立関係にあった両業の利害を調整しつつその発展を図る必要があったのである。

　蚕桑模範場は揚州（江都）に本場が、銅山・東海・泰県の各県に分場が置かれたことから推察できるように、その目的は「もっぱら江北地方の蚕桑事業を提唱することを主旨」とし[45]、同地方の農民に養蚕と桑栽培の技術を普及させることにあった。揚州の本場には60畝余りの桑園と育蚕室・貯桑室・蚕具蚕種室等が設けられ、場長には浙江蚕桑学堂の卒業生であった蔣乗風が任命された。具体的事業内容としては、栽桑・養蚕技術の伝習や改良蚕種の販売などを行うほか、「蚕桑成績展覧会」を催して泰県・丹徒・銅山・六合等の各県から寄せられた蚕桑糸繭の標本を展示し、山東省烟台の華洋糸業聯合会、上海の中国合衆蚕桑改良会の代表や各県の農場主任らを招いて技術交流の機会も設けている。同模範場は、その設立計画において、将来「糸織或いは繰糸模範廠を設立し糸織業を提唱する」と謳っていたから、当初より江北蚕桑業を発展させることによって絹織業の原料糸供給を確保しようとする狙いをもっていた[46]。

　一方、育蚕試験所は無錫に設置され溧陽・江陰両県に分所が置かれた。同試験所は、養蚕・製種・繰糸・栽桑等の事業を行ったが、無錫が上海器械製糸業の原料産繭地だったことから窺えるように、その主要な任務は蚕種の改良研究にあった。省内各県に所員を派遣して育蚕・栽桑状況等の調査や講演活動を行うほか、1922年には人工孵化法の研究による一化性春蚕種の夏秋季飼育、氷酢酸殺菌による白僵病の伝染防止等に成果を挙げたといわれ、24・25年には省立女子蚕業学校と提携して人工孵化秋蚕種の宣伝普及に努めている。また、『江蘇育蚕試験所年刊』の発刊や『蚕種人工孵化法』といったパンフレット類の刊行も試みている。省政府は、育蚕試験所が製造した改良蚕種を「民間が争って購入し成果は著しい」と賞賛したが、農民への普及には限界があったようである。それに加え、経費がしばしば遅滞したため十分な活動を行うにも制約があったという[47]。この点は、蚕桑模範場も同様だったに違いない。

(3) 民間工業（手工業）への資金助成

地方実業経費による民間助成の代表例は、南京糸織手工伝習所への援助である。同伝習所の設立は南京総商会が省長に請願したもので、「工芸を改良し、緞業を振興するの方針に基き、内に教育的の性質を有する」機関だった[48]。設立年は確定することができないが、1917年度の地方実業経費予算（省政府原案）に同伝習所補助費が計上されているから、恐らく16年から17年には設立されていたと思われる[49]。

糸織手工伝習所の創設に当たっては、南京の緞業公所が開設費4,000元を調達し、地方実業経費から月額400元、年間で4,800元の運営費が支給されることになった。また、設備面では上海から「鉄機」12台が購入された。南京絹織業が技術改良の波に乗り遅れ、改良資金にも事欠いたことはすでに述べたが、糸織手工伝習所の事業は南京絹織業史上において「唯一の生産工具の改革」事業だったといわれる[50]。それだけに、省政府の助成による同伝習所の活動は資金調達の能力に欠ける南京絹織業にとって積極的な意味をもっていたし、また将来的にも重要な意味をもつはずであった。では、糸織手工伝習所は見るべき成果を挙げることができたのだろうか。

残念ながら、糸織手工伝習所の具体的活動を示す史料は確認できない。しかし、目立った成果を挙げないまま「軍事の影響を受けて省款の不足を来し、さらに軍事の発生によって販路が激減して該所を維持することが困難となり、民国8年に事業を停止した」[51]という史料は見出すことができる。前節で触れたように、同伝習所への経費補助は1923年度まで確認できるから、19（民国8）年に事業を停止したという点には疑問が残る。しかし、補助経費の予算計上が19・20・23年度と断続的であることから見て、運営費の支給がしばしば滞ったであろうことは疑問の余地がない。「軍事の発生」という客観的要因はひとまず措くとして、地方実業経費からの補助は同伝習所の活動にとって不可欠であったから、補助金支給の遅滞は致命的だったのである。

このほか、地方実業経費による民営工場助成としては、蘇州公民織布廠に対する補助が確認できる。省政府の1914年度財政収支報告によると、「存典生息

補助公民布廠経費」として３万元が計上されている[52]。恐らく、すでに紹介した公済公典或いは協済公典といった省営典当舗に基金を預託し、そこで生じた利息を補助費として運用したのであろう。また、地方実業経費には計上されていないが、南京利民柞綢紡織公司にも資金補助を行っていたようである。同公司は14年の創立で、「商人側の資本数千元あり、営業開始後官に協助を請願し毎年三千六百元の補助を受」け、省政府とは「営業上の利益を配当するにもあらず、又預算の報告をもなさざりし」という関係にあった。同公司が生産する「柞綢」（絹紬）は欧米市場で非常に歓迎されたという[53]。

(4) 勧業物産会の開催

　勧業物産会関係の支出は1910年代（とくにその前半）に多いのが特徴である。しかしながら、物品展覧会が20年代に入っても３回に渡り開催され続けたことは、前節で言及しておいた。江蘇省では、ほぼ北京政府期を通じて勧業物産会の開催が勧業行政の重要な一環を構成していた、と考えてよいだろう。

　1915年の第１次物品展覧会は、上海の第一商品陳列所を会場にして開かれた。工芸・美術・教育・文芸・機械・運輸・農業等の部門に渡る出品があり、１万人以上の参観者が訪れたという。また、展覧会の審査員には省政府の代表とともに上海・蘇州・南京・南通各総商会の代表が加わって官商の意志疎通を図り、展示品は外国商品との比較、改良・研究の進度を基準にして審査された[54]。21年の第２次物品展覧会は、会場を南京の貢院跡地に移して開催され、農林・機械工業・紡織染工・化学工業・飲食・教育・美術・雑工業・鉱産・水産等の部門に渡る出品が募集された[55]。

　1925年の第３次物品展覧会も南京貢院跡地で開かれ、出品募集の内容は第２次物品博覧会と変化はない。今回の開催は、五卅運動後の関税会議開催の時期と重なったため、中華国貨維持会など上海の商工団体が「提唱国貨」・「関税自主」を高唱して南京市街を提灯行列し、「実業救国」の気運を盛り上げるデモンストレーションの場となった[56]。他方、26年に開かれた蘇浙皖糸繭展覧会は、当時江蘇省を支配していた五省聯軍総司令孫伝芳が開催したものである。省立

蚕桑模範場・浙江蚕桑学校・江浙皖糸繭総公所・中国合衆蚕桑改良会・杭州緯成公司等も参加して、江蘇から糸・繭・絹織品・副産品732件、浙江から同じく772件、安徽から同じく141件の出品があったという[57]。

1920年代に入って地方実業経費が減少しながら、26年まで物産会を開催できた要因は、何よりも物産会が多額の費用を必要としなかった点に求められる。例えば、第1次物品展覧会の必要経費1万元のうち、省経費からの支出は会場費の1,000元だけで、残りは各県から拠出させている。第2次物品展覧会も「臨時賽会費」2,000元が会場費として使用されたが、不足分は実業庁職員や民間有志の無償奉仕で補っている[58]。つまり勧業物産会は、恒常的な経費支出を要する省営事業などと違い、比較的軽い負担で単発的に実現できる殖産興業の一大パフォーマンスだったのである。

第Ⅳ節　実業経費の調達と省営事業の限界

さて、1920年代になると省庫財政は危機に瀕して地方実業経費の枯渇を招き、前節で紹介したような諸事業を支える財政的な基盤が失われてしまう。このうち、勧業物産会については、必要経費が比較的軽微であったため20年代にも3回ほど開かれたが、南京糸織手工伝習所の活動が資金の欠乏により頓挫したことはすでに確認した。したがって、本節では残る省営事業の衰退をその内在的な問題点を踏まえつつ明らかにし、それを省庫財政破綻のなかに位置づけていくことが課題となる。

(1) 省庫財政の危機

江蘇省財政の悪化は1919年から始まったという。国庫財政においてその主要な原因となったのは何よりも軍事費の激増だったが、20年代に入ると自然災害による税収の不足と江浙戦争等の内戦の災禍が加わった。そのため、収入不足の補塡を目的とする公債・借款等の借入金が積み重なり、歴年の累積負債額は

22年に約1,000万元、23年に約1,300万元、そして25年3月までには約3,600万元と加速的に膨れ上がった[59]。

国庫財政における収入の不足は、とりもなおさず省庫財政の歳入不足に直結した。なぜなら、省庫財源の大部分は国庫収入である田賦の附加税から構成されていたからである。そのため、省庫財政においても1922年には借款未償還額と経費未配額の累積が約204万元に上った[60]。22年度の省庫歳出額が約280万元（前掲、表5-1参照）だった点一つをとって見ても、事態の深刻さが窺い知れるだろう。そして、25年には中国・交通など有力諸銀行からの債務約174万元を中心に負債額が約400万元、教育・実業等各経費の未配額が240余万元に達し、省庫財政は再建不能の状態に陥っていった[61]。

こうした省庫財政の危機的状況は、国庫財政と省庫財政とに分割された省財政の形式的構造とも深く関わっていた。緒論で述べておいたように、省内税収全体の圧倒的な部分は国庫財政に充当され、それに対して省庫歳入の規模は極端に少なかった。表5-4は、江蘇国庫財政と省庫財政の規模を比較したものだが、一見して分かるように前者に対する後者の割合は歳入が13～14％台、歳出が9～16％台を推移しているに過ぎない。つまり、江蘇省から吸い上げられた租税のうち、省の地域的利益に還元される額は極めて限定されており、そのため省庫財政は程度の差こそあれ常に行政的需要に対応しきれず、構造的な経費不足に悩まされた。前節で指摘した実業経費の不足は、こうした省財政の形式的構造に起因するところが大きかったのである。

表5-4 江蘇省における国庫財政と省庫財政の規模　　　　　　　　　　単位：元

	国庫財政		省庫財政		省庫/国庫×100(%)	
	A 歳入	B 歳出	C 歳入	D 歳出	C/A×100	D/B×100
1912	5,696,090	6,023,133				
1913	13,551,497	14,123,555	2,015,129	1,291,533	14.9	9.1
1914	14,250,306	14,072,932	2,005,168	2,349,116	14.1	16.7
1915	16,885,120	17,428,741	2,261,200	2,108,565	13.4	12.1
1916	18,196,042	18,697,744	2,463,186	2,526,874	13.5	13.5

典拠：『江蘇省政治年鑑』（江蘇省長公署統計処編、1924年）三編財政239～242頁、253～254頁より作成。

また、省立銀行である江蘇銀行の紙幣発行高は微々たるものだったから[62]、同行に資金負担を転嫁すれば紙幣乱発を招いて強力な上海銀行界の反発を買うことは必至であり、江蘇省政府が金融的に実業経費を捻出することにも限界があった。そこで省政府は、しばしば田賦附加税を増徴して省庫収入の増加を図らざるを得ず、それによって不足がちな実業経費を補塡しようとした。例えば、省政府が省議会に提出した1921年度の予算原案は、「拡張教育実業帯徴畝捐」として175万元を計上し、そこから約108万元を実業経費の臨時支出に配分しようとしていた。しかしながら、恐らく地主的利害を反映してか省議会は田賦附加税の増徴案を否決することが多く、本来的に弾力的増収が期待できない田賦附加税の収入はますます硬直化することとなった[63]。

　ここに、第Ⅱ節で指摘した省政府が編成する実業経費予算と実支出額との異常なまでの乖離を生み出す原因があったと思われる。そして、このように限定され硬直化した省庫財政が上述のような破綻の危機に瀕した時、もっとも直截にしわ寄せを受けたのが地方実業経費だったのである。1921年度以降における実業経費の減少は、それを雄弁に物語っている（前掲、表5-1）。しかも、大戦ブーム期に省営事業の規模が拡大し経費需要も膨張していたから、その影響はより深刻なものとならざるを得なかった。

(2) 省営事業停滞の内在的要因

　1920年代からの省営事業の停滞は、江浙戦争等による軍事的不安定と地方実業経費の切迫が決定的な契機となった。けれども、こうした外在的な契機とともに無視できないのは、そもそも10年代から省営事業自体に停滞を招く要因が内包されていたことである。以下、その点について省立工場を中心に紹介してみよう。

　先ず指摘すべきなのは、省営事業の管轄権をめぐって省長公署と実業庁とが対峙し、それが事業不振の一因になっていたことである[64]。この点は、次章において詳述することになるので、ここでは簡単に指摘するに止めたい。1917年9月、北京政府農商部に直属する実業庁が成立し、それまで省長公署が握って

いた省営事業の管轄権も同庁に移管されるはずだった。しかしながら、省長公署はこの既得権を頑として手放そうとはしなかった。そこに、中央政府から独立して産業奨励策を展開してきた省政府＝省長公署と、実業庁を通じて産業行政の中央・地方間の連携を図ろうとする農商部との対立図式を見ることができるが、このため省営事業の事業方針はしばしば統一性を欠くこととなり、政策の運営に齟齬を来すことも少なくなかったのである。

　第二に、第一点との関係で重要なのが省営事業機関の人事問題である。この点も次章の主要なテーマとなるため、やはり簡潔に指摘しておくだけにする。第Ⅲ節で絹織物業について触れたように、省長公署は省内産業の実情に即した政策方針をそれなりにもってはいた。しかし、省長が省営事業機関の人事権を私物化して専門的技能を有する人材を登用しない場合が多く、いきおい省営事業による殖産興業政策の効果を減じることとなった。とくに、斉耀琳が省長の時代（1914年7月～20年9月）は、「斉省長が局廠各長の多くに同郷の親族で知事・厘局長の資格のない者を配置したため、その結果省営実業は毫も進歩しなくなった」といわれる[65]。なかでも省立工場における経営腐敗の進行は深刻であった。省長公署―実業科の事業方針に批判的だった実業庁長張軼歐は、1922年に公表した省営事業機関整理に関する意見書のなかで、省立工場の人件費・管理費は民間企業に比べて著しくかさんでいるが、その原因は場長による情実人事や「地方士紳」による職員推薦のごり押し等にあると喝破していた[66]。この点は、当時の新聞報道からも窺うことができる。例えば『申報』によると、江北地方の省立工場では工徒の募集・選抜でさえ「軍政両界と地方紳董」の斡旋（コネ）がものをいったらしい[67]。

　三点めは、省議会議員の地元への事業誘致競争が[68]、結果として実業経費の分散化を招き、経費の不足に見合った集中的な事業計画と資金配分を困難にしたという点である。また、そうした傾向は議会内における江北・江南の地域対立によっても一層拍車がかかっていた[69]。前述の如く、省議会議員は田賦附加税の増徴には概して否定的だったが、出身選挙区に省営事業を誘致することには頗る熱心であった。一方で地主的利害に立脚して実業経費の財源を制約しな

がら、他方で地域経済の近代化を図ろうとする省議会議員の複雑な性格がここにあった。十分な資金的保障を欠いた大戦間期の省営事業拡張熱は、かかる省議会の対応によっても助長されていたのである。

　四点めは、省立工場の事業方針上の問題である。省立工場は、早くから営業重視＝利潤追求の方針を打ち出していたが、そのため事業方針は営利追求という目的と技術伝習との間で首尾一貫性を欠くことになった。省立工場の事業方針が1917年頃から「営業に偏重」したことは前節でも指摘したが、1923年時点での事業科目が依然として多岐に渡っていたように（前掲、**表5-3**）、省立工場は利潤追求に偏重してからも技術伝習所としての性格を払拭していなかったのである。この中途半端さが、公的財政資金に基づき公的貢献が期待される省立工場の限界でもあったといえるだろう。

　したがって、省立工場が利潤追求に奔ったとしても、民間の工場にはさほど脅威とは映じなかったはずである。むしろ、省立工場が民営工場との競争に対応できなかったと考える方が実情に近いと思われる。省立工場の事業の中心だった綿織部門を例にとろう。江蘇省における愛国布の生産高は、民国成立以降1916年まで20万疋～40万疋台で推移していたが、17年から20年にかけては100万疋～300万疋台に激増している[70]。16年までの生産高は第Ⅲ節で見た「土布時代と機布時代の過渡期」に、17年からの激増は民間工場に「鉄機」が普及し始めた時期にほぼ対応するが、省立工場はこの17年頃から営利追求に傾斜していったのである。省立工場が、民間における愛国布生産の急速な発展のなかで販路を獲得していくのは極めて困難であったに違いない。

　実業庁長張軼歐は、省立工場の事業科目が民間ですでに一定の進展を見た業種を対象としているため、「実績がよければ民間の工業と利を争うだけであり、成績が悪いと省款を消耗して、その上、地方で工場の設立や株式募集の動きがあったとしても、資本家は省立工場における官本の消耗を見て忌避してしまい、結局は民営工場の進展までも阻害する」と酷評していた[71]。「与商争利」という問題は、民間資本の発展とともに省立工場を払い下げることで解決できるはずだが、前節で紹介した糸織模範工場を除き、1910年代において省立工場の民

間への払下げが検討された形跡は見出せない。こうした民営化方針の欠如（裏返せば省有資産保持への執着）は、恐らく省長係累官僚による省営事業への寄生＝私物化と無関係ではなかったはずである。

　前節で述べたように、1910年代の省立工場が民間の綿織業の普及や絹織業の技術改良を刺激し、省内民間資本の保護・育成に貢献したことは否定できない。しかし、資金不足から事業方針が営利追求に偏重していく過程で、そうした貢献の度合いも狭まっていかざるを得なかった。また、上海を中心とする民間工業の発展に照らせば、民間資本の育成という役割が先細りしていくことは必然であったと見ることもできる。そして、20年代になると、資金の欠乏がより深刻さを増して事業の停滞を促迫し、省立工場の存在意義は希薄化の一途をたどっていくのである。

(3) 省営事業と財源捻出策の破綻

　以下では、1920年代における省立工場を中心とした省営事業の停滞と実業経費の枯渇について整理しよう。21年時点において、第一～第十工場は現有資産が投入経費に対して46万元余りの損耗を記録し、23年には経営の現状を維持するのが精一杯となった。25年になると、陶業・第五・第九各工場が事業停止の状態、また第一・第十工場が業績の不振を理由に事業転換し、第三・第四・第六・第七各工場は所在地の商会に滞貨の入札購入を依頼して資金の補填に腐心せざるを得なかった。糸織模範工場も場長の放漫経営による欠損が甚だしく、「地方一般紳士」からは、腐敗を防止するため経営方法の「官督商辦」ないし「地方自辦」への変更が求められていた。しかし、この意見に対して実業庁は前向きの姿勢を示したものの、結局は省長公署によって採用されることなく糸織模範工場は25年になると事業停止寸前の状態に陥っていった[72]。

　不振に喘ぐ省立工場の整理に乗り出したのは、それまで省営事業を管轄していた省長公署ではなく農商部に直属する実業庁の方だった。省長公署は、1920年代に入り省立工場の不振が顕著となるに従って管轄権を実業庁へ委譲し始めたのである。21年に公布された「実業庁管理各実業機関辦法」では、江寧鉄路

局・官紙印刷廠・南京電灯廠・閘北水電廠・公済公典がなお省長公署の管轄下に残されたものの、農林蚕桑機関と省立各工場は「実業庁が省令を遵奉してこれを管理する」と規定されるに至った(73)。

省立各工場を管轄することになった実業庁長張軼歐は、「管理各実業機関奨懲条例」を作成して工場業務に対する監督を厳格にするとともに(74)、1922年には、①蘇州の糸織模範工場と第二工場を合併し、糸織・綿織両科を有する官商合辦の「織工場」に再編する、②第一・第三～第十工場の綿織科とその余りの雑工業各科を各々合併して「織布工場」と「雑工業場」に改編する、③省長公署との権限上の齟齬を避けるため、省営事業機関を統一管理する「総管理処」を設け、民間の学識経験者や各地の資産家等を招聘して事業計画の審査と主任人事の決定に参与させる、という大胆な改革案を提起した(75)。工場の合併により資金繰りを好転させ、民間資本の導入と民間人士の招聘により「民」の眼で経営内容や場長任命を含む乱脈人事を監視・規制する、これが張軼歐の基本的な考え方であったといえよう。

しかし、省長公署が張軼歐の改革案に同意した形跡は確認できない。省立工場の管轄権を実業庁に委譲したとはいえ、省長は実業庁を指揮・監督する権限を有していたから、省立工場の改革のためには省長の同意を取り付けることが必要だったのである。実業庁は、同じ1922年に省立工場の県営移管も省長公署に提案している。だが、省長公署はこの提案を退け、先の張軼歐の意見書とも異なる独自の省立工場整理案を打ち出していく(76)。実業庁と省長公署の対応策が統一・確定されないまま、省立工場の不振は一段と厳しいものになっていった。こうした状況が改善の兆しを見せ始めるのは、次章で検討する江蘇教育実業行政聯合会が組織されて以降のことである。

一方、極度の財政困難のなかで地方実業経費も激減の一途をたどった。予算額は、1925年度が15万2,880元に、そして26年度が5万6,000元にまで落ち込んだ。22年度予算では約98万元が計上されていたから、予算額の上でも極端な落ち込みぶりが分かる。もっとも、22年度の実支出額はなお28万元余りに上ったが（前掲、**表5-1**）、25年度の実支出額は僅か6万元余りに過ぎなかった。当時

の省庫歳入予算約300万元は、そのうち約240万元が「教育専款」として独立会計に回され、残り約60万元の多くも警察・医療・災害救済費など、省の政治的社会的秩序の維持に不可欠な内務諸経費に割かれたから、実業経費に配分される余裕はほとんどなかったのである[77]。

　1926年になると、省長公署はついに省営事業の管轄権を全面的に放棄した。しかし、省立工場の衰退は如何ともしようがなく、実業庁は「招商承租」(民間貸出)による民営化の方針を打ち出さざるを得なかった。この時期、かろうじて営業を継続していたのは第三工場(鎮江)・第四工場(淮陰)・第六工場(揚州)・糸織模範工場(蘇州)のみで、残りは事業を停止するか「招商承租」の募集に付されていたが[78]、旧式な織機を抱え破産同然の省立工場を賃借・買収する民間業者は現れなかったようである[79]。また、各農林蚕桑機関も、26年春になると経費の未配で事業に着手することができなくなり、実質的な活動停止状態に陥った[80]。こうした状況のなかで、実業庁は省立工場の整理を進める一方、1923年からは次章で詳述する教育実業行政聯合会の組織・運営に関与し、また26年には庁内に農林委員会を特設するなど、東南大学等に所属する綿業・蚕業技術者と提携して農林蚕桑政策の強化を図っていた[81]。しかし、実業庁のこうした取組みによって立案された事業計画も、資金的基礎を欠いては十分に効果を上げることなど覚束なかった。

　ところで、この間、実業経費の財源捻出に向けた努力が全くなされなかったわけではない。実業庁は、1925年に閘北水電廠の営業権利金と公済公典の営業剰余を実業予備費に充当しようとし[82]、また26年には江蘇銀行・公済公典・電灯廠・江寧鉄路等の営業剰余と教育専款の財源である捲烟特税の一部を実業基金に充て、基金を管理する「実業経費委員会」を設立する計画を立てていた[83]。実業庁の努力と並行して、省営事業機関の場長らも財源捻出策を提起している。一つは、江蘇銀行・公済公典・電灯廠等の資本金、江寧鉄路の固定資産、省政府所有債券等約350万元を実業基金に指定し、そこから生じる官利・純益等を実業経費に活用するというもので、今一つは国庫収入である貨物税の徴収を商会による認捐(請負制)に転換し、それによる増収分と徴収経費節減分など約

250万元を省庫に繰り入れて実業基金に充てる、というものだった[84]。

以上の財源捻出案のほとんどは、省有実業資産を基金源に指定し、そこから一定の資金を引き出そうとするものである。だが、1926年時点で江蘇銀行の官利・純益は省庫負債立替金の利息等に回されていたし、公済公典の資本と純益は軍事費と借款の抵当に供されていた。また、省立電灯廠も22万余元の債務を抱えて賑務借款の担保に入り、閘北水電廠の売却金と残存する営業権利金は全て軍事費に流用されていた[85]。一方、捲烟特税は、毎年90万元の収入が見込まれながら実収額はそれを大幅に下回っていたので、実業基金へ拠出することは不可能だった[86]。また、貨物税徴収の認捐制への転換も、省内各地に設置された税局所の所長を罷免することになるため、彼らの激しい反発が予想されて早急な実施は容易なことではなかった。苦肉の策ともいえるこれらの案も、そのほとんどは画餅に終わらざるを得ない運命にあったのである。

第Ⅴ節　小　結

北京政府期において江蘇省の地方実業経費は全国有数の規模を誇ったが、省庫財政の歳出全体のなかでは教育・内務経費に次ぐ支出規模に止まった。しかし、その支出額が大戦ブーム期にピークを記録したことは、省政府が中国経済の好転に対応して省営事業建設・民間工業助成・勧業物産会開催等の殖産興業策を推進した財政上の反映にほかならなかった。ただし、そうした諸事業も省財政の形式的構造——即ち、国庫財政と省庫財政とに分割され前者の規模が断然優位という構造——に起因する省庫財源の狭小性に災いされて十分な資金的保証を欠いていた。そのため、1920年代の財政窮迫に伴って民間工業への資金助成は行き詰まり、省営事業も破綻へと向かっていった。

地方実業経費の使途で特徴的だったのは、その支出のほとんどが省営事業の充実・拡張に費やされたことである。恐らく各省に共通していたであろうこの事態は、清末新政期に各省政府が推進した殖産興業政策の継承として位置づけ

ることができる。省立工場と蚕桑機関に代表される江蘇省営事業の展開は、民族的な利権回収の気運を背景にして、とくに繊維産業の育成・振興を促進しようとするものだった。とりわけ、1910年代の省立工場が手工技術を改良・普及し、また民間工場の勃興、販路の拡大等を刺激するなど、「模範工場」として一定の役割を果たしていたことは注目される。

　しかし、省営事業には、こうした積極的な面とともに、管轄官庁の分立、官僚の寄生、事業計画の分散化等々の問題点が存在しており、省立工場も経費不足から営利追求に傾斜したが、民営工場との困難な競合を強いられることになった。1920年代になると、これらの問題点は実業経費の枯渇と相まって事業全般の不振・停滞を招き、省立工場は破産同然の状態に陥っていったのである。南京国民政府の成立後、これらの省営事業機関は国民党の省政府によって接収された。省立工場については、1927年6月に建設庁によって「清理江蘇省立各工場暫行辦法」が制定され、工場の資産や物品等の調査と整理が始まっている[87]。他方、農林蚕桑機関は、第一農事試験場が清江雑穀試験場に、第二農事試験場が徐州麦作試験場に、そして蚕桑模範場が揚州蚕業試験場に、また第一造林場が金陵造林場にそれぞれ改組され事業を継続していった[88]。

　さて、以上に明らかにしてきた江蘇省の殖産興業政策は、1920年代前半までほぼ省長公署が立案・主導したものであり、そこに北京政府の影響力や具体的な指示を確認することはほとんど困難であった。その意味で、江蘇省の地方産業行政は、中央政府から自立した独自の政策判断の下に実施されていたといってよい。ただし、そうした産業行政の分権的状況に対して、北京政府がただ手を拱いていたわけではなかった。本章にも登場した中央直属の産業行政機構である実業庁の設置は、以上の状況に何とか楔を打ち込もうとする北京政府の政策努力の現れだったといえよう。次章で論ずるのは、その実業庁と江蘇省産業行政との関連である。

註

（1）　渡辺惇「袁世凱政権の経済的基盤」（東京教育大学アジア史研究会『中国近代化

の社会構造』教育書籍、1960年、所収)、曽田三郎「湖北省における張之洞の産業政策」(『史学研究』第121・122号、1974年)、倉橋正直「清末の実業振興」(野澤豊・田中正俊編『講座中国近現代史』第3巻、東京大学出版会、1987年、所収)、林原文子「清末、民間企業の勃興と実業新政について」(『近きに在りて』第14号、1988年)。また、理論的研究として横山英『辛亥革命研究序説』(新歴史研究会、1977年)も参照。なお1980年代以降、中国においても清末新政に関する研究は活発になってきている(渡辺惇「北洋政権研究の現況」辛亥革命研究会編『中国近代史研究入門』汲古書院、1992年、所収)。

(2) 前掲、横山『辛亥革命研究序説』、及び渡辺惇「民国初期軍閥政権の経済的基礎」(『歴史教育』第13巻1号、1963年)。ただし、中央政府＝袁世凱政権の経済政策については日本・中国において一定の成果が蓄積されつつある(前掲、渡辺「北洋政権研究の現況」)。

(3) 阮忠仁『清末民初農工商機構的設立―政府与経済近代化関係之検討(1903-1916)』(国立台湾師範大学歴史研究所、1988年) 189頁。

(4) 第7章で述べるように、1920年代初めの江蘇省自治風潮では、省内産業の発展を保障する財源の確保が自治要求の一因となっていた。

(5) 前掲、阮忠仁『清末民初農工商機構的設立―政府与経済近代化関係之検討(1903-1916)』は、地方実業経費について①「農業剰余を実業経費に転移補充する」政策・観念の欠如、②財政的困難による束縛、という二つの問題点を指摘しているが(188～189頁)、本章でもこれらの点が留意されるであろう。ただし、氏の考察は計量分析による各省経費の比較に終始しており、必ずしも具体的な支出構造とそれに対応する政策・事業内容の実態に踏み込んだ分析とはなっていない。

(6) 静観「各省実業経費之概況」(『申報』1919年2月9日)。

(7) 通覧した史料は、財政部財政調査処編『各省区歴年財政彙覧』(1927年―近代中国史料叢刊三編第52輯、文海出版社、1989年)、「直省歳支農商経費」(農商部総務庁統計科編『第五次農商統計表』1918年、582～591頁)、「歴年農商費歳出預算表」(賈士毅『民国財政史』下、商務印書館、1917年、160～177頁)、前掲「各省実業経費之概況」など。なお、前掲阮忠仁『清末民初農工商機構的設立―政府与経済近代化関係之検討(1903-1916)』188～199頁も、前述のように各省の地方実業経費について比較・検討しているが、「国庫支出」と「省庫支出」との混同や『農商統計表』の統計処理に疑問な点が見られるので、ここではそれに依拠しない。

(8) 前掲、静観「各省実業経費之概況」。

(9) 「大戦ブーム期」については、高綱博文「第一次大戦期における中国『国民経済』

成長」（中央大学人文科学研究所編『五・四運動史像の再検討』中央大学出版部、1986年、所収）を参照。

(10) 内務経費には、地方警察経費・省議会経費など経常的に必要な経費が含まれているため、実業経費に較べると、それでも減少の度合いは小さい。また、教育費が1920年代に入っても一定の水準を維持し、23年度にはむしろ絶対額を増加させているのは、支出の大部分が経常的な省立各種学校経費であることに加えて、23年度から捲菸営業特税が教育専款に指定されたためである（前掲『各省区歴年財政彙覧（江蘇省）』349～488頁に掲載された各年度「地方歳出表」内務経費部門を比較参照されたい）。

(11) 以上の予算額については、「省長交議六年度地方預算総冊」（『江蘇省議会彙刊』民国6年第19号、1917年4月29日）、「江蘇省十年度地方預算総冊」（『申報』1921年5月6日・11日・14日）、及び江蘇省長公署統計処編『江蘇省政治年鑑』（1924年—近代中国史料叢刊三編第53輯、文海出版社、1989年）三編財政257～258頁を参照のこと。

(12) 1919年時点で以上の省営機関が存在していたことは、金其照撰『江蘇省辨実業概況』（1919年）1a～10b葉、及び『各省区歴年財政彙覧（江蘇省）』、『江蘇省議会彙刊』、『江蘇省政治年鑑』等の諸史料から確認できる。なお、『江蘇省辨実業概況』の撰者金其照は省長公署実業科科長であり、同史料は実業科が編集したものと見なすことが可能である。

(13) 江寧鉄路・南京電灯廠・閘北水電廠については、前掲『江蘇省辨実業概況』1b～2b葉、前掲『江蘇省政治年鑑』六編実業444～448頁、「江蘇官営事業の現在」（『支那』第8巻1号、1917年1月）を参照。

(14) 前掲「直省歳支農商経費」、「歴年農商費歳出預算表」等の各省支出項目を参照。

(15) 前掲、静観「各省実業経費之概況」。

(16) 江蘇省に次いで省立工場を設立していたのは、恐らく1915年度時点で五つの「模範繰糸廠」を抱えていた浙江省だろう。その他の省でも、女工伝習所・工芸伝習所・工芸局・貧民工廠等の費目が散見されるが、圧倒的に目立つのは農林・鉱務・墾務関係の省営事業機関である（前掲「直省歳支農商経費」）。

(17) 前掲、渡辺「袁世凱政権の経済的基盤」掲載の「主要各省工業局所（工芸局廠）比較表」参照。

(18) 前掲『各省区歴年財政彙覧（江蘇省）』349～488頁の各年度「地方歳出表」の該当部分を参照されたい。

(19) 前註に同じ。

(20) 「江蘇籌設第五工場」(『農商公報』第15期、1915年10月15日)。

(21) 安原美佐雄編著『支那の工業と原料』第1巻上(上海日本人実業協会、1919年)578～580頁。

(22) 「江蘇実業機関沿革表」(南京第二歴史檔案館蔵北洋政府檔案1066(9)714)、前掲『江蘇省辧実業概況』3a～6a葉。引用は後者史料からである。

(23) 『新聞報』1916年3月15日「蘇省実業行政会議八誌」、『申報』1923年1月27日「蘇省教実行政聯合会紀事」。

(24) 前掲『支那の工業と原料』第1巻上578～580頁。

(25) 前掲『支那の工業と原料』第1巻上580～585頁、『時報』1917年1月17日「江蘇省立第四工場畢業紀盛」、「江都県実業視察報告」(江蘇省長公署第四科編『江蘇省実業視察報告書』1919年、191頁)、「江蘇第五工場之開幕式」(『農商公報』第25期、1916年8月15日)等より判断。

(26) 前掲『江蘇省辧実業概況』に付されている各省営事業機関の「歴年収支比較表」を参照。

(27) 「省公署咨省立工場節減経費芸術尚有進歩情形文」(『江蘇省議会彙刊』民国5年第2号、1916年9月30日)。

(28) 前掲『江蘇省辧実業概況』3a～6a葉。

(29) 「寧省維持工業之好消息」(『雲南実業雑誌』第3巻5号、1915年—彭澤益編『中国近代手工業史資料(1840-1949)』第2巻、中華書局、1962年、719～720頁)。

(30) 前掲『支那の工業と原料』第1巻上577～580頁。

(31) 林原文子『宋則久と天津の国貨提唱運動』(京都大学人文科学研究所共同研究報告『五四運動の研究』第2函、同朋舎、1983年、所収)31頁。

(32) 実業部国際貿易局『中国実業誌』江蘇省第3冊(宗青図書公司印行)第8編36～37頁。

(33) 前掲『支那の工業と原料』第1巻上581・584頁。

(34) 「東海県実業視察報告」(前掲『江蘇省実業視察報告書』240頁)、「組織第十工廠」(『農商公報』第50期、1918年9月15日)。

(35) 前掲「江蘇官営事業の現在」。

(36) 『申報』1916年12月25日「否認蘇省会開放繭行議決案」、同11月28日「救済糸綢機織業之根本計画」。

(37) 徐新吾主編『近代江南糸織工業史』(上海人民出版社、1991年)116～119頁。

(38) 『支那工業綜覧』(東亜同文会調査編纂部、1931年)275頁、前掲『近代江南糸織工業史』126～127・130～131頁、「寧垣糸織業之近況」(『農商公報』第65期、1919

年12月15日)、『支那省別全誌』第15巻江蘇省（東亜同文会、1920年）781～782頁等。
(39)　「江蘇省立第五工場開幕預記」（『農商公報』第20期、1916年3月15日）、「蘇省第五工場籌備之内容」（同上、第21期、1916年4月15日）、「江蘇第五工場之開幕式」（同上、第25期、1916年8月15日）、前掲『江蘇省辦実業概況』5a葉。
(40)　「江蘇之糸織模範工場」（『農商公報』第28期、1916年11月15日）、「蘇州に於ける機業状況」（外務省通商局編纂『通商公報』第583号、1919年1月9日）。
(41)　「江蘇模範糸織工廠」（『農商公報』第37期、1917年8月15日）、及び「省公署咨送糸織模範工場及附属伝習所五年度下半期予算分冊案文」（『江蘇省議会彙刊』民国6年第32号、1917年5月14日）。
(42)　前掲『江蘇省辦実業概況』6b～7a葉。
(43)　『申報』1916年11月24日「南京快信」。
(44)　『申報』1918年5月16日「会呈維持糸繭之辦法」。
(45)　前掲『江蘇省辦実業概況』8b葉。
(46)　「令実業庁第3753号／呈為転據蚕桑模範場呈擬按照預算開辦附設伝習所附具簡章祈鑒核示遵由」（『江蘇実業月誌』第2期、1919年5月、省長公署訓令）、「江蘇省立蚕桑模範場六年度予算分冊」（『江蘇省議会彙刊』民国5年第20号、1916年10月18日）、前掲「江都県実業視察報告」191頁、『時報』1919年2月16日「江蘇省立蚕桑模範場出售蚕種広告」、『申報』1920年11月16日「蚕桑成績展覧会紀盛」。
(47)　「省立育蚕試験所民国九年宣講調査参観報告」（『江蘇実業月誌』第27期、1921年6月、連載）、前掲『江蘇省政治年鑑』六編実業375頁、高景嶽・厳学煕編『近代無錫蚕糸業資料選輯』（江蘇人民・古籍出版社、1987年）168～169、182、186頁。
(48)　前掲「江蘇官営事業の現在」。
(49)　前掲「省長交議六年度地方預算総冊文」。
(50)　前掲『近代江南糸織工業史』126～127頁。
(51)　前註に同じ。
(52)　「省公署咨送三年度並四年下半年収支報告書文」（『江蘇省議会彙刊』民国5年第17号、1916年10月15日）。公民織布廠は、1912年に創設され資本金2万元、織機150台を有していた（前掲『支那工業綜覧』259頁）。
(53)　前掲「江蘇官営事業の現在」、「江寧県実業視察報告」（前掲『江蘇省実業視察報告書』2・4頁）、及び前掲『支那の工業と原料』第1巻下144頁。
(54)　『申報』1915年5月15日「江蘇省第一次地方物品展覧会紀事」以降の関連記事、及び野澤豊「民国初期、袁世凱政権の経済政策と張謇」（『近きに在りて』第5号、1984年）を参照。

(55) 『申報』1921年4月25日「江蘇第二次地方物品展覧会各項規則」、10月11日「蘇省物品展覧会開幕」等。
(56) 『申報』1925年10月1日「蘇物品展覧会将開幕」、10月11日「蘇省地方物品展覧会開会紀」等。
(57) 『申報』1926年5月27日「江浙皖糸繭展覧会之籌備」、10月10日「江浙皖糸繭展覧会開幕」、10月11日「蘇浙皖糸繭展覧会開幕式」等。
(58) 前掲「江蘇省第一次地方物品展覧会紀事」及び「蘇省物品展覧会開幕」。
(59) 王樹槐「北伐成功後江蘇省財政的革新（1927-1937）」（中華文化復興運動推行委員会主編『中国近代現代史論集』第25編、台湾商務印書館、1986年、所収）。
(60) 『申報』1923年4月8日「江蘇省庫現状与積虧原因」。
(61) 『申報』1925年6月19日「江蘇省税金庫之現状」。
(62) 『新編支那年鑑』（東亜同文会調査編纂部、1927年）797頁。
(63) 前掲「江蘇省十年度地方預算総冊」、『申報』1916年12月9日「江蘇之忙銀省税与官中」。阮忠仁氏のいう「農業剰余」を実業経費に転化する政策・観念の欠如は、かかる省庫財政の限界によって構造的に規定されていたというべきだろう。
(64) 「江蘇省辦実業機関之調査」（『銀行週報』第4巻10号、1920年3月30日）。
(65) 『時報』1917年2月19日「最近江蘇政治観」。
(66) 「張庁長整理省立各実業機関意見書」（『江蘇実業月誌』第36期、1922年3月、専件）。
(67) 『申報』1917年4月17日「江北実業之悲観」。
(68) 省議会議員の事業誘致熱を窺わせる史料として、「朱議員鏡明提議海属応速設第八工場案」（『江蘇省議会彙刊』民国5年第8号、1916年10月6日）、「馮議員士奇提議擬従速籌辦徐州農事試験場以利農業案」（同上、民国5年第16号、1916年10月14日）等を参照。
(69) 『申報』1916年12月10日「蘇省会中之地域主義」。
(70) 前掲、林原『宋則久と天津の国貨提唱運動』84頁に掲載された統計表による。
(71) 『申報』1925年4月28日「江蘇省立工場状況」。
(72) 以上の省立各工場の不振・停滞については、『申報』1922年1月1日「蘇省十工場之現状」、3月23日「江蘇省営業機関之整理観」、1923年3月17日「蘇省実業会議紀」、1925年3月17日「蘇督辦公署与実業機関近状」、前掲「江蘇省立工場状況」、『新聞報』1922年2月16日「蘇州／調査糸織模範工場」、2月28日「蘇州／糸織工場改商辦之庁批」等を参照。
(73) 「実業庁管理各実業機関辦法」（『江蘇実業月誌』第24期、1921年3月、法規）。

(74) 「令第一第二農事試験場等第486号／印発管理各実業機関奨懲条例由」(『江蘇実業月誌』第28期、1921年7月、実業庁訓令)。
(75) 前掲「張庁長整理省立各実業機関意見書」。
(76) 「令実業庁第17213号／摺呈請将各省立工場改帰県辦由」(『江蘇実業月誌』第44期、1922年11月、省長公署訓令)、「咨省議会第2398号／准咨送銭議員基厚等提出対於省令処分棉織各工場辦法質問書請答復由」(同上、第45期、1922年12月、省長公署咨)。
(77) 『申報』1926年1月16日「蘇省将設実業費委員会」、6月11日「江蘇省預算之竭蹶情形」。
(78) 「呈聯軍総司令部 省長公署／呈報全省実業現況及所擬整頓計劃」(『江蘇実業月誌』新第1期、1926年1月、公牘)。
(79) 『申報』1926年1月4日「蘇実業行政権之統一」、1月31日「蘇実庁変更全省工場辦法」。実業庁の実業視察員侯鎮平は、民間工業の発達が遅れた江北地方はまだしも、江南地方の民間業者が、1910年代に調達された旧式織機しか擁していない省立工場を賃貸することは困難だと指摘していた(「蘇省省立工場善後意見書」『江蘇実業月誌』新第11期、1926年11月、選録)。なお、実業視察員はもともと省長公署の管轄下にあったが、省長公署が省営事業の管轄権を全面的に放棄した1926年以降は実業庁の下に移管されていた(『申報』1926年3月28日「蘇実庁派員視察実業」)。省長公署管轄下の実業視察員については次章で触れる。
(80) 『申報』1926年3月26日「蘇省実業経費之竭蹶」、5月1日「蘇省農林蚕桑経費現状」。
(81) これらの点については次章において詳述する。
(82) 『申報』1925年4月3日「蘇実業庁将開預算会議」。
(83) 前掲「蘇省将設実業費委員会」及び『申報』1926年2月20日「蘇実庁整頓農林蚕桑辦法」、7月19日「蘇省実業基金之新計画」を参照のこと。
(84) 前掲「江蘇省預算之竭蹶情形」及び「蘇省実業基金之新計画」。なお、認捐制度については、拙稿「清末民初における江蘇省の認捐制度」(『東洋史研究』第59巻2号、2000年)を参照されたい。
(85) 『申報』1926年6月21日「江蘇省有財産之現状」。
(86) 前掲、王樹槐「北伐成功後江蘇省財政的革新(1927-1937)」。
(87) 『申報』1927年6月30日「蘇省立各工場清理辦法」。
(88) 何玉書「江蘇省農鉱行政概況」(江蘇省政府秘書処宣伝股『江蘇旬刊』元旦特刊〔第12・13期合刊〕、1929年1月1日)。

第6章
江蘇省の地方産業行政と中央・地方関係
──行政機構の分立と人材の調達──

第Ⅰ節　課題の設定

　本章の課題は、第5章に引き続き江蘇省の地方産業行政の実態を分析することにある。前章冒頭で確認しておいたように、当時の地方産業行政のなかには、慢性的な資金不足、行政機構の分立、専門的人材の不足など、克服されなければならない困難な問題が山積していた。すでに、慢性的な資金不足については殖産興業政策との関係から前章で考察したところだが、本章では、残された問題点──産業行政機構の分立と専門的人材の不足という相絡まる二つの問題を取り上げて検討する。

　この二つの問題を取り上げるのは、それらが地方産業行政内部の問題点としてすまされるものではなく、背後に中央政府と省政府との対抗関係を潜ませていたからである。前章末尾で指摘しておいたように、北京政府が直属官庁として実業庁を各省に設置した1917年以降、中央政府と省政府との対抗は、とりわけ抜き差しならぬものとなっていく。本章では、実業庁が成立した1917年以降を対象として、江蘇省の産業行政機構と専門的人材の調達に如何なる問題が内在し、中央と地方との競合のなかで如何にその克服が目指されていったのか、という点が検討されるであろう。

　以上に示した本章の課題に関係する先行業績には、清末新政期に注目したものが多い。即ち、清朝末期の中央政府と省政府との対抗を軸に官商関係、或いは産業行政機構を分析したチャン氏や曽田三郎氏の研究、中央・地方の産業行政機構の推移と産業振興策について整理した劉世龍氏の研究、そして清末民初

の中央・地方の産業行政機構を構成・人材・経費・政策等々の多方面から考察した阮忠仁氏の業績などである[1]。ただし、これらの研究のうち、民国初年にまで視野を拡げた阮氏の研究も、残念ながら、実業庁が設立される直前の1916年までで分析が終わっている。

第Ⅱ節　産業行政機構の分立

(1) 実業庁の設立

図6-1は、1923年時点における江蘇省の産業行政機構とその系統を示したものである。産業行政に関わる部署としては、省長公署政務庁下の第四科(以下、「実業科」と呼ぶ)と水利処・省道処、そして中央政府農商部に直隷する実業庁が存在する。しかし、水利・道路建設等の社会資本整備事業は内務行政の管轄なので、水利処・省道処は産業行政機構から除外して議論を進めなければならない。ちなみに、北京政府期に内務行政を統轄した機構としては、中央に内務

図6-1　江蘇省産業行政機構の系統（1923年現在）

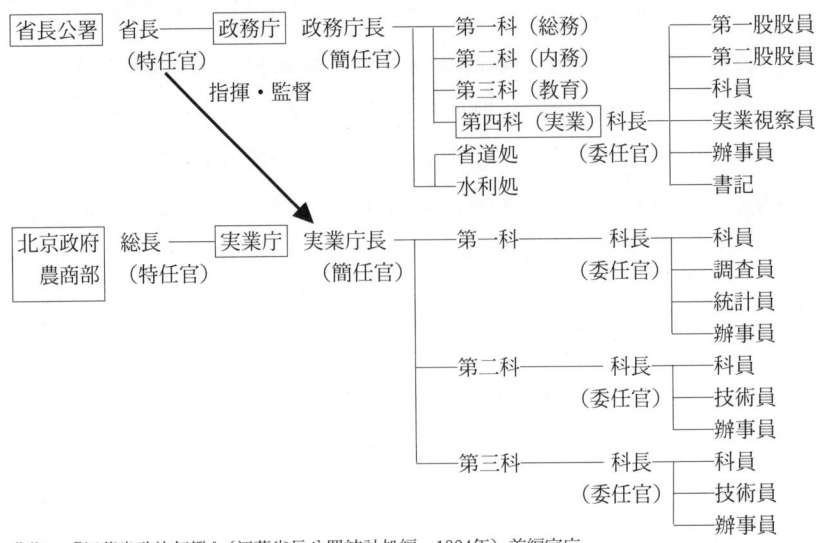

```
省長公署  省長────政務庁  政務庁長─┬─第一科（総務）──┬─第一股股員
         （特任官）          （簡任官） ├─第二科（内務）  ├─第二股股員
              指揮・監督              ├─第三科（教育）  ├─科員
                                     ├─第四科（実業）──科長─┬─実業視察員
                                     ├─省道処          （委任官） ├─辦事員
                                     └─水利処                  └─書記

北京政府   総長────実業庁  実業庁長─┬─第一科────科長─┬─科員
 農商部   （特任官）         （簡任官） │          （委任官） ├─調査員
                                     │                  ├─統計員
                                     │                  └─辦事員
                                     ├─第二科────科長─┬─科員
                                     │          （委任官） ├─技術員
                                     │                  └─辦事員
                                     └─第三科────科長─┬─科員
                                                （委任官） ├─技術員
                                                        └─辦事員
```

典拠：『江蘇省政治年鑑』（江蘇省長公署統計処編、1924年）首編官庁。

部が、また地方には――江蘇省に即して見ると――すぐ後で触れる産業行政機構の変遷に対応して内務司或いは内務科が置かれ、1923年の時点では図6-1に示した政務庁下の第二科が省内の内務行政を担当していた。水利処と省道処はこの第二科と連携しつつ業務を分掌していたのである(2)。

　さて、そうすると何より問題となるのは、実業科と実業庁という行政系統を異にする二つの機構が分立しているということになるだろう。1917年という年は、江蘇省においてこのような地方産業行政機構の併存・分立が始まった年だったのである。実業庁の設立に至るまで、省の産業行政を掌理する行政機構は、清末の商務局・農工商（鉱）局から勧業道を経て、中華民国の成立後は勧業道が1912年12月まで存続した後、民政長に直属する実業司（1913年1月〜14年5月）、さらには巡按使公署（省長公署の旧名）政務庁に属する実業科（1914年5月〜）へと改組されていった(3)。

　ここで、問題としたいのは実業司以降の変化である。実業司が実業科に改組される際の大きな変化は、実業司長と実業科長の官職規定上における違いにあった。実業司長が、形式的とはいえその任命に北京政府の認可が必要な簡任官だったのに対して、実業科長は省長がその幕友などから自由に任命できる委任官（ただし薦任待遇）だったのである(4)。この機構改革によって、制度の上で省の産業行政権はより省長に集中されたと見ることができる。中華民国は、すでに指摘しておいたように、辛亥革命で独立した各省権力の連合体として出発せざるを得なかったが、袁世凱政権下における国家統合の一定の進展にもかかわらず、1910年代における省権力の独立性は依然として顕著だった。したがって、省長への産業行政権の集中は、北京政府にとって見れば国内産業行政の多元的分権化を意味するものにほかならなかったのである。

　こうした状況のなかで、1917年8月、北京政府によって設立を決定されたのが実業庁であった。実業庁の設立を熱心に推進したのは、7月に成立した第2次段祺瑞内閣の農商総長張国淦（在任期間 17年7月16日〜11月30日）だった(5)。それでは、張国淦＝農商部はなぜこの時期に実業庁の設立を打ち出したのだろうか。それは、当時の内外状況――つまり世界が第一次大戦の最中にあり、中

国が大戦に伴う経済活況にわき立っていたこと——と無関係ではない。第4章で述べたように、段祺瑞内閣は17年8月に連合国の一員として参戦に踏み切り、国際秩序の再編に参入していく意向を固めたが、農商部もこれを契機に挙国一致して世界経済の変動に対応し、国内経済の発展を促進していく方針を明らかにした。そのため、参戦の決定とともに積極的な産業・貿易奨励キャンペーンを展開して、各省政府や各地商会に政策への協力を呼びかけていたのである。だが、そこで大きな障害となるのが、中央との連携を欠いた各省産業行政の多元的な展開だった。実業庁の設立は、明らかに上述した産業行政分権化の趨勢に楔を打ち込もうとするものだったが、それは第一次大戦に伴う世界経済再編の動きにも規定された、以上のような政策上の要請に基づいていたのである。農商部に直属する実業庁は、農商部の政策と各省の産業行政とを結びつける結節点として期待されたといえるだろう。

ところで、張国淦は、農商部現職の農林・工商・鉱政・漁牧各司長及び参事・秘書・技正級の官僚を各省の実業庁長に転出させた。この人事は、一つには人脈を形成しがちな司長と司員とのしがらみを断ち切り、専門的能力を基準に部内人事の刷新を図るためだったようだが、同時に行政手腕に長けた部内の人材を各省に配置しようとする意図も込められていた。当時、専門的技能を習得した人材は、ともすれば中央政府に任官を希望し地方への転出を嫌ったといわれ、また中央の高級官僚を地方に転出させること自体が異例なことだった[6]。にもかかわらず、張国淦は「専門的事業は専門的人材によって」という見地から、有能な官僚の人事交流を中央・地方間で積極的に押し進めようとしたのである[7]。その結果、各省の実業庁長に任命された22名のうち、海外留学経験者は12名（日本9名、ベルギー・ドイツ・フランス各1名）を数え、うち6名が農商部現職官僚、2名が農商部官僚の経験者によって占められていた[8]。

張国淦は、以上のような人事によって、農商部と実業庁（各省産業行政）との人的チャンネルを確保しようとしたが、他方、実業庁と各省地域社会とを結ぶチャンネルとして期待したのが商会に結集する資本家・商人たちであった。それは、実業庁の設置と並行して設立が指示された経済調査分会の構成から窺

うことができる。第4章で詳述したように、経済調査会は、農商部が第一次大戦間・大戦後の通商産業政策を立案するため1917年8月に設立した調査審議機関である。同部の訓令に基づいて各省の実業庁が設立した経済調査分会は、各地商会との協力の下に調査活動を展開することになっていたが、江蘇省では農商部鉱政司長から転出した実業庁長張軼欧が経済調査分会の会長として、上海総商会・県商会の有力な資本家・商人たちを名誉会員に招請しており、上海総商会も会員・会友に調査事業への積極的な協力を呼びかけていた。民間の資本家・商人層と提携しようとする張軼欧の姿勢は、後述するように1920年代に入ると民間の技術者・学者にまで対象を拡げていくことになる。

(2) 実業庁と実業科

しかしながら、以上のような狙いをもって農商部が進めた実業庁の設立は、並行して教育部が進めた教育庁の設立とともに、各省の省長・督軍の激しい反対を呼び起こした[9]。これは、直接には農商部と教育部が当時の慣例を無視して、各省当局に打診することなく実業・教育両庁長を任命したことに反発したものだったが、実のところは省長・督軍が自らの割拠的な基盤に対する中央政府の介入を嫌悪したためにほかならなかった。そのため、多くの省で実業庁の設立はサボタージュされ、着任することができない庁長が相次いだ[10]。また、実業庁長が着任できた省でも、省長・督軍との折り合いが悪くて所管業務接収の進展は思わしくなく、次第に農商部は省長・督軍が推薦するか、もしくは容認しうる人物を実業庁長に任命しなおさなければならなくなった[11]。1919年当初において、実業庁が成立していたのは全国22省のうち西南諸省を除く15省に上った。しかし、その多くは農商部の妥協人事の結果成立した形式的・名目的な機構に過ぎないか、省長・督軍権力に従属した機構に過ぎなかったのである[12]。これ以降、実業庁長人事は形骸化し、農商部も能力を優先した当初の人事方針を事実上放棄していく。

それでは、本章が対象とする江蘇省の状況はどうだったのだろう。江蘇省でも、省長公署内部には根強い反対があったといわれる。省長斉耀琳は、庁長人

事の発令前から現実業科長の金其照など彼の側近と目される人物を実業庁長に推薦し、中央政府の影響力を排除しようとしていたが、表面上はさしたる確執もなく1917年11月に農商部鉱政司長であった張軼歐が庁長に着任した。張軼歐が、無錫出身の江蘇省人で、省内各方面の人士と連絡のあったことが、斉耀琳に表立った反対を控えさせたようである(13)。しかし、その反面において、北京政府から実業庁の設立と同時に廃止し業務を移管するよう指示されていた実業科は、そのまま存続することになった。そこには、産業行政に関する既得権限を保持し続けようとする省長公署の思惑が明らかに介在していた(14)。ここから、江蘇省における産業行政機構の分立・対峙が始まるのである。

　実業庁の必要経費は、農商部から支給されることになっていたが(15)、中央政府から直接支給されるのではなく、緒論や前章でも触れたように、各省が負担する国庫支出から農商部所管経費として支給された。これは、実業庁に限ったことではなく、実業科が属する省長公署の必要経費も同様に、各省の国庫支出から内務部所管経費として支出されていた。実業庁に支給される経費は、北京政府の規定によれば年間3万6,000元を標準として臨時経費などを含めても4万元を越えなかったといわれる。この支給額は江蘇省の実業庁についてもほぼ妥当し、江蘇省財政庁が北京政府財政部に報告した財政統計によると、実業庁が成立した1917年度が約3万元であるほかは、統計が切れる23年度まで一貫して年4万元内外が支給されている。江蘇省の実業科経費については、財政庁の統計が省長公署全体の経費のみを記載しているため詳細なところは明らかにできないが、実業庁設立後も実業科を存続させた省では、実業庁経費のほかに国庫支出から少なくとも3,000元〜4,000元の経費を捻出する必要があったという(16)。後述するように、江蘇省における実業科の職員数は実業庁に較べて3分の1に過ぎなかったから、必要経費の額もそれに見合って実業庁よりはかなり少なかったものと推測される。

　しかし、実業科の経費や規模が実業庁を下回っていたということは、実業科の権限が実業庁より弱かったということを意味しない。省長公署—実業科は、以下に述べるように様々な形で実業庁の権限を大きく掣肘していたのである。

第6章　江蘇省の地方産業行政と中央・地方関係　213

　本来、実業庁長は省長の指揮・監督を受けながら、農商部に直属して「全省実業行政事務を執行し、所属職員並びに地方実業を辨理する各県知事を監督する」はずであった[17]。しかし、張軼歐が着任後間もない1917年12月に省長公署から受けた訓令によると、彼は省立各工場や農林蚕桑機関等についてのみ業務の監督と企画を委ねられていたが、それらを含む省営事業機関全体の管轄権は依然として省長公署が握ることになっていた[18]。また、地方実業経費の予算編成権はもとより、実業庁以外の産業行政に関わる人事権も省長公署が保持し続けた。そのため、10年代に実業庁の活動として眼につくのは、先に紹介した経済調査会分会の活動のほか、綿花検査機関設立をめぐる上海総商会との折衝[19]、各県の農林行政に対する指導——例えば米綿移植の普及・奨励[20]——、或いは同業団体の陳情処理——例えば茶業会館の茶貿易維持策を求めた陳情の処理[21]——など、何れも農商部の指示に基づくか同部への請訓を必要とする業務に限られていた。しかも、実業庁が省長の指揮・監督を受けることから、これらの業務にも省長が関与し指示を与えることが多かった。

　とりわけ、県の農林行政に対しては、こうした実業庁と省長公署とによる二重指導が顕著だったように見受けられる[22]。しかし、各省に共通した事態として、県知事は実業庁の命令を無視しがちな反面、省長公署の命令には比較的従順であったことが指摘されているから[23]、江蘇省でも実業庁の県知事に対する監督権は名目的なものに止まっていたであろう。これは、第3章で述べたように省長が県知事の実質的な任免権を握り、県知事と実業庁長との間には直接的な統属関係がなかったことに起因する。また、実業庁長には「県知事勧業考成条例」によって県知事の勤務評定を行うことができたが、県知事を懲戒・処分するには省長に報告して省長から中央に上申するという面倒な手続きを踏まねばならなかった[24]。しかも江蘇省では、実業科長の金其照が狡猾な県知事や各県の「劣紳」と癒着関係にあったというから[25]、実業庁長が無能な県知事を懲戒したくとも、そう簡単にはできない状況が存在した。要するに、実業庁は県の産業行政を監督していく上で、県知事に対する省長公署—実業科の影響力を無視することができなかったである。

また省議会議員の一部は、田賦の増徴をめぐってしばしば省長と対立したが、他方において選挙区や出身県に省営事業機関を誘致しようとする関係上、往々にして省長ないし実業科長と癒着・接近する傾向が見られた。江南地方（蘇属）に較べて経済的に立ち遅れた江北地方（寧属）の議員は、とりわけ省営事業の地元誘致に熱心で[26]、「かねてから官庁と接近していた」[27] といわれるが、江南地方の議員も例外ではなく、省営事業に対して大きな権限を行使しうる実業科長金其照に「一部分の蘇属議員が籠絡」され彼と癒着関係にあったといわれる[28]。前章で言及したように、両地方の議員は省営事業の誘致や予算の配分をめぐり「地域主義」的な対立を引き起こしていたから[29]、程度の差こそあれ省営事業の管轄権を握る省長公署―実業科に接近することは避け難かったのである。このため、実業科が第一次大戦間に財政難を承知の上で省立工場や農林蚕桑機関の設立を推進した時にも、省議会は実業科の事業拡張計画を積極的に支持していた。つまり、省長公署―実業科にとって、省営事業機関の管轄権を保持し続けることは、省議会議員との癒着関係を維持することにも繋がっていたのである。

　既述のように、農商部は実業庁の地域社会との接点を商会（資本家・商人層）に見出そうとした。これに対し、省長公署―実業科は既得権限を保持することで、省議会議員と県知事を媒介に地域社会とのチャネルを維持しようとしたのである。

第Ⅲ節　行政・技術官僚の学歴と調達手段

(1) 実業庁と実業科の学歴構成

　行政機構の分立に伴う産業行政権の分割は、実業庁の活動を著しく制約したが、なかでも人事行政権の分割が大きな制約となって張軼歐の前に立ち塞がった。張軼歐は、着任後の抱負として、経営の腐敗が進行しつつあった省立工場の事業整理を掲げてはいたものの[30]、省長公署が管轄権を握る省営事業機関の

人事考課に手を出すことはできなかった。したがって、当面の課題としては、彼が人事権限をもつ実業庁に専門的技量を備えた人員を確保していくことが目指されねばならなかった。

　農商部は、実業庁の設立に当たり、とくに実業庁の職員任用基準を制定して各省の庁長に通達した。この命令は、任用資格を①農工商鉱等の経済関係学科を卒業した者、或いは法政専門科を卒業した者に限定し、さらに②この資格外で任用する場合はその理由を農商部に上申して認可を得なければならないこと、③資格外者の比率は職員の3分の1以内に抑えるべきことを指示するものだった[31]。また、実業庁職員を農商部が養成する「学習員」[32]から充当することも考慮されていた。既述のように、当時の農商部は「内には国民の生計を伸長し外には世界経済の競争に応ずる」べく、部内の薦任・委任職と付属各機関に専門的人材を登用する人事の刷新を進めていたが、実業庁に対する命令もこうした趨向に連動したものであり、ここにも「専門的事業は専門的人材によって」という農商総長張国淦の基本的立場が貫かれていた[33]。

　農商部が訓令した以上の任用基準を確認した上で、1923年時点のデータではあるが、**表6-1**と**表6-2**とによって、実業庁職員の学歴構成を実業科職員のそれと比較しながら吟味してみよう。この時点での職員数は、実業庁が33名、実業科が11名であり実業科は実業庁の3分の1に過ぎない。これは、前述した両機構の運営経費の違いが職員数の差に現れたものと見てよい。先ず、実業庁から見てみよう。実業庁長の張軼欧がベルギーに留学して工学博士の学位を取得しているほか、日本留学経験者2名、フランス留学経験者1名が確認できる。これに国内大学を卒業した者を加えると9名となり、大学卒以上の学歴を有する者は全職員33名の約27％を占める。さらに、各種実業専門学校と法政専門学校・法政学堂の卒業生を加えると、全職員の約61％が農商部の指示する任用資格をクリアした者となる。また、専門技師の資格を取得している者も5名ほど存在する。任用資格外者を職員の3分の1以内に抑えるという基準は僅かに満たしていないものの、それに近い水準は確保されていたといってよい。

　では、実業科職員の学歴はどうであっただろう。**表6-2**によれば、実業科職

表6-1　江蘇省実業庁職員の学歴（1923年）

学　歴	人数	備　考
海外留学	4	ベルギー1（工学博士）、日本2、フランス1（工業技師）
国内大学卒	5	うち、貢生1を含む
高等実業学校卒	3	うち、農業技師・工業技師・鉱業技師各1
高等商業学校卒	1	
工業専門学校卒	2	
農業専門学校卒	1	うち、農業技師1
法政専門学校卒	2	
法政学堂卒	2	
師範学校卒	1	
中学卒	2	
内務部統計講習所卒	3	うち、大学卒1、中学卒1を含む
警官養成所卒	1	
理科研究会卒	1	うち、附生1
科挙有資格者	6	うち、優貢1、貢生1、附生3、孝廉方正1
不明	3	
計	37	重複4名（実数33名）
籍貫別構成		江蘇25、湖北3、安徽2、浙江1、不明2

典拠：『江蘇省政治年鑑』（江蘇省長公署統計処編、1924年）首編官庁31頁より作成。

表6-2　江蘇省実業科職員の学歴（1923年）

学　歴	人数	備　考
大学卒	1	
高等実業学校卒	2	
法政学校卒	2	うち、副貢1を含む
国文専修学校卒	1	
法政講習所卒	1	
自治研究所卒	1	
速記学堂卒	1	
科挙有資格者	3	挙人1、副貢1、監生1
計	12	重複1名（実数11名）
籍貫別構成		江蘇10、湖北1

典拠：前掲『江蘇省政治年鑑』首編官庁25～26頁。

員11名のうち大学卒以上の学歴をもつ者は僅かに1名（約9％）、また法政学校卒以上の者を加えても5名に止まり、全職員の約45％を占めるに過ぎない。実業科は職員数が少ないため単純に比較の対象とはならないが、学歴構成を見る限り実業庁職員の資質が実業科職員に較べて相対的に優位にあったということ

は許されるだろう。

次に、省長公署が人事権をもつ省営事業機関主任の経歴を見てみたい。**表6-3**は、1910年代の断片的な史料を中心に抽出した不十分なデータではあるが、日本留学経験者やフィリピン大学農科卒業生を確認できるので、一応専門知識を身につけた者が任命されていたように見受けられる。日本留学生は、農業専門学校や女子蚕業学校等の省立農業教育機関の教員にも多かったというから(34)、10年代に多くの日本留学生が省立事業機関・実業教育機関に任用されていたことが推測される。しかし、ここで問題となるのは、専門的能力を備えているはずの日本留学生も含めて汚職や乱脈経営で告訴されている者が存在し、また候補県知事や省議会議員の肩書をもつ、およそ専門的技量を身につけているとは思えない者まで場長や準備員に就任しているという事実である。

表6-3　省営事業機関主任級職員の経歴（判明分）

機関名	職名	氏	名	経　歴
第二工場	場長	A	貝祖善	候補県知事、後に省立電灯廠廠長となる。
		B	周偉文	元、利民柞綢工廠創辦人
第五工場	場長	C	杜福堃	斉耀琳省長の親族。後に江陰県知事となって弾劾される。
		D	馬汝賢	日本留学生。後に呉県実業局長となる。
第九工場	場長	E	侯鎮平	高等実業学校卒。前実業司職員。
第十工場	籌備員	F	関献	松江県籍省議会議員。
糸織模範工場	場長	G	季新益	候補県知事。日本の高等工業学校機織科卒。元、実業司長。
		H	仲漱蓉	元、実業科の実業視察員。乱脈経営で告訴される。
第一農事試験場	籌備員	I	王傅玉	日本留学生・農学士。汚職で告訴される。
第一造林場	場長	J	傅煥光	フィリピン大学農科卒、省立第一農業学校長。
蚕桑模範場	場長	K	蔣乗風	浙江蚕桑堂卒。
育蚕試験所	所長	L	顧藹人	無錫県籍省議会議員の甥。省議会議員の推薦で委任される。

典拠：A：『申報』1916年3月17日／『時報』1917年12月16日。B：江蘇省長公署第四科編『江蘇省実業視察報告書』江寧県（1919年）。C：『農商公報』第20期（1916年3月15日）／『申報』1920年11月12日／『時報』1917年2月8日。D：安原美佐雄編『支那の工業と原料』第1巻上（上海日本人実業協会、1919年）581頁／『申報』1926年11月7日。E：江蘇省実業司編『江蘇省実業行政報告書』(1913年)第1編総務／江蘇省長公署統計処編『江蘇省政治年鑑』（1924年）首編官庁26頁／『銀行週報』第4巻10号（1920年3月30日）。F：前掲『江蘇省実業視察報告書』松江県。G：『農商公報』第37期（1917年8月15日）。H：『申報』1917年9月18日、22日3月23日／『申報』1918年1月14日／『時報』1918年5月3日。J：外務省情報部『現代中華民国満洲帝国人名鑑』（東亜同文会、1937年）。K：前掲『江蘇省実業視察報告書』江都県。L：高景嶽・厳学熙編『近代無錫蚕糸業資料選輯』（江蘇人民出版社・江蘇古籍出版社、1987年）168頁／『申報』1918年3月1日。

とりわけ江北地方の省営事業機関は、腐敗して「官辦の臭気」が漂い、場長は「省長公署の要人と結託できさえすれば地位は安泰」だったという[35]。前章で触れたように、斉耀琳省長（吉林省伊通県人）は、省営事業機関の「局廠各長」の多くに同郷の親族を任用したといわれるが、**表6-3**に掲げた第五工場場長の杜福堃も彼の「内親」（妻方の親兄弟）だった。また、1920年12月に金其照が実業科長を辞任した際に、斉耀琳は即座に彼を省立糸織模範工場の場長に任命しようとしている[36]。省営事業の誘致を好餌として省議会を籠絡してきた斉と金であったが、実はそれ以前の同年6月、斉耀琳は省議会議決予算の恣意的な変更、省有財産の乱脈管理、県知事の恣意的任命に象徴される「吏治」腐敗の放置等を理由に省議会から弾劾され、9月には北京政府によって罷免されていた[37]。金其照も、斉の罷免に連座して実業科長を辞職せざるを得なかったのだが、後任省長の着任が遅れたために、斉耀琳はなお省長の職権をもって金に糸織模範工場の場長職を与えようとしたのである。以上の点から見て、**表6-3**から判明した事実の一因には、省長を頂点とする有力官僚と何らかのコネをもつ者を、省営事業機関の場長に任用する情実人事があったと考えることができるだろう。

(2) 人材調達上の問題点

省長公署による情実人事を招いた制度上の要因は、実業科職員や省営事業機関の場長が省長の裁量で自由に任命できる「委任官」だった点に求められる[38]。当時、猟官活動に奔走していた候補道尹や候補県知事にとって、省営事業機関の場長は釐金を徴収する税務公所の所長などとともに垂涎の的の一つだったようである。それは、省立印刷廠の廠長が候補道尹の猟官対象であったとする当時の新聞報道や[39]、**表6-3**の省立工場場長のなかに候補県知事や県知事経験者が確認できることからも推測できよう。このほかにも、省長公署は彼らを「臨時実業視察員」に委任して各県に派遣するなどの措置を講じて、産業行政に関わる臨時職の提供を図っていた[40]。

「実業視察員」の設置は、1916年9月に斉耀琳が省議会に提議したもので、

①省営事業機関や各県の産業行政、②商会・農会等の経済団体及び民営工場や電信交通事業、③各県の金融・産業などの調査を目的としていた⁽⁴¹⁾。しかし、省議会は民間事業に視察員が不当に干渉することを危惧して視察員の設置に反対したため、17年5月になりやっと「商辦実業」に対する干渉を禁じる条文を挿入した条例が省議会を通過した⁽⁴²⁾。正規の実業視察員は2名が実業科内に配属されたが、上記の臨時実業視察員は不遇をかこつ官僚候補者に官職の提供を図る文字通り「臨時」の措置であり、産業行政への理解を欠く彼らが省内を「視察」すれば、省議会が恐れたように不正な役得を貪る可能性もあり得た⁽⁴³⁾。猟官者が産業行政に群がる以上のような状況のなかで、専門的能力を備えた人材を実業科や各種事業機関に採用することは困難だったに違いない。そのために省議会は、省営事業機関の職員に欠員が生じた場合、省内の実業学校の卒業生を充当するという決議を採択していたほどである⁽⁴⁴⁾。

しかし、上述の点では実業庁も同様の危険性を孕んでいた。農商部の任用原則に一応拘束されているとはいえ、実業庁職員も庁長の裁量に基づく「委任官」であることに変わりはなかったからである⁽⁴⁵⁾。1925年時点の江蘇省において、委任官以上の欠員補充をまつ官僚候補者は実に2,100余名に達し、相変わらず省政府要人に対して猟官活動を展開していたが、同年3月に新任の実業庁長徐蘭墅が就任した際には、彼の下に各方面から採用を求める200件余りもの推薦状が殺到したという⁽⁴⁶⁾。実業庁の場合も、専門的技量を備えた人材が採用される制度的保障は十分でなく、基本的には庁長の資質と意向がそれを左右していたといわなければならない。したがって、実業庁が省営事業機関の人事権を掌握できたとしても、実業庁長の資質の如何によっては、厳正に専門的な技量を判断して職員が任用されるとは限らなかった。

人材調達上の問題点は、以上のような人事制度の面だけでなく財政面にも存在した。緒論及び前章で触れたように、北京政府期の江蘇省財政は「国庫財政」と「省庫財政」とに分割され、地域的利益に還元される省庫支出の規模は国庫支出に較べて極めて僅少な額で推移した。そのため、省庫から支出される地方実業経費は、他経費のしわよせを受けて多い時でも50万元を上回ることがなく、

省営事業をはじめとする各種事業は慢性的な経費不足に悩まされた。こうした経費不足は、優秀な人材を調達する上でも給与待遇の面に深刻な影響を投げかけていたのである。

表6-4は、1917年当時の場長も含めた省営事業機関技術職員の俸給を整理したものである。ここから確認できるように、省立工場では場長の月給が80元に統一されているほか、大体のところ技師が20～30元台、技手が10元台の水準に止まっている。また、より専門的な知識と技能が要求される農林蚕桑関係の試験場では、場長が80元～120元、技師(或いは主任技員・技術員)が40元～60元、技手(或いは分科技員)が30元ないし40元というように、省立工場の場長や技術職員に較べてやや高い水準にある。

表6-4　省営事業機関の技術職員の俸給

	場長	技師	技手
第一工場（南京）	80元	28元/20元	12元/10元
第二工場（蘇州）	80元	34元/14元	12元/10元/8.3元
第三工場（鎮江）	80元	20元	10元
第四工場（淮陰）	80元	22元	12元
第五工場（上海）	80元	?	?
第六工場（江都）	80元	34元/20元	16元/14元
第七工場（銅山）	80元	22元	14元
第八工場（東海）	80元	平均23.3元	14元
第九工場（武進）	80元	平均23.3元	14元
蚕桑模範場（江都）	120元	40元	－
育蚕試験所（無錫）	80元	60元	40元
	場長	主任技員	分科技員
第一農事試験場（淮陰）	100元	50元	30元
	場長	技術員	
第一造林場（江寧）	120元	50元	
第二造林場（銅山）	120元	50元	

典拠：「省長交議六年度各工場預算分冊案」(『江蘇省議会彙刊』1917年第21号、1917年5月2日、第22号、1917年5月3日)、「六年度実業行政支款分冊」(同上、1916年第19号、1916年10月17日、第20号、1916年10月18日)。

だが、これを民間採用の技師と比較するとどうであろうか。時期は若干下るが、1921年の上海では技師の月給は50～100元であったという[47]。17年と21年という年差による物価水準の違いや技術分野の違いを考慮に入れなければなら

ないとしても、場長以外の省営機関技術職員の給与は、民間採用の技師に較べて見劣りのするものだったといえるだろう。まして、これを大学教員の給与に照らすと比較にもならず、場長の給与でさえはっきりと見劣りがするものだった(48)。1917年に制定された「国立大学教員俸給規程」によれば、正教授は300〜400元、本科教授が180〜280元、予科教授が140〜240元、助教でさえ50〜120元の月給が保障されていた(49)。次節で述べるように、江蘇省内の諸大学は海外留学によって専門的な技術や知識を習得した有能な人材を多く抱えていたが、こうした専門的人材を地方産業行政の水準向上に向けて動員していくには、給与待遇の面で如何ともし難い制約が存在していたのである。

　以上のように、省の産業行政をめぐる人事制度と給与待遇には、省長公署—実業科に替わって農商部—実業庁が行政上の主導権を握ったとしても、簡単には克服できない構造的な限界が存在した。先に吟味した実業庁職員の学歴構成は、ベルギー留学によって工学博士の学位を取得し専門的技能を身につけていた張軼歐だからこそ、こうした状況のなかで実現できた最大限の成果だったといっても過言ではない。つまり、分立する既存の産業行政機構や官僚制度の内部だけで、人材調達面における抜本的な改善を望むことは極めて困難だったのである。

第Ⅳ節　「官民合作」の模索

(1)　批判的世論の形成

　1920年代に入ると、江蘇省の有力な新聞・雑誌や経済界の有力者などから、産業行政機構の分立と行政・技術官僚の能力に対する批判が公然と噴出し始めた。そうした言動の背景には、1920年代に入って好景気に翳りが見え始め、前章で明らかにしたように「大戦ブーム」期に拡張・肥大化した省営事業の業績悪化と内部腐敗が表面化したこと、さらには省財政の赤字額と負債額が増加し、省行政全般の運営に深刻な影響を及ぼし始めたこと、等々に対する危惧や不満

があったものと推測される。

　ここで、批判的な世論の幾つかを紹介してみよう。先ず、上海銀行公会の機関誌である『銀行週報』は、1920年3月に江蘇省の省営事業機関を紹介した記事のなかで、「江蘇の省立実業機関は、実業庁の設立からほぼ3年がたとうとしているにもかかわらず、依然として同庁の指揮・管轄下に入ってはおらず、省公署に直隷し第四科〔実業科〕の主管下にある。実業を考察する者たちは、江蘇省の実業が不振な原因の一端はここにあると口を揃えて言っている」（〔　〕内は筆者の補足）と指摘し、江蘇省産業の不振は行政機構の分立に起因すると批判した[50]。省営事業機関に対しては、23年の江蘇省商会聯合会大会でも興化県商会などからその「徹底的な改造」を求める議案が提出されており[51]、また省営事業の誘致をめぐって省長公署―実業科に接近しがちだった省議会でさえ、21年には省立工場の腐敗にたまりかねて、実業庁と財政庁に対し省営事業機関の徹底的な調査を行って業務の整頓に着手するよう求める決議を採択するほどになっていた[52]。実業庁がその支持基盤に据えようとした資本家・商人層のみならず、省長公署が癒着関係の維持を図った省議会議員の間にも、省営事業に対する不満が鬱積していたのである。

　資本家・商人層のなかで、産業行政と省営事業について積極的な批判を展開したのは著名な紡績資本家の穆藕初だった。彼の批判の内容は、1920年4月に開かれた「実業行政会議」における発言から窺い知ることができる。実業行政会議は10年代にも省長公署によって開かれていたが、今回は実業庁が実業科と協議して企画・主催したもので、省内産業とくに植綿・蚕桑・造林事業の増進を目的としていた[53]。実業庁長の張軼歐が議長、実業科長の金其照が副議長を務めたこの会議には、実業科の科員・実業視察員、実業庁の各科科員・技術員をはじめ、各県の模範農場主任、実業行政を主管する掾属など併せて約100名が参加したが、穆藕初は上海県模範農場主任の肩書で出席していたのである[54]。4月1日に開会した実業行政会議は、4日間の間に植綿・蚕桑・造林事業に関わる124件もの提案を審議し、30件の議決案を採択して閉会したが、それらを逐一実行に移すことは、当時の財政状況や人材の不足からして無理なことであっ

た⁽⁵⁵⁾。しかし、実業庁が主催したこの会議が、それまで省立工場の設立を基調としてきた実業科の産業行政計画を、植綿・蚕桑・造林事業重視の方向に変えていく契機となったことは、後述する教育実業行政聯合会との関係において留意しておかねばならない。

さて、実業行政会議に出席した穆藕初は、その席上、会議に提出された膨大な議案が実際には実行困難なものばかりであると指摘した上で、それらを実行すべき「実業庁と実業科はともに実業を振興するための機関だが、経費に限界があって十分に機能できないのが実情である。採用した人員もけっして専門的な技量を備えた人材ではなく、仕事に欠陥が多いのは否定すべくもない」と真っ向から批判を加えた。また、農林関係の省立試験場を念頭におきながら「毎月60元くらいの給与で、どうして農学の専門的人材を招請することができるだろうか」、「場長の任用には人を得なければならないが、毎月の俸給が100元や200元でも農学の専門家は就任しようとしないだろう」と述べて、産業行政における人材の質と給与面の低さを指摘した⁽⁵⁶⁾。彼の眼には、実業科や省営事業機関だけでなく、実業庁の人材ですら産業行政の発展に不十分なものと映じていたのである。

アメリカ留学の経験をもつ穆藕初は、1915年の帰国以来、米綿移植による綿花改良に努力し、1917年には紡績企業家の聶雲台ら有志と集って植綿改良社を設立していた⁽⁵⁷⁾。また彼が植綿委員長を務める華商紗廠聯合会は、米綿導入による産綿技術向上のため、アメリカのコーネル大学で農学修士の学位を取得した過探先（当時、省立第一農業学校校長）を総場長に招請して同会所有農場の指導に当たらせ⁽⁵⁸⁾、さらに1921年からは東南大学農科の専門スタッフと提携し、毎年2万元の経費を提供して綿花改良事業の一層の発展を図ろうとしていた⁽⁵⁹⁾。穆藕初の辛辣な批判は、紡績業経営者として専門的人材との積極的な提携に努めていた彼自身の経験に裏打ちされていたのである。

産業行政において専門的人材の活用を重視する穆藕初の姿勢は、彼が提案者の1人となった実業行政会議の議決案にも反映されていた。穆の提案は、組織的に系統だてた省（総場）・道（分場）・県（支場）各農林場の設立を求めるもの

だったが、そこでは総場の場長と技術員及び分場の場長は高等農林学校の卒業生を、総場・分場の調査員と分場の技術員は甲種以上の農林学校の卒業生を、それぞれ採用するように指定していた（支場の場長は経験を重視して暫定的に学校の卒業生以外からも採用可能とされている）[60]。採用資格を農林学校卒業生に止めているのは、経費不足による給与条件の低さを考慮した結果であろう。なお、実業行政会議で採択された30件の議決案のうち、穆藕初らの提案のほかに専門的人材の活用を意識した提案は、各県に産業行政を専管する第四科の設置或いは「実業専任助理員」の増設を義務づけ、任用人員の資格については実業庁が厳しく規定すべきであると主張した実業庁技術員李永振の提案1件を数えるのみであった[61]。

　この実業行政会議を論評した上海の有力紙『申報』は、江蘇省の「官辦実業」は「民辦実業」と比較して余りに成果が乏しいと批判した上で、「江蘇の官をして速やかに民と一致して実業を提唱せしめ、全て根本から協力・唱導し手を携えて前進していけば、江蘇省における実業の成績は相当なものとなり、きっと今のような区々たるものに止まらないであろう」と指摘し[62]、江蘇省の産業を活性化させていくためには、「官」と「民」とが手を携えていく必要性があることを示唆していた。

(2) 教育実業行政聯合会の設立

　こうした「民」からの批判のなかで、1923年1月に設立されたのが「江蘇教育実業行政聯合会」（以下、「教実聯合会」と略す）である[63]。同会は、省教育会の指導者であった袁観瀾（宝山県人）・黄炎培（川沙県人）の建議を、前年6月に着任したばかりの新省長韓国鈞が採用する形で設立された。つまり、「官」からではなく「民」の側からの提起をきっかけとして組織されたのである。

　教実聯合会は、「本省教育行政と実業行政とが連携する必要がある」ことに鑑みて組織された機関であり[64]、その設立の目的は「全省の農工商に渡る専門的人材・各実業機関及び実業教育機関を結集し系統性のある組織を確立する」ことにあった。また、組織上のメリットとしては、①従来、ともすれば疎遠で

あった実業・教育両庁と省長公署実業・教育両科の意志疎通、②省営事業機関と教育機関との合作、③優秀な人材を抱える国立・私立の高等教育機関との提携、④専門家の参与とそれによる経費不足など人材調達面での限界の克服、が掲げられていた。以上の点をまとめれば、教実聯合会の狙いは産業行政機構の組織的協力と全省レベルでの専門的人才の結集、という二点に集約することができよう。つまり同会の設立目的は、20年代に入って批判的世論が鋭く突いていた江蘇省産業行政が抱える問題点の克服にあったのである[65]。

教実聯合会の会長に就任した省長韓国鈞は、次のように江蘇省の産業発展に向けた方途を語って同会への並々ならぬ期待を披瀝した。

> 第一歩として、各専門家が本省の状況或いは調査研究の成果に依拠して全省の実業発展計画を起草・決定すべきであります。第二歩として、全省既存の実業機関・実業教育機関の計画策定に全力を尽くし、計画が指示する事業を各機関に分担させ、教育・実業両庁から本会の専門家に随時援助と指導を仰いで事業の進展を促し、第三歩として、計画が指示した事業のうち既存機関で担当しにくいものは、各専門家に本省の人力・財力を斟酌の上で年次別の実施手順を定めるよう依頼し、行政サイドの参考に備えていくべきです[66]。

このように、教実聯合会は既存の産業行政機構や各種省営事業機関の上に立って全省的な産業計画を策定し、随時業務上の指導に当たっていく組織として位置づけられていた。教実聯合会の組織章程においても、同会には「建設方針を規定し、推進方法を指導し、実施結果を審査する」という幅広い権限が保障されていたのである[67]。

ところで、韓国鈞は江蘇省泰県の出身で、1913年から14年にかけては江蘇巡按使を務めた経験をもつ。また、20年には張謇が督辦を務める「督辦江蘇運河工程局」の会辦となって彼と手を携え活動し、張謇の影響力が絶大な「蘇社」(省政改良を目指し省議会内外で活動する郷紳・商紳層の政治結社)の設立会合にも出席していた[68]。思うに、そうした張謇との親密な交流が、袁観瀾・黄炎培ら

の建議を採用し民間の人材活力導入に踏み切る一因になったのであろう。黄炎培は、省教育会の活動を通じて張謇と、或いは中華職業教育社の活動を通じて聶雲台・銭新之・穆藕初といった上海経済界の有力者とも緊密な人脈を築き上げていた。また、1915年の中国人実業家訪米団に参加して以来、江蘇省にアメリカ式教育の導入を押し進め、東南大学校長の郭秉文など多くのアメリカ留学経験者とも幅広い人脈を形成していた[69]。その意味で、韓国鈞は張謇・黄炎培の広汎な人脈を介して、省内の経済界・教育界と接点をもつことができたのである。つまり教実聯合会は、省域経済に切実な利害を有する江蘇省人を中心とした人脈を背景に設立されたといえるだろう。また、実業庁長張軼歐も江蘇省人であり、後述するように民間の人材活用を重視していたから、本省人省長による教実聯合会の設立は、彼にとっても省長公署と協調して優秀な人材を産業行政にとり込む絶好の機会であった。

　教実聯合会の組織構成は**図6-2**の通りである。会務を統括する中枢には、省長（会長）と実業・教育両庁長（副会長）、それに省長公署の政務庁長、実業・

図6-2　江蘇教育実業行政聯合会の組織構成

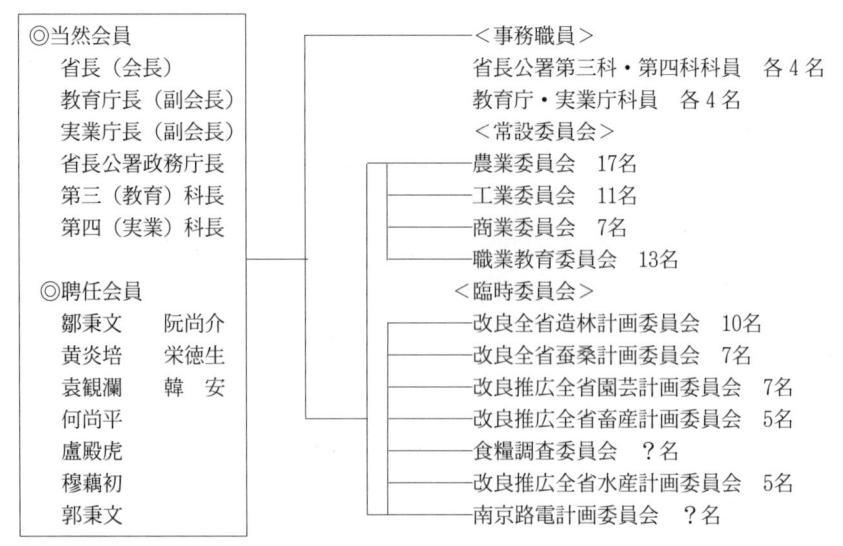

```
◎当然会員                    ―＜事務職員＞
    省長（会長）                 省長公署第三科・第四科科員　各4名
    教育庁長（副会長）           教育庁・実業庁科員　各4名
    実業庁長（副会長）          ＜常設委員会＞
    省長公署政務庁長            ―農業委員会　17名
    第三（教育）科長            ―工業委員会　11名
    第四（実業）科長            ―商業委員会　7名
                               ―職業教育委員会　13名
◎聘任会員                    ＜臨時委員会＞
    鄒秉文    阮尚介           ―改良全省造林計画委員会　10名
    黄炎培    栄徳生           ―改良全省蚕桑計画委員会　7名
    袁観瀾    韓　安           ―改良推広全省園芸計画委員会　7名
    何尚平                     ―改良推広全省畜産計画委員会　5名
    盧殿虎                     ―食糧調査委員会　？名
    穆藕初                     ―改良推広全省水産計画委員会　5名
    郭秉文                     ―南京路電計画委員会　？名
```

典拠：『申報』1923年1月24日・27日、2月1日、4月9日・13日、11月28日より作成。
　註：委員会名の後の人数は配属委員数（重複あり）。

教育両科長が参与して＜庁―署＞の融合を図り、経済界と教育界からは10名が参加して「官民合作」の実を示している。そして、その下に農業・工業・商業・職業教育等の常設委員会と、造林・蚕桑・園芸・畜産等の臨時委員会が設置され、そこに民間から各分野の専門家たちが招請されていたのである。民間から招聘された会員は70名以上にも及んだが、そのうち出身地が判明する36名のなかで江蘇省出身者は25名と多数を占め、ここでも江蘇省の利害に密着した同会の性格が浮き彫りとなっている（**表6-5**の典拠から検出）。

同時期の実業庁と実業科の職員も、その大半が江蘇省人から調達されていたが（**表6-1・6-2**を参照）、しかし同じ省内から調達された人材でも、教実聯合会会員の専門的知識・技能上の水準はそれとは較べものにならなかった。同会会員の多くは、東南大学や金陵大学等の省内高等教育機関、もしくは中国合衆蚕桑改良会など民間の経済団体に在籍する当時としては一流の人材であり、会員のうち学位を取得している者は博士7名のほか、修士が17名、学士が15名を数えた[70]。また彼らのなかには、南京国民政府期になって全国経済委員会の指導的なテクノクラート、或いは中央・地方政府の技術・経済官僚に転身し活躍していく者も少なからず存在した。**表6-5**は、そうした経歴を歩んだ教実聯合会の代表的人物を整理したものである。

しかし、会員の構成を一瞥してより関心をそそるのは、アメリカを中心とした欧米留学経験者が圧倒的に多く、日本留学経験者が少数に止まっていたという事実であろう。ちなみに、招聘会員のなかで留学先が判明する34名について見ると、欧米留学経験者が28名（アメリカ20名、ドイツ3名、イギリス3名、フランス1名、ベルギー1名）なのに対して、日本に留学した経験をもつ者は、欧米に重複して留学した者を含めても僅か7名に過ぎない（**表6-5**の典拠から検出）。以上のような留学先のコントラストは、江蘇省の主要産業の実態に即して見た場合、極めて適合的なものであったと考えられる。

上海を中心とした江蘇省の製糸業は、従来からのフランスを中心としたヨーロッパ市場に加えて、第一次大戦を画期にアメリカ市場への傾斜を強めつつあったが、そうした海外市場の要請に対応して教実聯合会にはフランスとの結びつ

表6-5 教実聯合会の代表的な学者・技術者たち

	経　歴
汪胡楨	米コーネル大学土木工科研究院卒。太湖流域水利工程処技師、浙江省水利局工務処長、導淮委員会設計主任技師、全国経済委員会皖淮工程局局長・水利処処正・同設計科科長等を歴任。
過探先	米ウィスコンシン大学／コーネル大学で農学を研究。江蘇省立第一農業学校校長、東南大学農科教授・主任、金陵大学蚕桑科主任等を歴任。後、国民政府教育部大学委員会委員、農鉱部設計委員、国民政府禁煙委員会委員等を歴任。
何尚平	ベルギーのサレボール農科大学卒。南通農業学校教務主任、北京大学生物学教授。1919年に中国合衆蚕桑改良会に参加し同会技師、1923年に中法工業専門学校科学教授。後、全国経済委員会蚕糸改良委員会常務委員等を歴任。
郭秉文	米ウースター大学／コロムビア大学卒。上海商務印書館に入る。南京高等師範学校教務長、浙江省立大学・東南大学等の校長を歴任。後、国民政府実業部駐滬工商訪問局長、財政部関務署長、実業部国際貿易局長等を歴任。
葛敬中	仏留学で農学を修む。国立北京農業専門学校教授兼農場主任、東南大学農科蚕桑系主任兼教授、中国合衆蚕桑改良会監理官を歴任。後、鎮江合衆蚕桑改良会試験場場長、浙江大学農学院蚕桑学系主任兼教授、全国経済委員会蚕糸改良委員会常務委員等を歴任。
茅以昇	米コーネル大学土木工科修士。1920年カーネギー工芸学院より中国人最初の工学博士号を授与される。唐山交通大学教授、東南大学工科教授兼主任等を歴任。後、東南大学副校長、国民政府工商部工業司業務科長兼技正、全国経済委員会水利委員会委員・水利処処長等を歴任。
鄒秉文	米コーネル大学卒。金陵大学農林学教授、南京高等師範学校農科主任教授等を歴任。後、国民政府工商部技正兼上海商品検験局長、浙江省建庁農業顧問、財政部統税署長、全国経済委員会綿業統制委員会常務委員・合作事業委員会常務委員等を歴任。
席徳炯	米マサチューセッツ理工大学及びコロムビア大学の鉱科修士。漢冶萍公司材料課長、江蘇省財政長秘書等を歴任。後、国民政府救済水災委員会委員、交通部揚子江水道整理委員会委員、導淮委員会専門委員等を歴任。
銭天鶴	米コーネル大学農科修士。金陵大学農科教授兼蚕科主任、浙江公立農業専門学校校長、杭州緯成公司稽核部長等を歴任。後、国民政府教育部社会教育司長、浙江省建庁農林局長、実業部中央農業実験所副所長等を歴任。
孫玉書	米ルイジアナ大学農学修士。河南農業専門学校教授、江蘇省立第一農業学校長、東南大学農科教授等を歴任。後、江蘇省農鉱庁第一科長兼技正、全国経済委員会綿業統制委員会委員等を歴任。
陳植	東京帝国大学農学部卒。江蘇省教育団公有林場長、国民政府農鉱部専門委員、実業部薦任技師等を歴任。
穆藕初	米イリノイ大学／テキサス農工大学卒。帰国して徳大・厚生・豫豊等の紗廠、中国紗布交易所を創設。後、華商紗廠聯合会綿業推広改良委員長、国民政府工商部次長、実業部次長等を歴任。

典拠：橋川時雄編『中国文化界人物総鑑』(中華法令編印館、1940年)、外務省情報部『現代中華民国満洲帝国人名鑑』(東亜同文会、1937年)、徐友春主編『民国人物大辞典』(河北人民出版社、1991年)、川井悟「国民政府の経済建設政策における一問題点：全国経済委員会テクノクラートの存在と意義をめぐって」(中国近現代経済史シンポジウム事務局編『中国経済政策史の探究』汲古書院、1989年、所収) より作成。

きが強い中国合衆蚕桑改良会のメンバーとともにアメリカに留学した蚕業専門家が加わっていた[71]。また、綿紡績業にとっても、既述のように華商紗廠聯合会が米綿移植による綿花改良を推進していたから、アメリカに留学した綿業技術者の産業行政参画は大いに歓迎すべきことだった[72]。このため、経済界の教

実聯合会に対する期待も大きく、上海総商会は、華商紗廠聯合会に植綿奨励金の提供について教実聯合会に提案することを呼びかけ、また自らも江北地方の植綿普及案を教実聯合会に提出していた[73]。

ところで、教実聯合会会員の留学先がアメリカに偏重していた事実は、中国の海外留学先が、清末に全盛を誇った日本から民国成立後になると欧米、ことにアメリカへと大きく変化したこと、しかもアメリカ留学生の帰国後の活動が大学教員・技術者及び実業家に集中していたことと明らかに照応している[74]。とりわけ江蘇省では、1910年代から省教育会の支援の下で、アメリカ帰国留学生が教育研究面において広汎に活躍していたのである[75]。また、こうした留学生事業における米中の接近は、15年の中国人実業家訪米団に対する政財界を上げての歓迎ぶり[76]、或いは第一次大戦を契機とした絹織物業界の中国生糸改良と輸入増進に対する積極的な働きかけ[77]、さらには農務省の中国綿花改良に対する並々ならぬ関心[78]、等々の事実が示すように、官民をあげたアメリカの対中経済進出の欲求に裏打ちされていたというべきであろう。

一方日本も、こうしたアメリカの動きに注目して、第一次大戦期から中国蚕糸業への積極的な進出や産綿改良をめぐる中国との提携を試み始めていた[79]。また、大戦中に組織された政府の調査審議機関「経済調査会」(第4章参照)では、大蔵省銀行局長から、アメリカの中国進出に対抗するには技術者派遣など人材面の日中提携も必要であるとの見解が示されており、財界委員のなかには中国の官公庁に日本人技師を招聘させるよう説く者もいた[80]。しかし、以上のような日本の対応が、留学生教育事業を通じて中国への影響力を深めていたアメリカに大きく立ち遅れていたことは否めない。このため日本では、1917年当たりから中国人留学教育の充実・改善が帝国議会で論議されるようになり、それは24年の「対支文化事業」の発足へと結実していく[81]。

つまり、教実聯合会会員の留学先構成は、以上のような対中経済進出、なかんずく人的資源の供給をめぐる日米の角逐を反映していたといえるだろう。そして、江蘇省教育会によるアメリカ留学生に対する積極的な支援を媒介にして、彼らは江蘇省地方産業行政の変容に積極的な役割を果たすことになったわけで

ある。

第Ⅴ節　実業庁と教実聯合会

　さて、教実聯合会の活動は、主に農業改良事業に関わる事業計画の策定や技術指導などを中心に展開された。例えば、1923年11月に開かれた第3期常会に職業教育・工業・地質調査・商業・農業の各委員会が提出した23件の提議案を見ると、農業委員会関係の提議案が13件ともっとも多く、提案に基づいて植林・稲麦・蚕糸・園芸・牧畜・水産等の各事業計画、東南大学農科・省立農業学校・女子蚕業学校等の活動計画、さらには省立の農事・造林・蚕桑・稲作・綿作等各試験機関の活動計画などが審議されている[82]。また技術指導の面では、中国合衆蚕桑改良会の何尚平と葛敬中を、無錫の省立育蚕試験所や揚州の省立蚕桑模範場へ派遣して実地指導に当たらせてもいる[83]。

　さて、以上のような教実聯合会の組織・活動内容は、実業庁長の張軼歐がかねてより抱いていた政策と相通ずるものであった。既述のように、1920年4月に実業庁が主催した実業行政会議において、張軼歐は今後の実業計画の基本を植綿・蚕桑・造林事業の増進に設定し、省立工場の建設を主眼としてきた省長公署の政策方針を農林事業重視の方向へ転換しようと試みていた。また、彼は東南大学・金陵大学等の教授を実業行政会議に招いて植綿・蚕桑・造林事業の講演を依頼したように、教実聯合会が設立される以前から、資本家・商人だけでなく民間の学者・技術者たちとも提携していく構えを見せていた[84]。それだけに、彼にとって教実聯合会の成立は、自らの政策を具体化するための願ってもない好機だったのである。しかも、前章で指摘したように、20年代に入って省長公署が不振に喘ぐ省営事業機関の管轄権を実業庁に移し始めたため、実業庁は省営事業の整理と改廃に着手することが可能となっていた。このため、張軼歐は教実聯合会に対して省営事業の業務計画や予算配分を積極的に諮問していくが、それは同会に結集する優秀な人材と提携し、産業行政の刷新を図ろう

とする彼の意気込みの現れだった[85]。

　しかしながら、教実聯合会は早くも1925年中には活動の停止を余儀なくされる。その原因の一つとして、同会の活動を支持してきた省長韓国鈞が、北京政府をめぐる権力抗争の影響を被って2月に免職となったことが指摘できる（この点については第9章も参照）。当時、奉天派は24年9月から始まった第二次奉直戦争に勝利して北京政府に対する影響力を強めていたが、それに伴い勢力地盤拡張の思惑を秘めた派閥人事が各省にも波及していたのである。だが、教実聯合会が活動を停止したより直接的な原因は、当時の省庫財政の状況から見て、財源の枯渇という省内部の問題に求めなければならないだろう。前章で述べたように、25年度の実業経費は僅か6万元余りが支出されたに過ぎず、教実聯合会が事業計画を策定し指導する各種事業機関の経費は底をついて業務の停頓を余儀なくされていた。また、同会の運営費自体も設立当初から月々1,000元しか計上されていなかったという[86]。

　さらに、そうした財政的原因に加えて、教実聯合会の事業計画を実施する現場の人材能力に、依然として限界があったことも事業の進捗を阻んだように思われる。省営事業機関の管轄権が実業庁にあることを明記した1921年の「実業庁管理各実業機関辦法」、及び25年に発令された修正同辦法の何れもが、各機関主任の任用方法は実業庁が「相当の資格を有する者」から数名の候補者を選考し、省長がそのうちから1名を決定する方法を定めていた。しかしながら、それでもなお、省営事業機関をめぐる猟官活動と汚職は絶えることなく燻り続けていたのである[87]。

　こうしたなかで、張軼歐自身もまた1925年2月に更迭された。彼と相前後して、財政・教育両庁長をはじめ省内の海関監督や道尹など要職官僚の多数が罷免されていることから見て[88]、彼の更迭も韓国鈞と同じく中央政界の変動に対応した派閥人事が江蘇省に波及した結果だったと見られる。農商部の実業庁長人事が形骸化していったことは第Ⅱ節で触れたが、張軼歐の更迭は、実業庁長の業務実績を省みないで人事を進める当時の農商部の状況を如実に示すものだったといえよう[89]。しかし、農林事業の重視と専門的人材の活用という彼の方針

は、後任の庁長徐蘭墅にそのまま踏襲されていった。徐蘭墅も崇明県出身の江蘇省人だったが、26年3月に彼が庁内に設置した「農林委員会」には、かつて教実聯合会に参加した過探先・葛敬中・孫玉書・原頌周ら11名の農学専門家が招聘され、農林蚕桑事業の改良・増進、病虫害の研究、省営事業機関の整理等々を審議することになっていた[90]。また、同年8月にも、徐蘭墅は各県模範農場の成績不良を改善するため、地方農会の推薦に頼っていた従来の主任選定方法を、実業庁に登録された省内農業学校卒業生から委任する方法に改める意向を示していた[91]。

　以上のように、教実聯合会の活動は短期間で終わり、実業庁と連携した省内産業の改良・発展計画は目立った現実的な成果を上げることができなかった。しかし、教実聯合会の設立と活動を媒介として実業庁への産業行政権の集中に弾みがつけられたことは、ここでとくに指摘しておくべきであろう。教実聯合会の決議や計画は、その活動期間を通じてほぼ実業庁に付託され実施に移された。また、教実聯合会の設立後は、実業庁長が予算も含めた省営事業機関の運営計画を同会に提議するようになって、産業行政における省長公署―実業科の影響力は一段と薄くなっていった。こうした産業行政権の実業庁への移行・集中に対して、1910年代に省長公署―実業科と癒着傾向にあった省議会から批判の声が上がった形跡は確認することができない。既述のように、省議会は20年代になると省長公署―実業科が主管する省営事業の腐敗に対して批判を強めていたから、教実聯合会と実業庁が進める省営事業の改善に批判を差し挟む理由はなかったであろう。

　1926年1月、五省聯軍総司令孫伝芳によって任命された省長陳陶遺は、それまで省長公署が握り続けてきた人事任命権も含め、省営事業機関の全管轄権を実業庁に移管する命令を発したが、それは以上のような趨勢を追認したものにほかならなかった。実業科は廃止されずに存続したものの、「省長公署は政務機関として監督的地位にあり各庁は事務機関として主管的地位にある」という見地から産業行政に対する指揮権を喪失し、実業庁が江蘇省の産業行政を「完全に管轄し責任を負う」こととなった[92]。この後、実業庁は同年中3回に渡っ

て実業行政会議を主催し、実業科と実業庁の各職員、省営事業機関の主任、各県の実業局長（後述）等に加え、先に触れた農林委員会の専門学者・技術者も参与させて、①省立工場の整理方針、②省立農林蚕桑機関の事業計画、③農林蚕桑事業を中心とした各県産業行政の制度的・機構的刷新計画、等々の諸政策を討議・決定している[93]。実業庁は、教実聯合会とタイアップする形で漸次獲得していった省産業行政の主導権を、26年中にはほぼ掌握・行使しうるようになったといえるだろう[94]。

ただし、実業庁への産業行政権の漸次的集中は、必ずしも県レベルにまで同庁の方針や指導が浸透することを意味しなかった。確かに、この時期になると、省長公署の影響力が大きい県政府の産業行政に対しても、実業・教育両庁が教実聯合会の専門家に委託することによって、指導・改善が加えられようとしていた[95]。また、1925年5月に北京政府農商部が発布した「県実業局規程」も、実業庁が各県産業行政に対して指導力を強化することを目指すものだった。従来、各県知事公署には産業行政を管掌する第四科を設置することになっていたが、この時期においても未設の県が多く、たとえ設置されていても、科長には県知事の掾属が任命され産業行政にほとんど寄与することがなかったという[96]。これに対して、新設される実業局は実業庁に直属し、その局長は「県知事と商議して全県実業行政を処理し、該県の実業発展に関わる事務を督促指導する」権限を有していた。しかも、実業局長の任用には実業専門学校卒業以上の学歴など厳しい条件が課せられ、県知事には推薦権はあったが最終的に任命するのはあくまで実業庁長であった[97]。

けれども、「県実業局規程」が公布されて以降、多くの県知事は経費捻出上の困難さや第四科の整理・改組の困難さなどを口実にして、実業局の設立をサボタージュしようとした。このため、実業庁長徐蘭墅は、反抗する県知事には「県知事勧業考成条例」に則り厳罰をもって臨むという姿勢を打ち出さざるを得なかった[98]。しかし、こうした実業庁の度重なる厳命や督促にもかかわらず、1925年末の時点で、実業局が成立し県知事が局長を推薦してきたのは省内60県のうち約半分の31県に過ぎなかった[99]。確かに、26年に至って実業庁は省内産

業行政の主導権を掌握したが、その指導力を県レベルの産業行政にまで浸透させていくには依然として限界があったのである[100]。

第VI節 小 結

　江蘇省の産業行政機構と人材調達をめぐる以上の動きは、各省への指導力の浸透を目指す「中央」とそれに対して自立的たらんとする「地方」との競合を基調として展開されたが、一面において第一次大戦間・大戦後の世界経済の動向や中国をめぐる列強の利害によっても規定されていた。その意味で、江蘇省産業行政をめぐる動きには、1910年代から20年代にかけた中国内外の複雑な歴史状況が凝縮されていた。

　1917年の実業庁の設立は、北京政府農商部が第一次大戦による世界経済の再編に対応して全国的な産業行政の連携を強化するために押し進めた。だが、多くの省で実業庁は省長・督軍によって組織的に形骸化され、形骸化を免れた江蘇省でもそれまで産業行政権を掌握してきた省長公署──実業科との間で業務上の二重指導体制を余儀なくされた。また、農商部は実業庁を通じて人材面でも地方産業行政の刷新を企てたが、人事上の既得権益を保持しようとする省長公署の壁は厚く、加えて人事制度や給与待遇の面にも構造的な問題点があったため、優秀な専門的技術者を確保していくには限界があった。

　産業行政機構の分立と人材調達面での問題点は、1920年代になると民間世論の批判にさらされることとなったが、内部の連携を欠く「官」自身によって根本的な解決を望むことはできなかった。そこで、この二つの問題点を克服するため、「民」の側からの提起によって設立されたのが教実聯合会だった。同会は、分立する既存の産業行政機構や行政・技術官僚の上に立ってそれらを統括し、対中経済進出をめぐる日米両国の角逐という時代背景のなかで、省内産業と資本家団体の利害に適合した欧米留学経験をもつ専門技術者を結集して産業行政を指導していこうとした。また、同会の活動を媒介として、実業庁に産業

行政権が漸次集中され産業行政の分立状態は実質的な解消に向かった。教実聯合会の活動は短命に終わったものの、地方産業行政の整備・充実と江蘇省経済の発展を促進していく上で明らかに積極的な意味をもっていた。

　江蘇省の実業庁は、1926年中までに設立以来の懸案だった省内産業行政の分立状態をほぼ解消し、また優れた人材を産業行政に動員するという点でも、明らかに旧来の状況を改善しつつあった。しかし、それは本省人主導の下、省域経済独自の利害に収斂した教実聯合会の活動があって初めて可能となったのであり、農商部の政策や指導力が実業庁を通して江蘇省の産業行政に浸透した結果ではなかった。つまり、農商部直属の機構として設立された実業庁は、農商部の本来の意図とは裏腹に、地域と在地郷紳・商紳層の利害に密着する形で地方産業行政の主導権を握ろうとしていたのである。それが、江蘇省の地方産業行政をめぐる中央・地方関係の帰結であった[101]。

　ただし、省の産業行政権を集中したとはいえ、実業庁の指導力を県レベルにまで浸透させることが依然として懸案のまま残されていたのは留意されてよい。そこに、北京政府期における江蘇省産業行政の到達水準——したがって、国民政府期における地方産業行政の克服すべき課題——があったということも可能であろう。

註

（1）　Wellington K.K Chan, *Merchants, Mandarins ,and Modern Enterprise in Late Ch'ing China*（Harvard University Press,1977）．曽田三郎「清末における『商戦』論の展開と商務局の設置」(『アジア研究』第38巻1号、1991年)、同「清末の産業行政をめぐる分権化と集権化」(横山英・曽田三郎編『中国の近代化と政治的統合』渓水社、1992年、所収)、劉世龍『中国の工業化と清末の産業行政——商部・農工商部の産業振興を中心に——』(渓水社、2002年)、及び阮忠仁『清末民初農工商機構的設立——政府与経済近代化関係之検討（1903-1916）』(国立台湾師範大学歴史研究所、1988年)。

（2）　「江蘇省長公署政務庁辨事職掌暫行章程」(江蘇省長公署統計処編『江蘇省政治年鑑』1924年、首編官庁9〜10頁—近代中国史料叢刊三編第53輯、文海出版社、1989

年）。

（3）　前掲、阮忠仁『清末民初農工商機構的設立―政府与経済近代化関係之検討（1903-1916）』178頁、及び劉世龍『中国の工業化と清末の産業行政』終章の叙述を参照。

（4）　銭端升等『民国政制史』下冊（商務印書館、1939年）381・389頁。また、王家倹「民初地方行政制度現代化的探討（1912-1916）」（『国立台湾師範大学歴史学報』第9期、1981年）も参照。なお、江蘇省の実業司については、『江蘇省実業行政報告書』（江蘇省実業司編、1913年）第1編総務の説明が詳細を極める。

（5）　張国淦は、中華民国成立後、北京政府の国務院銓叙局長・同院秘書長、教育総長等を歴任している（徐友春主編『民国人物大辞典』河北人民出版社、1991年、948頁）。彼が、実業庁設立による産業行政集権化に熱心だったのは、国内の武力統一を進めた段祺瑞内閣の政策基調に副ったものとして理解できる。しかし、後述するように彼が有能な専門的人材を重視した理由は、段内閣の政策基調だけから説明することは困難であり、また彼の経歴からも明らかにすることができない。今後の検討課題である。

（6）　前掲、阮忠仁『清末民初農工商機構的設立―政府与経済近代化関係之検討（1903-1916）』203頁、『時報』1917年9月15日「京塵小志」。

（7）　『申報』1917年9月30日「農商総次長之実業庁長譚」。

（8）　『時報』1917年9月13日「各省教育実業各庁長之略歴」。

（9）　『申報』1917年9月18日「教育実業両庁之波折」、『時報』9月18日「密商教実庁長赴任辦法」。

（10）　例えば、山東省の例（『時報』1917年12月2日「山東実業庁庁長辞職原文」）。

（11）　実業庁の設立が決定されてから1ヶ月以上たった1917年10月下旬に、農商総長張国淦が改めて「各省農商行政」の実業庁への移管を各省に徹底させるよう大総統に要請しているのは、以上のような各省当局の抵抗を踏まえたものだったといえよう（「農商総長張国淦呈　大総統各省農商行政依照現制改帰実業庁主管並准将現帰併各省財政庁之兼理鉱務職権移交接管文」『政府公報』第632号、1917年10月20日）。

（12）　『申報』1919年1月12・14日「各省実業庁之状況」、1920年2月13日「実業行政之談片」。各省の督軍・省長は、農商部に対して産業行政の専門的手腕もないような親近の人物を実業庁長に推薦することが多かったようである。農商部は、督軍・省長のそうした無理押しを回避するため、1920年に省長が推薦できる人員の資格と人数を制限した「実業庁長預保及任用辦法」を制定し大総統の裁可を得ている（兼署農商総長田文烈呈　大総統擬定実業庁長預保及任用辦法繕単呈請鑒核文（附単）」『政府公報』第1476号、1920年3月24日）。

第6章　江蘇省の地方産業行政と中央・地方関係　237

(13) 『申報』1917年9月16日「教育実業両庁之反対声」、前掲「各省実業庁之状況」。
(14) 「大総統令」(『政府公報』第592号、1917年9月8日)、『申報』1917年9月23日「教実両庁之経費問題」、『時報』1917年11月7日「江蘇実業之進行」。
(15) 『申報』1917年9月23日「教実両庁之経費問題」。
(16) 財政部財政調査処編『各省区歴年財政彙覧(江蘇省)』(1927年―近代中国史料叢刊三編第52輯、文海出版社、1989年)に掲載された該当年度の「国家政費表」の内務経費・農商経費部門、及び『申報』1919年2月9日「各省実業経費之概況」を参照されたい。
(17) 「実業庁暫行条例」(『農商公報』第39期、1917年10月15日)。
(18) 「農商部指令第209号／令江蘇実業庁庁長張軼歐」に添付された張の原呈(『政府公報』第747号、1918年2月21日)。
(19) 『申報』1918年1月25日「設立棉花検査所之籌商」。
(20) 『申報』1918年5月17日「県署転令市経董勧種美棉」、1919年2月18日「実業庁令発美棉種」。
(21) 『申報』1918年6月5日「推銷茶葉之辦法」。
(22) 『時報』1918年7月27日「揚州通信／考核□桑成績」(□内は文字判読不能)、『申報』1919年2月14日「江蘇籌設農場之省令」。
(23) 前掲「各省実業庁之状況」。
(24) 「県知事勧業考成条例」(『農商公報』第42期、1918年1月15日)。
(25) 『申報』1920年11月13日「来函／斉氏禍蘇之内幕」。
(26) 例えば、「朱議員鏡明提議海属応速設第八工場案」(『江蘇省議会彙刊』1916年第8号、1916年10月6日)を参照されたい。
(27) 『晨報』1920年12月3日「省長民選提議中之蘇省議員」。
(28) 『申報』1920年8月25日「蘇省署之内幕」。
(29) 『申報』1916年12月9日「蘇議会討論実業預算」、12月10日「蘇省会中之地域主義」。
(30) 『時報』1917年11月7日「江蘇実業之進行」。
(31) 「農商部令第170号」(『政府公報』第605号、1917年9月21日)。
(32) 「学習員」とは、文官高等試験または文官普通試験を合格した者で、2年或いは1年の間、各官署に配置され見習い訓練を受けている者をいう。詳しくは、銭実甫『北洋政府時期的政治制度』下冊(中華書局、1984年) 355～359頁を参照。
(33) 「農商部部令第140号」・「農商部部令第141号／農商部薦委任各職暨附属各機関任用人員暫行辦法」(『政府公報』第574号、1917年8月21日)。
(34) 安原美佐雄編著『支那の工業と原料』第1巻上(上海日本人実業協会、1919年)

990～992頁。
(35) 『時報』1918年4月16日「江北政聞瑣録」、5月3日「蘇省第一農場員之控案」。
(36) 『申報』1920年12月20日「南京快信」。
(37) この点については、第7章で詳述する。
(38) 「省官制」(『政府公報』第735号、1914年5月24日)第14条。
(39) 『時報』1917年3月8日「蘇省候補官僚之生活」。
(40) 『時報』1918年10月11日「臨時実業視察員来滬」、10月15日「江北近事録」。
(41) 「省長交議実業視察員暫行規程案(9月29日到)」(『江蘇省議会彙刊』1916年第3号、1916年10月1日)。
(42) 「法律審査会審査実業視察員規程案報告」(『江蘇省議会彙刊』1916年第12号、1916年10月10日)、「実業視察員暫行条例」(江蘇省長公署第四科編『江蘇省実業視察報告書』総説、1919年)、『時報』1917年5月31日「蘇省会議事紀」。
(43) 事実、臨時実業視察員の「視察」は極めて杜撰であった。省立第四工場場長の業務怠慢を批判した視察員の報告は、実業庁が事実確認のため派遣した技術員の調査によって、その杜撰な視察ぶりが暴露されている(「呈省公署為遵令派員査明第四工場場長陳雲章辦理場務情形由」『江蘇実業月誌』第1期、1919年4月、実業庁呈)。
(44) 『申報』1917年1月11日「実業学生留為本省効用」。
(45) 前掲、銭端升等『民国政制史』下冊408頁。
(46) 『申報』1926年1月4日「蘇省預備考試文官消息」、1925年3月3日「南京通信」。
(47) 上海社会科学院歴史研究所編『五四運動在上海史料選輯』(上海人民出版社、1980年)15頁。
(48) 本来なら、ここで実業庁・実業科職員の月給についても紹介すべきところだが、残念ながら史料が不足して提示できない。ただし、1913年当時の実業司職員の月給に関する史料があるので参考までに紹介しておこう(ちなみに、実業司長は実業庁長と同じ「簡任官」であるから実業庁と実業司は同級の官庁と見なせる)。史料によると、1913年において大体のところ実業司長が280～300元、科長が140元、科員が70～80元、技正が140元、技士が70～80元の支給を受けている(前掲『江蘇省実業行政報告書』第1編総務5～8頁)。年代が下る実業庁の行政・技術官僚が、仮に1913年当時の実業司官僚と同等或いはそれを上回る給与条件にあったとすれば、場長も含めた省営事業機関の技術官僚よりは遙かに優遇されていたと見なせる。しかし、以上のように仮定したとしても、実業庁官僚の給与待遇は本文中すぐ後に示す大学教員の給与に較べて、やはり見劣りがしたといわざるを得ない。
(49) 「教育部公布国立大学職員任用及薪俸規程令」(中国第二歴史檔案館編『中華民国

(50) 「江蘇省辦実業機関之調査」(『銀行週報』第4巻10号、1920年3月30日)。
(51) 『申報』1923年4月9日「蘇省商聯会紀事」。
(52) 「令財政実業庁第5330号／准省議会咨請令行会派幹員分赴各実業機関盤查歷年領款各項数目由」(『江蘇実業月誌』第27期、1921年6月、省長公署訓令)。
(53) 「呈省長擬訂蘇省第一次実業行政会議章程并請酌定開会日期由」(江蘇実業庁編印『江蘇第一次実業行政会議彙録』1920年7月、文牘4~5頁)、「江蘇第一次省実業行政会議章程」(同上、規章1頁)。
(54) 「江蘇第一次省実業行政会議議員一覧表」(前掲『江蘇第一次省実業行政会議彙録』図表1~4頁)。
(55) 「江蘇第一次省実業行政会議議決案一覧表」等(前掲『江蘇第一次省実業行政会議彙録』図表5~13頁)。
(56) 『申報』1920年4月4日「蘇実業会議紀事(二)」。
(57) 李平書等『李平書七十自叙・藕初五十自述・王暁籟述録』(上海古籍出版社、1989年) 145頁、『時報』1918年12月10日「改良棉産之成效」。
(58) 「本会植棉場概況」(『華商紗廠聯合会季刊』第2巻1期、1920年10月20日)。
(59) 「本会植棉場進行消息」(『華商紗廠聯合会季刊』第2巻3期、1921年5月1日)、「改良推広全国綿作計画書」(同上、第2巻4期、1921年9月1日)。
(60) 穆藕初等「設立省道県総分支農林場案」(前掲『江蘇第一次省実業行政会議彙録』議決案3頁)。なお、農林学校を含む実業学校は甲種・乙種に別れ、甲種は「完全な普通実業教育」を施し、乙種は「簡易の普通実業教育を施し、また地方の需要に応じて特殊技術を授ける」ことになっていた(「教育部部令第33号／実業学校令」『政府公報』第450号、1913年8月6日)。
(61) 李永振「各県設置第四科或増設実業助理員案」(前掲『江蘇第一次省実業行政会議彙録』議決案1頁)。
(62) 『申報』1920年4月7日「雑評一／蘇実業行政会」。
(63) 教実聯合会については、すでに飯塚靖氏が1920年代の農業教育改革の潮流のなかに位置づけて紹介している(同「中国近代における農業技術者の形成と棉作改良問題(II)——東南大学農科の活動を中心に——」『アジア経済』第33巻10号、1992年)。本章では、江蘇省産業行政との関わりという異なった視角から同会を考察していく。
(64) 「教育実業行政聯合会簡章(民国11年12月11日省令核准公布)」(龐樹森等『江蘇省単行法令初編』江蘇省長公署公報処、1924年、第4類教育22~24頁)。
(65) 『申報』1923年2月1日「蘇省教実聯合会組織詳紀」。

(66) 『申報』1923年4月9日「江蘇教実聯合会開会紀」。
(67) 『申報』1923年2月1日「蘇省教実聯合会組織詳紀」。
(68) 韓国鈞『止叟年譜・永憶録』(近代中国史料叢刊正編第1輯、文海出版社、1966年) 44～46頁、張怡祖(孝若)編『張季直伝記』(文海出版社、1965年) 474～475、477頁。
(69) 菊池貴晴『中国第三勢力史論』(汲古書院、1987年) 97～101頁、蔭山雅博「アメリカ留学帰国者の社会的活動──20世紀初頭・江蘇省の場合──」(阿部洋編『米中教育交流の軌跡』霞山会、1985年、所収)を参照のこと。なお、ここに名前の上がった人物たちは、何れも東南大学を資金的に支援するために組織された同大学董事会のメンバーであった。東南大学の設立には彼ら「江蘇地方官紳」の積極的な支持があったという(劉正偉『督撫与士紳──江蘇教育近代化研究』河北教育出版社、2001年、296～297頁)。
(70) 『申報』1923年3月14日「南京／教実聯合会近況」。
(71) 上海を中心とした製糸業の海外市場の推移、或いはそれに対応したアメリカ・フランス・日本等の中国に対する働きかけについては、曽田三郎『中国近代製糸業史の研究』(汲古書院、1994年)第1章が詳しい。なお、教実聯合会の「改良全省蚕糸計画委員会」には、中国合衆蚕桑改良会の何尚平・葛敬中とともに、アメリカ・コーネル大学農学修士で金陵大学蚕科主任の銭天鶴がいた(『申報』1923年2月1日「蘇省教実聯合会組織詳記」)。彼らの経歴については表6-5を参照されたい。
(72) 教実聯合会でアメリカ留学の経験がある綿業専門家には、表6-5に掲げた過探先・孫玉書や紡績資本家の穆藕初などがいる。彼らは、教実聯合会の設立以前から華商紗廠聯合会の綿作改良事業を推進していた。この点については、前掲『李平書七十自叙・藕初五十自述・王暁籟述録』と「本会植棉場概況」(『華商紗廠聯合会季刊』第2巻1期)を参照されたい。
(73) 「致紗廠聯合会請自籌植棉奨金緘(4月9日)」(『上海総商会月報』第3巻5号、1923年5月)、『申報』1923年4月13日「江蘇教実聯合会開会紀」。
(74) 阿部洋「中国近代における海外留学の展開──日本留学とアメリカ留学──」(国立教育研究所紀要94『アジアにおける教育交流』1978年、所収)。
(75) 前掲、蔭山「アメリカ留学帰国者の社会的活動──20世紀初頭・江蘇省の場合──」。
(76) 公第160号「米国訪問中ノ支那実業家一行ニ関スル件」(外務省記録3.9.4.94『米国太平洋沿岸聯合商業会議所清国実業家招待一件』所収)。
(77) 前掲、曽田『中国近代製糸業史の研究』104～106頁。

第 6 章　江蘇省の地方産業行政と中央・地方関係　241

(78) Randall E.Stross, *The Stubborn Earth: American Agriculturalists on Chinese Soil, 1898-1937*（University of California Press, 1986）pp.121-122.
(79) 前掲、曽田『中国近代製糸業史の研究』109〜112頁、外務省調査部編『支那ニ於ケル棉花奨励誌』（日本国際協会、1935年）155〜157頁、『申報』1918年9月20日「中日共営棉業之動機」。
(80) 「金融第1号提案ニ関スル金融貿易及産業聯合部会議事録」・「産業第2号提案参考書／機械工業ニ関スル意見」（原田三喜雄編『第一次大戦期通商・産業政策資料集』第4巻、柏書房、1987年、23・291頁）。
(81) 前掲、阿部「中国近代における海外留学の展開──日本留学とアメリカ留学──」。
(82) 『申報』1923年11月28日「江蘇教育実業聯合会」、11月29日「江蘇教育実業聯合会」。なお、教実聯合会農業委員会が提案した「改良推広江蘇棉作之計劃」・「改良推広江蘇全省稲麦計劃」・「改良推広江蘇全省蚕桑計画書草案」は、実業庁の官報である『江蘇実業月誌』第57期（1923年12月）専件に一括掲載されている。
(83) 『申報』1924年4月14日「蘇省教実聯合会常会紀」、7月31日「蘇教実聯合会職員会紀」。
(84) 『申報』1920年4月2日「蘇省実業会議開幕紀」。
(85) 『申報』1923年11月28日「江蘇教育実業聯合会」、3月17日「蘇省実業会議紀」。
(86) 『申報』1923年1月27日「蘇省教実行政聯合会紀事（二）」。
(87) 「実業庁管理各実業機関辨法」（『江蘇実業月誌』第24期、1921年3月、法規）、『申報』1925年4月28日「江蘇省立工場状況」、5月1日「蘇実庁修正管理実業機関辨法」、5月20日「鄭省長整理財政紀聞」。
(88) 劉壽林等編『民国職官年表』（中華書局、1995年）251頁。
(89) 『申報』1925年2月17日「江蘇三庁易長問題」。
(90) 「実業庁組織農林委員会」（『江蘇実業月誌』新第3期、1926年3月、紀事）、及び『申報』1926年3月14日「蘇実庁創設農林委員会」を参照。
(91) 『申報』1926年8月17日「蘇実庁整飭各県農場」。
(92) 「令南京電灯廠等／電灯廠鉄路局漁業試験場交庁主管由」（『江蘇実業月誌』新第1期、1926年1月、実業庁訓令）、『申報』1926年1月4日「蘇実業行政権之統一」。
(93) 「江蘇省有実業機関行政会議録」（『江蘇実業月誌』新第1期、1926年1月、紀事）、「江蘇実業行政会議紀」（同上、新第7期、1926年7月、紀事）、「江蘇第二次省実業行政十二月一日開会」（同上、新第12期、1926年12月、紀事）。
(94) ただし、当時は省庫財政の極度の悪化によって地方実業経費が枯渇していた上、北伐戦争の影響が江蘇省に波及しつつあった時期でもあるため、実業庁の政策の多

くは実施することが困難であったろう（この点については前章も参照のこと）。
(95) 『申報』1923年4月22日「南京／庁令維持原有実教経費」。前掲、劉正偉『督撫与士紳——江蘇教育近代化研究』360～361頁によると、1925年には省教育会の建議によって、実業・教育両庁から各県に対して「教育と実業の聯合会を組織し、全省地方の職業教育の発展を促進する」指示が出されたという。
(96) 「呈聯軍総司令部 省長公署／呈報全省実業現況及所擬整頓計劃」（『江蘇実業月誌』新第1期、1926年1月、公牘）。
(97) 「県実業局規程」（『江蘇実業月誌』第74期、1925年5月、法規）。実業庁は、実業局長だけでなくその他の県立実業機関についても専門的人材を登用しようとした。そのため、先に本文中で述べた県模範農場の主任は、各県実業局長が推薦した「合格人員」のなかから実業庁自らが選任し、その他の機関の人材についても同庁が審査・登録することになっていた（「令各県実業局」同上、新第4期、1926年4月、実業庁訓令）。
(98) 『申報』1925年8月16日「蘇実業庁催設実業局之通令」。なお、銭端升によれば、直隷・山東・陝西各省では、1917年以降に設立され「大抵は地方の紳士が主管運営し正式の行政機関でもなかった」という勧業所や実業公所が、実業局に改組されていったという（前掲、銭端升等『民国政制史』下冊580頁、また魏光奇『官治与自治——20世紀上半期的中国県制——』商務印書館、2004年、112～113頁も参照）。しかし、江蘇省の実業局設立に関して、史料からそうした状況は察知できない。江蘇省の各級行政機関を概説した曹余濂編著『民国江蘇権力機構史略』（江蘇文史資料編輯部、1994年）は、実業局について上記直隷等各省と同様の説明をしているが、銭端升の叙述をなぞった部分が多く鵜呑みにするのは危険である。
(99) 前掲「呈聯軍総司令部 省長公署／呈報全省実業現況及所擬整頓計劃」。
(100) こうした事態は、第9章で詳述するように、この時期において県知事（県政府）が在地郷紳・商紳層と結合しつつ省政府から相対的な自立性を強める傾向にあったことと密接に関係していたといえよう。
(101) この点は、第9章における「軍閥」統治（地方行財政）の変容という論点とも関係する。

第 3 篇

国家統合の瓦解と中央・地方関係

第7章
省自治風潮と北京政府の地方自治政策

　　第Ⅰ節　課題の設定

　従来ほとんど指摘されなかったことであるが、中華民国史における1920年代前半は、民国統合理念の歴史的転形期として極めて重要な位置を占めていた[1]。即ち、臨時約法に由来する政治理念＝「法統」に基づいて政治機構・体制を整序し民国を統合しようとする構想が完全に効力を失い、国共合作の下、孫文の三民主義に基づく統合構想が提起されたのは、まさにこの時期だった[2]。しかし、上記の見地から20年代前半を眺めた時、この時期の政治史をより特異で精彩あるものにしたのは、連邦制によって民国の統合を展望した「聯省自治」構想の出現だったといえよう。国民革命によって否定されるまでの間に、この構想は各省の「軍閥」や国民諸階層に受容されて地方政治の活性化を促し、「地方の時代」ともいうべき時代状況を生み出したのである[3]。

　しかし、各省に対する統制力が脆弱な北京政府にとって、こうした時代状況は由々しき事態にほかならなかった。緒論で確認しておいたように、中国おいて「省」は最上級の地方行政区画として中央・地方関係の根幹に直接関わってくる政治単位だった。その上、袁世凱が世を去って以降、国家の「地方行政（軍政）機関」であるべき省政府（省長・督軍）は、独立・割拠する「地域的統治権力」としての相貌をいよいよ露わにしていた。周知のように、聯省自治構想は省ごとに省憲法を制定し各省が自立することを先決課題としていたから、北京政府にとって聯省自治運動の発展は、名目的な「官職任免権」さえ否定されて「省」の独立・割拠性を一段と助長するもの、換言すれば北京政府の統一

的中央政府としての解体を招きかねないものだったのである。

けれども、1920年代の北京政府が、袁世凱時代のように軍事的威圧を通じて聯省自治勢力と対抗することは適うべくもなく、統一的中央政府としての地位を維持していくには、各省政府との合意形成を通じ、少しでも自己に有利な形で中央・地方関係を再編していく以外に途は残されていなかった。ここに、北京政府が「地方自治」或いは「省自治」を政策として提起し模索しなければならない理由があったのであり、その政策の成否は同政府が国家統合の推進主体として再生しうるか否かを占う重要な試金石だった。後述するように、1920年の後半に省自治風潮が北京政府「勢力圏」諸省(4)にまで波及したことは、北京政府が地方自治政策を展開していく（より正確には、していかざるを得ない）決定的な契機となった。そして、その具体的な施策として登場したのが1921年5月に内務部が開催した「地方行政会議」だったのである。

本章では、以上の問題認識を踏まえて、北京政府「勢力圏」諸省における省自治風潮の特徴的な動向を検出し、それとの関連で地方行政会議に具体化された北京政府の地方自治政策を検討する。この時期の自治運動を意識的に民国の統合、或いは全国的な政治構造と関連づけて検討した業績には、ショッパ、塚本元、味岡徹各氏の研究がある(5)。しかし、これらの研究には北京政府の地方自治政策にまで立ち入った分析を加え、それと省自治運動との相互関係に注目しようとする観点はない。また、地方行政会議を考察対象に据えた研究も今のところ皆無である。これは、第4章でも指摘したように、従来の多くの研究が北京政府を「軍閥の傀儡政権」とすることで満足し、その主体的な政策努力にほとんど関心を払ってこなかったことと無関係ではない。

第Ⅱ節　北京政府「勢力圏」諸省の省自治風潮

(1) 省長弾劾・着任拒絶風潮

1920年後半から、浙江・江蘇・山東・湖北・江西等の北京政府「勢力圏」の

諸省において、「風潮」と称するに足るほど連鎖的に省自治運動がわき起こった。西南各省の自治運動が、これらの省にまで影響を及ぼし始め[6]、それが省長・督軍に対する省内の不満と結合して省政改革の気運を醸成したのである。さらに、同年7月の直皖戦争は、安徽派の敗北に連動した民意無視の派閥人事や地盤再編の動きを各省に波及させたため、省政改革の気運に一層拍車をかけた。味岡氏は、直皖戦争後における自治運動の特徴の一つとして、省長等の任免権を北京政府から奪取しようとする動きが見られたことを上げているが[7]、北京政府「勢力圏」の諸省では直皖戦争以前から省長弾劾或いは着任拒絶の動きが継起していた。以下、この点に留意しながら、江蘇省を中心に各省の自治風潮を概観してみよう。

　北京政府「勢力圏」諸省のなかで、真っ先に省長の弾劾を決議したのは浙江省の省議会であった。1920年6月、同省の省議会は省長斉耀珊に対して、県知事や徴税官吏への親族・貪官汚吏の重用、省議会が議決した省予算の軽視や省警備隊経費の流用による財政紊乱、等を理由に弾劾を決議している。北京政府は、省議会の決議にもかかわらず斉耀珊を慰留しようとしたが、斉が自ら浙江省を離れたため、浙江人の沈金鑑を後任省長に任命して「浙人治浙」の気運を緩和しようとした[8]。

　また同じ6月、浙江省議会と示し合わせたかのように、江蘇省議会が省長斉耀琳の弾劾案を決議した。省議会議決予算の恣意的な変更や省有財産の乱脈管理、県知事等の「吏治」腐敗の放置・増長、などが斉に対する主な弾劾理由だった[9]。第6章で指摘しておいたように、1910年代以来、産業行政とりわけ省営事業の誘致を好餌として省議会議員の一部を籠絡してきた斉耀琳であったが、弾劾案が99名の出席議員中86名の圧倒的多数で可決されたように、彼の放縦な省政運営と「吏治」の腐敗は、今や完全に省議会の信頼を失っていた[10]。ところが、北京政府は斉耀琳に対しても慰留を重ね、斉もまた弾劾された身でありながら、金陵道尹の兪紀琦を財政庁長に転任させようと企てた。兪はかつて督軍公署において軍餉調達の任にあったといわれ、彼の転任の背後には、軍事費の確保を狙った督軍李純の強い意向が働いていたといわれる[11]。

このため、省議会議員をはじめとする省民の反発は一層強まり、商会・教育会・農会等の法団や蘇・松・常・太各属の「士紳」たちは、冬漕を担保とする借款（借漕）の拒絶を主張して兪紀琦の財政庁長着任を阻止しようとした(12)。借漕拒絶の動きにより軍事費の調達が滞ってしまうことを恐れた李純は一転して兪紀琦を見限り、兪は8月下旬に辞職を余儀なくされた(13)。そして9月中旬には、斉耀琳が北京政府によってついに罷免される。省内で「自決自治」・「蘇人治蘇」の声が高まるなか、後任省長に任命されたのは李純が推薦した京兆尹の王瑚（直隷人）であったが、上京した江蘇省の「士紳」代表と面会した王は、①財政庁長の本省人任用、②教育・産業行政における専門的人材の登用、③県知事に対する厳格な考査、④「各属の重望を担う紳士」の招聘等々を政見として掲げ、省内の省政改革要求に理解の姿勢を示そうとした(14)。

ところが、直皖戦争後に蘇皖贛三省巡閲使に任命され「大両江主義」の野望を抱いた李純は、なおも省財政権の独占を狙って財政庁長人事に介入し、彼の「乾児」（義理の子）として烟酒公売局長・両淮塩運使等の要職を得ていた江西人の文龢を新庁長に据えようと画策した(15)。しかし、本省人の財政庁長任用を求めていた省内世論の反発はここでも痛烈だった。10月の初め、李純の意向を受けた北京政府が文龢の財政庁長就任を閣議で了承すると、省議会議員・各法団など省民各方面の反対運動は一気に加速した。2,560人の「公民」が連名で発したある電文では、省民の要求より李純の意向を優先する北京政府に対して納税を拒否し、その中央政府としての地位と李純の江蘇督軍としての地位を否認すべきであるという主張さえ掲げられていた(16)。このような省内世論の厳しい批判に動揺した李純は、意外にも10月12日に自殺してこの世を去った。李純の死は省内の督軍廃止（廃督）要求をにわかに高め、廃督派が多数を占めるに至った省議会では、北京政府に向けて廃督を要求する決議が採択された(17)。また11月になると、省議会はさらに省長民選を決議し、省議会議員が「省制草案」を起草するに至った(18)。

第3章で述べたように、浙江人の省長屈映光の下で「浙江人の植民地」とまでいわれた山東省では、3月に起きた屈の国会議員殴打事件を契機に省議会が

弾劾を検討し、また北京政府と国会に対しても彼の査辦案が提出された。屈映光が批判された主な理由は、県知事職の売官や貪官汚吏の充任、行政機関濫設による公金の私物化、等にあった[19]。屈は6月末に罷免されたが、後任に浙江省長を追われた斉耀珊が任命されたことから、山東省における省自治運動の気運はにわかに高まっていった。省議会や各法団は斉耀珊の着任拒絶を主張し、また本省人の財政庁長任用を求めて、斉が推薦した財政庁長張壽鏞を辞職に追いやった[20]。浙江省に続いて省自治風潮の厳しい洗礼を受けた斉耀珊が10月に山東省を去って以後、省自治風潮は督軍田中玉の省長兼任反対運動、11月の省議会による「省制大綱草案」の起草へと発展していった[21]。

　直皖戦争後の湖北省では、安福系の嫌疑があった省長何佩瑢が8月末に罷免され、後任に督軍王占元の推薦によって彼の同郷で親戚の孫振家が任命された。省議会は北京の湖北同郷会と連携して孫の就任に反対し、省教育会会長ら315名は省長民選の実現を訴えた連名電を発した[22]。北京政府は9月に湖北人夏壽康を改めて新省長に任命したが、湖北自治籌備会は「鄂人治鄂」の目的は全省人民の幸福と人権の達成にあるとして、夏に自治実行の準備、選挙制の整備、人民の同意に基づく県知事の任用と人事行政の公正化、等を要求した。一方、旅京同郷会は11月に「湖北自治法草案」を起草した[23]。

　江西省では、江蘇・湖北等の省自治風潮に刺激されて「贛人治贛」が叫ばれ始め、12月には省議会が二大会派の激しい対立を伴いながら省長戚揚の弾劾案と省長民選案を議決し、北京政府から省長民選決議無効の通告を受けていた。また、省長弾劾の前には江蘇・山東と同じく財政庁長に本省人を採用し財政権を回収しようとする議案が省議会に提出されていた[24]。第3章で触れたように、浙江省紹興出身の戚揚の下で、江西省は「紹興人の植民地」といわれ、そのためか戚は以前から度々省議会によって弾劾されていた。1917年に彼が弾劾された時には、「吏治」の腐敗、行政官吏への縁故者の重用、財政の紊乱、省教育事業の破壊、公金横領、等が主な理由として上がっていた[25]。

　以上のように、北京政府「勢力圏」諸省の自治風潮は、北京政府が任命した省長の弾劾・着任拒否や本省人の財政庁長任用要求を中心に拡大していった。

それらの要求は、省長の人事権濫用と「吏治」腐敗の放置、それに伴う財務・税務行政の紊乱、そして督軍の省長兼任や省長・財政庁長人事への介入に対抗して起こされたが、こうした省長・督軍の専横を地方の側からチェックする機能は省議会の行政監督権の行使に限られていた。省自治風潮が、省議会による省長の弾劾と着任拒否を契機に開始されたのは、ここに制度的な根拠があったのである。しかし、その過程で省長民選や督軍廃止が提起され始めたように、省政を改革していくには所与の地方制度の枠内で運動を展開するだけでなく、より積極的に制度的枠組み自体の改革を提起していく必要があった。省長・督軍の専権は、従来の地方行財政の体系そのものに起源があったからである。

(2) 地方制度改革要求

北京政府「勢力圏」諸省における省自治風潮の特徴は、北京政府の勢力下から全面的に離脱＝独立するのではなく、あくまで所与の地方行財政体系（制度と機構）を分権的な方向へ修正しつつ、中央政治と省政との関係を有機的に調整＝連携させようとした点にある。例えば省長民選の方法は、江蘇・山東・湖北・江西各省の何れもが、省において複数の候補者を選出し中央或いは大総統に択一任命を申請するという、中央との権限調整を考慮した方法を提起していたのである[26]。こうした志向性の枠内で各省が模索した制度的な改革要求は次の二点に集約された。一つは「省参事会」の設置要求であり、もう一つは「国地財政劃分」（国税と地方税の画定）の実行要求である。

省参事会の設立は、すでに1916年に旧国会の憲法会議が起草した「憲法草案」において提起されていたが[27]、1920年代に入って各省の省議会の間でその実現が叫ばれ始めたのだった。江蘇省では、1920年11月に起草された「省制草案」において、「合議制をもって省地方の人事・行政事務を執行し、県以下地方行政事務を監督」する参事会の創設が提起されていたが[28]、12月末には省議会が「省行政事務の執行に関して議決」する参事会の条例案を採択した。省長公署に対する「議決案咨文」では、「年来、国事の紛糾により制憲事業が停頓し省制が未だ決定されていない」状況に鑑みて、「法定民意機関」たる省議会が、

中央政府に先行して「省制」の一部である参事会の単行条例を制定するのは当然の権利である、と採択理由が説明されていた。同省議会の条例案が求める省参事会の職権は、①省行政執行の計画・立案、②省政府が省議会に提出する議案と予算・決算案の事前承認、③省議会に対する省政府提案の説明と意見の陳述、及び省議会の質問案件に対する回答、④省議会建議案の審査と執行の可否の決定、⑤省議会議決案件に関する執行方法の決定、⑥国家行政に対する建議と省長の諮詢に対する答申、等々に及んでいた（表7-1に示した職権は「省制草案」の規定も含めてある）[29]。

　翌1921年1月、新任省長の王瑚は、省参事会を含む地方制度は憲法の一部であり、省の単行条例をもって憲法に代替させるのは問題があるとして、省議会に再審議を要請した。しかし、他方において、彼は国家人事行政への不干渉や省長の「輔助」機関化等を条件にその設置を容認する姿勢を示し、北京政府に向けて省参事会制度の試験的実施を電請した[30]。一方、省議会は省長の再議請求を出席議員84名中77名の賛成多数で否決し、改めて「参事会条例」の公布を迫った。だが、省政府による条例の公布は、北京政府内務部が省参事会設立の問題は地方行政会議（次節で詳述する）において決定すると通達してきたため、結局は見送られることになった[31]。

　浙江省では、江蘇省に先立つ1920年12月初め、省議会が「省長を補佐して省行政業務を処理」する参事会の組織条例を決議した。その権限は表7-1の通りである。北京政府内務部は、この決議が中央政府と国会が有する「省制」の制定権に抵触すると批判したが、新省長の沈金鑑は参事会に酷似した「省参議会」案を省議会に提出して省議会に譲歩しようとした[32]。一方、山東省では、11月の「省制大綱草案」に関連した規定がもり込まれている。同省の参事会は省議会に責任を負い、「本省行政の総機関として行政事務を総攬し中央委任行政を代理する」権限をもつとされた。湖北省でも、11月に湖北省各界聯合会が「省政の決議機関」として参事会の組織を提起し[33]、翌21年1月には新省長夏壽康が組織大綱の起草を検討するに至った。また旅京同郷会起草の「自治法草案」では、参事会は省単行法・下級自治法や実業・教育・交通など地方事業の執行・

表7-1　蘇・浙・贛三省における省参事会の職権

	江蘇	浙江	江西
省行政・自治業務の企画・新設・改良	○	○	○
下級自治行政の処理	○	○	○
選挙の処理		○	
県知事・徴税官吏等の任免	○	○	○
省予算・決算の制定			○
省政府の省議会提出議案・予決算案の審査	○		○
省議会に対する省政府提出議案の趣旨説明	○		
省議会の省政府議案に対する質問への回答	○		○
省議会議決案の執行・運用方法の決定	○	○	○
省議会建議案・査辧案執行の可否決定	○		○
行政訴訟・請願の受理			○
官庁間権限争議に関する処理			○
省・中央間の行財政権限の割分			○
省長の中央委任行政に関する諮問への回答	○	○	
省長への国家行政に関する建議	○		○

典拠：『申報』1920年11月27日〜29日、12月7日、12月30日。
註：省参事会に関する条例を起草、或いは決議した三省のみ、その条例規定を参照して作成した。ただし、江蘇省は「省制草案」の規定も含めてある。

運用に関する議決権を有していた(34)。江西省では、20年12月に北京の旅京同郷会が「臨時参事会組織大綱」を起草した。臨時参事会は「合議制に基づき省地方行政事務を執行し、各級地方自治事務を籌設・監督」する組織として**表7-1**のような権限をもっていた(35)。

このほか、安徽省では1920年11月に省議会議員が「省参事会組織大綱」を省議会に提案している。また、西南諸省でも12月に湖南省政府が「省行政を補助し省議会議決案を執行する」省参事会の設立を提起し、翌21年の1月には省議会で参事員選挙が実施された。さらに、貴州省では2月に「全省重要行政事務を審議する」参事会の組織が「臨時省制大綱」にもり込まれた(36)。

以上に概観した各省参事会の構成は、省長及び政務・財政・教育・実業庁等の各庁長と「省民」の代表とによって組織するという点でほぼ共通していたが、「省民」代表の決定方法は大きく二通り分けることができた。一つは省議会の選出によるもので、江蘇・浙江が11名、湖北が5名、山東が6名の定員を指定していた。もう一つは省長の任用によるもので、江西で7名が指定されていたが、この場合には省議会に不信任決議権が認められていた。他方、各省が提示した省参事会の性格は必ずしも一様ではない。しかし、そこにほぼ共通するのは、参事会が省行財政、或いは地方自治行政に関わる政策立案の実質的決定権

を掌握しているという点である。

　ただし、ここでいう「省行財政」とは、省議会が予決算の議決権をもつ「省庫財政」の範囲内、つまり「省地方行政」に関わるものであり、基本的に「国庫財政」に関わる「省国家行政」は含まれていない。上述した山東省の「省制大綱草案」が参事会に「中央委任行政を代理する」権限まで与えていたように、確かに各省の省自治勢力には「省国家行政」をも浸食したいという願望が潜在していたと思われる。しかし、省議会と参事会とが「省国家行政」にまで容喙するようになれば、それは北京政府の地方行財政体系に頓着しない聯省自治的な方向へと踏み出すことになり、中央政治と省政との関係を有機的に調整＝連携させようとする北京政府「勢力圏」諸省の志向とは矛盾してしまう。したがって、それら各省で構想された省参事会は、「省地方行政」の立案・執行に関わる意志決定＝議決機関として省長の専断を掣肘する、という点に共通点があったと考えてよい。こうして見ると、省参事会を設立しようとした目的は、省議会とともに省長（さらには督軍）の恣意的な行財政運営を規制し、「省地方行政」の立案と執行を「省民の意志」に即して可能な限りコントロールすることにあったといえよう。当時、省参事会の設立が「省自治」実現の先決課題であると考えられた所以である[37]。

　一方、省庫財政の財源を拡充し、省の財政権を省民の手に回収する前提として要求されたのが国地財政劃分だった。第2章で明らかにしたように、袁世凱政権は国税庁の設置によって国地財政劃分を実現しようとしたが、各省政府と地方郷紳層の反対によって結局は挫折せざるを得なかった。そのため、1920年代に入っても依然として国税と地方税は明確に区分されず、清朝以来の「中央解款」制度が形骸化しつつも残っていた。北京政府の弱体化は、各省からの送金滞留を招き、他方、各省では截留した税収が制度的なチェックを欠いたまま軍・政当局に留用されていたのである[38]。

　こうした現状に対し、江蘇省の「省制草案」はその「総説」で中央・省間の行政権限と租税配分の明確な劃分を主張し、条文中では関税・塩税・印花税・煙酒税及び交通収入を中央税に、現有県税以外の「地税・貨物税及び現有雑税」

を省財源に指定していた[39]。湖北省の「自治法草案」と山東省の「省制大綱草案」も、関税・塩税・印花税・煙酒税・特種営業税等を国税とし、それ以外の租税を省財源に指定している[40]。このほか、江西省では省参事会の職権の一つに省・中央間の行政・財政権限の割分が含まれていたし（**表7-1**参照）、安徽省で参事会の組織が提起されたのは、国地両税の割分を実行し財政監督と省有財産管理の実を上げるためだった[41]。江蘇・湖北・山東各省の「省制草案」・「自治法草案」・「省制大綱草案」が示すように、省自治風潮のなかで提起された財政割分案は、田賦・貨物税など巨額の収入が見込まれる租税を省の財源に組み込んでおり、この構想が現実のものとなれば、「省地方行政」を支える省庫財政の収入規模は明らかに拡充され、それに対して「省国家行政」＝国政委任業務を賄う国庫財政の規模は縮減する。

　また、国地財政割分の実施によって省庫財源が確定・拡充することは、省自治・地方自治の促進だけでなく、教育・実業・交通など地域的諸事業を育成し活性化させるためにも積極的な意義をもつはずであった。督軍・省長の専断的な行財政運営が地域的な利益追求と乖離し、そのため省の経済的・文化的諸事業が停滞しているという認識は、ほぼ北京政府「勢力圏」各省において共通していたといえよう。江蘇省の省自治風潮において本省人の財政庁長任用が叫ばれ、さらに国地財政割分の実行と省参事会の設立が求められた理由の一端は、「地方財政を掌理して本省実業の振興に備え」、「地方各種事業の創立・運営」が期待できるという点にあった[42]。

　以上のように、北京政府「勢力圏」諸省の省政改革要求は、「省行財政」の自主的な運営を可能にする地方財政制度の枠組みと、それを支える行政機構の改変とが中心になっていた。その意味で、国地財政割分と省参事会設置の要求は不可分の関係にあったといわなければならない。なぜなら、省参事会の目的は「省庫財政」に関わる「省地方行政」の主導権を省民の手に掌握しようとするものであったが、それは国地財政割分の実施による「省庫財政」の拡充によってこそ、「省地方行政」が管掌する範囲の拡大、換言すれば「省自治」の実質化（「省国家行政」＝「官治」領域の縮小）に向かっていくからである。緒論で確

認した省財政の構造——即ち、巨額の国庫収入に支えられた「省国家行政」の内実が、軍事力扶養と治安維持、租税徴収、各級行政機関の維持等によって占められ、教育・産業振興等の地域的利益に関わる「省地方行政」は慢性的収入不足に悩む省庫支出によって賄われていた点を想起するなら、以上の改革要求がもつ深刻な意義は自ずと理解されるだろう。

　省長・督軍に対する弾劾・反対風潮は、この時期に特有な現象ではなく1910年代にも各省で起きていた[43]。しかし、以上に確認した今回の風潮は、既存制度の範囲内で展開されるに止まらず、制度・機構上の具体的改革要求を伴ったところに大きな特色があった。しかも、それらは連鎖的に、かつ各省が共有しうる形で提起されたのである。浙江・江蘇・湖北等の新任省長が省参事会設置要求に譲歩の姿勢を見せたことで、これらの要求は北京政府にとっても放置できない問題となっていった。

第Ⅲ節　内務部の地方自治政策構想

　「勢力圏」諸省の連鎖的な省自治風潮に直面して、北京政府は1920年11月17日に地方自治の回復・実行を命ずる「大総統令」を発し、関係諸官庁と各省省長に対しては実施の準備を促すとともに、内務部には、諸外国の地方自治制度の精査と各省区への意見聴取に基づいて、関係法令の増訂・修改を進めるよう命令した[44]。「大総統令」が出される以前にも、新聞紙上では政府内で地方自治実行のために検討が進められているとの消息が伝えられていた。その過程で北京政府の地方自治政策の策定を主導したのは、地方行政を管轄する内務部であり、その中心にいたのが8月に第2次靳雲鵬内閣の署内務総長に就任し「政府中の智多星」と称された張志潭（在任期間1920年8月11日～1921年5月14日）だった[45]。第2次靳内閣は、直皖戦争後の8月に直隷派曹錕と奉天派張作霖との勢力均衡の上に成立した内閣だった。張志潭も、戦争後に安徽派から直隷派に投じたといわれる軍事・行政官僚だったが、1919年に靳雲鵬の第1次組閣を大総

統徐世昌に献策していることから見て、安徽派と直隷派に直接癒着した官僚というより、靳と人脈的にも政治的にも接近した人物だったと思われる。実際、この度の入閣も靳雲鵬の強い後押しによるところが大きかった⁽⁴⁶⁾。

今回、内務部が進めた地方自治実施方針の特徴は、各省との一定の妥協・協議を通じて地方自治の制度的枠組みを確定しようとした点にある。先の「大総統令」を受けた12月初旬の内務部通電では、中央が「地方自治大綱」を制定して「国家の統一と中央行政を保持」する一方、「その他の詳細な章程は各省区が地方の状況を斟酌して自ら制定公布するに任せる」とまで言明していたのである⁽⁴⁷⁾。そうした政策基調に沿って1920年12月に張志潭＝内務部が提起した企画こそ、各省代表を北京に召集して地方行政の懸案を協議・解決しようとする地方行政会議（当初の命名は自治討論会）の開催だった⁽⁴⁸⁾。この時期に北京政府が地方行政会議の開催を決意したのは、「勢力圏」諸省の省自治風潮に対処するためだけではなかった。11月末に広東軍政府が「聯省政府」と改名し「米国式の合衆制」を採用すると宣言したことも大きな要因となっていた⁽⁴⁹⁾。北京政府にとって、「勢力圏」の諸省が広東の「聯省政府」に傾斜すれば、形式的にせよ維持されてきた統一的中央政府としての威信が決定的に失墜することは避け難かったのである。

地方行政会議の開催は、翌1921年元旦の「大総統令」をもって全国に発令され、各省区政府代表と省議会代表に加えて北京政府関係各部の代表が参加することになった。内務部は、「地方自治制度と国家行政制度は関係が密接」という認識から、協議すべき課題として中央・地方間の制度的な編成を重視していたようである⁽⁵⁰⁾。3月の時点で内務部が練り上げた地方行政会議の議題には、この認識を基調として、①中央・地方権限の割分、②中央・地方財政の割分、③省参事会の設置、④県自治実施法の立案、⑤市郷自治籌備法の立案、の五点が上がっていた⁽⁵¹⁾。ここで注目されるのは、国地財政割分や省参事会の設置という「勢力圏」諸省が提起した省自治に関わる制度・機構上の課題がもり込まれる一方、中央・地方関係の根幹に直接関わる「省自治制」そのものの制定については、独立した議題が用意されていないことである。

この二点に着目して、張志潭＝内務部が描く地方自治政策構想の意図とその意義を考えてみよう。1921年2月、張は新聞記者の質問に答え、政府が地方自治の実行に否定的となる理由は存在しないとして、その根拠を次のように語っていた。

　　中央と地方がもっとも争い易いもので財政権と人事権にまさるものはない。しかし、試みに問うが、今日の財政権は果たしてみな中央の手に握られているだろうか。今日の人事権もまた、みな中央の独断から発せられているだろうか。その意味で、地方自治の実行は政府に何ら損失をもたらすものではない。つまり、政府は地方自治の実行を希望しているのであって、それは国民の希望とも一致しているというべきである(52)。

　この言葉の背後には、有力な「軍閥」とその系列下にある各省の督軍・省長によって、北京政府の財政権・人事権が壟断されている状況への不満が込められていた、と見ることが許されるだろう。当時、靳雲鵬内閣の存立と政策は、曹錕・張作霖の派閥的利害や地盤拡張の思惑に大きく規制されていた。張志潭は、その内閣において何よりも靳に接近した閣僚であり、しかも地方行政を専管する内務総長の地位にあったからである。彼は、「地方自治の実行」が督軍・省長権力を制度的に制約するという点に、北京政府＝靳内閣と「国民」とが共有しうる利害の一致点を見出していたといえよう。

　張志潭のこのような認識と立場を踏まえれば、地方行政会議の議案に国地財政劃分案と省参事会設置案がもり込まれたのも十分に納得できる。この二つの懸案は、北京政府「勢力圏」諸省の自治勢力が、督軍・省長の専断的行財政運営とその財政基盤を制約するために提起した制度改革の焦点だった。張志潭の構想にとって、二つの要求はそうした役割を果たす限りにおいて利用する価値があったのである。かりに、省議会代表と両懸案の内容に関して調整・合意が成立すれば、北京政府は各省の省自治推進勢力と制度的に連携して督軍・省長権力に一定の政治的規制を加えることができるだろう。また、両懸案に関する

合意形成は、省自治推進勢力を地方自治政策の支持基盤に組み込んで中央政治と省政との連携を深め、北京政府が統一的中央政府としての実質を漸次獲得していく端緒にもなるはずだった。当時、「官紳合辦の自治」[53]を目指すと評された張志潭の地方自治政策は、中央政治と省政との有機的な連関＝調整を図るという点において、北京政府「勢力圏」諸省の省自治志向とそれなりの接点をもっていたのである。

　しかしながら、張志潭の構想は、他方において各省の自治勢力に必要以上の省自治権を与えようとするものでもなかった。それは、地方行政会議が「省自治制」に関する独立した議題を用意していなかったことに端的に現れていた。もし、地方行政会議で「省自治制」の制定そのものを正面切って協議したら、省議会代表が強い自治権を要求してくることは眼に見えていたのである。「省自治権」（第Ⅱ節の表現に即せば、「省地方行政」）の管掌範囲が拡充・肥大化すれば、北京政府の各省に対する統制力は今以上に希薄化し、北京政府主導の下に新たな中央・地方関係を構築しようとする張志潭の目論見も破綻しかねなかった。地方行政会議が県以下の各級自治制だけを独立した議題に掲げたのは、それが中央・地方関係の根幹に直接関わらないためだったのである。県以下地方自治の全面的な承認と省自治権の部分的・個別的な承認→中央と各省との政治的連携の強化→北京政府の統一的中央政府としての再生・実質化、これが張志潭の描く地方自治政策構想の全般的な見取図であり、地方行政会議はその端緒として極めて重要な位置を占めていた。

　かくして、問題の所在は以下のように整理することができる。北京政府「勢力圏」諸省の省政改革要求は、中央政治と省政との有機的な調整＝連携を求めつつ、自主的な行財政運営を可能にする省自治権を獲得することに集約された。地方行政会議の成否は、北京政府が国地財政劃分案と省参事会案に、そうした志向・要求を満たすだけの省自治権をもり込むことができるか否か、という点にかかっていたのである。

第Ⅳ節　地方行政会議をめぐる中央と地方

(1) 張志潭＝内務部構想の動揺

　内務部は、省自治風潮を牽引した江蘇・湖北・浙江の省議会代表が会議に参加することを切望していたが、このうちで代表を派遣したのは江蘇省議会だけだった[54]。参加を見送った浙江省議会の一議員は、地方行政会議が「各省の自治潮流を緩和させようとする」ものであると指摘して各省議会に参加の拒絶を訴え、他方において内務部が回避しようとした「省自治制」法案の提出を呼びかけていた[55]。こうした言動は、各省の利害を無視して督軍・省長人事を進めてきた北京政府に、各省議会が拭い難い不信感を抱いていることを示すものだった。しかし、1921年5月4日に開会した地方行政会議には、21省区政府の代表とともに結局13省の省議会代表が参集した（表7-2参照）。

　一方、北京政府からは内務部4名、財政・交通・農商・教育部各2名の代表が参加することになった。当初、内務部だけは12名の代表を派遣するはずだったが、新聞紙上等で「官派」代表が多すぎるという批判を受け4名に減員されたのである[56]。内務部代表の増員には、予想される省政府代表と省議会代表の確執を内務部主導の下で調整しつつ、張志潭の思惑通り会議を運営しようとする狙いがあったと思われる。しかし、マスコミにはそれが北京政府による省議会代表への圧力と映じていた。

　また地方行政会議を前にして、内務部は北京政府部内でも困難な問題に逢着した。国地財政割分の実行をめぐって財政部と見解の対立を来したのである。内務部が予定した地方行政会議の議題のうち、省参事会については1921年1月下旬に同会議で決着するという政府内の合意が得られていた[57]。しかし、国地財政割分については、前年12月の閣議で地方自治施行と同時に実行する案が提議されたまま、閣内の最終的な合意が得られていなかったのである。そのため、張志潭は3月になって財政総長周自斉に国地財政割分の計画書を起案し地方行

表7-2 地方行政会議の各省代表

	省政府	省議会		省政府	省議会
直隷	○	△	広西	○	○♯
奉天	○	○♯	貴州		
吉林	○	○♯	雲南		
黒龍江	○	○♯	甘粛	○	○♯♭
京兆	○		青海		
山東	○		新疆	○	○♯♭
山西	○	○ ♭	川辺	○	
陝西	○	○♯♭	熱河	○	
河南	○	○♯♭	綏遠	△	
安徽	○	○♯	察哈爾	○	
江蘇	○	○♯♭	計	21	13
浙江	○				
江西	○	○♯♭			
福建	○	○♯			
湖北	○				
湖南					
四川					
広東					

典拠：『地方行政会議紀録』第1編〜第4編の関連事項から作成。
註：○は会議参加者、△はそのうちで全会議を欠席。♯は国地財政劃分案に署名した省議会代表。♭は省参事会案に署名した省議会代表。

政会議に提出するよう要請した。周自斉は、個人的には国地財政劃分の必要性に理解を示していたといわれる。だが、結局は国地両税の劃分基準を設定するには行政権限を劃分することが先決であるという理由から、財政部として内務部の要請に応じようとはしなかったのである[58]。

今一つ問題となったのは、5月14日の内閣改造によって、地方行政会議の開会中にもかかわらず張志潭が交通総長に転出を命じられたことだった。この内閣改造は、財政総長周自斉や交通総長葉恭綽ら旧交通系閣僚が、財政・内債政策をめぐって国務総理靳雲鵬と対立したことに原因があった。旧交通系に倒閣の意図ありと見た靳雲鵬は、曹錕と張作霖の同意を取りつけて彼らを更迭したのである[59]。周自斉の国地財政劃分への対応には、こうした閣内の派閥対立が微妙な影を落としていたのかもしれない。ともあれ、第2次靳内閣の成立経緯からして、新閣僚の人事には曹錕と張作霖の派閥的利害や思惑が強く作用せざるを得ず、前任者の政策を継承するという政治的な配慮は無視された。新内務総長に任命されたのが、省自治風潮で弾劾された元浙江・山東省長斉耀珊だったことはその点を如実に示していた。それに加えて、後任財政総長の李士偉が

親日派であることを理由に世論の反対を受け着任しなかったことも[60]、張志潭が描く地方自治政策の展望を危うくした。地方行政会議は、省自治に反発する新内務総長の下、国地財政劃分の決定を左右する財政総長が不在のまま進めなければならなくなった。

地方行政会議に提出された議案は**表7-3**・**表7-4**の通りである。内務部は、以上のような経緯から国地財政劃分案の上程を断念せざるを得ず、したがって行政権限の劃分案も提出しなかった。しかし、その替わりに省議会代表12名が独自の財政劃分案を提出した。また省参事会については、内務部の提案とともに、省議会代表7名と財政部代表、熱河・陝西両政府代表の署名になる提案が上程された。省議会代表以外の署名者がいる理由は不明だが、省議会代表の利害が反映された議案であることに間違いない。省議会代表は「省自治制」の制定を議案として提議しなかったし、また4月の時点で予定していた省長民選案の提出も見送った[61]。彼らは、要求の目標を国地財政劃分の実行と省参事会の設置に絞ったのである。地方行政会議において、両案以外の議案は「洪憲帝の約法会議・行政会議・参政院会議の表決法を学んだ」[62]と揶揄されたほど、さしたる争論もなく短時間で可決されていった。事実上、会議の争点はこの二つの議

表7-3 地方行政会議における内務部提出議案

提案名	討議結果	公布日
県自治法施行細則案	第3次会議を通過	1921,6,18
県議会議員選挙規則案	同上	同上
省参事会条例案	省参事会案と合併審査、第9次会議を通過	1921,6,23
市自治制案	第10次会議を通過	1921,7,3
郷自治制案	同上	同上

典拠:「地方行政会議議案経過日期一覧表」(『地方行政会議紀録』第1編成立及組織)より作成。

表7-4 地方行政会議における各省代表提出議案

提案名	提案者	討議結果
請将川辺鎮守使改為都統以符特別区域制並請添設教育実業両庁発展地方行政以利辺民而資進化建議案	川辺鎮守使代表	第9次会議を通過
請割分全国税源以実行地方民治促進中央統一而維国本案	省議会代表	第5・6次会議で否決
省参事会案	同上	省参事会条例案に併入審査
市郷自治法案	浙江省政府代表	市自治制・郷自治制両案に併入審査

典拠:表7-3に同じ。

案に絞られていた。

(2) 国地財政割分案

　省議会代表が提出した国地財政割分案は、5月18日の第5次会議で取り上げられ、龍欽海（江西省議会代表）が代表して提案理由を述べた。提案の骨子は、①「関税・塩税・官業収入・中央直接収入」を国家収入に、「田賦をもって主とし、その他貨物税・正雑税・正雑捐及び省有の新収入」を地方収入に充てる、②財政割分の実行によって a)中央政府予算の整理、b)「民治の実行」に必要な経費の地方自辦、それによる中央政府負担の減少、c)「地方事業」発展による「国力」・「国権」の拡張を図る、③関税率改正や交通発展に伴い中央財源が拡充する前は、地方収入の4割を中央財政の補填に供し、6割を地方各種事業に活用する、という点にあった[63]。また、龍欽海は提案理由のなかで、中国の財政が紊乱・枯渇した原因は、国家・地方の財源が未確定で財政権の所在が不透明な点にこそあると述べて、国地財政割分の正当性を力説した[64]。

　この提案で、第一に注目されるのは田賦を地方の主要財源に指定していることである。これは、歴史的に見れば1928年の国民政府による田賦の地方税移管を先取りする提案だったが[65]、今回それを提起したのは江蘇省議会代表の銭崇固だった。龍欽海が代表して提案理由を述べたのは、彼が地方行政経費関連案を審査する第二股審査長だったためである。上京した銭崇固の下には、江蘇省から「漕糧」の地方税化による税額減免や省義務教育経費への充当を求める声が届いていた。彼は他の省議会代表と協議しつつ、漕糧をめぐる江蘇省の地域的な利害を反映させる形で、田賦の地方税移管を中心に地方行政会議に提出する案を取りまとめていったのだった[66]。

　第二に注目されるのは、中央政府と財政上の相互連携を保持しつつ地方自治や地域的事業の活性化を目指し、その先に「国力」・「国権」の拡張を展望していたことである。そこから判断する限り、省議会代表にとって国地財政割分の実施は、地方自治を媒介としながら中央・地方間の有機的な結合を促し、それによって中国の「国力」増進を内部から支えていく——つまりは統一的な「国

民国家」を形成していく——制度的な前提と考えられていた。また、省財源からの中央経費援助は、山東省の「省制大綱草案」及び江蘇省の「省制草案」でも条文中に明記されていた[67]。したがって、省議会代表が提出した国地財政劃分案は、前節で確認したような、中央政治と省政の有機的な調整＝連携を求めた北京政府「勢力圏」諸省の省自治志向を踏襲するものだった。

　しかし、この案に対して政府代表からは否定的な意見が相次いだ。交通部代表の駱継漢は、案の中心的内容である田賦の地方税移管に対して反対を表明した。関税・塩税は外債償還に拘束され整理に時間を要する上、確実な税収の田賦まで放棄することは中央財源をさらに逼迫させる、連邦制をとらない中国に田賦の地方移管は適さない、というのが反対理由の骨子だった[68]。また、財政部代表の劉果と凌文淵は、新任総長の未着任を理由に意見の公表を留保した。凌は、個人的には省自治を唱導していた人物で省議会代表案にも同情的だったが、この会議で財政劃分を決定することには否定的だった。劉も個人的には賛成のポーズをとったが、「省制が不明確なまま税源を劃分すれば、ますます国家を破産に追い込む」と述べ、劃分を実行するためには「省制」の検討が先決であると主張した。彼は、憲法レベルの問題である「省制」の討議は地方行政会議の権限外であると考えていたから、内心は明らかに財政劃分の実行に反対だった[69]。国地財政劃分は、省議会代表の意図とは裏腹に国家の統一を損なうと見なされていたのである。

　各省政府の代表も、おおむね沈黙をもって消極的に反対の態度を示した。その背後には財政部代表劉果の周到な説得工作があったようである[70]。龍欽海は、「財政権の劃分が実行されないならば、今回の『地方自治』は、またしても清末・民国初年の旧例のように有名無実なものに過ぎなくなる」と危惧を表明し、また財政自治権と行政自治権とは不可分の関係にあり、中央・地方の行財政権限を明確にしてこそ国家統一も促進できると力説した[71]。さらに各省議会の代表は、提案を採択しないなら全員辞職も辞さぬという態度で執拗な抵抗を試みた。その結果、第5次会議は一旦休憩となったが、再開後、出席者が定足数に満たなかったため、財政権限の劃分をめぐる対立は、5月23日の第6次会議に

もちこされることになった⁽⁷²⁾。

　こうした状況のなか、22日の公宴に招待された前内務総長の張志潭は、その席上で演説を行い、財政権をめぐる中央・地方間の対立を解消するには「明確に国家税と地方税を劃分する以外に術はない」と改めて強調し、また「自治の実施を何から着手し、如何なる組織が必要か」という点こそ肝要であると指摘した。着手すべき「何」とは国地財政劃分を、必要な「組織」とは省参事会を、それぞれ指していたといえよう。彼の演説は、明らかに第5次会議の結果を踏まえ、国地財政劃分に対する反対意見を牽制したものだった。第5次会議後、ある省議会代表は「地方と連携しようとする政府の願いを示し、今後甘んじて督軍の蹂躙を受けない」ためにも、財政部は国地財政劃分を承認すべきであると訴えていた。張志潭の構想と省議会代表の利害は、この時点でなお接点を失っていなかったのである⁽⁷³⁾。

　しかし、23日の第6次会議で省議会代表案は最終的に否決に追いやられた。省議会代表は、議案を建議案に改めて再提出し、劃分の内容や方法については北京政府の決定に委ねようとした。これに対して、奉天・吉林省の政府代表や財政部・交通部・農商部等の代表は重ねて反対の意向を示し、省議会代表との間に激しい応酬を展開した。政府代表のなかで省議会代表を擁護したのは、「この案の討議は本会の本分として当然なすべきことであり、権限の範囲を逸脱していない」と述べた内務部の劉馥だけだった⁽⁷⁴⁾。結局、同案は表決に付され、二度に渡る採決の結果、賛成19、反対22という僅差で廃案となってしまった。賛成したのは省議会代表11名、省政府代表2名（江蘇・広西）、内務部3名（残り1名は司会のため採決に加わらず）、教育部2名、交通部1名、反対したのは省政府代表17名、財政部2名、農商部2名、交通部1名だった⁽⁷⁵⁾。

　財政劃分案が否決されたのは、もちろん内務部が事前に政府全体の合意を得ていなかったことにもよるが、それとともに奉天派張作霖の意向も背後で作用していたように思われる。省政府代表のなかで主に反対発言をしたのは奉天省と吉林省の代表だったし、また第6次会議を前にして奉天省議会の代表は張作霖の命で帰郷し、黒龍江省議会代表もなぜか出京していたのである⁽⁷⁶⁾。同案の

否決を受けて、江蘇省議会と陝西省議会は、地方行政会議が議決或いは審査した「省県市郷制度と地方財政各案は何れも民意に違反している」として代表の撤回を北京政府に通電し、他の省議会代表もそれに続く構えを見せたため、内務部はその慰留に腐心せねばならなかった[77]。

(3) 省参事会案

内務部が提案した「省参事会条例草案」は、第6次会議で国地財政劃分案の否決に引き続き審議された。この条例案は、その提出に否定的な内務総長斉耀珊を内務部代表が説得してやっと提案されたものだった[78]。内務部が提起する参事会は、省長への「賛襄」(補佐・協力)を任務として省長及び省長任命の6名と省議会互選の6名から構成され、**表7-5**のような職権を有していた[79]。提

表7-5 地方行政会議における省参事会案の比較

	内務部提案	省議会代表提案	地方行政会議議決案
省有財産・地方事業	・議決関於省有公共営造物建築及公産管理之執行方法	・管理省有之不動産営造物公共設備及其他財産並籌画進行整理事項	・籌画整理省有之不動産営造物公共設備及其他財産事項
	・議決以省費支辦之工事之執行方法	―	・籌画関於省地方応行興革及一切行政事項
省議会関連事項	・審査省長提交省議会之議案	・預備及提出議案於省会事項 ・執行省議会議決案件事項	・審査省長提交省議会之議案 ・審議省議会議決案之執行方法
	―		
	・審査省議会建議案之可否執行	・審査省議会建議案可否執行事項	・審議省議会建議案之可否執行
	・審査省長答覆省議会之質問案	・答覆省議会質問或出席説明事項	・審議省長答覆省議会之質問案
	・受省長之委託出席省議会説明提案之旨趣或陳述意見	―	・受省長之委託出席省議会説明提案之旨趣或陳述意見
財政・自治及び国家行政との調整	―	・審査並編制省地方予算案事項	・審議省長提交省議会之預算案
	―	・処理各級自治之紛争及疑難事項	・処理各級自治之紛争及疑難事項
	―	・受理本章人民請願及行政訴願事項	―
	・凡省長執行国家行政得諮詢省参事会	・調査本省行政情形及對於国家行政建議事項	・對於国家行政得建議及答覆省長之諮詢
	・其他依法律命令属於省参事会権限之事項	・其他法令未規定帰中央管理之省地方各事項	・其他依法令未規定帰中央管理之省地方各事項

典拠:「内務部公函(附省参事会条例草案)」・「会員厳慎修等提出省参事会案」・「致内務部公函(附省参事会条例議決案)」(『地方行政会議紀録』第2編議決録)より作成。

案理由を述べた内務部特派員は、参事会設置の目的が省長と省議会の「調和・融合」にあると説明した。しかし、省議会代表は同案に強く反発し、提案の真意は「官権を強固にするためか、それとも民権を拡張するためか」と厳しく詰め寄った。内務部が提案した参事会は、省有財産管理と公共事業政策の執行に関する議決権、省長の省議会提出法案に対する事前審査権など、省長の独断専行を規制する権限を有していたが、それは省議会代表を満足させる権限には程遠かったのである。その上、参事会議決案件を執行するには省長の「核定」（審査・決定）が必要だったから、省長には参事会の決定に拒否権を発動しうる余地が残されていた[80]。

一方、省議会代表が提出した「省参事会案」は27日の第7次会議に上程された。省議会代表が要求する省参事会は、「省地方政務を執行する機関」としての機能を果たし、①省長（参事長）及び ②省長招請による省内学識経験者・公益事業家・慈善団体要職者等6名、③省議会互選による衆議院覆選区からの代表各1名、④省長委任による各庁長・科長4名から構成され、**表7-5**のような権限をもっていた[81]。同案の最大の特徴は、「省地方政務を執行する」という上述の規定にいみじくも現れているように、省長の指揮権限を「中央政務」（中央委任業務）の遂行にのみ限定し、省参事会を「省地方政務」の責任主体に据えるという点にあった[82]。

ここでいう「省地方政務」とは、省自治風潮のなか各省で提出された省参事会案について指摘したように、明らかに「省庫財政」に基づく「省地方行政」を指している。つまり、省長は「省地方行政」に関する限り「行政首長」としての地位を骨抜きにされ、参事会のたんなる「議長」に過ぎなくなるのである。したがって「省地方政務を執行する」とは、参事会が「省地方行政」の執行に関わる意志決定＝議決機関として機能するだけでなく、従来省長が有していた「省地方行政」の執行権まで参事会のメンバーが共同で行使するという意味に解すべきだろう。要するに、中央政府が任免する省長を有名無実化して、省長の交替に左右されない「省地方行政」の運営が企図されていたのである。その上、内務部案に比して、省議会代表案が提起する参事会の職権内容は極めて広

汎に及んでいた（**表7-5参照**）。職権のなかでとくに注目されるのは、「省地方予算の審査・編成」権を参事会に与えていることだろう。従来、省長公署が握っていた予算編成権を奪取して省参事会が握り、省議会が審議するという省庫予算＝「省地方予算」案の二重チェックが目指されたのである。

　同案は内務部案とともに審査会に提出され、さらに審査会の手によって統一修正案が作成された。審査会は、第一股（地方行政法関連案担当）・第二股（地方行政経費関連案担当）の合同審査の形をとり、龍欽海が審査長に指名された。統一修正案（以下、「審査会案」とする）は、内務部案を基準に条文を整序し、内容は内務部案・省議会代表案及び各省制定の省参事会案等を参考にして作成されたという。同案は、6月2日の第8次会議で審議に付され、幾つかの修正が施された末に了承された。

　審査会案では、参事員の分配は省長（会長）及び省長が委任する財政・教育・実業各庁長3名、省長招請の本省人3名、省議会選出の6名と規定され、第8次会議でこの枠組みがほぼ支持され承認された。明らかにこれは、内務部案をベースに省議会代表案の規定を折衷したものだったが、省議会代表は広西代表の張一気を除いて誰もこの案に不満を示そうとはしなかった。張は、省長が委任・招請する「官派」代表が多すぎるから、省議会による「民選」代表1名を増員すべきであると主張した。しかし、吉林と安徽の省政府代表や黒龍江省議会代表から、審査会案は本省人9名（省長招請と省議会選出）を参事員に指定している点で「官治」に偏重するものではないという反対意見が出され、結局、張一気の提案は退けられた。省議会代表のほとんどは、参事員分配の対立点を「官派」対「民選」という点には求めず、「中央任命官僚」に対する「本省人」の優位という点に見出していたのである[83]。当時の省自治要求の核心が「省人治省」、即ち省民（本省人）による省政の掌握にあったことがここからも窺えるが、恐らく当時の省自治推進論者にとって、それは「民治」に等しいものと意識されていたのであろう。

　一方、職権内容も、予算審査・編成権がすでに審査会で削除されたほかは、内務部案と省議会代表案の折衷という趣が強い（**表7-5を参照**）。しかし、省議

会代表案の精神は、実は省参事会の性格という一点において根本的に改変されていた。それは次の事実に現れている。先ず、審査会案では、参事会の性格が「省地方行政事務の執行に関して議決」すると手直しされ、また「省参事会議決案件は省長が執行する」というように、「省地方行政」の指揮監督＝責任主体は参事会ではなく省長に戻されていた。省長の「行政首長」としての地位の確認である。**表7-5**の各参事会案の条文を比較すれば、その点が職権規定にも反映されていることが判明する。その上、第8次会議では、上記のような省参事会の性格そのものを条文中に明記すべきではないという意見が出され、討議の結果、審査会案にあった性格規定の条項を削除することが多数決で決定された。性格規定の削除は、安徽省議会代表の提案になり、省議会代表と内務部との妥協を象徴する事実だった[84]。

　内務部は、参事会の設置によって省長・督軍の専権に一定の制度的規制を加えようとしたが、それは中央が任免する省長を完全に無力化するためではなかった。省長の有名無実化は各省に対する中央統制の喪失を意味するからである。したがって、省議会代表案が求める参事会は内務部にとって到底受け入れ難いものであり、中央の統制に服するという保証があれば、省長はあくまで省政の責任主体に留まっていなければならなかった。内務部代表の劉馥が審査会案における省参事会の性格規定を支持し、同じく萬兆芝が性格規定の削除と曖昧化に賛同したのも、それぞれ主張が異なるとはいえ上述のような認識を踏まえていたからだった。また、参事会の性格に関して政府各部代表の見解が一致しなかったことも、性格規定の条項が削除される一因となった[85]。

　一方、省議会代表の側にも内務部の意向に妥協せざるを得ない理由が存在した。すでに江蘇省と陝西省の省議会代表は退会し[86]、東三省の省議会代表も立場が不鮮明だったから、第8次会議で省議会代表案を堅持するのは数の上ではとんど不可能だった。また、省議会代表の間でも、省参事会の性格をめぐっては必ずしも意見が一致していなかった。第6次会議終了後に開かれた談話会では、江蘇省議会代表の銭崇固が「議決兼執行機関」説を主張し、江西省議会代表の龍欽海が「議決機関」説を唱えて対立していたのである[87]。国地財政劃分

案が廃案となってしまった今、省議会代表が省参事会案だけでも成立させようとすれば、内務部案に妥協する以外に方法はなかったといえよう。合同審査会を主宰した龍欽海は、審査経過報告のなかで「省参事会は地方自治制を実行するための先決課題であり、……今日、地方自治は必ず実施される趨勢にあるから、審査会は省参事会条例案をぜひとも成立させる必要があると考えた」と述べた[88]。この発言は、内務部と妥協してでも同案を「ぜひとも成立させる必要がある」と考えた、省議会代表側の苦しい立場表明にほかならなかった。審査会案の内容は両者の妥協の具体的表現であり、参事会の性格規定の削除はその最終的帰着点だったのである。

省参事会案は、6月3日の第9次会議で最終審議を完了して正式に成立した。この後、地方行政会議は残余の議案を審議・可決し、8日に閉会式を挙行して閉幕した。

第Ｖ節　小　結

北京政府「勢力圏」諸省の省自治風潮は、既存制度の枠内で省長・督軍の専横・不正に反対するだけでなく、地方行財政制度自体の枠組みを改変しようとする国地財政劃分と省参事会設置の要求を伴っていた。銘記すべきは、これらの要求が北京政府からの全面的な離脱を求めるのでなく、北京政府下の地方行財政体系（制度及び機構）を是正し、中央政治と省政との関係を有機的に調整しながら省自治を実現しようとしていたことである。しかも、そうした省自治を実現することによって、国内政治体制の一体化（国家統合）を促進することが展望されていた。こうした省自治志向は、先ず各省で省憲法を制定し、北京政府の地方支配から離脱（＝独立）することを目指す聯省自治構想とは明らかに性格が異なっていた。そして、「勢力圏」諸省の省自治風潮は、この志向性を地方行政会議に至るまで保持していたのである。以上のように、1920年代前半において性格の異なる二つの省自治潮流が存在していたことは、従来の研究

では全く不問に付されていた事実だけに、ここでとくに強調しておく必要があるだろう。

　張志潭＝内務部の地方自治政策は、そうした「勢力圏」諸省の状況と志向性に対応して構想された、それだけに一定の現実性を備えた政策だった。当時の北京政府は、西南諸省はもちろん、「勢力圏」諸省の軍・政当局でさえ満足に統制できず、それゆえに名目的・形式的な中央政府の地位に甘んじていた。地方行政会議は、こうした統一的国家体制の実質的な解体状況を打開し、地方自治の実行によって中央と各省との関係を制度的に再編成しようとするものだった。そこで、国地財政割分と省参事会設置を承認して「勢力圏」諸省の督軍・省長権力に一定の制度的規制を加え、それによって省議会を中心とする省自治推進勢力を政策の支持基盤に引き込もうとしたのである。

　しかし地方行政会議は、本章が明らかにしたような経緯と理由から、国地財政割分案を否決し、省参事会にも省議会代表が満足するような行財政自治権を与えることができなかった。張志潭＝内務部の構想は、国内政治体制の有機的な一体化を目指すという点で「勢力圏」諸省の省自治志向と接点をもちながら、中央・省間の権限を如何に調整するかという点では思惑の違いを露呈してしまった。張志潭＝内務部は、あくまで中央政府による統制が可能な中央と各省との連携を目指していたが、省議会代表はよりルーズでより分権的な方向に中央・各省間の関係を再編しようと欲していたのである。

　張志潭＝内務部の活動が示すように、北京政府には「軍閥」支配の論理から相対的に自立した政策を立案する主体性があった。しかし、派閥対立による政府部内の一致・協力を欠いた政策運営、「軍閥」間の勢力バランスに規定された閣僚人事の決定等は、その主体性に大きな制約を課し、長期的かつ持続的な展望をもった政策遂行を著しく困難にした。北京政府の宿痾ともいうべきこうした権力構造が、張志潭の構想を内から掘り崩し地方行政会議を事実上の失敗に至らしめた重大な原因の一つだった。

　注目すべきことに、地方行政会議の失敗が明らかとなった1921年の6月以降、北京政府「勢力圏」の諸省はそれまでの省自治志向から聯省自治構想に傾斜し

始めた。先ず、江蘇省議会が「江蘇省制憲規程」を制定し、さらに浙江督軍盧永祥が発した「聯省自治」実行通電に呼応して、陝西・山東・河南・湖北・江西等の省議会が省憲法の制定に賛同した。また浙江省では、盧永祥の指示によって省憲法制定作業が開始され、9月には「九九憲法」が公布された。盧の通電は聯省自治を標榜する西南諸省の支持も受けて、ここに聯省自治構想の影響力は最大の時期を迎えるに至った[89]。北京政府は、地方行政会議で省参事会案が可決された翌日の6月4日、江蘇・陝西両省の省長に向け、同会議が「民意に違反している」という両省議会の主張は「伝聞の誤り」に起因するものであるとして釈明を懇請し、21日には省議会が地方行政会議に代表を派遣したその他各省の省長に対しても、省議会に同様の釈明を行うよう要請した[90]。さらに、6月下旬から7月初めにかけて、地方行政会議で可決した「省参事会条例」等の地方自治法令を相次いで公布したが[91]、もはやそれらを施行しようとする省は見当たらなかった[92]。

　ここに、北京政府が地方自治政策を媒介として中華民国を統合していく可能性はほとんど失われた。地方行政会議の失敗は、まさにその歴史的指標だったのである。この後の北京政府は、地方行政会議が回避した「省自治制」の制定そのものを容認して統合を模索せざるを得なくなった。各省に「省自治法」の制定権を認めた「曹錕憲法」（1923年）から、「省憲法」の制定を許容した段祺瑞臨時執政政府（1925年）に至る政策志向がその現れである[93]。地方自治によって国家を統合することに失敗した北京政府が、形式的・名目的にせよ中央政府として生き残るためには、あれほど忌避した省自治を容認する以外にもはや方法は残されていなかったといえるだろう。

註

（1）　この点については、以下の拙稿も参照されたい。「1920年代前半における各省『法団』勢力と北京政府」（横山英編『中国の近代化と地方政治』勁草書房、1985年、所収、とくに「はじめに」の部分）、「中華民国の国家統合と政治的合意形成──"各省の合意"と"国民の合意"──」（『現代中国研究』第3号、1998年）。

（２）　銭端升等『民国政制史』上冊（商務印書館、1939年）は、「法統」を軸に北京政府期の政治制度を時期区分している。即ち、臨時約法時期（1912年3月〜13年11月）、新約法時期（1913年11月〜16年6月）、法統争執時期（1916年6月〜24年11月）、法統放棄時期（1924年11月〜28年5月）である（同書の目次を参照）。本章が扱うのは法統争執時期に当たり、第8章と第9章は最後の法統放棄時期に該当する。

（３）　聯省自治運動を通観するには、Jean Chesneaux, "The Federalist Movement in China 1920-3", in Jack Grey(ed.), *Modern China's Search for a political Form*, Oxford University Press, 1969. 胡春恵『民初的地方主義与聯省自治』（正中書局、1983年）、李達嘉『民国初年的聯省自治運動』（弘文館出版社、1986年）、味岡徹「南北対立と連省自治運動」（中央大学人文科学研究所編『五・四運動史像の再検討』中央大学出版部、1986年、所収）が有益である。

（４）　この表現は、陶菊隠の「北京政府的管轄区」（同『北洋軍閥統治時期史話』第6冊、生活・読書・新知三聯書店、1978年版、2頁）という表現を参考にしている。本章では、西南諸省以外の北洋系督軍・省長が支配する省を指すものとする。

（５）　R.Keith Schoppa, "Province and Nation:The Chekiang Provincial Autonomy Movement, 1917-1927", *Journal of Asian Studies,* Vol.36, No.4, August, 1977. 塚本元「中国における国家建設の一側面——湖南1919年〜1921年——」（『国家学会雑誌』第100巻1・2、5・6、9・10号、1987年、後に同『中国における国家建設の試み——湖南1919－1921年——』東京大学出版会、1994年、として刊行）、前掲味岡「南北対立と連省自治運動」。

（６）　前掲、陶菊隠『北洋軍閥統治時期史話』第6冊2〜3頁。

（７）　前掲、味岡「南北対立と連省自治運動」参照。

（８）　以上の浙江省の経過については、『申報』1920年6月16日「浙省会通過弾劾斉耀珊案」、6月18日「斉耀珊已離浙矣」、6月28日「浙人拒沈金鑑電」、『時報』6月10日・11日「各省消息（浙江）／許祖謙弾劾斉省長之原案」等を参照。また、同省議会と省長斉耀珊との対立については、沈暁敏『処常与求変：清末民初的浙江諮議局和省議会』（生活・読書・新知三聯書店、2005年）249〜259頁が詳細に論じている。

（９）　『申報』1920年6月17日・18日「蘇議会弾劾斉省長案」。

（10）　『申報』1920年6月16日「蘇議会紀事」。

（11）　こうした背景については、呉虞公・張雲石述『李純全史・軼事』（1920年－近代中国史料叢刊正編第67輯、文海出版社、1971年）238〜240頁を参照。

（12）　『申報』1920年6月30日「蘇省長斉耀琳之辞職電」、8月12日「蘇議員反対兪紀琦之激昂」、8月18日「彙紀請求兪紀琦之公電」、8月19日「反対兪紀琦之公電」、上

海『民国日報』8月19日「無錫人力拒借漕」等。
(13) 『申報』1920年8月27日「蘇財庁案将有小結案」。
(14) 『申報』1920年9月22日、9月23日、10月2日、10月5日の「北京通信」等。
(15) 『申報』1920年10月10日「文龢謀取蘇財庁之内幕」。
(16) 『申報』1920年10月12日「彙紀反対文龢長蘇財長電」。当時、「蘇人治蘇」をもっとも精力的に主張していたのは、張謇の影響力が絶大な「蘇社」(省政改良を目指し省議会内外で活動する郷紳・商紳層の政治結社)と省教育会であり、文龢の財政庁長就任についても厳しく批判していた。そのため、李純と張謇との関係は険悪であり、李は「張季直はなぜ江蘇の政治を一手に仕切ろうとするのか」と不平をこぼしていたという (前掲『李純全史・軼事』222頁)。この事実は、江蘇省の利害から遊離した督軍の専横と在地郷紳・商紳層との対立を象徴しているといえよう。なお、第6章で紹介したように、張謇及び彼と親密な黄炎培を中心とする省教育会の人脈は、1923年の教実聯合会の設立にも重要な役割を果たしている。
(17) 「電請中央実行廃置江蘇督軍案」(『江蘇省議会第二届第三年常臨両会議決案類編』1921年、附編1a～2b葉)、『申報』1920年10月15日「彙紀蘇人主張廃督之公電」、10月21日「廃督声中之寧訊」、10月22日「蘇議会議決廃督之通電」。
(18) 『申報』1920年11月25日「蘇議会紀事(十四)」、11月27日「江蘇省制草案」等。
(19) 『申報』1920年3月8日「魯省長与議員之武劇」、3月20日「魯代表請査辦屈映光」、4月2日「新国会中之屈映光査辦案」。
(20) 『申報』1920年7月6日「山東易長之風潮」、10月15日「北京通信」、10月27日「魯人自治思潮之進歩」、11月3日「山東政潮之趨勢漸緩」。
(21) 『申報』1920年10月15日「北京通信」、11月6日「魯省会反対兼省長之激昂」、『晨報』11月17日「魯省議会之省制大綱草案」。
(22) 『申報』1920年9月1日「鄂省長更動之裏面観」、9月14日「鄂省会反対新省長之堅決」、9月16日「公電／鄂人主張省長民選電」。
(23) 『申報』1920年9月23日「鄂省長問題已告結束」、9月26日「鄂省長問題之近訊」、10月17日「鄂人廃督自治之積極運動」、上海『民国日報』11月3日「湖北自治法草案」。
(24) 『時報』1920年12月13日「贛議員之省長運動」、『申報』12月26日「贛議会互攻之内幕」。
(25) 『江西民報』1917年5月6日「省議会通過弾劾省長戚揚案」(外務省記録1.6.1.4-2-7『各国内政関係雑纂』支那ノ部・省議会「江西臨時省議会ノ省長弾劾案通過ノ件」添付切抜き)。

(26) 『申報』1920年11月29日「江蘇省制草案」、12月31日「北京通信」、前掲「魯省議会之省制大綱草案」、前掲「湖北自治法草案」。

(27) 「中華民国憲法草案」(『第一回中国年鑑』上、天一出版社、1973年影印、69・75頁)。「憲法草案」では、「省参事会」は省長に「賛襄」(＝補佐・協力)する機関で、省長及び省議会選出の6名、省長任命の6名から構成すると規定されていた。この組織構成は、後述する各省の省参事会案の原型になっている。

(28) 『申報』1920年11月29日「江蘇省制草案」。

(29) 「江蘇省参事会条例案/議決案咨文」(前掲『江蘇省議会第二届第三年常臨両会議決案類編』上編第1類27a〜28b葉)、『申報』1920年12月30日「蘇議会紀事」。

(30) 『申報』1921年1月12日「蘇省長請准設参事会電」。

(31) 「江蘇省参事会条例案/省長覆文/覆議案咨文/省長覆文」(前掲『江蘇省議会第二届第三年常臨両会議決案類編』上編第1類28b〜30b葉)。

(32) 上海『民国日報』1920年12月3日「浙省参事会案已成立」、12月7日「浙省参事会修正条例」、『晨報』12月22日「浙省署創設之参議会」、『時報』12月5日「各省消息(浙江)/省参事会案之修正」。

(33) 前掲、胡春恵『民初的地方主義与聯省自治』314頁。

(34) 前掲『晨報』1920年11月17日「魯省議会之省制大綱草案」、21年3月1日「鄂省参事会亦将出現」、前掲上海『民国日報』1920年11月3日「湖北自治法草案」。

(35) 『申報』1920年12月30日「北京通信」。

(36) 『時報』1920年11月29日「各省消息(安徽)/組織省参事会之提議」、上海『民国日報』12月18日「湘省署交議之参事会」、1921年1月27日「湖南省参事員産出」、2月21日「貴州省之臨時省制」。

(37) 省参事会の職権は、清末の城鎮董事会と府庁州県参事会の職権を部分的に折衷し踏襲したものである。しかし、清末の両会は各級地方長官の支配・影響力が絶大だった点で、1920年代に提起された省参事会とは大きく異なる(臨時台湾旧慣調査会『清国行政法』第1巻下、1914年、大安1965年影印版、132〜169頁)。

(38) 拙稿「中国の統一化と財政問題——『国地財政劃分』問題を中心に——」(『史学研究』第179号、1988年)を参照。

(39) 『申報』1920年11月27日・29日「江蘇省制草案」。

(40) 前掲「湖北自治法草案」及び「魯省議会之省制大綱草案」。

(41) 前掲「各省消息(安徽)/組織省参事会之提議」。

(42) 『申報』1920年9月21日「北京通信」、9月29日「北京通信」。

(43) 味岡徹「護国戦争後の地方自治回復——江蘇省を中心に——」(『人文研紀要』第

第 7 章　省自治風潮と北京政府の地方自治政策　275

　　　 2 号、中央大学人文科学研究所、1983年）を参照。
(44)　「大総統令」（『政府公報』第1709号、1920年11月18日）。
(45)　『時報』1920年10月23日「政府与地方自治」、『晨報』11月 8 日「政府対於地方自治之辦法」、『申報』21年 4 月16日「北京通信」。
(46)　『現代中華民国満洲帝国人名鑑』昭和12年度版（外務省情報部）の「張志潭」の項、楊大辛主編『北洋政府総統与総理』（南開大学出版社、1989年）325頁、上海『民国日報』1920年 8 月 6 日「本社専電」。
(47)　上海『民国日報』1920年12月 7 日「北庭延宕自治之手法」。
(48)　『時報』1920年12月23日「国内専電」、12月26日「召集自治会議消息」。
(49)　前掲、李達嘉『民国初年的聯省自治運動』140〜146頁、及び『晨報』1920年12月 6 日「軍政府発出成立宣言」、12月13日「軍政府更改名称後之進行」。
(50)　「大総統令」・「附内務部呈」（『地方行政会議紀録』1921年、第 1 編〔成立及組織〕命令 3 頁、 7 〜 8 頁）。
(51)　『申報』1921年 3 月 8 日「専電」。
(52)　『申報』1921年 2 月19日「張内長之選挙自治談」。
(53)　『申報』1921年 1 月17日「北京通信」。
(54)　『晨報』1921年 4 月16日「無聊已極之行政会議」。
(55)　上海『民国日報』1921年 3 月29日「政議員反対『行政会議』」。
(56)　『申報』1921年 4 月16日「北京通信」、 4 月24日「北京通信」。
(57)　『申報』1921年 1 月22日「専電」。
(58)　上海『民国日報』1920年12月11日「各省就地籌餉之提議」、『申報』1921年 3 月21日「専電」、『晨報』 4 月21日「関於行政会議之所聞」、 5 月20日「行政会議中之劃分両税問題」。
(59)　前掲『北洋政府総統与総理』326、369〜370頁。
(60)　劉壽林等編『民国職官年表』（中華書局、1995年）29頁、章伯鋒・李宗一主編『北洋軍閥 1912 - 1928』第 1 巻（武漢出版社、1990年）194 頁。
(61)　『申報』1921年 4 月25日「専電」。
(62)　『晨報』1921年 5 月14日「地方行政会議第三幕」。
(63)　「会員龍欽海等請劃分全国税源以実行地方民治促進中央統一而維国本案」（『地方行政会議紀録』第 4 編〔付録〕）。
(64)　「地方行政会議議事録第 5 号」（『地方行政会議紀録』）12〜13頁。
(65)　前掲、拙稿「中国の統一化と財政問題――『国地財政劃分』問題を中心に――」を参照。

(66) 『申報』1921年4月16日「北京通信」、5月8日「請提地税等概作省税之意見」、5月21日「北京通信」。
(67) 『晨報』1920年11月17日「魯省議会之省制大綱草案」、『申報』11月29日「江蘇省制草案」。
(68) 「地方行政会議議事録第5号」(『地方行政会議紀録』)17〜18頁、『申報』1921年5月21日「北京通信」。
(69) 「地方行政会議議事録第5号」(『地方行政会議紀録』)20〜23頁、「地方行政会議議事録第6号」(同上)14頁、『申報』1921年5月25日「北京通信」。
(70) 『申報』1921年5月21日「北京通信」、5月25日「北京通信」。
(71) 「地方行政会議議事録第5号」(『地方行政会議紀録』)18〜19頁。
(72) 『晨報』1921年5月19日「地方行政会議第五幕」、『申報』1921年5月20日「専電」、5月21日「北京通信」。
(73) 『申報』1921年5月25日「北京通信」、『晨報』5月20日「行政会議中之割分両税問題」。
(74) 『申報』1921年5月26日「北京通信」。劉馥のこの発言部分は、『地方行政会議紀録』では「この案は地方行政会議の権限外である」と記録され、全く正反対になっている(「地方行政会議議事録第6号」20頁)。しかし、①政府代表の発言に関して、参加者から聴取した新聞報道と『会議記録』の内容がこの発言だけ大きく食い違っていること、②会議の速記録を修正以前に外部に漏らすことは厳禁されており(『申報』1921年5月9日「北京通信」)、『地方行政会議紀録』所載の議事録には部分的改竄の可能性があること、③国地財政割分問題は内務部自らが発案し、また採決に際して内務部代表は全員が賛成票を投じていること、などを考慮して、ここでは新聞報道の発言をとった。したがって、これ以外でも『地方行政会議紀録』の議事録から引用する際は、可能な限り新聞報道と照合して信頼性を高めるよう留意してある。
(75) 以上、「地方行政会議議事録第6号」(『地方行政会議紀録』)、及び『晨報』1921年5月24日「地方行政会議之第六幕」、『申報』1921年5月26日「北京通信」を参照。
(76) 『申報』1921年5月26日「北京通信」。
(77) 1921年6月1日内務部民治司第二科収「国務院公函／南京省議会来電(10年5月28日)」・「陝西省議会電」(南京第二歴史檔案館蔵北洋政府内務部檔案1001(2)345)、及び『晨報』1921年5月29日「地方行政会議之折台」。
(78) 『申報』1921年5月25日「北京通信」。
(79) 「内務部公函(附省参事会条例草案)」(『地方行政会議紀録』第2編〔議決録〕)。

(80) 「地方行政会議議事録第6号」(『地方行政会議紀録』) 27～32頁、『申報』1921年5月26日「北京通信」。内務部が主張した省参事会は、地方長官の指揮・影響力が絶大だった清末の城鎮董事会・府庁州県参事会の再生を企図したものといえる。
(81) 「会員厳慎修等提出省参事会案」(『地方行政会議紀録』第2編〔議決録〕)。提案を説明した厳慎修は山西省議会の代表である。
(82) 「地方行政会議議事録第7号」(『地方行政会議紀録』) 2～7頁。
(83) 「地方行政会議議事録第8号」(『地方行政会議紀録』)の討議経過を参照。
(84) 同上。
(85) 「地方行政会議議事録第8号」(『地方行政会議紀録』)における政府代表の発言、及び『晨報』1921年5月28日「地方行政会議第七幕」、6月3日「行政会議之最末一幕」。
(86) 『晨報』1921年6月8日「地方行政会議本日閉幕」。
(87) 『晨報』1921年5月28日「地方行政会議第七幕」。
(88) 「地方行政会議議事録第8号」(『地方行政会議紀録』) 2～3頁。
(89) 上海『民国日報』1921年6月8日「江蘇省制憲規程」、前掲陶菊隠『北洋軍閥統治時期史話』第6冊34～35頁、味岡「南北対立と連省自治運動」を参照。なお、江蘇省の場合、聯省自治志向に傾斜したとはいえ、事態はその後も流動的であった。1923年に省自治を容認した「曹錕憲法」が公布されると、それまで省憲法制定に熱心であった江蘇省の地方団体は同憲法が認めた「省自治法」の制定に傾き、省議会も内部に対立を孕みながら省自治法会議を組織する方向に動いていった。つまり江蘇省では、地方行政会議の失敗後も、北京政府との関係を保持しつつ省自治を目指す志向性が完全には払拭されていなかったのである(前掲、拙稿「1920年代前半における各省『法団』勢力と北京政府」)。
(90) 1920年6月4日内務部民治司第二科発「電南京王西安劉省長」、6月21日同科発「咨各省省長」(前掲、北洋政府内務部檔案1001(2)345)。
(91) 「教令第13号／県自治法施行細則」・「教令第14号／県議会議員選挙規則」(『政府公報』第1911号、1921年6月19日)、「教令第15号／省参事会条例」(同上、第1916号、6月24日)、「教令第16号／市自治制」・「教令第17号／郷自治制」(同上、1926号、7月5日)。
(92) しかしながら、参事会の制度的精神は、省政の立案・執行に関わる議決機関として省長の独断専行を掣肘するという点で「湖南省憲法」の省務院、「浙江省憲法」(九九憲法)の省政院等に継承されている(前掲『第一回中国年鑑』上、85～86頁、95～96頁)。

(93) 前掲、拙稿「1920年代前半における各省『法団』勢力と北京政府」、及び次章を参照されたい。

第 8 章
善後会議における中央と地方

　第 I 節　課題の設定

　1924年 9 月15日に勃発した第二次奉直戦争は、馮玉祥が曹錕・呉佩孚に対してクーデターを敢行したため直隷派軍の完敗に終わり、その結果、前年10月の「賄選」によって大総統となった曹錕は辞職を余儀なくされ、直隷派政権は瓦解した。北京の制圧後、自軍を「国民軍」と改称した馮玉祥は、奉天派の張作霖ら反直隷各派と結んで安徽派首領の段祺瑞を擁立し、11月24日、北京に臨時執政政府（以下、執政府と略す）を成立させた。当時、直隷派政権の打倒は、辛亥革命に対比させる形で「甲子革命」と称されたが、天津に隠退していた段祺瑞は一躍「革命」のシンボルに押し上げられたのである[1]。
　臨時執政に就任した段祺瑞は、後述するように、「臨時約法」に発する「法統」を根拠とした従来の国家秩序を否定し、「省自治」の容認を含んだ「徹底的な改革」による中華民国の再建を訴えた。第 7 章末尾でも触れておいたように、1921年の地方行政会議の失敗後、北京政府は「省自治」を許容する方向に踏み出さざるを得なくなっていたが、段祺瑞の主張もまさしくその延長線上にあったのである。しかしながら、統治権を集中できず統一的中央政府の実質を欠いていた当時の北京政府が、「省自治」を導入した国家秩序の「改革」を進めていくためには、事実上の「地域的統治権力」として割拠する各省政府との関係を調整し、その協力を取りつけていくことが不可欠であった。
　1925年 2 月、各省軍・政当局の代表等を北京に招聘して開会した善後会議は、その意味で、段祺瑞＝執政府の「徹底的な改革」をめぐって中央と地方との利

害対立が直截な形で表現されるステージとなった。本章の課題は、この善後会議に現れた中央・地方関係の具体的な様相を明らかにすることにある。第7章では、「聯省自治」とは異なる北京政府「勢力圏」諸省の独自の省自治志向を取り上げたが、本章では「聯省自治」を標榜する湖南・雲南・四川など、北京政府に敵対していた西南各省代表の善後会議における動向――とりわけ彼らが提出した臨時政府構想の内容――に焦点を当てて、段祺瑞=執政府が構想した「徹底的な改革」の帰趨を見極めたい。

ここで善後会議に関する研究史を顧みると、会議の直後に編まれた費保彦の実録的な著作[2]を別にすれば、かつては国民会議運動との対抗関係に着目した研究、或いは「軍閥官僚」による反動的な会議と捉える研究が一般的であったように思う[3]。これに対し、近年発表された楊天宏氏の研究は、善後会議をめぐる国民党と段祺瑞との対立を、「中央及び地方政府の支配権」をめぐる対立として捉える点で、本章に通底する問題意識が中国でも現れつつあることを実感させてくれる[4]。しかし、氏の研究では善後会議そのものに内在した中央と地方との対立が直接分析の対象となっているわけではない。一方、日本では1922〜26年における国会の消滅過程のなかに善後会議を位置づけ、本章でも分析の対象とする褚輔成の臨時政府構想を紹介した味岡徹氏の業績がある[5]。ただし、氏の研究も善後会議そのものを正面から分析したものではなく、また褚輔成の臨時政府構想は、本章のように聯省自治的な構想として明確に位置づけられていない。

第Ⅱ節　執政府の「改革」構想

「甲子革命」のシンボルとして臨時執政に就任した段祺瑞は、中華民国の「徹底的な改革」に向け如何なる構想をもって臨もうとしていたのだろうか。本節では、先ずこの点を確認することから始めたい。

1924年11月21日、張作霖・馮玉祥など反直隷各派の擁立を受けた段祺瑞は、

臨時執政に就任する旨を全国に通電（「馬電」）して北京に入り、24日、その地位に就いた。同日公布された全6条からなる「中華民国臨時政府制」によると、臨時執政は国務員（各部総長）の「賛襄」の下で「軍民政務を総攬する」とされ、制度上は非常に強力な権限を与えられていた(6)。段祺瑞の出馬については、彼の入京以前からすでに20省区の軍・政実力者より支持が表明され、そのなかには従来北京政府と敵対関係にあった西南諸省の実力者たちも含まれていたという(7)。そのため彼は、各省軍・政当局の支持を背景とした時局の打開にかなりの自信をもって臨んだと思われる。

　その自信に裏打ちされた段祺瑞の「改革」構想は、上記の「馬電」と善後会議が開幕した1925年2月1日当日に発表された「建設宣言」によって窺うことができる。「馬電」において彼は、曹錕の賄選によって中華民国の「法統はすでに壊れ、これに従うことができない」ため「徹底的な改革」が必要であると訴え、「国憲の制定、省憲の促成、軍制の改定、実辺の屯墾、財政の整理、教育の発展、実業の振興、交通の開拓、民生の救済」等の「国是」確定に向けて、時局の紛糾を解決し建設の方針を協議する「善後会議」と、一切の根本問題を解決する「国民代表会議」の開催を提案した(8)。一方、2ヶ月余り後の「建設宣言」になると、善後会議と国民代表会議を開催して「徹底的な改革」を断行する目的は、「現在及び将来の革命」を回避するため「国憲を制定し省憲を促成する」という点に収斂されてくる(9)。それでは、「革命」を回避し「徹底的な改革」を進めるとは如何なる謂であり、またその理由は何処にあったのだろう。段祺瑞は同宣言において、その点を辛亥革命以来の歴史的な経緯に即して次のように説明していた。

　辛亥革命の成功は「完全な民意に基づくもの」であった。しかし、そこで解決された「建国問題」は共和制の樹立という「国体の一事」に止まり、「民主的政治制度を施行するプラン、中央と地方との権限の割分、国民の政治能力の養成」といった諸課題は先送りされてしまった。その担保として「臨時約法」が制定されたものの、政治制度の不備が禍端となって革命後13年も内争が相次ぎ、国是を確定できないまま現在に至った。これは、「約法が不良であったた

めではなく、国憲が制定されず革命が延長した」ためである。民国成立以来の歴史を以上のように総括した彼は、さらに続けてこう述べる。この「革命延長の禍」を解決するには、「革命を防ぎ止める以外に方法はなく、革命を止めるには国是を速やかに定める以外に術はない。そして、国是を速やかに定めようとすれば国民によって憲法を制定する以外に途はない」。「臨時約法」を制定した際、かりに「参加分子を各省代表に限らず、また立法の精神を臨時自足の考えに委ねなければ、その施行の効力は民国の名を維持するだけに止まらず、13年間の内乱も起こらなかったはずである」。したがって、「法統」がすでに壊れてしまった今、「国民の総意」を表現する国民代表会議によって、「一労永逸の計」として国憲を制定しなければならない。

以上のように段祺瑞は、中華民国の混乱を辛亥革命が未完のまま不徹底に終わった結果として捉え（「革命延長の禍」）、「革命」のさらなる延長を防ぐため、「国民の総意」に基づく憲法制定によって、「臨時約法」に由来する「法統」とそれを根拠にした国家秩序の改変を訴えるのである（「徹底的な改革」）。それでは、憲法の制定によって形成されるはずの新たな国家秩序は、如何に構想されていたのだろうか。この点については、「国憲の制定」とセットで提起された「省憲の促成」が、当時有力な国家統一構想として提起されていた聯省自治論との関係において注目されるだろう。「建設宣言」では、「各省の憲法制定の自由は国憲によって保障する」と明示され、省憲法を制定するための「促成方法」としては、①「県議会組織条例」を制定し、各県一律に県議会を成立させ下級自治の発展を図るとともに省憲法制定の準備とする、②「省自治暫行条例」を制定し、各省に自治政府の雛型を組織させ民治の実現を図らせる、③上海・北京等の特別市には「市自治条例」を制定し自治の模範とする、の三点が列挙されていた。

第7章で詳述したように、北京政府は、1920年代に入って高まった聯省自治論に対抗するため、21年には地方行政会議を開催して「自治」容認の姿勢を示し始めていた。だが、それは県市郷等の「地方自治」についてであって、「省自治」の容認に対しては依然として慎重な姿勢を崩していなかった。北京政府

が「省自治」を完全に許容するようになるのは、23年に公布された「曹錕憲法」が各省に「省自治法」の制定権を与えてからである。ただし、同憲法が許容したのは、あくまで各省個別の「省自治法」であって、聯省自治的な統一を含意する「省憲法」の制定ではなかった。その意味で、段祺瑞が「馬電」と「建設宣言」において「省憲の促成」を明確に謳ったことは、聯省自治を標榜する勢力の期待を集める上でも一定の効果があったものと考えられる。

　しかし、注意しなければならないのは、段祺瑞が「建設宣言」のなかで——恐らく意識的に——「聯省自治」という語句を使っていなかったという点である。また上述の宣言の内容を見る限り、省憲法を制定できるのは、それを保障する国憲が制定された後のことであり、しかも中央政府が制定する諸条例の枠内で各級の自治を積み上げ省憲法の制定に至る、というプロセスが想定されている。つまり「省憲の促成」は、中央政府の主導性を非常に強く意識した形で主張され、また聯省自治による国家統一を展望するものとしては明確に提起されていなかった。したがって、「建設宣言」から確実に読みとれるのは、段が中央政府主導の下で各省個別の「省自治」を容認し、それを通じて既存の国家秩序を改編しようとしていた、ということに止まっていた。

　ところで「建設宣言」は、「制憲の大業」を国民に委ねる一方、「政府善後の挙と和平息争の責」は、執政府が「全国軍・政当局と平等協商の立場に立ち、さらに当代の名賢碩彦の指導を求め」つつ果たすと述べていた。その方針を具体化したものが善後会議だったのである。1924年12月24日に公布された「善後会議条例」によれば、同会議は①国家の大勲功者、②今回の賄選討伐と内乱平定に功績があった各軍首領、③各省区及びモンゴル・チベット・青海の軍政・行政各長官、④臨時執政が招請する声望・学識・経験の備わった者、を会員として招聘し（①から③については代表の派遣も可）、軍事・財政問題の解決と国民代表会議の組織方法とを協議することになっていた[10]。

　段祺瑞は、「省自治」容認による国家秩序の「改革」を軌道に乗せるため、各省区軍・政当局に対し軍政改革と財政整理に向けた応急処置——1919年度全国歳入総額の3分の1に当たる1億元への陸軍経費の削減、兵員総数の50万へ

の縮小、中央への塩税・煙酒税等の全額送金や各省歳入10%の拠出など――の承認を求めていた(11)。善後会議は、各省当局との「平等協商」の下で、これらの懸案を解決し「改革」への障害を取り除く場として期待されたのである。とりわけ、聯省自治を標榜し北京政府に敵対してきた西南各省の軍・政当局が善後会議への参加を表明したことは、段にとって「西南各省の聯治計画を阻止し」自らの「省自治」容認路線に取り込むチャンスと映じたに違いない(12)。しかし、事態の進展は彼の期待を裏切るものだった。西南各省代表が、聯省自治論の立場から執政府の正当性に疑義を呈し、その改組を求めてきたからである。

第Ⅲ節　西南各省代表の臨時政府制案

　西南各省代表が善後会議に提出した臨時政府制に関する提案には、褚輔成による「中華民国臨時政府制草案」、鍾才宏（湖南省長趙恒惕代表）等の「確立聯治政制為改革軍財各政之基準以解決糾紛而謀統一案」、顧鼇（四川督辦(13)楊森代表）等による「中華民国臨時政府制修正案」の三種類があった。本節では、これらの提案について検討を加えていくことにしよう。なお、褚輔成は善後会議に会員として招聘され、西南各省軍・政当局の代表ではなかったが、西南各省の代表と連繋しながら行動しているため考察に加えなければならない。また、臨時政府制に関しては、このほかにも「拒賄議員」の郭同が「臨時政府組織大綱」を発表しているが(14)、西南各省当局との関係は確認することができず、また善後会議において討議された形跡もないので考察の対象としない。

(1) 褚輔成の臨時政府制案

　褚輔成もまた拒賄議員の１人であった。彼は、清末以来、同盟会や国民党とも太いパイプを保持する一方、1920年代に入ると聯省自治論の熱心な支持者となり、今回の提案に当たっては雲南・貴州・湖南の代表から賛同を得ていた(15)。なお、褚は入京前から執政府の改組に関する提案を上海の『申報』紙

上に公表していた。その提案と善後会議における提案との間に異同のあることは、すでに味岡氏によって明らかにされているが[16]、本章では善後会議に提出された提案について紹介していく。

　褚輔成は、執政府の改組が必要な理由として、段祺瑞の臨時執政就任に際して公布された「中華民国臨時政府制」が少人数によって立案された簡単なものであり、「約法を根拠にしたものでもなければ民意に基づいたものでもなく、ましてや多数革命団体の決議と参加に基づいたものでもない」という点を問題にする。そして、「この度の（甲子）革命はけっして一党一派や一部分の団体の力で達成できたものではない」（括弧内は筆者の補足）という認識から、臨時政府の基礎を強固にするためには、「各方面多数の意志」に立脚した新たな形態に執政府を改組する必要があると主張する[17]。

　こうした見地に立つ褚輔成提案の最大の特徴は、臨時政府を主に各省区代表からなる合議制（委員制）によって組織するという点にあり、その骨子は以下の通りであった。①「国務院」を「国家の最高行政権」を行使する機関として、33名からなる「執政」によって組織する。②33名の執政は、現行の臨時執政（段祺瑞）、善後会議が選出する6名、22省区の最高軍政長官、内モンゴル・外モンゴル・チベット・青海各選出の4名によって構成し、任期は正式政府が成立するまでの1年とする。③「国務会議」の議決は、執政の3分の1以上の出席と過半数の同意をもって成立する。国務会議には必ず各執政自らが出席しなければならない。④国務会議の主席は執政の互選によって2名を選び、半年ごとの輪番制とする。⑤国務院は各部総長を任命し国務を分掌させる。各部総長は国務会議に列席することはできるが、採決に加わることはできない。

　この国務院には、非常に広汎な権限が与えられていた。先ず、現行の法律・条例の執行はもちろん、「国民会議」（段祺瑞の主張する国民代表会議に相当する）と「臨時聯立参政院」（後出する湖南省代表の提案を取り入れたもの）が議決した法律案・暫行法規、及び善後会議の議決案等も執行することになっていた。また各省に対しては、督辦及びそれに類似した軍職の廃止、善後会議或いは国民会議が決定した軍隊の縮小や撤退等について命令を発し、さらに内乱を制止す

るため、省政府と省議会の要請に基づいて軍隊を派遣することや、各省区・地方間の紛争を裁決する権限も与えられていた[18]。

褚輔成は、各省の軍政長官＝督辦が職を辞して上京し臨時政府に参画すれば、地盤や政治的利害の対立から衝突を起こすことはないという見通しをもっていた。その背後には、辛亥革命や反帝制・護法運動等における軍人の役割を肯定的に評価し、現在の最大懸案である軍事問題については、「人民に政府を組織させてもこの重責を担うことはできない」から過渡的措置として軍人に解決を委ねざるを得ない、という彼一流の考えがあった[19]。褚の構想する臨時政府は、各省の軍政長官が直接に中央の統治権中枢を構成し、その合意形成によって国家意志を確定するという意味で、まさに軍事的「聯省」政府としての性格をもっていた。もし、現行の執政府がこの軍事的「聯省」政府に改組されたなら、それまで政務を「総攬」してきた段祺瑞はたんなる一執政へと転落・埋没し、その権力が著しく損なわれてしまうのはいうまでもなかった。

しかしながら、褚輔成の構想には看過できない問題があった。そもそも、各省の督辦が職を辞して上京すれば、各省政府の中央政府に対する政治的自立性、即ち「地域的統治権力」としての実質がただちに解消されるわけではない。そうした割拠的な利害を各々背負う執政たちが、政治的・地域的・派閥的な対立を惹起することなく、臨時政府ゆえに要請される効率的な意志決定に十分対処できるとは考えにくい。したがって、彼の期待とは裏腹に、各省の軍政長官が臨時政府の組織的一体性を維持しつつ、統一的な国家意志を形成することは甚だ困難であったといえよう[20]。

(2) 湖南省代表の臨時政府制案

湖南省長趙恒惕代表の提案は、彼を代表して善後会議に出席した鍾才宏・簫堃・陳強のほか、雲南・貴州・広西各省の代表9名が提出者に加わり、連署人にも23名が名を連ねていた。同提案は、善後会議の課題である軍制改革と財政整理を実施するためには、中央と地方の権限を確定することが先決であり、そのためには聯省自治制度を採用する以外に方法はないと強調していた。そして、

その立場から提示されたのが「中華民国国権分配大綱草案」・「各地方制憲規程草案」・「臨時聯立参政院制草案」・「臨時軍政整理委員会条例草案」・「臨時財政整理委員会条例草案」の計五案であった[21]。つまり湖南省代表の提案は、以上の五つの草案から成り立っていたわけだが、ここでは臨時政府の編成に関わる「臨時聯立参政院制草案」と、省憲法の制定に関わる「各地方制憲規程草案」とを紹介しておこう。

1 臨時聯立参政院

　上の「中華民国国権分配大綱草案」では、国権を行使する中央政府は「臨時聯立参政院及び臨時政府によって組織する」とされている。湖南省代表の提案は、ここでいう「臨時政府」についてとくに組織案を示していないが、恐らく現行の執政府を指すものと考えて間違いないだろう。臨時聯立参政院を設立する理由は、現在の執政府が立法権と行政権を独占しているため、正式政府が成立するまで「一国の大政は臨時政府の独裁に帰し、各省区の公意がそこに参画できない」という点に求められていた[22]。各省区の代表からなる「聯省」的機関を組織すれば、執政府と「相互に連繫」することによって「臨時政府の基礎は益々強固」となり、「各省区の民意は表現の機会を与えられ、責任共同負担の利益を収める」ことができると期待されたのである[23]。

　さて、臨時聯立参政院は、以下の各省区・各単位が推挙した代表によって組織される。①省議会及び各法団（各省1名）、②省政府（各省1名）、③特別区法団（各区1名）、④特別区最高長官（各区1名）、⑤外モンゴル地方政府（2名）、⑥内モンゴル各盟（2名）、⑦チベット（1名）、⑧青海（2名）。この組織構成は、褚輔成提案が各省の軍政長官によってのみ「各省の意志」を代表させようとしていたのに対し、省区政府の代表だけでなく省議会と各法団を媒介とした「民意」の代表も組み込んで、「各省の意志」を表現しようとしたところに独自性があった[24]。「聯立」とは、まさにそうした意味において、聯省自治の精神を体現するものとして用いられていた。

　ところで、臨時聯立参政院の権限は非常に強大であった。先ず、「随時に開会する」という規定が端的に示すように、臨時政府に対する独立性は強く、同

院は政府が政務遂行の必要に応じて意見を打診するだけの従属的な諮問機関などではなかった。また、その権限は、臨時政府が提出する重大案件を、審議或いは政府との連席会議によって共同決定することから、政府の命令・処分に対する撤回・中止の請求権、暫行法規・中央概算・公債募集・宣戦講和や条約締結等の議決権、中央・地方権限をめぐる争議や各省区・地方間の争議に関する裁定権にまで及び、それらの決議には各省区3分の2以上の代表が出席しその過半数の同意が必要とされた。一方、臨時政府が臨時聯立参政院の決定に不服であっても対抗する手段は全く規定されておらず、「中華民国臨時政府制」に基づき「軍民政務を総攬」する段祺瑞と彼を「賛襄」する各部総長は、同院の決定を実施するだけの存在になるはずだった[25]。

なお、湖南省代表が当初提出していた案では、政府の命令・処分に対して撤回・中止を請求する権限の替わりに、臨時執政と国務員に対する弾劾権を臨時聯立参政院に与えていた[26]。この差し替えの理由は、連署人の1人から、弾劾権を発動する事由や可決する要件等が規定されていないため制度としての周到さを欠く、という意見が出されたためだったと思われる[27]。そこには、提案に対して広汎な支持を得ようとする配慮が働いていたわけだが、本来、湖南省代表が意図した執政府と臨時聯立参政院との関係は、かつて「臨時約法」下における袁世凱政府と臨時参議院との関係がそうであったように、「議会」が中央統治権力の頂点に立ち、政府（執行権力）をその下僕のように従属させる「議会専制」的な関係を彷彿させるものであった[28]。

褚輔成の提案が、中央の統治権中枢に直接「聯省」的な制度を持ち込もうとしたのに対して、湖南省代表の提案は、「聯省」的に構成された各省区代表機関をもって臨時政府（執政府）を制御し従属させようとするところに特徴があった。ただし、袁世凱政府に対する臨時参議院がやはりそうであったように、臨時聯立参政院が執政府に対して強力な指揮権を発揮するためには、各省区代表が安定した協調関係の下で統一的な合意を形成することが重要な要件となってくる。そうでなければ、「臨時聯立参政院及び臨時政府によって組織する」とされた中央政府の政務運営は、極めて不安定で効率の悪いものとなる可能性が

高かったであろう。

2　省憲法の制定

「各地方制憲規程草案」は、中央政府の編成に直接関係するものではない。しかし、湖南省代表が考える省憲法制定の手順を、段祺瑞が「建設宣言」で提示した省憲法の「促成方法」と比較できるという点では重要であり、また臨時聯立参政院の「聯省」的な基盤を考える上でも注目する必要がある[29]。

湖南省代表が提出した「国権分配大綱草案」は、「国権」として外交・国防・軍制など統治権に関わる事項や国家的事業に属すべき事項など11項目の権限を列挙し、それ以外の事項は地方政府が行使すると規定していた。「各地方制憲規程草案」は、この規定に背馳しない範囲内で各省区が「地方憲法」を自主的に制定することを認め、省憲法制定に至る基本的な手順を以下のように想定していた。①すでに省憲を公布したか、或いは制憲作業を進行中の省区を除き、各省区ごと1ヶ月以内に「省議会及び教育会・商会・農会・工会の各総会、律師公会」が「制定省憲籌備処」を組織する。②同籌備処の成立後、2ヶ月以内に「制定省憲会議組織法」を制定し、制定後2ヶ月以内に「制定省憲会議」を組織する。③同会議の成立後5ヶ月以内に省憲法を制定する。

湖南省代表は、「各地方制憲規程草案」が段祺瑞の「省憲の促成」という主張に沿ったものであると断った上で、「各地方に、それぞれが国家を構成する機関であると認識させるには、速やかに省憲を制定しなければならない」という理由から、省憲法の早期制定を訴えていた。段祺瑞が「建設宣言」で提示した省憲法の「促成方法」は、国憲によって省憲法の制定を保証する一方で、中央政府の統制下に各級の自治を積み重ね、その末に省憲法の実現を見通すというものだった。これに対して湖南省代表の提案は、国憲の制定と無関係に各省区が自主的に省憲法の早期制定を目指すものであり、段祺瑞と異なって明らかに聯省自治国家の実現を展望していたといえよう。また、同草案が省議会と教育会・商会・農会等の法団に省憲法制定の中心的な役割を期待していたことは、省議会と法団の代表が「民意」を代表して臨時聯立参政院に参画する構想とも対応している。つまり、先に紹介した臨時聯立参政院の各省区代表は、省憲法

制定という共通の基盤の上に立って、中央政府の国策決定に参画することが想定されていたのである。

なお今回の提案は、全国省議会聯合会の活動と連携しながら提出されたものだった。同聯合会は、湖南省議会議長欧陽振声の主唱に基づき、1925年3月、善後会議の専門委員として上京した各省省議会代表によって結成されていた。湖南省代表は、「各地方制憲規程草案」を提出した理由の一つとして、この全国省議会聯合会が全国に向けて発した「省憲促成の通電」を挙げ、省憲法の早期制定が「民意」に基づいた要求であることを強調していたのである[30]。

(3) 四川省代表の臨時政府制案

四川省督辦楊森代表の提案は、彼の代表顧鰲・胡光杰のほか同省の軍・政当局代表など10名が提案者となっていたが、褚輔成や湖南省代表の鍾才宏とも意見を交換しながら提出されたようである[31]。この提案の目的は、執政府の法的根拠となる現行「中華民国臨時政府制」自体を修正することにあり、中央政府を1名の「臨時執政」と「国務員会議」及び「臨時参政院」によって構成するところに特徴があった[32]。

臨時執政は、最高18名を限度とする国務員（そのうち9名が各部総長を兼任）を特任し、全国務員で組織する国務員会議の主席を務めることになっていた。しかし、「中華民国の国務は国務員会議が決定し臨時執政が執行する」と規定されていたように、国策の決定権は合議制に基づく国務員会議が掌握し、臨時執政は執行の主体ではあったが国務員会議のなかではたんなる議長に過ぎなかった。四川省代表は、湖南省代表の提案と同じように国権に関わる事項を具体的に列挙し、それ以外の事項は地方政府が自主的に決定・行使するのが「聯省自治の精神に合致する」権限割分の方法であると指摘していたが、彼らによって提案された臨時参政院の設置も、やはり聯省自治の精神を体現するものだったといってよい。湖南省代表の提案と異なって「聯立」という字句を冠していないのは、聯省自治論が中国を分裂させるものだとする批判を考慮して、不必要な誤解を避けるためだったという[33]。

四川省代表が提案する臨時参政院は、①各省区法団が推挙する代表（各省区1名）、②各省区軍政・行政長官の推挙する代表（各省区1名）、③内モンゴル・外モンゴル・青海代表（各1名）及びチベット代表（2名）から構成され、湖南省代表の提案と比べると、省議会が「民意」を媒介する単位となっていない点に違いがある。同院は、暫行法規・臨時政府概算の議決権、中央・地方間の権限或いは省区間の権限をめぐる争議の判決権、などの権限を有するとともに、時局解決に関わる「善後事項」の執行やその経費の調達について国務員会議に建議し、また時局解決・国家改造の重大案件に関して国務員会議に連席会議の召集を要求することもできた。しかし、それらの権限以上に重要だったのは、ここでもまた臨時参政院が国務員に対する不信任案の提出権や、違法・失政行為に対する弾劾権を有していたことである。これに対して、やはり臨時執政・国務員会議の側には、湖南省代表の提案と同じく、それらに対抗する権限が何ら認められていなかった。

　「聯省」的機関によって執行権力を強力に掣肘しようとする四川省代表案の意図は、湖南省代表の提案とも共通するものであった。しかし、そうであるだけに、その成否は各省区の代表が利害の対立を超えて統一的な合意を形成できるか否かにかかっていた。その意味において、たとえ四川省代表の提案が実現したとしても、やはり具体的政策の確定において多大な困難を来すであろう可能性は否定できなかった。

第Ⅳ節　「省自治」容認の顚末

　善後会議の具体的課題は、既述のように軍制の改革と財政の整理、そして国民代表会議の組織方法を決定することにあった。ところが、西南各省代表の提案によって、そこに聯省自治論を根拠とした執政府の改組という難題が加わった。本節では、先ず段祺瑞＝執政府の聯省自治論に対する基本的な認識を確認した上で、善後会議における臨時政府制案の帰趨について整理し、次いで西南

各省の提案に対処するため執政府が設立を決定した「臨時参政院」の内容に検討を加えていきたい。

(1) 段祺瑞と聯省自治

　唐継堯（雲南省長）と趙恒惕（湖南省長）は、西南各省代表の提案に対する執政府と善後会議の対応が消極的なのを見て取り、1925年3月20日、聯省自治制度の採用を強く求める連名の電報を発した(34)。これに対して段祺瑞は、31日付けの返電のなかで「聯治の論は実に我が心を捉えている」と述べるとともに、「馬電」と「建設宣言」で示した「国憲を制定し省憲を促成する」という方針は、彼ら2人の主張と何ら異なるところはないと指摘して、省憲法制定の前提となる国民代表会議の成立と国憲の制定に向けて一致協力を求めていた。しかしながら、段祺瑞の言明とは裏腹に、彼の主張は唐や趙の想い描く「聯省自治」とはっきり異なっていた。段のいう「省憲の促成」は、すでに確認したように国憲の制定を大前提としていたが、今回の返電もまた、国憲の制定を前提としない聯省自治は「割拠でなければ相互侵擾」を招くと示唆していた(35)。つまり、湖南省代表の提案のように国憲の制定と無関係に各省が省憲法を制定することは、段にとってみれば国内の「割拠」と「相互侵擾」をもたらす危険な発想にほかならなかったのである。

　段祺瑞の聯省自治論に対するスタンスは、善後会議秘書長の許世英と湖南省議会を代表して上京していた王克家との会談からも窺うことができる。許世英は、王克家から段祺瑞の聯省自治に対する見解を質されたのに対して、段は「聯省自治の四字に対してすこぶる懐疑的だ。彼の考えでは、省自治も可、県自治も可、郷鎮自治もまた可である。ただし、省の字の上に聯の一字を冠することは納得できないようだ」と述べ、段が「聯省自治は省のことばかりに拘泥して国家を問題としない、地方だけを問題にして中央のことは構わない」という危惧を抱いていると指摘していた(36)。

　また、善後会議副議長を務めた湯漪は、1910年代に臨時参議院議員や衆議院議員を歴任し、20年代以降は聯省自治論を鼓吹していた人物であったが、やは

り上述の王克家と面談した際に自身の聯省自治に対する見解を披瀝している。彼は聯省自治を主張する消極的な理由として、武力統一と武力革命に反対することを挙げ、積極的な理由としては国憲と省憲の制定を掲げていた。また、国憲と省憲の制定順序については、さすがに元来が聯省自治論者であったためか、国憲と省憲の同時並行による制定を主張していた(37)。しかし、善後会議で「国民代表会議条例」が可決された4月18日になると、彼の主張は段祺瑞と歩調を合わせてはっきりと国憲の先行制定に傾き、「国憲運動の外に別途聯治運動の途を開く」ことを否定するようになる(38)。

執政府は、湯漪のような聯省自治論者も含め、総じて「建設宣言」の基調——省憲法制定過程における中央政府の主導権確保——に固執していたといえよう。各省政府の中央政府に対する自主性・主導性を重視する聯省自治論は、そうした思惑に対する挑戦と映じており、また段祺瑞には国内の割拠状態をなおさら助長するものとして映っていた。したがって、「聯省」的制度を臨時政府に導入して、執政府の主導権を掣肘しようとする西南各省代表の提案は到底受け入れることのできないものであった。

(2) 臨時政府制案の帰趨

執政府にとって、西南各省代表の提案を受け入れることができない理由は、聯省自治論への懐疑という点だけではなかった。審議の滞った善後会議は、すでに3月16日の第7回大会において、2週間の休会と31日から20日間の会期延長を決定していた(39)。そうしたなかで臨時政府制案を会議に上程すれば、もっとも重要な三つの議案——即ち、国民代表会議及び軍制改革と財政整理を担当する軍事善後委員会・財政善後委員会の各条例案を、可決できなくなる可能性があったからである(40)。

しかし、それ以上に問題だったのは、段祺瑞を擁立した奉天派張作霖の出方であった。奉天派の代表たちは、執政府が善後会議に提案した軍事整理案に批判的で、その審議に対して非協力的な立場をとっていた。一方、彼らは聯省自治論に否定的な張作霖の意向を受けて、「省自治には賛成しても聯治には賛成

しない」という態度をとり、西南各省代表の提案のなかでも褚輔成の提案にとりわけ強い不快感を示していた。当時、張作霖は「段派が政権を壟断する」ことにも不満を抱いていたが、それ以上に、各省の軍政長官が参画する褚輔成の臨時政府案が可決されると、中央政府に対する奉天派の影響力が一層低下してしまうと危惧していたからである(41)。執政府としては、軍事整理案に対する奉天派代表の支持を取りつけるためにも、西南各省代表の提案を許容するわけにはいかなかった。

　これに対して、西南各省代表の提案を支持する会員や代表は、けっして少ないわけではなかった。張作霖とともに段祺瑞を擁立した馮玉祥の国民軍代表は、臨時政府制案に関しては中立的な態度をとっていた。また、盧永祥（江蘇省督辦）、孫伝芳（浙江省督辦）、周蔭人（福建省督辦）らの代表は、奉天派の代表とともに反対の態度を示していたが、「このほかの各省代表は聯治問題にほぼ賛成」し、また善後会議に会員として招聘された熊希齢・梁士詒らも西南代表を支援する立場にあったといわれる。とりわけ、湖南省代表の主張に対しては「随声附和する」代表が多かったという(42)。

　ただし、西南各省の代表が一枚岩に結束していたわけでもなかった。唐継堯や趙恒惕ら西南各省の実力者と彼らの代表たちにとって、「聯省自治」は勢力地盤を維持する攻守同盟の手段であり、善後会議に執政府の改組を提案したのも、執政府を瓦解させるためではなく中央政府に勢力を扶植する可能性を探るためであった。他方、褚輔成は唐継堯及びその代表と連携してはいたが、彼個人は「聯省自治」をむしろ「現執政府打倒の武器」とみなしていたという(43)。恐らく、褚輔成も含めた西南各省の代表たちは、各省各当局それぞれの思惑を背景としながら、臨時政府制案の通過を目指すという一点において、提携・共闘していたに過ぎなかったといえるだろう。

　さて、執政府は善後会議の休会中から西南各省代表に繰り返し説得工作を試みたが、提案の上程を求める彼らをついに懐柔することはできなかった(44)。しかし、褚輔成と湖南省代表の提案が上程された４月４日の第10回大会は、奉天派代表など反対派が欠席したため定足数に満たず流会に追いやられた(45)。

その後、褚は6日の第11回大会と9日の第13回大会において長大な提案説明を行った。ところが、第11回大会では反対派らの中途退席者が多く、また第13回大会では江蘇省督辦盧永祥の代表らが褚輔成提案に対する不問動議を提出し、結局この動機が可決されたため、彼の提案はついに廃案となってしまった[46]。一方、四川省代表の顧鼇は9日の第13回大会と11日の第15回大会において、また湖南省代表の鍾才宏も第15回大会において、それぞれ提案理由を説明した。第15回大会は、またもや奉天派代表等が審議を拒否して欠席したため、定足数の不足から予備会に切り替えられたが、国民軍代表の寇遐等は「現在の臨時政府制は確かに修正の必要がある」と述べて両提案に支持を表明した。西南各省代表を支持する代表も依然として存在していたのである。だが、両提案とも中途退席者が多かったことと審議時間が尽きたことを理由に、やはり審議が棚上げされてしまった[47]。

既述のように、西南各省代表が提出した臨時政府制案──とくに湖南省代表の提案──に対する支持者は少なくなかったが、それにもかかわらず各案ともあっけなく廃案に追い込まれていった。恐らく、その背後には執政府の執拗な裏工作があったものと推測される。

(3) 臨時参政院の設立

以上のように、臨時政府制に関する提案はいずれも可決されなかった。しかし、実は善後会議においてその審議が始まる以前から、執政府は湖南省代表や四川省代表が主張していた「臨時政府に対抗する機関」の設立を検討し始めていた。その結果、4月13日に「臨時執政令」をもって公布されたのが「臨時参政院条例」であった。臨時参政院の設立については、善後会議において賛同者がもっとも多かった湖南省代表の臨時聯立参政院案を念頭に置きつつ、西南各省の代表とも相談しながら進められたという。「臨時政府に対抗する機関」を設置することで、執政府の改組に固執する西南各省代表と、その背後で善後会議の帰趨を注視していた西南各省当局とを懐柔し、「臨時執政府の寿命を延長させる」ことが目指されていたのである[48]。

臨時参政院の権限と構成は、辛亥革命後の臨時参議院と連邦制諸国の先例とを参考にしながら検討されたようだが(49)、この点に関して執政府側と西南各省代表との間には大きな見解の隔たりがあった。執政府側は、臨時参政院が辛亥革命後の臨時参議院のように執行権力を規制する弾劾権をもつことに否定的であり、これに対して西南諸省の代表は実効性のある弾劾権の規定を条例に加えるよう望んでいた(50)。また、各省区行政長官の代表を臨時参政院に加えることの是非をめぐっても両者の意見は対立した。恐らく、この対立点は臨時参政院の「聯省」的な性格と関係していたと思われる。執政府側は、「聯省自治の原則」を受容するにしても、地方長官の任免権は中央政府が保持すべきであるから、その代表は「省区の代表」たり得ないと考えていたようである。そのため、執政府の当初の計画は、臨時参政院を執政府派遣の代表、前国会議員中の拒賄議員、及び各省法団の代表によって組織しようとしていた。一方、「聯省自治の原則」の下で地方長官の任免権は各省区に帰すべきだと考える西南各省の代表にとって、地方長官の代表が臨時参政院を構成する「省区の代表」たり得るのは当然のことであった(51)。

「臨時参政院条例」は、以上のような執政府と西南各省代表の利害が交錯するなかで確定されたといえるだろう。以下、全9条からなる条文に基づき、同院の構成と権限が如何なる形に結果したのかを確認しておきたい(52)。

条例によると、臨時参政院は「臨時執政を補佐する」ために以下の代表を「参政」として招請する。①各省軍政・行政長官の代表（各1名）、②京兆・熱河・察哈爾・西康長官の代表（各1名）、③辺防督辦及び中央直轄・指定の総司令代表（各1名）、④内外モンゴル・チベット・満籍各旗・回部・華僑代表（16名）、⑤各省区省議会議長（各1名）、⑥各省区法団の会長が互選する代表（各1名）、⑦臨時執政が任命する代表（10～20名）。ここで各省区軍政・行政長官の代表が加わっているのは、先に述べた経緯からすると、明らかに執政府側の西南各省代表に対する妥協であったといえるだろう。また、省議会・法団の代表が参画するのは、すでに紹介した湖南省・四川省代表の臨時政府制提案を踏襲したものだった。ただし、本条例独自の規定として、中央政府の利害を代

弁する臨時執政任命の代表が最高で20名ほど加わるため、臨時参政院は完全な「聯省」的代表機関であるとはいえなかった。

　一方、臨時参政院の権限において何よりも注目されるのは、西南各省代表の求めていた弾劾権が条文に組み込まれなかったことである。執政府側は、明らかに臨時参政院が民国元年の臨時参議院の再来となることを恐れたのである。さらに、臨時執政は①省自治の促成及び国憲・省憲の施行前に決定すべき省自治暫行条例案、②善後会議及び財政・軍事の両善後委員会が議決する執行事項、③各省間・各省内紛争の調停と除去、④外国との宣戦・講和及び条約の締結、⑤内外債の募集及び租税の増加に関わる事項、等々に関し「案を具して臨時参政院に提出し議決させることができる」とされたが、臨時参政院の側には、参政の10分の1以上の連署をもって、①から③の事項に関する建議案を提出することが認められていただけだった。新聞の報道によると、条例公布前における閣議決定の段階では、執政府はこの建議権さえ条例案に組み込んでいなかったようである[53]。

　また、「案を具して臨時参政院に提出」するという条文から判断する限り、上記の各案件を臨時参政院に提出するか否かは臨時執政の裁量次第であり、かりに臨時参政院が議決したとしても、臨時執政は再議＝停止的拒否権を行使できる。他方、臨時執政が再議を求めた場合、参政院は再度議決することによって案件の執行を臨時執政に強制することができたが、そのためには、参政の4分の3以上の列席と3分の2以上の同意という非常に厳しい条件をクリアしなければならなかった。ちなみに、辛亥革命後の臨時参議院の場合、再議案件を議決するには出席議員の3分の2以上の同意があればよく（定足数は通常の審議案件と同じ議員過半数の出席）、また4分の3以上の出席と3分の2以上の同意は、国務員に対して弾劾権を行使する際の要件であった[54]。

　以上の紹介から窺えるように、臨時参政院は執行権力からの自立性に乏しく、諮詢機関に類した権限しか認められていなかった。執政府は臨時参政院の「聯省」的構成については譲歩したものの、その権限については政府の優位を確保しようとしたのである。それはまた、各省政府や省議会・法団など聯省自治を

標榜する勢力に対して、中央政府の主導権を確保することが意図された結果でもあった。

第Ⅴ節 小　結

　善後会議における中央・地方関係は、「省自治」を容認して体制の改編を構想する段祺瑞＝執政府と、権力政治の局面において聯省自治的秩序の全国的な展開を画策する西南各省当局との対抗という形をとって現れていた。そして、その対抗関係は、臨時政府の「聯省」的な編成如何という点に集約されていたのである。

　袁世凱死後の「軍閥割拠」状態のなかで、各省政府の「地域的統治権力」としての自立性は一層強まっていた。張作霖・馮玉祥らによって擁立され、もはや実力でこの状況を改変することができない段祺瑞にとって、各省政府の割拠性を「省自治」として制度的に追認＝合埋化し、その妥協を通じて各省政府の支持を獲得していく以外に、北京政府を統一的中央政府として再生させる方策は残されていなかったといえるだろう。しかし、彼の「徹底的な改革」構想では、自立的な各省政府を束ねて「統一」を保持していこうとする余り、国憲の制定から省憲法の制定に至るまで、中央政府の主導権を確保することが非常に強く意識されていた。そのため、臨時政府に「聯省」的制度を持ち込み、その主導権を脅かそうとする西南各省当局の要求とは、どうしても対立せざるを得なかったのである。

　一方、西南各省代表の臨時政府構想は、各省軍政長官が参画する「聯省」的政府を主張した褚輔成の提案にせよ、「聯省」的代表機関の権限を辛亥革命後の臨時参議院に酷似した形で提起した湖南・四川両省代表の提案にせよ、段祺瑞＝執政府の権力を掣肘することに急な余り、臨時政府の組織的な統一性まで損ないかねない制度上の問題点を孕んでいた。その意味で、聯省自治の理念は、中央・地方関係の改変と中央政府の主導権掌握をめぐる権力政治の手段と化し

ていたのである。

　段祺瑞と西南各省当局との確執は、「臨時参政院条例」の内容が「聯省」的な組織構成と弾劾権の有無とをめぐって争われたように、一方で聯省自治運動の影響という1920年代中国政治の新たな装いをまといながら、他方において民国初年の政治的対抗——執行権（中央権力）の強化を図る袁世凱とそれを規制しようとする臨時参議院との対抗——をあたかも再現した観があった。臨時参政院の性格が諮詢機関の域に止まったことは、段祺瑞＝執政府が「聯省」的代表機関をあくまで執行権の従属下に置こうとしたことを示すものだった。結局、段は「省自治」を許容した分権的な「改革」方針を提示しながら、その反面で袁世凱のように強力な中央権力を追い求め続けていたのである(55)。彼の「改革」構想の限界は、そこに凝縮されていた。

　臨時参政院には、各省区の軍政・行政各長官だけでなく省議会議長と各法団の代表も参画することになっていた。この点は、1920年代前半の各省自治運動において、省議会と商会・教育会等の法団が活発な動きを見せていたことと無関係ではなく(56)、中央政府が獲得すべき「各省の合意」の対象に「民意」が加わったことは、明らかに1910年代と異なる20年代中国政治の新たな特徴であった(57)。しかし、臨時参政院の極めて制約された権限を見る限り、執政府が同院を通じて各省政府の支持を獲得し、地方の民意を吸収することは非常に難しかったであろう(58)。その意味で、段祺瑞＝執政府の「徹底的な改革」——北京政府が統一的中央政府として再生しようとする最後の試み——は、文字通り画餅に終わろうとしていたのである。

註

（1）『大公報』1924年12月23日には「中華民国辛亥甲子両革命首領」として、「臨時大総統孫中山」と並び「臨時執政段祺瑞」の写真が大きく掲載されている。

（2）　費保彦編『善後会議史』（明星晩報社、1925年）。編者の費保彦は、財政整理関連の議案を審査する財政専門委員会委員として善後会議に参加した人物である。同書には、善後会議の開催に至る政治的経緯、22回に及ぶ大会の審議経過及び軍政・財

政など各専門委員会の議案審査経過が詳細に記録されている。
（3）　伊原澤周「臨時執政府与段祺瑞」（『中央研究院第二届漢学会議論文集』明清与近代史組下冊、1989年、所収）、孫彩霞「軍閥与善後会議」（『近代史研究』1989年第6期）。なお、省議会・各省法団勢力の動向に注目した拙稿「1920年代前半における各省『法団』勢力と北京政府」（横山英編『中国の近代化と地方政治』勁草書房、1985年、所収）、及び臨時執政府の司法総長章士釗の活動を分析した鐙屋一『章士釗と近代中国政治史研究』（芙蓉書房出版、2002年）第2部第3章も、やはり国民会議運動との対抗関係から善後会議を扱っている。
（4）　楊天宏「国民党与善後会議関係考析」（『近代史研究』2000年第3期）。
（5）　味岡徹「民国国会と北京政変」（中央大学人文科学研究所編『民国前期中国と東アジアの変動』中央大学出版部、1999年、所収）。
（6）　「臨時執政令／中華民国臨時政府制」（『政府公報』3115号、1924年11月25日）。
（7）　『晨報』1924年11月6日「各省区捧段祺瑞」、及び段祺瑞入京に至るまでの『大公報』1924年11月中の「公電」欄など、関連記事を参照のこと。上記『晨報』の記事は、段祺瑞に接近した人物の談として、広東・広西・江西・湖南・湖北・安徽・山東・山西・奉天・吉林・黒龍江・熱河・綏遠・察哈爾・陝西・四川・雲南・貴州・新疆・甘粛の20省区が段の出馬に賛同の電文を寄せてきたと伝える。また曹保序も、11月0日までに上の各省区に直隷を加えた21省区が賛同し、その後河南・江蘇・浙江・福建各省の当局も段の出馬を要請するようになったとする（前掲『善後会議史』20頁）。
（8）　「十三年十一月二十一日通告全国馬電」（『善後会議公報』第1期、公文、1925年2月）。
（9）　以下、同宣言についての叙述は、「臨時執政建設宣言」（『善後会議公報』第4期、宣言、1925年2月）を参照のこと。
（10）　「臨時執政令／善後会議条例」（『政府公報』第3144号、1924年12月25日）。
（11）　「臨時執政整理財政案」・「臨時執政整理財政大綱案」・「臨時執政収束軍事大綱案」（中国第二歴史檔案館編『善後会議』檔案出版社、1985年、所収）等を参照。
（12）　『申報』1925年2月27日「北京通信」。同記事は、段祺瑞の西南各省代表に対する歓迎ぶりが、孫文の北京到着を歓迎した時に比べて「勝るとも劣らない」ものだったとする。
（13）　正式な名称は「督辦軍務善後事宜」。旧来の督軍の名称が変更されたもの。
（14）　『晨報』1925年3月1日「郭同亦提出臨時政府組織大綱」。なお、「拒賄議員」とは曹錕賄選の際に総統選挙会を欠席した国会議員を指す。

(15) 『申報』1925年3月7日「北京通信」。褚輔成について詳しくは、徐友春主編『民国人物大辞典』（河北人民出版社、1991年）1347頁を参照。
(16) 前掲、味岡「民国国会と北京政変」によれば、入京前の褚輔成の提案には、後述するような「聯立参政院」や段祺瑞を無条件に執政とする規定はなく、入京後に褚が「聯省自治派や執政府に配慮した」結果、修正が施されたとする。
(17) 「四月六日大会速記録」（『善後会議公報』第7期、1925年4月）102〜105頁。
(18) 褚輔成「中華民国臨時政府制草案」（『善後会議公報』第5期、議案、1925年3月）。彼の構想する「執政」のなかに外モンゴルの代表が含まれているが、外モンゴルはすでに1924年11月にモンゴル人民共和国として独立していた（宮脇淳子『モンゴルの歴史』刀水書房、2002年、239〜240頁）。後出する湖南省代表や四川省代表の臨時政府制案、執政府の「臨時参政院条例」においても、やはり外モンゴル代表が構成メンバーに加えられている。北京政府にせよ各省政府にせよ、外モンゴルの独立を認めようとしない姿勢の現れであろう。
(19) 前掲「四月六日大会速記録」109〜114頁。
(20) 褚輔成も、自身の構想の現実性に確たる採算があったわけではない。彼は、西南各省の代表とだけでなく国民党の汪精衛・呉敬恒らとも接触し、自案に対する支持を求めていたが、33名の執政からなる「聯省」政府構想を批判されると自説の修正に応ずる姿勢を示していた（前掲『申報』3月7日「北京通信」）。また、善後会議における提案説明の際にも、委員制の枠組みが採用されれば執政の人数に拘泥しないと述べ、各省軍政長官の臨時政府への参画を自ら否定しようとしていた（「四月九日大会速記録」『善後会議公報』第8期、1925年5月、54頁）。
(21) 鍾才宏・簫堃・陳強等「確立聯治政制為改革軍財各政之標準以解糾紛而謀統一案」（『善後会議公報』第6期、議案、1925年3月）。なお、前掲『善後会議』所収の同案では、なぜか「臨時聯立参政院制草案」が欠落している。
(22) 同上、「確立聯治……謀統一案」の前文を参照。
(23) 「善後会議預備会速記録」（『善後会議公報』第8期、1925年5月）126〜127頁。また、やはり湖南省代表である簫堃の「臨時政府応設臨時参政院意見書」（同上、第6期、議案、1925年3月）も参照のこと。
(24) ただし、各省区政府が臨時聯立参政院に代表を推挙することには反対の意見もあった。拒賄議員の1人潘大道は、善後会議会員のなかでも聯省自治を支持していた人物だったが、同院の代表は各省区一律に各法団が推挙するべきであると主張していた（同「西南提案平議」『善後会議公報』第6期、議案、1925年3月）。潘大道については、前掲徐友春主編『民国人物大辞典』1466頁を参照。また褚輔成は、湖南省

代表の主張する臨時聯立参政院の構成は、「地方」を代表することができても「民意」を代表することはできないと指摘していた（前掲「四月六日大会速記録」126頁）。

(25) 以上、註(21)の湖南省代表提案にある「臨時聯立参政院制草案」を参照。

(26) 湖南省代表が提出した当初の案は、『新聞報』1925年3月8日「鐘籟提出之聯治大綱」で確認することができる（なお、この当初案では「中華民国国権分配大綱草案」が「中華民国分権初約」という名称になっている）。弾劾権の規定が差し替えられているのは、『善後会議公報』所載の「臨時聯立参政院制草案」である。

(27) 意見を提出したのは潘大道である（潘については註(24)も参照）。彼は、「臨時約法」が大総統・国務員に対する弾劾権を詳細に規定している点を引き合いに出しながら、「執政或いは国務院を弾劾する」とだけ規定する湖南省代表の提案を批判していた（前掲「西南提案平議」を参照のこと）。

(28) この点については、改めて第1章の叙述を参照されたい。

(29) 以下、註(21)の湖南省代表提案にある「各地方制憲規程草案」を参照。

(30) 前掲「善後会議預備会速記録」126頁。省議会聯合会については、前掲拙稿「1920年代前半における各省『法団』勢力と北京政府」を参照。

(31) 前掲「善後会議預備会速記録」121頁。

(32) 以下、注記しない限り、同提案については顧鼇・胡光杰等「中華民国臨時政府制修正案」（『善後会議公報』第7期、1925年4月、議案）を参照。

(33) 前掲「善後会議預備会速記録」122頁。

(34) 「雲南唐省長継堯湖南趙省長恒惕主張聯省自治巧電」（『善後会議公報』第7期、公文、1925年4月）。

(35) 「臨時執政復雲南唐省長湖南趙省長哿日来電送会査照咨」（同上）。

(36) 『晨報』1925年4月13日「段祺瑞怕聯省自治」。

(37) 『晨報』1925年4月14日「善会不討論聯治案」。湯漪については、前掲徐友春主編『民国人物大辞典』1184頁を参照。

(38) 「湯副議長漪対於聯治運動致湖南趙省長恒惕電」（『善後会議公報』第9期、公文、1925年5月）。

(39) 外務省亜細亜局『善後会議及国民代表会議ニ関スル資料』（支那関税特別会議参考資料第9輯、1925年9月）8頁。

(40) 『申報』1925年3月30日「聯治派与政府派双方之行動」。

(41) 『晨報』1925年3月29日「善後会議難関愈多」、同4月6日「政府派極力排除善後難関」、『申報』4月11日「北京通信」、『新聞報』4月13日「北京特約通信」。

(42) 『新聞報』1925年3月30日「北京特約通信（一）」、『申報』4月3日「北京通信」。なお、熊希齢は褚輔成や湖南省代表の提案を意識しつつ、自らも「連邦主義」に基づく「国憲起草程序案」を善後会議に提案していた（『善後会議公報』第8期、議案、1925年5月）。
(43) 『申報』1925年3月30日「褚案在善後会議之形勢」、同4月28日「北京通信」、『新聞報』4月13日「北京特約通信」。
(44) 『晨報』1925年3月30日「聯治派与聯治案」、4月3日「今日善会開会形勢之預測」、4月8日「仍在奮闘中之聯治派」等。
(45) 前掲『善後会議及国民代表会議ニ関スル資料』12頁、『申報』1925年4月9日「四日善後会議流会原因」。
(46) 前掲「四月六日大会速記録」及び「四月九日大会速記録」を参照。
(47) 前掲「四月九日大会速記録」・「善後会議預備会速記録」、及び『善後会議及国民代表会議ニ関スル資料』13頁。
(48) 『晨報』1925年3月6日「執政府将自動的提出臨時政府組織法」、『申報』3月19日「北京通信」。
(49) 『晨報』1925年3月8日「聯治案在善会形勢」。
(50) 前掲『申報』3月19日「北京通信」、同3月25日「北京通信」。なお、後者の記事によれば、段祺瑞の側近たちは弾劾権の受け入れに対して否定的であったが、段自身は許容する姿勢を見せていたという。
(51) 前註『申報』3月19日「北京通信」。なお、同3月23日「善後会議之前途」は、執政府が当初から臨時参政院を各省区軍政・行政長官が推挙する代表によって組織しようとしていた、と全く異なる報道をしている。しかし、すでに指摘したように、執政府は各省政府に対する主導権の確保に固執しており、西南各省代表との間に本文に記したような意見対立があったと考える方が当時の状況に適合している。
(52) 以下、註記しない限り、臨時参政院については「臨時執政令／臨時参政院条例」（『政府公報』第3245号、1925年4月14日）を参照。
(53) 『晨報』1925年4月9日「臨時参政院内容之又一説」。
(54) 「中華民国臨時約法」第19条・23条（繆全吉『中国制憲史料彙編—憲法篇』国史館、1989年、53頁）、銭端升等『民国政制史』上冊（商務印書館、1939年）18頁。
(55) したがって、段祺瑞の政治的思考は、かつて袁世凱が思い描いた国家構想の枠組みから基本的に抜け出ることができなかったといえよう。例えば、本章では立ち入って検討することができなかったが、善後会議には「国地財政劃分」の提案が財政部より提出され、国税徴収業務に対する各省政府の干渉を排除するため、現有財政庁

の業務を省税徴収に限定し、新たに「国税監督署」と「国税局」を各省に設置することが提起されていた（拙稿「中国の統一化と財政問題――『国地財政劃分』問題を中心に――」『史学研究』第179号、1988年）。この政策は、第2章で論じた袁世凱政権の「劃税設庁」政策の焼き直しに過ぎず、段祺瑞の新味といえば、その制度的根拠として「省自治」を付け足したところにしかなかった。

(56) 善後会議をめぐる各省議会と法団勢力の活発な動きの背景に、省自治・地方自治運動があったことは別の機会に詳述しておいたので参照されたい（前掲、拙稿「1920年代前半における各省『法団』勢力と北京政府」）。

(57) 1910年代の袁世凱政府は、「大総統親裁」を実現するまで積極的に「各省の合意」を形成して国家統一を進めようとしたが、そこで「合意」形成の対象になっていたのは各省政府に過ぎなかった（第1章、及び拙稿「中華民国の国家統合と政治的合意形成――"各省の合意"と"国民の合意"――」『現代中国研究』第3号、1998年、を参照）。

(58) 例えば雲南省長の唐継堯は、同省の善後会議代表が帰着した後、臨時参政院に「雲南ヨリハ参政ヲ派遣セズ」という意向を示していた（外務省編『日本外交文書』大正14年第2冊上巻、687文書、1983年3月）。また、『新聞報』1925年4月27日「臨時参政院之趨勢」は、雲南省のほか湖南省や国民党が握る広東・広西両省が参政を派遣することはあり得ず、段祺瑞を擁立した国民軍と奉天派も臨時参政院には冷淡な態度をとっていると観察し、また商会・教育会・農会の三法団は省議会と法団の代表選定基準が不公平な点に強い不満を表明していると指摘していた。実際に臨時参政院の開会は、張作霖の反対もあって7月30日までずれ込み、その後8月の後半になっても正式な会議を開けない有様であった（『新聞報』1925年8月22日「北京特約通信」）。

第9章
江蘇省「軍閥」統治の変容と地方行財政

第Ⅰ節　課題の設定

　先ず本章の課題を明確にするため、緒論で述べた論点を改めて整理することから始めたい。

　今日まで「軍閥割拠」と称されてきた北京政府期の政治状況は、本来、中央に集中されるべき「統治権」、即ち国家（政治的経済的秩序全体）の存立に直接関わる軍事・財政等の諸権が、各省に分散した権力構造に起因していた。こうした構造の下で、「地域的統治権力」として各地に君臨する各省の軍事・行政権力は、「中央政府」の任命に基づく「地方行政（軍政）機関」という形式を通して支配の正当性を獲得していたのである。つまり、「軍閥」の地方統治は、国家意志を代行する「地方行財政」の遂行という形式を通して実現されるわけで、その形式を獲得しさえすれば、地方行財政の内実は必ずしも地域の利害に密着する必要はなかった。しかしながら、ある省権力が「中央政府」としての北京政府と敵対し、その「地方行政（軍政）機関」であることを拒否しようとすれば、新たな支配の正当性を求めて別の「中央政府」（例えば広東の政府）に乗り換えるか、そうでなければ「聯省自治」や「保境安民」等の理念を掲げ、地域的利益の追求を標榜した行財政運営を通じて、独自の正当性を確保することが必要となってくる。

　北京政府との関係において、上述のような省権力の二重的性格がもっとも顕著に現れていたのは、民国成立以来、北洋系の督軍・省長により支配されてきた諸省であった。江蘇省もまた、1910年代以来ほぼ北洋系の督軍・省長の支配

下にあり、第3章と第7章で明らかにしたように、地域的利益をほとんど顧みない彼らの行財政運営に対する反発は、20年代に入ると北洋系の軍人・官僚支配に真っ向から反対する省自治運動を誘起するほどになっていた。そして、1920年代の前半から顕在化した省財政の破綻と江蘇省をめぐる内戦の継起は、同省の利害から超然とした従来の「軍閥」統治──つまり、その二重的性格と専断的な行財政運営──に大きな変容を迫ることになる。第6章において考察した教育実業行政聯合会の設立は、その「変容」の一端が産業行政の局面において現れたものと見ることができるが、本章の課題は、そうした「変容」の実態と構造をより包括的な文脈のなかで明らかにし、それが含意する歴史的な意義を吟味することにある。

　1920年代江蘇省の「軍閥」統治については、25年末より同省を傘下に収めた孫伝芳の上海支配を分析した大野三徳氏の研究がある[1]。氏の研究は、孫伝芳の上海支配の構造に肉薄した貴重な業績であるが、孫伝芳登場以前における江蘇省の政治過程と彼の支配との関連はそれほど考慮されていない。本章では孫伝芳の江蘇省支配を、20年代前半から進展した「軍閥」統治変容の帰結点として位置づけたい。他方、中国では『江蘇史綱』近代巻が「北洋軍閥」の江蘇省統治について専章を設けている[2]。ただし、「軍閥」の税収奪や軍事抗争については詳細に描かれるものの、「軍閥」統治が地方行財政として実存するという視点をもたないため、構造的な分析に欠け、したがって本章が明らかにしようとする「軍閥」統治の「変容」にも全く気づいていない。

第Ⅱ節　省財政の破綻

　先ず本節では、次節以下において考察の前提となってくる財政破綻の実態を簡単ながら整理しておきたい。第5章でも触れたように、江蘇省財政の悪化は1919年から始まった。この年、北京の中央政府財政部が審査・決定した江蘇省「国庫財政」の歳出予算額は軍事費が537万元余り、行政費が665万元余りであっ

た。ところが、当時の省軍・政当局がそれぞれ軍備と新規事業の拡充に乗り出したため、実際の支出額は歳入予算を大幅に超過してしまった。とくに軍事費の増加には甚だしいものがあり、実支出は19年度が960万元余り、翌20年度にはついに1,000万元を突破して16年度のほぼ2倍にも達した。もちろん、こうした国庫財政の状況に対して、地域の側から危惧の声が出なかったわけではない。20年12月には、省議会が軍事費と行政費の削減等を求めた「整理江蘇財政計画案」を議決し省政府に建議しているが、強制力のない建議案では何ら実効性がなかった[3]。この状況に追い打ちをかけたのが、20・21年と連続して発生した自然災害であり、これによって田賦をはじめとする税収は大きく落ち込む羽目となった[4]。

このため、1920年10月までに契約していた銀行借款350余万元、21年度の歳出超過と災害復旧による欠損約370万元、自然災害に伴う田賦・貨物税収入の欠損420余万元などが累積して、国庫が抱える負債は凡そ1,200万元にも達した。並行して行われた経費の削減や税収の整頓等により、債務は22年夏までに約1,000万元（銀行借款657万余元、経費の欠配325万余元）に目減りしたが、緒論で紹介しておいたように、江蘇省国庫の歳入規模は22年度予算において1,700万元程度であったから、以上のような債務の負担は余りにも厳しかった[5]。また、このような国庫財政の悪化は、省庫財政にも波及していかざるを得なかった。田賦収入の減退は、その附加税を主要財源とする省庫財政の収入不足にも直結したからである。22年度の歳入予算が250万元程度であった省庫財政の累積債務は、同年までに約204万元に達していたという[6]。

江蘇省財政の破綻を招いた主要な原因が、同省の地域的利益から乖離した恣意的な軍備拡張と行財政運営にあったことは論を待たない。しかし、ここでは放縦な行財政運営、とりわけ県知事と税局所長のそれに注目して、今少し財政破綻の内実に踏み込んでおこう。当時から、財政収入の減少をもたらした原因としては、「徴収吏員」——田賦においては各県の「櫃書」等[7]、貨物税においては各税局所の税務員——の「中飽」（中間搾取）と業務能力の欠如が指摘されていたが[8]、その多くは彼らを統括する県知事・税局所長の腐敗と怠慢に

起因していたといってよい。

　第3章で論じたように、江蘇省では1920年代になっても袁世凱以来の「本籍廻避」制度が維持されていたため、省長が任命する省内60県の知事全てが外省人であり、在地の利益を顧みない放漫な県政運営によって、しばしば省議会の告発対象となっていた。とくに財政面では、田賦の欠損と「交代」（財務監査）業務の怠慢からくる公金の横領が問題だった。1923年3月現在で各県が積み上げた田賦の欠額は15年以来の累積で450万元にも上り[9]、また25年9月の時点で、歴代各県知事のうち46県92名が88万5,000元と銀940両余りの横領を賠償せず、そのほかの31県47名に至っては不正が判明しても横領額を精査することさえ不可能となっていた[10]。一方、財政庁長が任命する税局所長については、「比額」（徴収割当額）の無視と貨物税の国庫（財政庁）への納入不足が深刻であった。24年度について見ると、省内59ヶ所の税局所に割り当てられた徴収見込み総額は約662万元であったが、実徴額は538万元余り、各税局所から国庫に送られた額は371万元余りに止まっていた[11]。つまり、国庫に送られた税額は割当額の56％に過ぎなかったのである。

　以上の事実から、1919年以来の省財政（国庫・省庫両財政）の破綻が、たんに放縦な軍備拡張や行財政運営、はたまた自然災害の影響などによるだけではなく、緒論において確認しておいたような財政の構造――主要な財源を共有しながら、上級政府（省政府）の収入が下級政府（県政府）ないしは下級官庁（税局所）の送金に依存するという構造――とも密接に結びついたものであったことが理解できよう。その意味で、20年代における省財政の破綻は構造的な問題でもあったのである。

第Ⅲ節　財政整理の模索

(1) 財政会議

　省財政の危機を前にして、江蘇省の軍・政当局が財政の整理に乗り出すのは

1922年からだった。当時の省長は6月に着任したばかりの韓国鈞、督軍は直隷派に属する斉燮元であった。江北泰県出身の韓は清末以来の経験豊かな官僚で、第6章でも触れた通り10年代には江蘇巡按使を務めたことがあり、江蘇省にとって待望久しい本省人の省長であった。22年7月末、韓国鈞と斉燮元は、省財政を整頓するため連名で省議会議長、省教育会・省農会の会長、南京・上海・蘇州・通崇海各総商会の会長、上海・南京・蘇州各銀行公会の会長、及び江南北各属の「士紳」に「財政会議」の開催を呼びかけた。省財政に対して指揮・監督権をもつ省長のみならず督軍までが発起者となったところに、当時の財政破綻の深刻さが現れていた。8月3日に開会した財政会議には、省内各地から招聘に応じた46名が参集した[12]。著名なところでは、張謇をはじめ、省教育会の黄炎培・沈恩孚・袁観瀾や上海銀行界の宋漢章・盛竹書、南京総商会の蘇民生・甘仲琴、或いは史量才・張君勱・穆藕初・薛南溟等の名前が見えるが（張謇・薛南溟は代理が出席）、その他の参加者も江蘇省の有力な郷紳・商紳たちであったことは間違いない[13]。

　会議の席上、韓国鈞は、本来「地方財政は省議会が、国家財政は国会が決定すべきものであり、今回の会議は法定の集会とはいえない」と断った上で、「本省人士」と臨時に協議・企画して「国会或いは省議会が財政について決定するための準備」とするのだと語った。だが、その一方で財政会議の任務は国庫財政の整理に限定すると述べたように、省庫財政の予決算審議権を有する省議会の職権と抵触することは慎重に避けていた。財政会議は、省長の行政的判断に基づいて召集された法的根拠のない組織であったが、省内の有力な郷紳・商紳たちを組み込み、審議対象を江蘇省が担当する国庫財政に限定する限りにおいて、国会の機能を代行する組織と意識されていた。

　3日間に渡り開かれた会議では、沈恩孚・史量才・黄炎培らが、1,000万元を超す損耗を解消するためには軍・政各費を年に300万元ずつ削減する必要があり、その方向で斉燮元と折衝するよう韓国鈞に求めるなど、強硬な意見が提出された[14]。その結果、1922年度国庫財政予算は、収支の均衡を図るため中央に送るべき税款100万元を截留し、軍・政両費163万元を削減する等々の処置

を施して承認され、さらに緊急を要する債務640余万元の償還に対応するため、会議の冒頭で韓国鈞が求めていた国債700万元を発行することも了承された(15)。この公債の発行については、省議会の一部議員や北京の江蘇旅京同郷会などから省民に負担を強いる措置として反対されたが、斉燮元と韓国鈞の北京政府に対する積極的な働きかけと上京した黄炎培・袁観瀾らのロビー活動が功を奏し、10月には閣議の承認を取りつけることに成功した(16)。

しかしながら、財政会議の決定と施策とによって国庫財政の整理が進捗したわけではなかった。100万元を見込んで截留した中央税款は実収が52万元余りに止まり、また田賦と貨物税の実収額も予想を大幅に下回った。また財政部が指示する各機関・各事業の必要経費がかさんで予算外の支出が増加したため、1922年度国庫予算が目指した収支の均衡は大きく崩れ、さらに700万元の公債は手取りが420万元余りに止まって債務の償還も滞ってしまっていた。国庫財政の損耗は、改善されるどころか前年よりも深刻さの度合いを増していたのである。このため韓国鈞と斉燮元は、1923年12月に再び「全省士紳及び銀行界、農商教会長等」を召集して第2次財政会議を開かねばならなかった(17)。第2次財政会議において、省政府が編成した23年度予算草案は軍事費・警察費を中心に大幅な削減が施されたが、そこで中心的な役割を担っていたのは、同会議によって選出された「整理財政委員会」だった(18)。財政会議は、翌24年6月末にも同年度予算を策定するために開催されているが、そこでも省政府が作成した予算草案は同委員会がチェックした上で会議に上程され、厳しい審査をへて正式に公布されている(19)。

ところで、整理財政委員会は、1922年の第1次財政会議でも設置が決定されており、その時は「財政委員会」という名称で、財政の公開を促進するため「公正士紳」のなかから委員を招聘し、国庫財政を対象として収支の監督、公債基金の監視、税収整頓の企画等を担当する組織として構想されていた(20)。整理財政委員会は、この財政委員会を改組する形で発足したわけである。委員会の権限と構成について見ると、当初、阜寧県の郷紳王汝圻が提出した原案では、予算収支の審査と税収の監督、中飽の排除と県知事・税局所長に対する勤

務評定、支出の考査等々を担当し、省議会から2名、教育会・農会・総商会から各1名、省長が招聘する2名の計7名によって組織することになっていた。しかし、23年の第2次財政会議はこの提案に修正を加え、結局、会議を通過した決議案では、①国庫予決算の審査、②収入の考査と支出の監察、③財政整理に関わる企画を委員会の職権とし、委員については定員9名を省長が推薦した候補18名のうちから財政会議が選挙し、3年を任期として毎年3分の1を改選することで決着を見た[21]。

財政会議による選挙の結果、整理財政委員に選出されたのは、黄以霖（宿遷県紳）・李錫純（南京交通銀行経理）・史量才（申報館総経理）・黄炎培（省教育会副会長）・張一鵬（前北京政府司法総長・次長等）・許仲衡（南京銀行公会会長）・銭崇固（前省議会議長）・蘇民生（南京総商会副会長）・沈惟賢（松江県紳）の9名で、沈恩孚・袁観瀾・盛竹書・王汝圻・張君勱ら9名が候補委員となった[22]。有力郷紳・商紳が「公正士紳」として参画したこの委員会は、成立した1923年12月から24年6月の第3次財政会議開催に至るまで、都合9回の常会を開催している。この間、同委員会が関わった業務は、予算草案のチェックや支出の監察などのほか、田賦徴収の整頓と欠損を出した県知事の追捕、貨物税徴収の整頓と各税局所の勤務評定、国税・省税割分案の検討、財政庁帳簿と各県政府・税局所の会計原簿との照合等々、極めて多岐に渡っていた[23]。

田賦の徴収については、省政府の実施する「秋勘」（秋の収穫の実地調査）が往々にして「県紳」との争議を惹起することから、県政府が調査した結果を財政庁が抽出検査する方法に改め、その一方で県知事の怠慢に対しては更迭等の厳しい処分で臨み、田賦の欠額を徹底的に精査することを決定している。これは、「県紳」の利害に配慮しつつ県知事の徴税責任を厳しくする措置だったが、省政府もすでに同様の政策を打ち出しており、基本的にはその県知事管理強化策と共同歩調をとるものだった[24]。また貨物税については、税局所徴税業務の改良に向けて、「整頓税所大綱」や税務員の考試・任用・奨懲等に関わる各章程を起草するとともに、整理財政委員会自らが、財政庁の報告に基づいて各税局所の勤務評定を行っている。委員会の勤務評定は極めて厳格であり、1924

年6月に開かれた第6回常会では、財政庁が巨額の欠損を出した税局所長を懲戒せず、むしろ優遇する形で他の税局所に転出させようとしている点に矛先が向けられ、激しく詰問する各委員の前で財政庁長の厳家熾がしばし返答に窮してしまう事態さえ出来した。同時期、税局所長会議が南京で開かれた際、韓国鈞と斉燮元は2人して出席し、従来3ヶ月に1回であった勤務評定を毎月1回に増やす新規則を通達しているが、この措置も税局所長の管理強化を目指す整理財政委員会の決定に沿ったものだった[25]。

しかし、1924年9月から斉燮元と安徽派の浙江督軍盧永祥との間に勃発した江浙戦争は、委員会の活動を停頓に追い込んでいった。11月22日、9名の委員は連名で韓国鈞と斉燮元に書簡を送り、江浙戦争によって財政会議を通過した予算や委員会で立案した財政整理計画が水泡に帰したことを理由に、辞職を願い出たのである[26]。

(2) 善後委員会

江浙戦争は直隷派斉燮元の勝利に終わり1924年10月にはほぼ収束したが、北方の第二次奉直戦争に直隷派軍が敗北したため、江蘇省における斉の地盤は動揺した。前章で述べたように、奉天派張作霖の支持を得て北京で臨時執政に就任した段祺瑞は、12月に斉燮元の江蘇督軍職を免じるとともに、江浙戦争に敗れた自派閥の盧永祥を蘇皖宣撫使に任命し、奉天派張宗昌軍とともに南下させた。このため、江蘇省は1925年1月から再度戦火に見舞われることとなったのである。斉燮元は、盧の後を受けて浙江省の督軍となっていた孫伝芳と結んで対抗したが、孫の裏切りもあって同月末には敗北を認め日本に逃走した。この前後2回に渡る戦闘によって、江南の各県が被った損害は甚大であった。また、2月になると省長の韓国鈞が更迭され、江蘇省溧陽県の出身ながら張作霖の息がかかった鄭謙が、北京政府によって新たな省長に任命された[27]。江蘇省は奉天派の勢力下に入ったのである。

しかしながら、中央から特派された蘇皖宣撫使盧永祥の政治的なスタンスは、意外にも韓国鈞が推進してきた在地の郷紳・商紳層と提携する方針を踏襲する

ものだった。彼は、戦災によって荒廃した江蘇省の復興・善後策を協議するため、1925年3月に「善後委員会」の設立を発起した。この委員会は、宣撫使と省長をそれぞれ会長・副会長とし、省内の各軍領袖、財政・実業・教育庁などの各行政機関長官、省議会議長、省教育会正副会長、省農会正副会長、上海・南京・蘇州・通崇海各総商会正副会長、上海・南京各銀行公会正副会長、及び「各属士紳」（旧府州属から各2名、計22名）を会員として招聘する組織だった[28]。当初、戦後復興を担当する組織は、南京に総局を置き各県に分局を置く「善後局」として構想されていたようである。総局には、「省最高級軍事・行政長官」が兼務する「督辧」の下に「本省各団体領袖及び地位と名望のある紳耆」を「参賛」として招聘し、県知事を「坐辧」とする分局にも「地方公共団体」が推挙する「参事」を置くことになっていたが[29]、結局、この構想はかつての財政会議のように、省内の有力郷紳・商紳が一堂に会する合議機関＝善後委員会へと改編されていったのだった。

　盧永祥が善後委員会を発起した背景には、「地方士紳」の召集を求める省内の世論と、それに即応した前省長韓国鈞の盧永祥に対する働きかけがあったようである。韓はすでに北京政府によって更迭されていたが、新省長鄭謙の着任が遅れたため、彼の再任を求める声が郷紳・商紳層の間では高まっていた。そうしたなかで、韓は盧に対して善後委員会の設立を提言するとともに、招聘する会員の人選についても自ら取り仕切っていったといわれる[30]。そのためか、善後委員会と財政会議の人的な連続性はかなり顕著であった。法団等の正副会長では袁観瀾・黄炎培・甘仲琴・蘇民生・許仲衡ら7名が、22名の「各属士紳」のなかでは張仲仁・銭崇固・沈惟賢・黄以霖・王汝圻ら14名が財政会議に参与した経験をもち、しかもこのうち黄炎培・蘇民生・許仲衡・銭崇固・沈惟賢・黄以霖の6名は整理財政委員会のメンバーでもあった[31]。

　1925年4月10日に開会した善後委員会は、会長盧永祥と副会長韓国鈞（鄭謙の着任後は鄭と交替）の下で、6月10日に閉会するまでの間、計15回に渡り江蘇省の戦後復興と善後策を協議した。委員会の具体的課題は、①地方秩序の回復・安定、②人民の救済、③教育・農工商業及び公益事業の回復と振興、④民食の

調達、⑤財政の整理等にあったが(32)、ここでは財政整理に向けた取り組みから紹介していこう。

　江蘇省国庫が抱える負債総額は、1925年3月の時点で3,066万元余りに膨れ上がり、一方、田賦・貨物税、中央税款の截留等による収入は約2,000万元が見込まれていたが、その大半は債務の抵当に入っていた(33)。この状況に対して盧永祥は、新たに短期借款を起こして旧債償還と財政整理の資金とし、軍事費を19年度予算額（537万元）まで段階的に逓減させていく方針を提起した。しかし、沈惟賢ら25名の会員が対置した提案は、軍事費を500万元、行政費を600万元にまで即座に削減するという厳しいものだった(34)。両提案は合併審査に付され、その結果、25年度予算の軍事費は537万元、行政費は665万元を最高限度とし、債務償還基金に695万元を計上することで決着を見た。また、財政庁が「金庫券」を発行して、予算とは別に「過渡経費」（24年度最後数ヶ月分の軍事費と軍隊整理削減費）540万元を調達し、中央政府に月々30万元の塩税協餉を仰いで貨物税収入とともに準備基金とすることも承認された。さらに、以上のような国庫財政の収支を検査する目的で「財政稽核委員会」が、過去の債務や各県・税局所の欠損を清算するために「清理財政委員会」が、それぞれ設立されることになった(35)。

　次に、その他の課題をめぐる審議に眼を向けると、郷紳・商紳層に依拠して戦後の復興を図ろうとする傾向が顕著であったことに気づく。当時、被災各県では在地の郷紳・商紳層によって善後策を協議する団体が結成され、それらを網羅した「兵災各県善後聯合会」も組織されていた(36)。盧永祥は、地方秩序の回復を図るため「地方官が士紳と共同して」方策を協議・立案するよう提案していたが、善後委員会で設立が決定された「兵災恤償委員会」には、各県の「兵災善後会」或いは法団の推挙した代表が参画することになった(37)。また、盧永祥と実業庁長徐蘭墅の提案に基づいて審議された教育・農工商業復興策では(38)、省立江蘇銀行を総管理処として大口の融資を担当する「貸款局」と、各県市郷に小口融資を担当する「因利局」を設置することが決定された。後者の資金は全く「紳富の力に応じた寄付」に依存し、局の主任も「紳富」が務め

ることになっていた⁽³⁹⁾。さらに、黄炎培ら4名の提案に基づいて設立することが決議された地方保衛団についても、総監督を務める県知事を「地方の公正士紳」が補佐することになっていた⁽⁴⁰⁾。

　以上の紹介から明らかなように、財政の整理にせよ戦災からの復興にせよ、江蘇省の軍・政当局は郷紳・商紳層の合意と協力なくしては、何ら政策を実施することができなくなっていた。ただし、善後委員会の諸決定を実施していく上で、江蘇省をとりまく内外の政治環境は余りに厳し過ぎた。先ず、財政整理の前提であった過渡経費の調達は、北京政府が塩税の協餉を拒否したため行き詰まり、1925年度予算を善後委員会の決定通りに執行することが困難となった。このため、25年6月10日には善後委員会が、同月末には盧永祥が省長の鄭謙と連名で、財政部に繰り返し塩税の協餉を電請している⁽⁴¹⁾。善後委員会の電文は、塩税を全額截留している他省の例を引き合いに出しながら、「江蘇にあって江蘇のことを謀ろうとするなら、他省のようにできないことがあろうか」と財政部に詰め寄る厳しいものであったが、財政部の認可を得ることはできなかった。この時、盧永祥が財政部を無視して、独断で塩税の截留に踏み切る選択肢も残されていた。しかし、北京政府を握る段祺瑞（安徽派）の系列下にあった彼が、そこまで踏み出すことはなかった。

　また、1925年8月初めに、奉天派との協力を嫌った盧永祥が宣撫使と督辦を辞職したことも⁽⁴²⁾、善後委員会が決定した事業の実施を困難にする要因となった。郷紳・商紳層と提携しようとした盧に替わり、督辦に就任したのは奉天派の楊宇霆であった。彼は、奉天派の軍事的威勢を誇示して江蘇省の地域的利害を顧みようとせず、「地方士紳・名流」の反感を買ったといわれる⁽⁴³⁾。恐らく、こうした楊宇霆の支配下にあって、戦災復興事業のほとんどが緒に就くこともないまま停頓していったと思われる。そうしたなかで、実施されたことが確認できる唯一の事業は清理財政委員会の設立であった。同委員会は、6月の善後委員会の閉幕後、沈惟賢・黄以霖・蘇民生（以上、郷紳・商紳層代表）・王其康（財政庁長）・黄慶瀾（善後委員会秘書長）が委員となり、21名の職員と19名の調査員を擁して発足していたが、税収の欠損と債務を清算するため、各県・各税

局所に調査員を派遣するなど精力的な調査活動を展開していた[44]。

しかしながら、清理財政委員会の調査結果を清理事業に活用する機会が訪れることはなかった。1925年10月、浙江督辦孫伝芳が満を持して発動した反奉戦争により、江蘇省はまたもや戦火に晒されたからである。

第Ⅳ節 「軍閥」統治の変容

緒論で述べたように、省議会の予決算審議権が省庫財政に限られていたため、1920年代の前半に至るまで、江蘇省の郷紳・商紳層は国庫財政に対して何ら制度的に関与することができなかった。財政会議と善後委員会の開催、整理財政委員会と清理財政委員会の設立は、彼らを国庫財政の整理・運営に動員する江蘇省独自の公的システムが、省の軍・政当局によって提供されたことを意味した。北洋系・外省人の省長・督軍によって続けられてきた、税局所・県知事の腐敗を放置したまま税収を浪費する10年代以来の行財政運営は、財政の破綻と戦乱による社会の疲弊を前にして改変を余儀なくされたのである。地域社会の利害から超然としつつ、北京政府による任命と、その地方行財政体系（制度及び機構）に依存することで保持されてきた支配の正当性は、今や郷紳・商紳層に依拠して地域社会に密着し、彼らと利害を共有する新たな行財政システムを捻出することによってしか維持できなくなっていたといってよい。

また、財政会議や善後委員会等の出現は、従来の省政に関わる政治的諸機構の役割に、多かれ少なかれ何らかの変化をもたらさずにはおかなかった。その最たるものが、省議会の組織としての発言力の喪失である。

省議会の権限に抵触しない国庫財政を審議対象としていたものの、省軍・政当局が召集した財政会議や善後委員会──さらには、そこに代表を送り込む商会・教育会等の法団──は、省議会に代わって郷紳・商紳層が省政に対して利害を主張する新たな政治的結集軸となっていった。そのため省議会は、財政会議が構想していた整理財政委員会に対抗するため、1922年11月には国庫財政も

対象とした同名委員会の設立を独自に審議し、24年7月には財政会議の廃止を求めた緊急動議案を可決している[45]。また、25年5月末の善後委員会第11回大会の際に、実業庁長の徐蘭墅が財政稽核委員会の監察対象を国庫財政だけでなく省庫財政にまで拡大するよう求めたのに対して、出席者の1人が両財政の監察権は省議会に与えるべきだと発言したところ、善後委員会の有力メンバーであった張仲仁から「省議会の政治もまた、北京臨時執政政府が賄選国会にとった方法のように革命するべきだ」と攻撃され、その言を咎めた省議会議長徐果人との間で厳しい応酬が繰り広げられている[46]。

1921年に成立した第3期省議会は、会内二派閥の対立に加えて「江蘇省議会で従来なかった現象」といわれるほど議員の質が悪かったという。その上、24年7月には「救済本省法統中断辦法案」を議決して任期の延長を目論み、省教育会の指導者で財政会議に参加していた黄炎培や袁観瀾の批判を受けていた。恐らく、上述した省議会による財政会議廃止動議の可決は黄や袁の批判に対する報復であっただろうし、善後委員会における張仲仁の指摘も、省議会の任期延長に対する批判が含意されていたと考えられる[47]。以上の点において、第3期省議会は省政に対する政治的責任感を内部から喪失しつつあったといえるが、それだけに前節で明らかにしたような行財政システムの変動にも対応しきれず、他方で財政会議・善後委員会との軋轢をいたずらに深めながら、組織として省政に対する発言権を失っていくのである。

なお、以上に確認した「軍閥」統治の変容について留意しておくべきは、財政会議の場合も善後委員会の場合も、700万元公債の発行や塩税の金庫券発行基金への充当をめぐって、依然、北京中央政府の裁可が必要であると意識されていたことである。したがって、江蘇省の「軍閥」統治は、この時点では、なお北京政府の「地方行政(軍政)機関」という形式を保持していたといわねばならない。だが、財政会議や善後委員会といった新たな機構の出現は、本節冒頭の段落で述べた意味において、江蘇省の「軍閥」統治が「地域的統治権力」としての実質をより強めたことの表現であった。

(1) 変容の基底

　さて、こうした「軍閥」統治の変容は、国庫財政整理のレベルにおいて郷紳・商紳層の参入を伴ったわけだが、それは1920年代に入り地方自治回復の動きと連動して進みつつあった、県市郷行財政における郷紳・商紳層の発言力強化の趨勢に対応したものだった。この趨勢が、変容を基底から支えていたのである。江蘇省における県市郷自治は、1923年6月に省長公署の訓令をもって回復された。すでに、前年12月には省議会が地方自治回復を決議し、23年1月になると自主的に開会する県議会も現れていた(48)。省長韓国鈞は、北京政府が「県議会法」を公布するまでこの動きを抑制するつもりであったが、省議会が6月に再び地方自治の復活を決議したため、北京政府の裁可を仰ぐことなく独断で各級地方自治の回復を発令したのだった(49)。これ以後、江蘇省では各県議会・参事会、各市郷議会・董事会が次第に復活し活動を再開していく。

　しかしながら、県市郷行財政における在地郷紳・商紳層の発言力は、地方自治の回復によって急に強化され始めたのではない。1920年12月、省長公署は省議会の決議を受けて「各県地方款産経理処」の条例を公布した。同処は、各県において教育款産以外の地方款産の出納を主管し、県教育会・農会・商会の正副会長及び各市郷董から総董・副董・董事を選任する組織であり、具体的な業務として、①県政府が付加徴収する税捐の管理、②雑捐の整理と監督、③県有公益・営業機関収支の監督、④県市郷予算及び県知事の命令に基づく支出の審査、等々を担当することになっていた(50)。また、21年5月には省議会が各県知事に「地方行政会議」の召集を義務づける決議を採択している。省議会は、県知事による予算編成権の独占が県財政の紊乱を招いていると捉え、県知事が「地方各公団」と共同で予算を編成する機関として同会議の設立を提起したのだった(51)。地方行政会議の召集は、県議会が回復するまでの措置として提案されていたが、地方款産経理処の条例のなかにも、県教育会・農会・商会の正副会長及び各市郷董によって地方行政会議を組織することが規定されており、今回の省議会決議はそれを踏まえたものだった可能性がある。何れにせよ、以上のような機構の制度化が、県市郷における郷紳・商紳層の発言力を強化する

方向に作用したことは間違いない。

　松江県では、県の地方附加税を地方款産経理処が保管するようになった1921年9月、各市郷委員が地方附加税の整理に乗り出し、その結果、市郷行政に充当されるべき附加税収入のかなりの額が県行政費に流用されてきたことを突き止めた。これを受けて10月に召集された地方行政会議では、市郷委員の要求に沿った形で、税収を3対7の割合で県と市郷とに配分する県地方予算が編成され、県立工場・農場・警察など県営機関の経費は大幅に削減されることとなった[52]。ところが、県営機関主任の要請を受けた県知事が予算案の再審査を強行したことから事態は紛糾し、この後22年3月になっても予算案が執行されない状態が続いた。このため、3月10日に農会と教育会の両会長も列席して開かれた県内24市郷の「自治委員会」は、地方行政会議を通過した予算が執行されないことを理由に県知事弾劾案を採択するに至った。結局、この対立は県政府が4月から原予算案を執行し、市郷委員側が弾劾案を取り下げることで決着がついた[53]。市郷委員がかくも強い発言力をもつことができたのは、彼らが地方款産経理処を通じて地方款産の保管権を掌握し、また地方行政会議が農商教各法団の正副会長と24市郷委員とによって構成され、市郷委員が表決権の上で圧倒的な優位を確保していたからだった[54]。

　地方行政会議については、「預算会議」という名称を使用したものも含めれば、松江県以外で、少なくとも呉県・上海・武進・常熟・江都・銅山・溧陽等の各県で召集されていたことが確認できる[55]。上海で発行される『新聞報』を利用したため、近接する呉県・松江をはじめ江南各県の検出頻度がどうしても多くなるが、江北の江都・銅山両県の事例も検出できた点から見て、同会議を設置した県は実際にはもっと多かったものと推測される。なお、地方行政会議の任務は県議会の予算審査権を代行することにあったが、1923年6月に地方自治が回復し県議会が活動を再開し始めると、徐々にその役割を終えていったようである[56]。

　ただし、地方自治が回復した後も、各県の知事は県議会とは別に在地の郷紳・商紳が参画する会議をしばしば開いていた。無錫県の知事は、24年12月に「地

方紳董」を召集して県財政の整理、教育経費の調達方法等を審議し、25年5月にも「各公団領袖」と財政整理の方策を討議している(57)。このほか、江南では「各公法団各士紳等」が参与し県財政の善後策を検討していた呉県や武進県、「各法団代表」と戦災の善後策を協議した溧陽県（以上、25年）、江北については、県議会・参事会・商会・教育会及び市郷董等の代表によって「清理地方財政委員会」を組織した碭山県（26年）等の事例を拾い出すことができる(58)。恐らく、各県知事の多くは、郷紳・商紳層に依存せず行財政を運営することが困難となっていたのであろう。

　「軍閥」統治の変容は、県市郷行財政における以上のような変化を基底にもっていた。ただし、注意しておかなければならないのは、在地郷紳・商紳層の発言力強化を促した地方款産経理処にせよ、地方行政会議にせよ、実は1910年代からその原型が準備されていたことである。地方款産経理処は、20年代になって初めて登場したわけではなく、上海県では、袁世凱政権が地方自治を停止した14年以降、自治機関であった「特別会計処」を改組する形で設立されていたという(59)。また、第3章で明らかにしたように、17年の省議会には地方事業や法団に携わる「地方人士」によって「地方公款公産経理処」を設立する議案が提出されていたし、地方行政会議についても、すでに18年には武進県で「地方士紳」が参加する「預算会議」が組織されていた。恐らく、10年代の後半から続いていた以上のような趨勢が、20年代に入って高まった地方自治回復の気運、江蘇省を舞台とした戦争の継起と財政破綻の進行等によって促進され、その結果、県市郷行財政における郷紳・商紳層の発言力強化という事態がもたらされたといえるだろう。

　孫伝芳が反奉戦争（1925年10月～11月）に勝利して江蘇省を支配するようになると、極度の税収難に苦しむ省政府は、ますます各県の財政的協力に活路を見出さざるを得なくなった。しかし、省政府がここで依拠しようとしたのは、もはや県知事ではなく、県市郷行財政を左右するようになっていた郷紳・商紳層であった。反奉戦争の終結後間もない1925年11月末、護理省長徐鼎康は張仲仁・銭孫卿ら呉県・無錫・崑山・武進・丹陽・丹徒・江陰など江南各県の「士紳」

代表を南京に招聘し、財政支援を懇願している。これに対し、「士紳」代表たちは「可能な範囲内での協力」を約束したものの、徐鼎康と孫伝芳に向かって、①支援額は各県の決定に委ね、省政府は送金督促のため各県に派遣する「催漕委員」を撤回する、②今後、田賦の徴収は「士紳」が監視し、支援金の担保に貨物税・鉄路貨捐を設定する、③軍費負担等により生じた各県の債権回収を優先する、等々の厳しい条件を突きつけ、簡単には省政府の要請に応じようとしなかったのである(60)。

(2) 変容の限界とその構造

　さて、ここまで確認してきた「軍閥」統治の変容――省及び県市郷行財政における郷紳・商紳層の積極的参画――の試金石は、懸案であった財政整理の進展如何にかかっていたといってよい。しかし、ここで結論を先取りするならば、財政の整理が進み変容した「軍閥」統治が安定していくためには構造的ともいえる限界が存在した。

　先ず指摘できるのは、省内に駐屯する各軍に対して財政権を統一的に運用することが非常に困難だったことである。1925年の善後委員会において、当時の財政庁長王其康が「江蘇省の財政を見るに、軍権・政権・財権が不統一である影響によって収入不足が倍加している」と語ったように、また同年末に江南各県の「士紳」代表が南京に招聘された際、無錫市総董銭孫卿が、「財政は財政庁が統収統支を実行すべきである」と指摘していたように、財政当局と郷紳・商紳層の双方ともこの点を十分に認識していた(61)。しかし、善後委員会の開催中にもかかわらず、盧永祥とともに南下し江蘇省に軍を駐留させていた張宗昌が、江南各属の県知事に向けて、軍費調達のため田賦・雑税の収入状況を報告するよう命令したように、各軍が財政庁の収支管理権を無視し任意に軍餉を確保する事態は常態化していた。善後委員会のメンバーは、盧永祥に張宗昌軍も含めた省内各軍の勝手な税款の取り立て（「就地提款・籌款」）を禁止するよう要請したが、結局、主管官庁を通じて張宗昌と折衝するという対応策を決定するしか術がなかった(62)。

もっとも、孫伝芳が江蘇省を支配するようになると、こうした状況は一定の改善を見たようである。彼は、反奉戦争に勝利すると、いち早く「江南北各属士紳」を召集して省行財政の改革を協議しようとしたように、その支配は明らかに「軍閥」統治変容の線上にあった[63]。孫は、支配する江蘇及び浙江・安徽・江西・福建5省の財政権を聯軍総監部の監督の下で財政庁に集中し、各軍の放縦な「就地提款・籌款」については死刑の厳罰をもって臨んだという[64]。孫が総司令を務める江蘇軍は、白宝山（海州護軍使）・馬玉仁（揚淮護軍使）・張仁奎（通海鎮守使）らの江蘇在来軍を傍系に組み込んでいたため[65]、この処置を徹底するには限界があっただろうが、一定の効果を上げたことは間違いないと思われる。北伐戦争において孫伝芳が江北に退却し、蔣介石軍が江南に進駐した際、「就地提款・籌款」と苛捐雑税の加重によって、江浙地方の「士紳」たちが怨嗟の声を漏らし孫の帰来を切望した、という皮肉な事実はその点を裏付けるものである[66]。

　しかしながら、財政整理に向けた限界の核心はむしろ郷紳・商紳層の側にこそあった。県知事や税局所の怠慢によって、田賦と貨物税という国庫財政における二大税収に膨大な欠損が累積していたこと、そのため整理財政委員会や清理財政委員会において、それが財政整理の大きな障害として問題視されていたことはすでに述べた。ところが、こうした欠損の累積が放置されてきた責任の一端は、「官」の側だけでなく、それを糾弾してきた「民」＝郷紳・商紳層の側にもあったのである。

　この点について、『申報』の二つの記事は次のように指摘していた。「田賦に欠損を出した県知事は、或いは某鉅紳に弁護を請い、或いは酌量を求めて県議員に仲裁を依頼し、或いは軍界とコネがあれば頼みにして恐れるところがない。そのため、行政官はあれこれ手を焼き、次第に私情に囚われるようになる。これが、堆積した欠損を追及し難い所以である」（傍点は筆者、以下同じ）。また、省内40余りの税局所所長について次のようにも述べる。「軍閥と関係する者が10分の2、3を占めるほか、実力ある鉅紳と関係する者が10分の1、2を占め、また行政長官と関係のある者も10分の1、2、さらに議員と関係する者もまた

10分の1、2を占めている」。その結果、「1人の所長を更迭しようとしても、必ずその推薦者と重々相談して許可を得た後、やっと発表の運びとなる。……任用された所長は推薦者の後援を拠り所として、徴収割当額を顧みようともしない。割当額の5、6割、ないしは3、4割しか徴収できなかった者にさえ行政長官は戦々恐々とし、割当額達成率を人材の優劣を判断する基準にしようとしない。これが貨物税の増収が見込み難い理由である」。さらに、これらの記事は、省議会議員が政治資金を調達するため、仮名を使って「包捐」（営利目的の請負徴収）をしていることも暴露し、「江蘇省政の大局に影響する」ものとして批判している[67]。また、田賦の民欠についても、在地郷紳の関わるところが大であった。財政庁は、民欠の追徴を督促するため各県に「清理田賦委員」を派遣したが、常熟県では民欠各戸が何れも「紳富」であるため、委員がその威勢を恐れて全く成果を上げることができなかったという[68]。

　腐敗県知事と在地郷紳・商紳層との癒着については、「劣紳」の所行として新聞紙上でも散見されるところであり[69]、郷紳・商紳層には「公正士紳」と「劣紳」という二面性があったといえるだろう[70]。つまり、この階層は「公正士紳」の一面において省財政の整理に参画しながら、「劣紳」の一面において財政破綻を深化させる悪しき構造の一翼を担っていたのである[71]。軍・政当局のみならず郷紳・商紳層までもが、県知事・局所所長と結託関係にあり、時に徴税業務を通じて私利を追求するような構造の下では、たとえ省政府と郷紳・商紳層が手を携えたとしても、県知事（田賦）・税局所所長（貨物税）に対して管理を強化することはままならないし、それゆえ債務を清算し税収の出納を監督することにも限界があった。事実、収支の管理を目指した整理財政委員会は、貨物税の多くは金庫（中国・交通両行）に帰すため、まだしも検査が可能だが、各県が徴収し省に送金する税額を把握することは極めて困難であると実情を吐露していた[72]。また、清理財政委員会も、既述のように各県・税局所の欠損・借財状況を把握するため調査を行っていたが、最初に設定した期限までに調査報告を提出した県知事は全省60県の2割にも及ばず、同じく税局所所長は全体の5割に満たなかった[73]。

ところで、1925年7月、省長公署は「地方人民」が県知事の任免に干渉し、「行政長官任免の特権を地方団体が把持する私物と見なしている」と批判するとともに、各県知事に対しては、「士紳」と結託して更迭命令を拒否することのないよう訓令を発した[74]。しかし、26年5月になると、各県知事に対して「地方要政を興辦し臨時に資金を立て替えてもらう際は、必ず紳董の監査を受け、正雑捐税の出納は随時公正紳董に宣布公開して共見共聞せよ」とも訓令している[75]。第3章で明らかにしたように、10年代の袁世凱政権は、在地郷紳と県知事との結合を「暴民政治」と見なし、地方と国家の安定には県知事が在地郷紳の影響力から超然とすることこそ肝要であると強調していた。今や省政府は、一方において郷紳・商紳が県知事と癒着することを警戒しつつも、他方において、県市郷行財政を左右する郷紳・商紳層に対して財政上の依存度を強めたため、両者の行財政的な連携をむしろ黙認ないし奨励せざるを得なくなっていた。20年代の江蘇省において、かつて袁世凱の忌み嫌った状況が再び出現しようとしていたのである。

　こうした事態は、「地域的統治権力」としての性格をより強めていた「軍閥」統治を強化するものではなく、明らかにその一元的省支配を侵害する方向に作用した。例えば、それは各県から税収を吸い上げようと目論む省政府と、県行財政の利害を優先させる在地郷紳・商紳層との対立となって現れていた。先にも触れたように、反奉戦争後の財政難に喘ぐ孫伝芳治下の省政府は、呉県・無錫・崑山・武進・丹陽・丹徒・江陰など江南各県の「士紳」に支援を懇願していたが、1925年末には省内全県に対して田賦の預徴（26年冬漕に毎石1元5角、27年上忙に毎両5角の付加）を通達した。ところが無錫県に「聯合辦事処」を設置していた上記7県の郷紳・商紳らは、この省政府の決定に反発し一致して抵抗する構えを見せたのである。省政府の態度が強硬なのを見て取ると、無錫では県知事が召集した「地方公団聯席会議」によって、帯徴額を冬漕1元に引き下げることが決定され、呉県でも「各公法団各士紳」が県知事と協議して、帯徴額を1元に減額し、徴収した半額を省に送り残りは県に截留して軍用立替金の担保に充てることを決定した[76]。

さらに、26年1月末に開催された聯合辦事処の会議では、帯徴1元の案を堅持し、もし1元5角を容認せざるを得ない場合は、呉県の方法に倣って、徴収した半額を截留する方向で対処することが決議されている。こうした動きに対して、さすがに財政庁も妥協策を講ぜざるを得ず、韓国鈞省長の時に預徴された漕糧毎石5角を差し引く形で、1元5角（実質1元）の帯徴を認めさせようとした。無錫・武進両県の郷紳・商紳らは、預徴からでなく正税からの5角控除を求めてなおも抵抗を続けたが、結局、2月になると事態は財政庁が譲歩した方向で収束に向かっていった[77]。この一連の経緯で注目されるのは、郷紳・商紳層の強硬さもさることながら、各県知事が彼らと共同歩調を取り、無錫県知事に至っては聯合辦事処の会議にも参画していたことである[78]。もちろん、これまでにも各県の郷紳・商紳層が省政府の政策に反対して、田賦の預借を拒否しようと画策することがなかったわけではない。しかし、そうした場合でも、県知事が郷紳・商紳の側に立つことは先ず考えられなかった[79]。今回の事態を省政府が深刻に受け止めたことは、件の無錫県知事が更迭され南京へ召還されたことにも現れていた[80]。

　既述のように、この時期の省政府と県政府は同一の財源（田賦）に依拠し、省政府の収入は主に県政府の徴収と送金に依存していた。かかる財政構造の下では、より「地域的統治権力」に傾斜した「軍閥」統治が、各県政府の担う徴税・解款を首尾よく管理することは極めて重要な意味を帯びてくる。なぜなら、省内政治秩序（省支配の一元性）の枠組みを維持することに直接関わるという点で、それは「地域的統治権」の枢要な一環を構成していたからである。だが、「軍閥」統治の変容が伴った郷紳・商紳層の省及び県市郷行財政への参画は、地方自治の回復によっても助長されながら、彼らと県知事との結合を促進した。そうした事態は、「軍閥」統治の省内統合力を強めるのではなく、むしろ各県政府に対する徴税・解款統制を損なう方向に作用しようとしていた。

　この事態が、かつてのように専ら県知事の腐敗と怠慢とに起因していたのなら、「地域的統治権」の浸透が不徹底であったと特徴づけることも可能だろう。だが、田賦の預徴をめぐる対立が示すように、それが県財政の利害を優先する

在地郷紳・商紳層の確固たる意志に根ざす状況を前にしては、もはやかかる特徴づけも妥当性を欠く。この時、江蘇省の内部では、「地域的統治権」の拡散が進みつつあったのである[81]。

第V節 小 結

　1925年末より孫伝芳の傘下に入った江蘇省政府は、北京政府の「地方行政機関」としての立場を払拭し、ついに中央から自立した「地域的統治権力」へと純化する。孫は、省内の郷紳・商紳層の推戴を受けた陳陶遺——江蘇金山県人で善後委員会にも招聘されていた人物——を[82]、北京政府の裁可を得ることなく独断で省長に任命した。これに先立ち、暫定的に護理省長となっていた徐鼎康、財政庁長に就任した李錫純もまた、北京政府の任命を受けてはいなかった[83]。ちなみに、徐は嘉定県人で善後委員会には金陵道尹として参画していた[84]、李も既述のように財政会議に招聘され整理財政委員会の委員に選ばれていた人物だった。反奉戦争によって奉天軍が駆逐される趨勢のなか、江蘇省では、北京政府の官職任免権に頓着することなく、かつて財政会議や善後委員会に参与した郷紳・商紳を、省行財政のトップに据える人事が進められるようになっていたのである。

　孫伝芳自身も、1925年11月に北京政府から江蘇督辦に任命されていたが、自前の「五省聯軍総司令」を名乗って督辦の名義を使おうとはせず、支配する5省のうち、彼が任命した各省軍政長官の呼称は北京政府と関係のない「総司令」に統一された[85]。また、財政面において、彼は北京政府が掌握・専有してきた塩税収入を截留することにも躊躇しなかった。孫伝芳支配下の江蘇省が、膨大な軍事費負担に辛うじて耐えることができたのは、塩税の截留と増徴があったからだという[86]。善後委員会が、塩税を金庫券の準備基金に充当しようと北京政府に懇願し拒否されたことを想起すれば、この事実は江蘇省政府が中央から完全に自立したことを示す重要な指標だった。

だが、孫伝芳治下の江蘇省政府は、「地域的統治権力」として北京の中央政府から完全に自立しながら、同時にその内部において、省政府から相対的な自立性をもった——つまり、省政府の「地方行政機関」でありながら「地域的統治権力」としての性格も帯びた——各県政府を抱え込むことになった。そこに、在地郷紳・商紳層の行財政参画と県知事との結合という趨勢が介在したことは、本章が縷々明らかにした通りである。したがって、郷紳・商紳層が担う地方自治の復活も、省内の統合に結びつくことはなかった。地方政治の民主化は、県市郷内部において地方議会など地方自治 local self-government の制度的枠組みを形成することができたとしても、対外的には——つまり省政府にとってみれば割拠的な「自治」autonomy として現象せざるを得なかった。

　上級の「行政権力」に対して、下級の「行政権力」がいとも簡単に「統治権力」としての自立性を帯びて立ち現れ、それは詰まるところ、中央政府＝国家権力の下へ「統治権」が一元的に集中されず、逆に中央政府から省政府に、省政府から県政府へというように、重層的な「統治権」の拡散をもたらしていく。1920年代の江蘇省において「軍閥」統治の変容から垣間見えたのは、以上のような特徴的な構図であった。中央政府と省政府、省政府と県政府とが財源の確保をめぐって競い合い、上級政府の収入は下級政府・官庁の送金に依存するという構造が存在する以上、内戦が頻発し極度に財政が悪化した状況の下で、かかる事態が出現することは必然であったといえよう。

註

（１）　大野三徳「国民革命期にみる江浙地域の軍閥支配——軍閥孫伝芳と『大上海計画』——」（『名古屋大学東洋史研究室報告』第６号、1980年）。

（２）　江蘇社会科学院《江蘇史綱》課題組『江蘇史綱』近代巻（江蘇古籍出版社、1993年）第７章「北洋軍閥在江蘇的統治」。

（３）　「整理江蘇財政計劃案」（『江蘇省議会第二届第三年常臨両会議決案類編』1921年、上編第９類283a〜285a葉）。

（４）　王樹槐「北伐成功後江蘇省財政的革新（1927‐1937）」（中華文化復興運動推行委員会主編『中国近代現代史論集』第25編、台湾商務印書館、1986年、所収）、江蘇

（5）　韓国鈞撰『為整理蘇省国家財政致京外同郷書』（1922年）1a〜1b葉。
（6）　第5章の関連する叙述を参照。
（7）　「櫃書」・「冊書」等と呼ばれた田賦徴税吏の中飽については、江北地方を対象とした汪漢忠「試論民国時期的催征吏―蘇北個案研究」（『民国檔案』2001年第3期）を参照。
（8）　『申報』1920年9月21日「北京通信／王瑚長蘇之解決談」。
（9）　『新聞報』1923年3月11日「令催各県丁漕旧欠」。
（10）　以上の数値は、「江蘇各県知事交代欠款姓名籍貫住址一覧表」（前掲『江蘇清理財政委員会報告書』436〜447頁）を参照。
（11）　以上の数値については、「江蘇省各税局所民国十三年度貨物各税徴解一覧表」（前掲『江蘇清理財政委員会報告書』447〜452頁）。
（12）　『申報』1922年7月24日「蘇省将開財政会議」、8月5日「蘇省財政会議紀（一）」。
（13）　前掲「蘇省財政会議紀（一）」、「財政会議出席名単」（前掲『為整理蘇省国家財政致京外同郷書』13a〜14b葉）。
（14）　以上、前掲「蘇省財政会議紀（一）」を参照。
（15）　前掲『為整理蘇省国家財政致京外同郷書』2a〜3a葉、及び「復財政会議諸公書」（同上25a〜26b葉）、『申報』1922年8月7日「蘇省財政会議紀（二）」。
（16）　『申報』1922年8月29日「韓省長任事後之江蘇政況」、『新聞報』22年10月4日「北京特約通信」、10月16日「蘇省公債批准之経過情形」等。
（17）　「説署」（江蘇省公署編『江蘇省公署第二届財政会議彙編』1923年、6a〜7b葉）、『申報』1923年12月11日「蘇省財政会議紀（一）」。
（18）　『申報』1924年1月28日「蘇財政委員会開会結果」。
（19）　江蘇整理財政委員会編『江蘇整理財政委員会報告』（1924年）2b〜3a葉、及び『申報』1924年7月1日「蘇省財政会議紀（一）」、7月3日「蘇省財政会議紀（二）」、7月5日「蘇省核定十三年度国家預算」。
（20）　「財政会議議決対於諮詢各問題之答復案」（前掲『為整理蘇省国家財政致京外同郷書』24a〜24b葉）、『申報』1922年8月5日「蘇省財政会議紀（一）」。
（21）　「王紳甸伯江蘇財政急宜澈底救治意見書」・「改組整理財政委員及其整理方針案」（前掲『江蘇省公署第二届財政会議彙編』14b〜16b葉、54a〜55a葉）。
（22）　「当選整理財政委員会委員名単」（前掲『江蘇省公署第二届財政会議彙編』56b葉）。当選した委員の籍貫と所属については、江蘇善後委員会編『江蘇善後委員会議事録』（1925年）会員一覧表、徐友春主編『民国人物大辞典』（河北人民出版社、1991年）、

及び『申報』・『新聞報』の関連記事による。

(23) 前掲『江蘇整理財政委員会報告』1a〜5b葉。
(24) 前掲『江蘇整理財政委員会報告』3a〜3b葉、及び『新聞報』1922年10月4日「南京／改良秋勘辦法之庁令」、9月29日「財庁厳催各県旧欠田賦」、23年3月21日「厳定各知事徴収考成辦法」を参照。
(25) 前掲『江蘇整理財政委員会報告』1b〜2b葉、及び『申報』1924年3月11日・12日「財政会議整頓税務之新法案」、4月13日「蘇省整頓貨物税会議」、6月10日「江蘇財政委員会紀事」を参照されたい。
(26) 『申報』1924年11月29日「江蘇財政委員之辞職函」。
(27) 前掲『江蘇史綱』近代巻319〜327頁。
(28) 「江蘇善後委員会章程」(前掲『江蘇善後委員会議事録』章程1〜4頁)。
(29) 『新聞報』1925年3月23日「蘇省将組織善後局」。
(30) 『申報』1925年3月17日「蘇人士請召蘇省善後会議電」、3月19日「朱紹文等対軍事財政善後之主張」、4月10日「蘇省議員討論職権問題」等。
(31) 前掲『為整理蘇省国家財政致京外同郷書』・『江蘇省公署第二届財政会議彙編』に見える財政会議の参加者を、前掲『江蘇善後委員会議事録』会員一覧表と照合。
(32) 前掲「江蘇善後委員会章程」。
(33) 前掲『江蘇清理財政委員会報告書』8〜11頁。
(34) 「整理財政案」・「提議歳減本省軍政各費以救破産緊急動議案」(前掲『江蘇善後委員会議事録』会員提出議案2〜14頁)。
(35) 「整理財政案歳減本省軍政各費案合併審査報告(一)(二)」(前掲『江蘇清理財政委員会報告書』5〜23頁)。
(36) 『申報』1925年5月7日「蘇善後委員会紀事」等。
(37) 「江蘇兵災恤償委員会簡章」・「綏輯地方案」(前掲『江蘇善後委員会議事録』議決各種章程3〜7頁、会員提出議案15〜16頁)。
(38) 「恢復及振興教育農工商業暨一切公益案」・「提議各県紳富対於農民借本奨励辦法案」(前掲『江蘇善後委員会議事録』会員提出議案20〜23頁)。
(39) 「江蘇兵災善後官辦貸款局章程」・「江蘇勧辦因利局章程」(前掲『江蘇善後委員会議事録』議決各種章程7〜10頁)。
(40) 「江蘇省地方保衛団条例施行細則」・「提倡保衛団案」(前掲『江蘇善後委員会議事録』議決各種章程12〜26頁、会員提出議案16〜18頁)。
(41) 「致　執政府財政部電」(前掲『江蘇善後委員会議事録』文牘函電13〜14頁)、『新聞報』1925年7月1日「蘇当局仍請発行金庫券」。

(42) 『新聞報』1925年8月8日「北京特約通信」等を参照。
(43) 呂偉俊・王徳剛『孫伝芳』(山東大学出版社、1996年) 44頁。
(44) 前掲『江蘇清理財政委員会報告書』473〜476頁、及び叙言2〜4頁。
(45) 『新聞報』1922年11月26日「蘇議会開会紀事」、24年7月30日「蘇議会開会紀事」。
(46) 『申報』1925年5月31日「蘇善後委員会第十一次開会紀」。
(47) 『新聞報』1922年12月31日「蘇省議会之真相」、24年7月30日「蘇議会開会紀事」、『申報』1924年7月28日「省教育会致省長之両電」、7月29日「省議会之三議決案」等。
(48) 『新聞報』1923年1月3日「県議事会開会紀」、1月4日「揚州／県会自行恢復」等。
(49) 『新聞報』1923年1月13日「恢復県会之省長駁電」、6月28日「恢復県市郷議会之省令」。
(50) 「江蘇省長公署令第126号／江蘇各県地方款産経理処条例」(『江蘇省公報』第2501期、1920年12月14日)、「江蘇省長公署令第5号／修正江蘇各県地方款産経理処条例」(同上、第2541期、1921年1月27日)。
(51) 『申報』1921年6月1日「省議会議決案咨省署文四則」。
(52) 『新聞報』1921年9月15日「松江／清理附税之経過」、10月7日「松江／重造預算之困難」、10月19日「松江／審査中之預算案」、11月6日「松江／救済預算之各機関会議」などを参照。
(53) 『新聞報』1921年11月27日「松江／審査預算無結果」、22年3月12日「松江／自治委員会紀事」、3月15日「松江／弾劾知事之原因」、3月23日「知事弾劾案之中止」。
(54) 『新聞報』1921年12月25日「松江／清理自治款産近聞」。
(55) 呉県については、『新聞報』1921年10月14日「蘇州／県署集議十年度預算」、22年6月19日「蘇州／県署行政会議誌聞」、23年4月5日「呉県公署之行政会議」等、上海県は21年11月18日「県署召集行政会議」、武進県については21年9月24日「常州／預算会議誌聞」、常熟県については22年1月18日「常熟／官紳会議地方要事」、3月16日「常熟／行政会議決案」、8月30日「常熟／呈報行政会議規則」等、江都県は22年7月4日「揚州／県署行政会議紀要」、銅山県については21年12月27日「徐州／県署臨時会議」、22年10月24日「徐州／県署召集行政会議」、溧陽県は22年5月30日「溧陽／自治未復前之行政会議」をそれぞれ参照のこと。
(56) 『新聞報』1923年8月28日「蘇省関於自治之省令一束」。
(57) 『新聞報』1924年12月27日「無錫／地方紳董聯席会議」、25年6月2日「無錫／県公署財政会議紀」。

(58) 『新聞報』1925年4月28日「県署集議処置財政」、4月29日「常州／本邑財政之現状」、6月8日「溧陽／県署開善後会議」、26年1月30日「碭山／組設清理地方財政委員会」。

(59) 『新聞報』1921年6月11日「呈報款産処成立情形」。

(60) 『新聞報』1925年11月28日「蘇省各県士紳赴寧会議初紀」、12月1日「蘇省各県士紳赴寧会議後紀」、12月2日「蘇省各県士紳赴寧会議詳誌」。

(61) 『申報』1925年5月16日「蘇善後委員会談話会」、前掲「蘇省各県士紳赴寧会議初紀」。

(62) 「可整理財政緊急動議案」(前掲『江蘇善後委員会議事録』会員提出議案65～67頁)、『申報』1925年5月30日「江蘇財政之不統一」。『申報』の同記事によれば、張宗昌は省内貨物税収入の80％を占める滬寧線各税務公所所長の多くを、財政庁を無視して勝手に任命していたという。また、無錫県では、張宗昌軍の兵站処の副官が軍餉の拠出を求めて県公署を訪れ、脅迫まがいの圧力をかけていた(『新聞報』25年6月8日「無錫／王旅又来催提給養」)。

(63) 『新聞報』1925年11月29日「孫伝芳召集蘇紳会議之滬聞」。孫伝芳の「大上海計画」も、同様の文脈において捉えることができるだろう(前掲、大野「国民革命期にみる江浙地域の軍閥支配——軍閥孫伝芳と『大上海計画』——」を参照)。

(64) 馬葆珩「孫伝芳五省聯軍的形成与覆滅」(江蘇省文史資料委員会編『江蘇文史資料集粋』軍事巻、1995年)46頁。

(65) 孫伝芳の江蘇軍の編成については、郭卿友主編『中華民国時期軍政職官誌』(甘粛人民出版社、1990年)411頁、前掲呂偉俊等『孫伝芳』51～59頁を参照のこと。また、白宝山らの軍職については、劉壽林等編『民国職官年表』(中華書局、1995年)251頁を参照。

(66) 前掲、馬葆珩「孫伝芳五省聯軍的形成与覆滅」55頁。また、孫伝芳期の財政庁長李錫純も、各県・各税局所に対する軍隊等の「就地提款・籌款」を厳禁したことで、省金庫制度が徐々に機能し始めたと評価している(江蘇財政庁編『江蘇財政一年来之経過実況』1926年)。

(67) 以上、『申報』1923年3月30日「江蘇財政之救済談(二)」、8月26日「蘇議員之包捐熱」を参照のこと。

(68) 『新聞報』1922年10月16日「常熟／追繳旧賦之庁令」。

(69) 例えば、『新聞報』1925年9月6日「泰県／組織交代委員会之省批」、11月25日「沛県／請究前知事延算交代」を参照。

(70) ただし、これは個々人が「公正士紳」と「劣紳」とに画然と色分けされるという

のではなく、状況やその行為を観察する立場の如何によって、「公正士紳」とも「劣紳」ともなり、或いはそう評価されるという意味においてである。事実、省政府から「公正士紳」として財政会議に招聘された郷紳・商紳も、財政会議に反対する立場からは「劣紳・奸商」として糾弾されたし、善後委員会に参画した郷紳・商紳も、主に黄炎培・袁観瀾らを指したものと思われるが、「軍閥の野心を醸成する」「江蘇の学閥・紳閥」と反対者の批判を受けていた(『新聞報』1922年9月14日「八団体反対省公債之声浪」、25年6月15日「北京特約通信(二)」)。足立啓二氏も、「土豪劣紳」と「開明的郷紳」は「出身階層の上から連続的な存在であるだけでなく、公共性を持った業務が、ある種私的に遂行されざるを得ない中国社会における有力者が持つメダルの両面であった」と述べている(同『専制国家史論――中国史から世界史へ――』柏書房、1998年、245頁)。

(71) もちろん、この「劣紳」的側面は民国期特有のものではなく、近代以前から存在していたものであっただろう。例えば、山本英史「紳衿による税糧包攬と清朝国家」(『東洋史研究』第48巻4号、1990年)を参照。

(72) 前掲『江蘇整理財政委員会報告』4a～5a葉を参照。

(73) 前掲『江蘇清理財政委員会報告書』叙言3～4頁。

(74) 「江蘇省長公署訓令第6148号(令各県知事)」(『江蘇省公報』第4124期、1925年7月16日)。

(75) 『新聞報』1926年5月12日「道署整飭官方之通令」。

(76) 『新聞報』1926年1月13日「蘇常七県聯合辦事処昨聞」、1月17日「無錫／地方公団聯席会議記」、1月23日「蘇州／借漕改定数目定議」。

(77) 『新聞報』1926年1月29日「蘇常七県士紳会議借忙漕」、1月31日「蘇常七県聯合辦事処昨聞」、2月18日「蘇常七県聯合辦事処昨聞」。

(78) 『新聞報』1926年1月18日「蘇常七県士紳会議預借忙漕」。

(79) 例えば、1920年の財政庁長人事をめぐる冬漕預借反対の動き(『申報』1920年8月18日「彙紀請求撤兪之公電」、上海『民国日報』8月19日「無錫人力拒借漕」等)。

(80) 『新聞報』1926年2月16日「蘇常七県聯合辦事処近訊」。

(81) 各県の行財政を郷紳・商紳層が主導する同様の事態は、江蘇省において辛亥革命後にも現れていた(ただし、当時の県知事は本県人だったが)。しかし、それは袁世凱政権の県知事任用統制が実施されるに及んで、在地の利害から超然とした外省人知事の下で封印されていた。1920年代における「軍閥」統治の変容は、その封印を解き放つ触媒となったのである。上述した辛亥革命後の事態について、詳しくは第2章と第3章を参照されたい。

（82）『新聞報』1925年12月5日「陳陶遺已允就省長」、及び前掲『江蘇善後委員会議事録』会員一覧表4頁。
（83）陳陶遺も含め、当該時期の『政府公報』から、彼らを任命した「臨時執政令」を確認することはできない。
（84）前掲『江蘇善後委員会議事録』会員一覧表を参照。
（85）『政府公報』第3456号（1925年11月26日）、前掲呂偉俊・王徳剛『孫伝芳』53〜59頁。
（86）『新聞報』1925年12月2日「関於截留塩税之布告」、26年2月19日「蘇省政聞紀要」。また、1927年1月に孫伝芳は独断で関税二五附加税の徴収も開始している（前掲、王樹槐「北伐成功後江蘇省財政的革新（1927-1937）」を参照）。

結　論
――国民政府への展望――

　ここまで、行財政史的な視点――「統治」と「行財政」をめぐる政治史分析――に基づいて、中華民国成立当初から南京国民政府誕生前夜に至る歴史過程を、国家統合と中央・地方関係というモティーフに即して再構成してきた。緒論で述べておいたように、1910年代から20年代に至る北京政府期の歴史は、「行財政史」として一貫した論理で説明されるべき現実的な根拠を有し、それゆえ、「行財政史」的な視点から北京政府期の中央・地方関係を考察することは、北京政府を打倒した国民党・国民政府が直面しなければならなかった行財政上の課題を明らかにすることにも繋がる。本書を締め括るに当たり、以下ではこの点に留意しながら、第1篇から第3篇で実証した内容を再整理し、そこから北京政府が国民党・国民政府に残した行財政上の遺産＝課題を展望することにしたい。

＊　　　　　＊　　　　　＊

　緒論でも述べたように、成立直後の中華民国は、各省政府のルーズな連合体という性格が濃厚であった。臨時約法の起草が、各省都督府の代表からなる臨時参議院によってなされたことは、その事実をよく象徴していたといえよう。袁世凱政権も、こうした事態を踏まえて、その成立当初は1912年の行政諮詢院設立に見られたように、各省政府との協調を通じて国家統合を進めていこうとした。しかし、その一方で、彼の政権は精力的に行財政改革を断行し、中央・地方関係における中央の優位を制度的に確定させていくことも忘れてはいなかった。即ち、財政総長の熊希齢と周学熙が企画・実施した「劃税設庁」政策（国税・省税の劃分と国税を専管する国税庁の設置）は、伝統的な行財政構造を改変し地方政府に依存しない独自の中央政府財源を確保して、各省政府が「地域的統治権力」として割拠する財政的な基盤を掘り崩そうとするものであった。また、

内務部が推進した県知事任用改革が成功すれば、県レベルにまで中央の統治権を浸透させ、辛亥革命がもたらした分権的・割拠的な政治局面を地方政治の基層から覆すことができるはずだった。

ところが、「第二革命」(1913年) を軍事的に圧倒した袁世凱は、国家統合の進展 (中央優位の中央・地方関係の構築) を目指す制度化の努力を次第に放棄していく。袁は、各省政府との協調を通じて粘り強く行財政制度の定着を目指すより、軍事的威圧を背景とした各省政府の彼への「忠誠」を確認することで、容易に実現しそうもない制度の定着に代替させようとしたのである。確かに、袁世凱政権が進めようとした行財政改革が定着し有効に機能するようになるには、長い時間と強い忍耐とを要したであろう。統一された中華民国を性急に目指す袁にとって、それが到底耐えられるものでなかったことも理解できる。しかし、各省の将軍・巡按使の名目的な「忠誠」に立脚した新約法下の「大総統親裁」体制は、一見強固なようでその実不安定な代物であった。体制の強固な外見は、けっして統治権を一元化できた結果ではなく、統治権の各省への分散を「忠誠」という不安定な紐帯で糊塗しただけのものだった。

各省政府の「忠誠」を維持する代償として、袁世凱政権の「劃税設庁」政策はむしろ省政府の権力を強化する方向に旋回し、さらに各省政府の「忠誠」に依存した清末の「攤派制」に回帰した。それは、彼の政権が、一度はその改変を目指した専制王朝以来の伝統的行財政構造に再び依存しようとした点で、民国行財政史にとって極めて大きな退歩であった。さらに、「第二革命」以後から本格化した県知事任用改革も、江蘇省において辛亥革命以来の県知事と在地郷紳層との結合関係を完全に覆したとはいえ、全国的には十分な制度的効果を上げ得ぬまま次第に形骸化し、むしろ地方の中央に対する離反傾向を強めることになった。つまり、軍事的な統合は一定程度進んだものの、制度的な国家統合は極めて不十分なレベルに止まっていたのである。その結果、「洪憲帝制」の実施によって各省将軍・巡按使たちの「忠誠」はいとも簡単に失われ、残ったものは政権のあっけない瓦解と、「軍閥」の「地域的統治権力」としての割拠であった。

袁世凱の死後、北京政府が——たとえ1910年代の段祺瑞のように武力統一を目指したとしても——軍事的威圧を通じて国家統合を進めていくことは不可能となっていた。したがって20年代になると、北京政府は再び各省政府との協議を通じて国家統合を模索し始めた。北京政府にとってみれば、聯省自治運動の発展、そしてその影響を受けた省自治風潮は、名目的な「官職任免権」さえ否定され「省」の割拠性を一段と助長するものにほかならなかった。それだけに、北京政府は各省政府と合意を形成しながら、新たな中央・地方関係を構想しなければならない状況に追い込まれていたのである。

　しかも、1920年代における聯省自治・省自治運動の高まりによって、北京政府が獲得すべき「各省の合意」の対象には、省政府だけでなく、各省の「民意」を代表する省議会や商会・教育会等の「法団」が加わるようになっていた。21年に内務部が開催した地方行政会議に、省政府の代表とともに省議会の代表が召集されたのは、北京政府「勢力圏」諸省の省自治風潮において省議会が積極的な役割を果たしていたからだった。署内務総長の任にあった張志潭は、この会議において「地方自治」と「国地財政劃分」の実施を認めることで省議会と提携し、督軍・省長の割拠性を制度的に掣肘しながら中央政治と省政とが有機的に結びつき得る体制を作り上げようとした。しかし、地方行政会議は、中央と省との権限配分や「国地財政劃分」の内容について、ついに中央・地方間の合意を形成することができず、張志潭の構想は水泡に帰した。

　また、1925年には臨時執政に就任した段祺瑞が、各省区の軍政・行政長官代表等を召集して善後会議を開催した。この会議は、折から発展しつつあった国民会議運動に対抗し、「省自治」を容認することで北京政府の主導下に中央・地方関係を再編しようとするものだった。国家統合の（したがって中央・地方関係の）根幹に関わる「省」に対して、北京政府は自治権を制度的に許容せざるを得なくなっていたのである。善後会議後に臨時執政政府が設立した臨時参政院は、各省区から軍政・行政長官の代表だけでなく省議会議長や法団代表等も参与する臨時執政の諮問機関として、国家統合に向けた中央・地方間の合意を形成することが期待された。しかし、同院は期待された効能を発揮できず、段

祺瑞の目論見も虚しく北京政府はついに国家統合の主体として再生することができなかった。

仮に、統治権が中央に一元化されていたなら、北京政府は行政的地方分権化をより大胆に推進できたであろう。しかし、各省に統治権が分散している状況の下では、行政的分権化は各省政府の「地域的統治権力」としての強化に帰結する可能性が大であった。そのため、地方行政会議や善後会議のように、北京政府が追求した地方分権的な改革は、どうしても中央の各省に対する統制力や主導権の保持を強調することになり、極めて中途半端な「改革」に終わらざるを得なかったのである。

以上のような状況のなかで、行政各分野における中央・地方間の連携も困難を極めた。統治権の中央集中は、ただちに行政的な中央集権化を意味しないが、統治権の各省への分散は、事実上の行政的分権化を随伴せずにはおかなかった。農商部経済調査会の活動に即して見たように、通商産業政策をめぐる北京政府の主体的努力は、各省政府の協力が得られないことによって著しく制約され、国策レベルにおける政策の立案と遂行に大きな支障を来していた。そうしたなかで、江蘇省における経済調査分会の活動が他の諸省に較べて活発であったのは、同省の産業行政が中央政府と一定の連携を保持していたからのように見える。しかし、その江蘇省とて、1910年代以来、地方産業行政は省長公署—実業科のリーダーシップの下で中央政府から自立した展開を見せていたのである。北京政府はこうした状況を打開するため、1917年に農商部に直属する実業庁を各省に設置した。だが、実業庁が江蘇省において産業行政の主導権を握り始めるのは23年以降のことだった。しかも、それは農商部の政策や指導力が実業庁を通して浸透していった結果ではなく、教育実業行政聯合会（教実聯合会）の活動が示すように、地域的利益に密着した行政運営が官民をあげた江蘇省人主導の下で行われ始めたからだった。

実は、この教実聯合会をめぐる動きは、1920年代前半以来進行しつつあった江蘇省「軍閥」統治の変容——省及び県市郷レベルにおける郷紳・商紳層の行財政運営への参入——の一部を構成するものだった。10年代以来、北洋系の督

軍・省長によって続いていた地域的利益から乖離した行財政運営は、20年代前半の省財政破綻と内戦の頻発を契機として、地域に密着し郷紳・商紳層と利害を共有する新たなシステムへ変容しようとしていた。そして、その行き着く先が、孫伝芳による北京政府からの完全な自立、即ち江蘇省政府の「地域的統治権力」としての純化であった。しかしながら、孫伝芳が完全な「地域的統治権力」として、東南5省（江蘇・浙江・安徽・江西・福建）という広域の統合を実現したかに見えたその時から、江蘇省の足下では、各県政府が省政府から財政的な自立傾向を帯びて立ち現れようとしていた。上級政府の収入が下級政府・官庁による徴税と送金に依存するという伝統的な行財政構造は、中央政府から各省政府への統治権の分散に重層する形で、省政府から各県政府への統治権の拡散という事態を生み出していたのである。それは、国家統合の瓦解によって招来された中央・地方関係の一つの帰結であった。

　ただし、この帰結は素朴な疑問を呼び起こす可能性がある。なぜなら、「国民国家」の形成や「国家建設」の視点に立って、地方（地域）規模における統合の局面から国家統合に向かう趨勢を見定めようとする、緒論で紹介した諸研究とこの帰結とは矛盾したものに映るからである。確かに1920年代の江蘇省は、紆余曲折をへながら、地域的利益に密着する形で行財政権の集中が進んでいたといってよい。10年代より分立状態にあった産業行政権が実業庁に漸次統一されていったこと、財政会議や善後委員会に財政改革の権限が集中されたことは、まさしくその表現だった。だが、実業庁の命令が県レベルにまで十分浸透せず、財政会議や善後委員会の指示に県知事が容易に服そうとしなかったこともまた事実であった。つまり、江蘇省において統合の局面は確かに進行しつつあったのだが、県レベルへの行政権の浸透（垂直的な統合）は、統治権が各県政府に拡散することによって押し止められていたのである。その限りにおいて、江蘇省における上述の「帰結」は、緒論で紹介した諸研究の立場とけっして背離するものではない。

　さて、1910年代以来、北京政府と政治的関係を保持してきた江蘇省政府までが「地域的統治権力」に純化したことは、中央に集中されるべき統治権の分散

が極点に達したことを意味した⁽¹⁾。20年代の後半に入ると、北京政府の全国的体制は、もはや「体制」と呼ぶには余りにも政治・軍事上の有機的な連携を欠くものとなっていた。しかも、地方行政会議や善後会議の失敗から明らかなように、この「体制」を中央・地方間の協力によって改革することは凡そ不可能であったし、さりとてそのまま放置しておいても、統治権の拡散の果てに自壊してしまうものでもなかった。したがって、この拡散しつつ持続する「体制」を一挙に覆すことは到底容易なことではなく、それを解体するための「革命」は、政治的・軍事的に割拠する勢力を各個に撃破していくという困難な形態を採らざるを得ない。国民革命が北伐戦争へと収斂したのには、以上のような現実的根拠があったのである。

　国民革命の打倒すべき「体制」がこのようなものであった以上、各地に割拠する政治的・軍事的勢力を解体し尽くすことなく、有力な「軍閥」の帰順を許す形で北伐を完了した国民党にとって、克服すべき行財政上の課題は余りに大きかったといわねばならない。

　第□に指摘し得るのは、各省への統治権の分散が極点に達した地点から、「国地財政劃分」の実施を目指さなければならなかったことである。しかも、強大な軍事力を保持する「軍閥」の地盤が温存されていた関係上、その実施は極めて大きな困難を伴うことになった。北伐の完了後、南京国民政府は「国地財政劃分」の前提となる釐金撤廃を模索していたが、それが可能となるのは、蒋介石が中原大戦を頂点とする反蒋戦争に勝利し、国家統合に向けた制度的改革の実施環境が整えられてからのことだった。ここでも、各省政府に対する軍事的な威圧は重要な意味をもっていたのである。ただし、南京国民政府が袁世凱政権と決定的に異なっていたのは、軍事的な威圧に成功しながら、その後も制度的改革の定着に向けた努力をけっして放棄しなかったことだった。

　そのため、袁世凱政権以来の懸案だった国・省間の「国地財政劃分」は、反蒋戦争後の1931年に断行された釐金の撤廃によって軌道に乗り、南京国民政府は、地方政府の徴税に依存しない三大間接税（関税・塩税・統税）中心の国税体系を確立していった。むろん、各省政府による国税の截留は簡単には解消しな

かった。しかしながら、国民政府の統治権が浸透し釐金の撤廃がほぼ実現された諸省は、主要な財源が田賦と営業税とに制約されたため、税収の不足から中央の財政援助＝「各省補助費」の支給を仰がざるを得ず、民国期において中央政府が初めて各省政府を統御し得る端緒が開かれていった。各省政府は、明らかに「地域的統治権力」としての割拠性を減退させ、純然たる「地方行政機関」へと徐々に変容し始めていたのである(2)。

　ただし、「国地財政劃分」を契機に省政府から統治権を回収し始めたとはいえ、それは県以下の社会末端まで中央政府の権力が浸透していくことを保証するものではなかった。その上、国・省間の財政劃分によって各省財政が逼迫したため、北京政府期の江蘇省のように、県政府が税収を截留して省政府に対し自立化傾向を示す可能性は依然として残されていた。県政府の自立化傾向が、県知事と在地郷紳・商紳層との結合を直接の契機としながら、根本的には税収の截留が重要な意味をもつ伝統的行財政構造に根ざしていたのは既述の通りである。したがって、国民政府が県以下に権力を及ぼしていくためには、伝統的な「構造」の改変に向けて、財政劃分を省・県市郷間に対しても実施することが重要な要件の一つとなってくる。しかも、その劃分は伝統的な「構造」を解体するだけではなく、同時に県以下の各級行政が安定して機能する財源を提供するものでなければならなかった。なぜなら、省財政と県財政とが合理的に劃分されてこそ、たとえ県自治が実施されたとしても、それが省政府にとって割拠的な「自治」autonomy として現象するような事態は防げるからである。中国における地方自治の発展には、民主思想や自治観念の普及だけでは如何ともし難い、伝統的行財政構造の改変と財源の確保という問題が大きな障壁として立ち塞がっていたのである。これが、国民党が直面し克服しなければならなかった第二の課題——北京政府の残した遺産——であった。

　省財政と県・市財政との劃分は、1935年に公布された「財政収支系統法」によって制度化されるが、南京国民政府が田賦附加税の整理、苛捐雑税の廃止、各県予算の編成など地方財政改革に積極的に乗り出していくのは34年の第2次財政会議以降のことであったから、日中戦争を目前に控えて実効性はほとんど

期待できなかった。この問題は、国民党・国民政府の懸案として日中戦争を挟み戦後にまで持ち越されていく、それだけに極めて達成困難な課題だったのである[3]。そして、今日においても、それはけっして過去の課題となっておらず、「分税制」の展開如何という形で共産党を悩ませている。

したがって、北京政府が国民党に残した第二の課題は、これまで述べてきた内容からも察せられるように、「国地財政劃分」という問題だけに止まらない、論点の時間的・領域的な拡がりをもっている。それは、孫文・国民党の県自治構想や新県制、現代中国における地方・基層政治の問題に接合することはもちろん、恐らく行財政史研究の範囲を超えて、近現代中国における社会統合の問題[4]にまで接合していくはずである。

註

（1） 在地郷紳・商紳層が県知事と結託して県政府の自立傾向をもたらすような事態は、江蘇省独自の状況であったかもしれない。しかし、統治権の重層的な拡散を招く伝統的行財政構造が存在する以上、程度の差を考慮する必要はあるにせよ、同様の事態が生み出される潜在的可能性は各省に共有されていたはずである。

（2） 拙稿「中国の統一化と財政問題——『国地財政劃分』問題を中心に——」（『史学研究』第179号、1988年）、同「中華民国の国家統合と政治的合意形成——"各省の合意"と"国民の合意"——」『現代中国研究』第3号、1998年）を参照。また、林美莉『西洋税制在近代中国的発展』（中央研究院近代史研究所専刊88、2005年）も、釐金撤廃から代替措置としての営業税実施のプロセスに、同様の意義を見出している（とくに同書第5章を参照）。

（3） 趙雲旗『中国分税制財政体制研究』（経済科学出版社、2005年）第4章を参照。省財政と県・市財政の劃分が非常に難事業であったことは、1946年に国・省・県市三級の税収劃分が決定された後、48年になっても江蘇省の揚中・太倉・武進・無錫・鎮江・高郵・青浦・松江・呉県・溧水各県の参議会が、自治経費の困窮を訴えて営業税全額の配分や田賦の截留を主張していたことからも窺うことができる（台湾国史館所蔵・国民政府財政部檔案259-992「江蘇省各参議会建議将営業税撥帰地方収入」を参照）。

（4） ここでいう「社会統合の問題」とは、足立啓二氏（『専制国家史論——中国史から世界史へ——』柏書房、1998年、とくに第Ⅵ章第3節「中国における近代的統合の形成過程」）や奥村哲氏（『中国の資本主義と社会主義——近現代史像の再構成

――』桜井書店、2005年、とくに第11章「近現代中国における社会統合の諸段階」）の研究を意識している。

図 表 一 覧

表0-1 中華民国前期における国税・地方税劃分案 （11頁）

表0-2 江蘇省歴代の軍政長官 （29頁）

表0-3 江蘇省歴代の行政長官 （29頁）

表0-4 江蘇省歴代の財政・教育・実業各庁長 （30頁）

表0-5 1922年度江蘇省経常歳入予算 （33頁）

表0-6 1922年度江蘇省経常歳出予算 （34頁）

表2-1 国税と地方税の劃分案 （85頁）

表2-2 国税庁総籌備処官僚の経歴 （89頁）

表2-3 各省国税庁籌備処処長・坐辦の経歴 （89頁）

表2-4 各省国税庁籌備処の国税事務接収状況 （91頁）

表2-5 各省財政庁庁長の経歴 （101頁）

表3-1 各期知事試験の合格者 （120頁）

表3-2 第2期知事試験の合格者分類 （120頁）

表3-3 第1期分発の実績 （123頁）

表3-4 江南28県の県知事着任（異動）数 （127頁）

表5-1 江蘇省の歴年省庫歳出の内訳（1913〜23年度） （176頁）

表5-2 江蘇省地方実業経費支出の内訳（1913〜23年度） （178頁）

表5-3 江蘇省の省立工場（1923年現在） （181頁）

表5-4 江蘇省における国庫財政と省庫財政の規模 （191頁）

図6-1 江蘇省産業行政機構の系統（1923年現在） （208頁）

表6-1 江蘇省実業庁職員の学歴（1923年） （216頁）

表6-2 江蘇省実業科職員の学歴（1923年） （216頁）

表6-3 省営事業機関主任級職員の経歴（判明分） （217頁）

表6-4	省営事業機関の技術職員の俸給	（220頁）
図6-2	江蘇教育実業行政聯合会の組織構成	（226頁）
表6-5	教実聯合会の代表的な学者・技術者たち	（228頁）
表7-1	蘇・浙・贛三省における省参事会の職権	（252頁）
表7-2	地方行政会議の各省代表	（260頁）
表7-3	地方行政会議における内務部提出議案	（261頁）
表7-4	地方行政会議における各省代表提出議案	（261頁）
表7-5	地方行政会議における省参事会案の比較	（265頁）

参考文献一覧

※以下にあげる文献は、本書に引用した文献に限られる。

1. 史 料

(1) 公報・報告書・新聞雑誌類

『政府公報』

『税務月刊』

『内務公報』

『農商公報』

『経済彙刊』

『経済調査会月刊』

『中外経済週刊』

『善後会議公報』

政治会議編『政治会議速記録』(1914年、中国社会科学院近代史研究所蔵)

約法会議秘書庁編『約法会議紀録』(1915年：近代中国史料叢刊正編第19輯、文海出版社、1968年)

中華民国国務院『戦後経済調査会第一次報告書』(1919年：近代中国史料叢刊三編第90輯、文海出版社、2001年)

中華民国国務院『戦後経済調査会第四次報告書』(1920年：近代中国史料叢刊三編第90輯、文海出版社、2001年)

北京政府内務部『地方行政会議紀録』(1921年)

農商部総務庁統計科編『第五次農商統計表』(1918年)

財政部財政調査処編『各省区歴年財政彙覧（江蘇省）』(1927年：近代中国史料叢刊三編第52輯、文海出版社、1989年)

財政部印刷局『各省国税庁章則彙編』（発行年不明、中国社会科学院経済研究所蔵）

印鋳局編纂処編『職員録』中華民国2年第1期（1913年）

『江蘇省公報』（上海市図書館蔵）

『江蘇実業月誌』（中国社会科学院経済研究所蔵）

『江蘇省議会彙刊』

江蘇省実業司編『江蘇省実業行政報告書』（1913年）

江蘇省行政公署内務司編『江蘇省内務行政報告書』（1914年、中国社会科学院近代史研究所・上海市図書館蔵）

江蘇省長公署第四科編『江蘇省実業視察報告書』（1919年）

金其照撰『江蘇省辦実業概況』（1919年、上海市図書館蔵）

江蘇実業庁編印『江蘇第一次省実業行政会議彙録』（1920年、上海市図書館蔵）

『江蘇省議会第二届第三年常臨両会議決案類編』（1921年、上海市図書館蔵）

江蘇省公署編『江蘇省公署第二届財政会議彙編』（1923年、上海市図書館蔵）

龐樹森等『江蘇省単行法令初編』（江蘇省長公署公報処、1924年、上海市図書館蔵）

江蘇省長公署統計処編『江蘇省政治年鑑』（1924年：近代中国史料叢刊三編第53輯、文海出版社、1989年）

江蘇整理財政委員会編『江蘇整理財政委員会報告』（1924年、上海市図書館蔵）

江蘇清理財政委員会編『江蘇清理財政委員会報告書』（1925年、上海市図書館・台湾中央研究院近代史研究所蔵）

江蘇善後委員会編『江蘇善後委員会議事録』（1925年、上海市図書館蔵）

江蘇財政庁編『江蘇財政一年来之経過実況』（1926年、上海市図書館蔵）

江蘇実業庁第三科『江蘇省紡織業状況』（1919年）

江蘇省政府秘書処宣伝股『江蘇旬刊』

呉江県議会編『呉江県議会議決案』（1913年、上海市図書館蔵）

呉江参事会編『呉江県参事会議文牘』（1914年、上海市図書館蔵）

宝山県民政署編『宝山共和雑誌』

『広西国税庁籌備処文牘輯要』（発行年不明、中国社会科学院経済研究所蔵）

『時報』

上海『民国日報』

『順天時報』

『新聞報』

『申報』

『晨報』

『大公報』

『民立報』

『東方雑誌』

『上海総商会月報』

『銀行週報』

『華商紗廠聯合会季刊』

(2) 　檔案関係類

南京第二歴史檔案館蔵北洋政府内務部檔案1001(2)346

南京第二歴史檔案館蔵北洋政府内務部檔案1001.05638

南京第二歴史檔案館蔵北洋政府内務部檔案1001(2)345

南京第二歴史檔案館蔵北洋政府檔案1066(9)714

台湾国史館蔵国民政府財政部檔案259-992

中国第二歴史檔案館編『中華民国史檔案資料滙編』第3輯政治(1)（江蘇古籍出版社、1991年）

中国第二歴史檔案館編『中華民国史檔案資料滙編』第3輯財政(2)（江蘇古籍出版社、1991年）

中国第二歴史檔案館編『中華民国史檔案資料滙編』第3輯教育（江蘇古籍出版社、1991年）

北洋軍閥史料編委会『天津市歴史博物館館蔵北洋軍閥史料』袁世凱巻2（天津古籍出版社、1992年）

故宮博物院明清檔案部編『清末籌備立憲檔案史料』上・下冊（中華書局、1979年）

中国第二歴史檔案館編『善後会議』（檔案出版社、1985年）

(3) その他（中文、著者名拼音順）

高景嶽・厳学熙編『近代無錫蚕糸業資料選輯』（江蘇人民・古籍出版社、1987年）
郭卿友主編『中華民国時期軍政職官誌』上（甘粛人民出版社、1990年）
韓国鈞『止叟年譜・永憶録』（近代中国史料叢刊正編第1輯、文海出版社、1966年）
韓国鈞撰『為整理蘇省国家財政致京外同郷書』（1922年、上海市図書館蔵）
黄遠庸『遠生遺著』下冊（文星書店印行、1962年）
李平書等『李平書七十自叙・藕初五十自述・王暁籟述録』（上海古籍出版社、1989年）
両広都司令部参謀庁編『軍務院考実』（上海商務印書館、1916年）
林増平・周秋光編『熊希齢集』（湖南人民出版社、1985年）
劉壽林等編『民国職官年表』（中華書局、1995年）
陸純編『袁大総統書牘彙編』（文海出版社、1966年）
繆全吉『中国制憲史資料彙編－憲法篇』（国史館、1989年）
彭澤益編『中国近代手工業史資料（1840－1949）』第2巻（中華書局、1962年）
銭実甫編『清季新設職官年表』（中華書局、1961年）
上海社会科学院歴史研究所編『五四運動在上海史料選輯』（上海人民出版社、1980年）
実業部国際貿易局『中国実業誌』江蘇省第3冊（宗青図書公司印行）
孫曜編『中華民国史料』（1929年：近代中国史料叢刊正編第2輯、文海出版社、1966年）
呉虞公・張雲石述『李純全史・軼事』（1920年：近代中国史料叢刊正編第67輯、文海出版社、1971年）
徐友春主編『民国人物大辞典』（河北人民出版社、1911年）
章伯鋒・李宗一主編『北洋軍閥 1912－1928』第1巻（武漢出版社、1990年）
張怡祖（孝若）編『張季直伝記』（文海出版社、1965年）
周叔媜『周止菴（学熙）先生別伝』（近代中国史料叢刊正編第1輯、文海出版社、

1966年)

『第一回中国年鑑』上（天一出版社、1973年影印）

(4)　その他（日文、著者名順）

外務省記録1.4.2.17-1 支那財政関係一件／一般ノ部4

外務省記録1.6.1.4-2-7 各国内政関係雑纂支那ノ部・省議会

外務省記録3.14.4.5 清国地方税雑税関係雑件第2巻ノ2

外務省記録3.4.2.17-3 支那財政関係一件／江蘇省ノ部

外務省記録3.9.4.94 米国太平洋沿岸聯合商業会議所清国実業家招待一件

外務省情報部『現代中華民国満洲帝国人名鑑』昭和12年度版

外務省調査部編『支那ニ於ケル棉花奨励誌』（日本国際協会、1935年）

外務省亜細亜局『善後会議及国民代表会議ニ関スル資料』（支那関税特別会議参考資料第9輯、1925年9月）

外務省通商局編纂『通商公報』

外務省編『日本外交文書』大正14年第2冊上巻（1983年3月）

満鉄調査部『中華民国産業関係法規集』第4輯財政篇（1938年）

支那研究会編『最新支那官紳録』（冨山房、1918年）

東亜同文会『支那』

東亜同文会調査編纂部『支那工業綜覧』（1931年）

東亜同文会『支那省別全誌』第15巻江蘇省（1920年）

東亜同文会編『支那調査報告書』

東亜同文会調査編纂部『第四回支那年鑑』（1920年）

東亜同文会調査編纂部『新編支那年鑑』（1927年）

原田三喜雄編『第一次大戦期通商・産業政策資料集』第4巻（柏書房、1987年）

臨時台湾旧慣調査会『清国行政法』第1巻上・下（1914年、大安影印版、1965年）、第5巻（1911年、大安影印版、1966年）

２．論著：中文（著者名拼音順）

《北洋財政制度研究》課題組「北洋時期中央与地方財政関係研究」（『財政研究』
　　1996年第 8 期）

曹余濂編著『民国江蘇権力機関史略』（江蘇文史資料編輯部、1994年）

陳鋒「清代中央財政与地方財政的調整」（『歴史研究』1997年第 5 期）

鄧紹輝「咸同時期中央与地方財政関係的演変」（『史学月刊』2001年第 3 期）

鄧亦武「袁世凱統治研究（1912年－1916年）」（南京大学博士学位請求論文、2002
　　年）

丁中江『北洋軍閥史話』第 1 集（中国友誼出版公司、1992年）

杜恂誠「民国時期的中央与地方財政劃分」（『中国社会科学』1998年第 3 期）

費保彦編『善後会議史』（明星晩報社、1925年、中国社会科学院近代史研究所蔵）

傅德華「台湾袁世凱研究概述」（『安徽大学学報』哲学社会科学版2004年第 4 期）

胡春恵『民初的地方主義与聯省自治』（正中書局、1983年）

胡春恵「民初袁世凱在財政上的集権措施」（中華文化復興運動推行委員会主編『中
　　国近代現代史論集』第20編、台湾商務印書館、1986年、所収）

胡春恵等「袁世凱総統時代的中央与地方関係」（中華民国史専題第五届討論会秘書
　　処編『中華民国史専題論文集』第 5 届討論会、第 2 冊、2000年、所収）

紀能文「従共和総統到洪憲皇帝－袁世凱洪憲復辟的歴史透視」（『天津師大学報』
　　社会科学版1996年第 4 期）

賈士毅『民国財政史』下（商務印書館、1917年）

江蘇社会科学院《江蘇史綱》課題組『江蘇史綱』近代巻（江蘇古籍出版社、1993
　　年）

居閲時「北洋軍閥時期史研究的新触角和新局面」（『社会科学』1996年第 7 期）

来新夏・莫建来「50年来北洋軍閥史研究述論」（『社会科学戦線』1999年第 5 期）

李達嘉『民国初年的聯省自治運動』（弘文館出版社、1986年）

李国忠『民国時期中央与地方的関係』（天津人民出版社、2004年）

李海生等『幕僚政治』（上海人民出版社、1993年）

李剣農『戊戌以後三十年中国政治史』（中華書局、1965年）

李権時『国地財政劃分問題』（世界書局、1929年）

李学智『民国初年的法治思潮与法制建設－以国会立法活動為中心的研究』（中国社会科学出版社、2004年）

林美莉『西洋税制在近代中国的発展』（中央研究院近代史研究所、2005年）

劉慧宇「論南京国民政府時期国地財政劃分制度」（『中国経済史研究』2001年第4期）

劉壽之編訂『第四届知事考試預備須知』（知事考試編輯社、1915年、上海市図書館蔵）

劉偉『晩清督撫政治－中央与地方関係研究』（湖北教育出版社、2003年）

劉偉「清末中央与地方関係的調整」（『北京科技大学学報』1999年第4期、筆者未見）

劉偉「晩清新政時期中央与各省関係初探」（『華中師範大学学報』人文社会科学版第42巻6期、2003年）

劉正偉『督撫与士紳－江蘇教育近代化研究』（河北教育出版社、2001年）

呂偉俤・王徳剛『孫伝芳』（山東大学出版社、1996年）

馬葆珩「孫伝芳五省聯軍的形成与覆滅」（江蘇省文史資料委員会編『江蘇文史資料集粋』軍事巻、1995年）

馬平安「民国初年袁世凱対中央与地方関係的処理」（蘇智良・張華騰・邵雍主編『袁世凱与北洋軍閥』上海人民出版社、2006年、所収）

戚如高「民初国税庁簡論」（『民国檔案』1991年第4期）

銭端升等『民国政制史』上・下冊（商務印書館、1939年）

銭実甫『北洋政府時期的政治制度』上・下冊（中華書局、1984年）

邱遠猷・張希坡『中華民国開国法制史』（首都師範大学出版社、1997年）

阮忠仁『清末民初農工商機構的設立－政府与経済近代化関係之検討（1903-1916）』（国立台湾師範大学歴史研究所、1988年）

申学峰「清代中央与地方財政関係的演変」（『河北学刊』2002年第5期、筆者未見）

沈家五・任平「民国元年袁世凱争奪江蘇地方財政的経過」（『民国檔案』1997年第3期）

沈暁敏『処常与求変：清末民初的浙江諮議局和省議会』（生活・読書・新知三聯書店、2005年）

沈暁敏「民初袁世凱政府与各省議会関係述論」（前掲『袁世凱与北洋軍閥』所収）

石源華「民国時期中央与地方関係的特殊形態論綱」（『復旦学報』社会科学版1999年第5期）

蘇智良・張華騰・邵雍主編『袁世凱与北洋軍閥』（上海人民出版社、2006年）

孫彩霞「軍閥与善後会議」（『近代史研究』1989年第6期）

孫占元「十年来北洋軍閥史重点問題研究概述」（『歴史教学』1992年第6期）

唐徳剛『袁氏当国』（広西師範大学出版社、2004年）

陶菊隠『北洋軍閥統治時期史話』第6冊（生活・読書・新知三聯書店、1978年版）

王奇生「民国時期県長的群体構成与人事嬗逓──以1927年至1949年長江流域省份為中心──」（『歴史研究』1999年第2期）

王家倹「民初地方行政制度現代化的探討（1912〜1916）」（『国立台湾師範大学歴史学報』第9期、1981年）

王樹槐『中国現代化的区域研究／江蘇省、1860-1916』（中央研究院近代史研究所、1984年）

王樹槐「清末民初江蘇省的諮議局与省議会」（前掲『中国近代現代史論集』第16編、所収）

王樹槐「北伐成功後江蘇省財政的革新（1927−1937）」（前掲『中国近代現代史論集』第25編、所収）

汪漢忠「試論民国時期的催征吏－蘇北個案研究」（『民国檔案』2001年第3期）

魏光奇『官治与自治──20世紀上半期的中国県制──』（商務印書館、2004年）

魏光奇「走出伝統：北洋政府時期的県公署制度」（『史学月刊』2004年第5期）

呉国光・鄭永年『論中央－地方関係：中国制度転型中的一個軸心問題』（牛津大学出版社、1995年）

呉訒「江蘇辛亥光復後各州県首任民政長考」（『民国檔案』1994年第4期）

徐新吾主編『近代江南糸織工業史』（上海人民出版社、1991年）

楊大辛主編『北洋政府総統与総理』（南開大学出版社、1989年）

楊天宏「論《臨時約法》対民国政体的設計規劃」(『近代史研究』1998年第1期)

楊天宏「国民党与善後会議関係考析」(『近代史研究』2000年第3期)。

印少雲・顧培君「清末民初分税制思想述評」(『徐州師範大学学報』哲学社会科学版第27巻2期、2001年)

虞和平「民国初年経済法制建設述評」(『近代史研究』1992年第4期)

張連紅『整合与互動－民国時期中央与地方財政関係研究（1927－1937）』(南京師範大学出版社、1999年)

張神根「袁世凱統治時期北京政府的財政変革（1912－1916年）」(南京大学博士学位請求論文、1993年)

張神根「対国内外袁世凱研究的分析与思考」(『史学月刊』1993年第3期)

張神根「清末国家財政、地方財政劃分評析」(『史学月刊』1996年第1期)

張学継「論袁世凱政府的工商業政策」(『中国経済史研究』1991年第1期)

張玉法『民国初年的政党』(中央研究院近代史研究所、1985年)

張玉法「民国初年中央与地方的関係：山東之例（1912～1916）－対《政府公報》中有関資料的初歩分析」(前掲『中華民国史専題論文集』第5届討論会、第2冊、所収)

趙雲旗『中国分税制財政体制研究』(経済科学出版社、2005年)

中国行政区劃研究会編（張文範主編）『中国省制』(中国大百科全書出版社、1995年)

中華民国史専題第五届討論会秘書処編『中華民国史専題論文集』第5届討論会、第2冊（2000年）

朱英「晩清地方勢力的発展与中央政府的対策」(『探索与争鳴』1996年第1期)

3．論著：日文（著者名順）

アーネスト・P・ヤング（藤岡喜久男訳）『袁世凱総統——「開発独裁」の先駆——』(光風社出版、1994年)

味岡徹「護国戦争後の地方自治回復——江蘇省を中心に——」(中央大学『人文研紀要』第2号、1983年)

味岡徹「南北対立と連省自治運動」(中央大学人文科学研究所編『五・四運動史像

の再検討』中央大学出版部、1986年、所収）

味岡徹「民国国会と北京政変」（中央大学人文科学研究所編『民国前期中国と東アジアの変動』中央大学出版部、1999年、所収）

足立啓二『専制国家史論──中国史から世界史へ──』（柏書房、1998年）

鐙屋一『章士釗と近代中国政治史研究』（芙蓉書房出版、2002年）

阿部洋「中国近代における海外留学の展開──日本留学とアメリカ留学──」（国立教育研究所紀要94『アジアにおける教育交流』1978年、所収）。

天児慧編『現代中国の構造変動』4：政治－中央と地方の構図（東京大学出版会、2000年）

有泉貞夫『明治政治史の基礎過程──地方政治状況史論──』（吉川弘文館、1980年）

飯塚靖「中国近代における農業技術者の形成と棉作改良問題（II）──東南大学農科の活動を中心に──」（『アジア経済』第33巻10号、1992年）

伊原澤周「臨時執政府与段祺瑞」（『中央研究院第二届漢学会議論文集』明清与近代史組下冊、1989年、所収）

岩井茂樹「清代国家財政における中央と地方──酌撥制度を中心にして──」（『東洋史研究』第42巻2号、1983年）

岩井茂樹『中国近世財政史の研究』（京都大学学術出版会、2004年）

及川恒忠『支那政治組織の研究』（啓成社、1933年）

及川恒忠訳『最近支那政治制度史』上冊（慶應出版社、1943年）

大石嘉一郎『日本地方財行政史序説』（御茶の水書房、1961年）

大石嘉一郎『近代日本の地方自治』（東京大学出版会、1990年）

大島美津子「大久保支配体制下の府県統治」（日本政治学会編『近代日本政治における中央と地方』日本政治学年報1984、岩波書店、1985年、所収）

大島美津子『明治国家と地域社会』（岩波書店、1994年）

大野三徳「国民革命期にみる江浙地域の軍閥支配──軍閥孫伝芳と『大上海計画』──」（『名古屋大学東洋史研究室報告』第6号、1980年）

大橋英夫「現代中国における中央と地方の財政関係」（『筑波法政』第18号、1995

年)

大橋英夫「中央・地方関係の経済的側面」(前掲、天児編『現代中国の構造変動』4：政治－中央と地方の構図、所収)、

岡本隆司「北洋軍閥期における総税務司の役割──関税収入と内外債を中心に──」(『史学雑誌』第104編6号、1995年)

岡本隆司『近代中国と海関』(名古屋大学出版会、1999年)

奥村哲『中国の資本主義と社会主義──近現代史像の再構成──』(桜井書店、2005年)

蔭山雅博「アメリカ留学帰国者の社会的活動──20世紀初頭・江蘇省の場合──」(阿部洋編『米中教育交流の軌跡』霞山会、1985年、所収)

笠原十九司「五四運動期の北京政府財政の紊乱」(『宇都宮大学教育学部紀要』第1部第30号、1980年)

金子肇「1920年代前半における各省『法団』勢力と北京政府」(横山英編『中国の近代化と地方政治』勁草書房、1985年、所収)

金子肇「中国の統　化と財政問題──『国地財政劃分』問題を中心に──」(『史学研究』第179号、1988年)

金子肇「中華民国の国家統合と政治的合意形成──"各省の合意"と"国民の合意"──」(『現代中国研究』第3号、1998年)。

金子肇「清末民初における江蘇省の認捐制度」(『東洋史研究』第59巻2号、2000年)

金子肇「中国近代史の『悪役』、袁世凱の再評価」(『世界史の研究』第202号、2005年)

金子肇「国民党による憲法施行体制の統治形態──孫文の統治構想、人民共和国の統治形態との対比から──」(久保亨編『1949年前後の中国』汲古書院、2006年、所収)

川島真『中国近代外交の形成』(名古屋大学出版会、2003年)

菊池貴晴『中国第三勢力史論』(汲古書院、1987年)

木村増太郎『支那財政論』(大阪屋号書店、1927年)

久保亨「近現代中国における国家と経済——中華民国期経済政策史論——」
（山田辰雄編『歴史のなかの現代中国』勁草書房、1996年、所収）

倉橋正直「清末の実業振興」（野澤豊・田中正俊編『講座中国近現代史』第3巻、東京大学出版会、1987年、所収）

黄東蘭「清末地方自治制度の導入と地域社会の対応——江蘇省川沙県の自治風潮を中心に——」（『史学雑誌』第107編11号、1998年）

黄東蘭『近代中国の地方自治と明治日本』（汲古書院、2005年）

小山勉『トクヴィル－民主主義の三つの学校』（筑摩書房、2006年）

坂本忠次『日本における地方行財政の展開（新装版）』（御茶の水書房、1996年）

笹川裕史「1920年代湖南省の政治変革と地方議会」（『史学研究』第171号、1986年）

佐藤仁史「清末民初の政争における地域対立の構図」（『歴史学研究』第806号、2005年）

塩出浩和「広東省における自治要求運動と県長民選——1920〜1921年——」（『アジア研究』第38巻3号、1992年）

曽田三郎「湖北省における張之洞の産業政策」（『史学研究』第121・122号、1974年）

曽田三郎「清末における『商戦』論の展開と商務局の設置」（『アジア研究』第38巻1号、1991年）

曽田三郎「清末の産業行政をめぐる分権化と集権化」（横山英・曽田三郎編『中国の近代化と政治的統合』溪水社、1992年、所収）

曽田三郎『中国近代製糸業史の研究』（汲古書院、1994年）

曽田三郎「政治的ナショナリズムと地方行政制度の革新」（西村成雄編『現代中国の構造変動』3：ナショナリズム－歴史からの接近、東京大学出版会、2000年、所収）

高綱博文「第一次大戦期における中国『国民経済』成長」（前掲、中央大学人文科学研究所編『五・四運動史像の再検討』所収）

滝村隆一『国家論大綱』第1巻上・下（勁草書房、2003年）

田中比呂志「近代中国における国家建設の模索——天壇憲法草案制定時期を中

心として──」(『歴史学研究』第646号、1993年)

田中比呂志「清末民初における地方政治構造とその変化──江蘇省宝山県における地方エリートの活動──」(『史学雑誌』第104編3号、1995年)

田中比呂志「民国初期における地方自治制度の再編と地域社会」(『歴史学研究』第772号、2003年)

田中比呂志「清末民初における地方自治と財政──県自治財政を中心に──」(『東京学芸大学紀要』第3部門社会科学56、2005年)

中央大学人文科学研究所編『民国前期中国と東アジアの変動』(中央大学出版部、1999年)

張忠任『現代中国の政府間財政関係』(御茶の水書房、2001年)

趙宏偉「省党委員会書記の権力」(前掲、天児編『現代中国の構造変動』4：政治－中央と地方の構図、所収)

塚本元「中国における国家建設の一側面──湖南1919-1921年──」(『国家学会雑誌』第100巻1・2、5・6、9・10号、1987年)

塚本元『中国における国家建設の試み──湖南1919─1921年──』(東京大学出版会、1994年)

角山栄編著『日本領事報告の研究』(同文館、1986年)

角山栄『「通商国家」日本の情報戦略』(日本放送出版協会、1988年)

土居智典「清代財政監査制度の研究──交代制度を中心として──」(『史学研究』第247号、2005年)

西川正夫「辛亥革命期における郷紳の動向──四川省南渓県──」(『金沢大学法文学部論集(史学篇)』第23号、1975年)

西村成雄『中国ナショナリズムと民主主義』(研文出版、1991年)

野澤豊「民国初期、袁世凱政権の経済政策と張謇」(『近きに在りて』第5号、1984年)

野澤豊編『日本の中華民国史研究』(汲古書院、1995年)

浜口允子「北京政府論」(野澤豊編『日本の中華民国史研究』汲古書院、1995年)

浜下武志『近代中国の国際的契機』(東京大学出版会、1990年)

浜下武志『朝貢システムと近代アジア』（岩波書店、1997年）

林田和夫「支那の財政機構と其運営の特殊性(2)」（『満鉄調査月報』第17巻6号、1937年）

原田三喜雄「聯合国経済会議と経済調査会」（同編『第一次大戦期通商・産業政策資料集』柏書房、1987年、第2巻、所収）

原田三喜雄『近代日本と経済発展政策』（東洋経済新報社、2000年）

坂野良吉『中国国民革命政治過程の研究』（校倉書房、2004年）

平川清風『支那共和史』（春申社、1920年）

深町英夫『近代中国における政党・社会・国家――中国国民党の形成過程――』（中央大学出版部、1999年）

藤岡喜久男『中華民国第一共和制と張謇』（汲古書院、1999年）

三宅康之「1980年代中国の財政制度改革をめぐる中央＝地方関係(1)」（『法学論叢』第152巻4号、2002年）

宮脇淳子『モンゴルの歴史』（刀水書房、2002年）

安原美佐雄編著『支那の工業と原料』第1巻上（上海日本人実業協会、1919年）

山田公平『近代日本の国民国家と地方自治』（名古屋大学出版会、1991年）

山田辰雄「今こそ民国史観を」（『近きに在りて』第17号、1990年）

山田辰雄「袁世凱帝制論再考――フランク・J・グッドナウと楊度――」（前掲、同編『歴史のなかの現代中国』所収）

山田辰雄編『歴史のなかの現代中国』（勁草書房、1996年）

山本進「清代後期四川における財政改革と公局」（『史学雑誌』第103編7号、1994年）

山本進『清代財政史研究』（汲古書院、2002年）

山本英史「紳衿による税糧包攬と清朝国家」（『東洋史研究』第48巻4号、1990年）

熊達雲「近代中国における文官制度導入への模索と日本」（『歴史学研究』第649号、1993年）

横山英編訳『ドキュメンタリー中国近代史』（亜紀書房、1973年）

横山英編『辛亥革命研究序説』（新歴史研究会、1977年）

横山英編『中国の近代化と地方政治』（勁草書房、1985年）

横山英・曽田三郎編『中国の近代化と政治的統合』（渓水社、1992年）

横山宏章「民国政治史の分析視角――政治学の側からの一つの試論――」（『近きに在りて』第15号、1989年）

横山宏章『中華民国史――専制と民主の相剋――』（三一書房、1996年）

横山宏章『孫文と袁世凱――中華統合の夢――』（岩波書店、1996年）

劉世龍『中国の工業化と清末の産業行政――商部・農工商部の産業振興を中心に――』（渓水社、2002年）

林原文子「清末、民間企業の勃興と実業新政について」（『近きに在りて』第14号、1988年）

林原文子『宋則久と天津の国貨提唱運動』（京都大学人文科学研究所共同研究報告『五四運動の研究』第2函、同朋舎、1983年、所収）

渡辺惇「袁世凱政権の経済的基盤」（東京教育大学アジア史研究会『中国近代化の社会構造』教育書籍、1960年、所収）

渡辺惇「民国初期軍閥政権の経済的基礎」（『歴史教育』第13巻1号、1965年）

渡辺惇「袁世凱政権の財政経済政策――周学熙を中心として――」（『近きに在りて』第11号、1987年）

渡辺惇「北洋政権研究の現況」（辛亥革命研究会編『中国近代史研究入門』汲古書院、1992年）

渡辺隆喜『明治国家形成と地方自治』（吉川弘文館、2001年）

4．論著：欧文（著者名順）

Wellington K.K Chan, *Merchants, Mandarins, and Modern Enterprise in Late Ch'ing China*（Harvard University Press, 1977）

Chen,Jerome, *Yuan Shih-K'ai,1859-1916*（Stanford University Press, 1961）

Chuan-Shih Li,*Central and Local Finance in China: A Study of the Fisical Relation between the Central,the Provincial and the Local Governments*（AMS Press, 1968）.

Jean Chesneaux, "The Federalist Movement in China 1920-3", in Jack Grey（ed.）,

Modern China's Search for a political Form（Oxford University Press, 1969）.

Nathan,Andrew J.,*Peking Politics, 1918-1923: Factionalism and the Failure of Constitutionalim*（University of California Press, 1976）

Odoric Y.K.Wou, "The District Magistrate Profession in the Early Republican Period: Occupational Recruitment, Training and Mobility", in *Modern Asian Studies,* 8,2（1974）

Randall E.Stross, *The Stubborn Earth: American Agriculturalists on Chinese Soil, 1898-1937*（University of California Press, 1986）

Schoppa,R.keith, "Local Self-Government in Zhejiang, 1909-1927", in *Modern China,* Vol.2（1976）

Schoppa,R.Keith, "Province and Nation: The Chekiang Provincial Autonomy Movement, 1917-1927", in *The Journal of Asian Studies,* Vol.36, No.4（1977）

Schoppa,R.Keith, *Chinese Elites and Political Change: Zhejiang Province in the Early Twentieth Century*（Harvard University Press, 1982）

Young, Ernest P., *The Presidency of Yuan Shih-K'ai: Liberalism and Dictatorship in Early Republican China*（The University of Michigan Press, 1977）

近代中國的中央和地方
——民國前期的國家整合與地方行政・財政——

緒　論——分析的諸前提——
第 1 編　袁世凱政權下的國家整合及中央・地方關係
第 1 章　國家整合的摸索與咨詢機關的作用
第 2 章　地方財政機構改革——國稅廳與財政廳
第 3 章　縣知事任用改革與其影響——以江蘇省爲中心——
第 2 編　圍繞實業行政的中央・地方關係
第 4 章　北京政府的實業行政與中央・地方關係
　　　　——以第一次世界大戰期間的調查審議機關爲素材——
第 5 章　江蘇省的地方實業經費與殖產興業
第 6 章　江蘇省的地方實業行政與中央・地方關係
　　　　——行政機構的分立與人才的聘用——
第 3 編　國家整合的瓦解與中央・地方關係
第 7 章　省自治風潮與北京政府的地方自治政策
第 8 章　善後會議上的中央與地方
第 9 章　江蘇省"軍閥"統治的變化與地方行政・財政
結　論——展望國民政府——

　　本書的目的，在于通過分析中華民國前期（1912～1928年）行政・財政制度改革的擬定、實施、變化的政治過程，來系統地解明國家整合的進展與中央・地方關係的實情。在這里分別選定在國際上被承認爲中華民國代表的北京政府爲"中央"，而這一時期幾乎一直處在北京政府控制之下的江蘇省則爲"地方"。

　　剛剛成立的中華民國，以各省的軍事・行政權力（以下簡稱爲"省政府"）的松散聯合體爲其特色。各省政府扮演著雙重角色，即制度上具備中央政府"地方

行政（軍政）機關"的形式，同時，事實上又是自立・割據性質的"地域統治權力"。正因為如此，本來應該集中於中央政府的"統治權"，即直接關係到國家存立的軍事・外交・財政等各項權力被分散到各省政府去了。而且，各省政府作為"地域統治權力"的割據性特徵源于對專制王朝傳統性的財政結構的繼承。專制王朝體制下，因為大部分法定的國稅由地方政府代徵，中央政府的統治力一旦弱化，這些稅收就會被地方截留，從而地方權力的自立・割據化的傾向則愈加增強起來。中華民國雖然廢止皇權，轉向了共和制，但是卻原封不動地繼承了傳統的財政結構（以上，參閱本書緒論部分）。

鑒于此，成立之初的袁世凱政權於1912年在北京召集各省都督的代表，設立了"行政咨詢院"這樣一個咨詢機構，試圖一方面同各省政府保持協調，另一方面推行國家整合（第1章）。但是在另一方面，袁政權也沒有忘記積極推行行政・財政改革，以制度化的形式來確立中央對各省政府的優勢地位。由熊希齡・周學熙兩任財政總長策劃、實施的"劃稅設廳"政策（劃分國稅與省稅，設立專管國稅的國稅廳），試圖改變傳統的財政結構，確保中央政府的獨立財源不依賴於地方政府，借以瓦解各省政府作為"地域統治權力"賴以割據的基礎（第2章）。而且，由內務部推動的縣知事任用改革，則通過"知事試驗"來聘用有才能的官僚，將中央的控制權滲透到縣一級，從而從地方政治的基層打破辛亥革命帶來的分權・割據的政治局面（第3章）。可是，通過軍事上的優勢平息"二次革命"（1913年）以後，袁世凱就逐漸放棄了以制度化手段來推動國家整合——構建一個中央優于地方的中央・地方關係——的努力。袁並沒有堅持通過同各省政府的協調來推動行政・財政制度的落實，代之以依靠軍事上的威脅，爭取各省政府的"忠誠"的手段，來換取本來就不容易得到實現的制度上的落實。確實，要使袁世凱政權所推行的行政・財政改革能夠得到落實並有效地發揮作用，就需要漫長的歲月和極大的忍耐。而這對於急不可待地盼望中華民國強盛的袁世凱來說是不可忍受的。但是正因為如此，在各省將軍・巡按使"忠誠"的名義上立足的新約法下的"大總統親裁"體制，貌似堅固，實則不穩定。體制堅固的外表決不是因為將統治權集中于中央的結果，而僅僅是將分散於各省的統治權利用"忠誠"這一不穩定的紐帶加以粉飾而已。

袁世凱政權的行政・財政改革轉變爲以維持各省政府的"忠誠"爲代價，代之以強化各省政府的權力的方針，"劃稅設廳"的政策被廢棄，清末賴以各省政府"忠誠"的"攤派制"又復活了。袁政權又開始依賴於它曾試圖改變的專制王朝以來的傳統的行政・財政結構。從這一點上來講，這一變化是民國行政・財政史上的一大退步。還有，始于"二次革命"之後的縣知事任用改革，雖然在江蘇省完全瓦解了辛亥革命以來縣知事與本地鄉紳階層之間所結成的關係，但是並沒有在全國範圍內完全取得制度層面上的成果而趨于形式化，卻助長了地方人對中央的不信任與背離的傾向。也就是說，袁世凱政權，雖然在軍事意義上的整合取得了一定程度上的進展，但是在制度意義上的國家整合卻止於極爲不充分的程度。其結果是，各省將軍・巡按使的"忠誠"在實施"洪憲帝制"之後非常容易地消失，剩下的僅僅是其政權的不費吹灰之力的瓦解，和"軍閥"作爲"地域統治權力"的割據。

袁世凱死後，北京政府試圖通過軍事威壓手段推動國家整合——如1910年代段祺瑞一度欲用武力統一全國——，但這已經變得不可能了。爲此，到了1920年代，北京政府試圖重新在與各省政府協調的基礎上推動國家整合。對北京政府而言，聯省自治運動、省自治運動的發展意味著中央連對各省政府持有的名義上的"官職任免權"都要喪失，更加助長省的割據性。顯然，北京政府陷入了不得不通過同各省政府的協商謀求新的中央・地方關係的窘境。況且，由于1920年代聯省自治・省自治運動的發展，北京政府爲構建新的中央・地方關係進行協商的對象裡面，不僅有省政府，還增加了代表省的"民意"的省議會、商會・教育會等"法團"。省議會的代表之所以同省政府的代表一起被1921年內務部主辦的地方行政會議納入召集之列，是因爲各省的省議會對自治非常熱心。內務總長張志潭在這個會議上打算承認"地方自治"與"國地財政劃分"。他設想以此作爲條件，與省議會攜手，以制度的方式牽制省政府的割據傾向，有機地把中央的政治與省政銜接起來。可是，地方行政會議在中央與省的權限分配、"國地財政劃分"的具體內容上，最終未能同省議會代表們達成一致的協議（第 7 章）。

到了1925年，臨時執政段祺瑞召集各省區軍政・行政長官委派的代表等，召開了善後會議。此會的目的，在于通過承認"省自治"來與各省政府達成邁向國家

整合的協議，重編北京政府主導下的中央・地方關係，以對抗日益發展的國民會議運動。段祺瑞的臨時執政政府決定設立的臨時參政院不僅作爲各省區軍政・行政長官的代表，而且也作爲省議會議長・法團的代表參加的臨時執政的質詢機關，在達成邁向國家整合的中央・地方之間的協議被給豫期待。可是，臨時參政院也未能發揮出所被期待的作用，北京政府最終未能作爲中華民國整合的主體得到再生（第 8 章）。

若是統治權集中于中央，北京政府就有可能大膽地推進行政上的地方分權。可是在統治權分散於各省的條件下，行政上的分權很有可能導致各省政府作爲"地域統治權力"的趨勢。正因爲如此，在地方行政會議、善後會議上，北京政府孜孜以求的地方分權改革，到底還是由於強調保持中央對各省的控制權與主導權而最終導致其以半途而廢的"改革"而告終。

在這種情況下，中央・地方之間在行政各方面的協作成爲極爲困難的事情。統治權集中于中央未必會直接意味著行政上的中央集權化，而統治權向各省的分散卻必然會導致行政的分權化。正如農商部經濟調查會的工作所顯示的那樣，北京政府圍繞通商產業政策的主體性努力，因爲得不到各省政府的協助，受到了制約，給國家政策的擬定與推行帶來了極大的障礙（第 4 章）。此一過程中，根據北京政府農商部的指示成立的經濟調查會江蘇分會的活動之所以較之他省的分會活躍，是因爲該省的實業行政，看似與中央政府在一定程度上保持協作的緣故。可即使是江蘇這樣一個省，其地方實業行政於1910年代以來，在省長公署實業科的領導下，獨立於中央政府而自立運轉（第 5 章）。爲了打開局面，北京政府於1917年在各省設置了直隸於農商部的實業廳。可是，實業廳開始掌握該省實業行政的主導權，還是在1923年以後。而且，這還不是農商部的政策通過實業廳向江蘇省滲透的結果，而是如同教育實業行政聯合會（教實聯合會）的活動所展示的那樣，是因爲靠緊地方利益的實業行政的經營開始在江蘇籍人士的主導下運行的緣故（第 6 章）。

另一方面，1920年代是江蘇省"軍閥"的統治開始起變化的時期，鄉紳、商紳開始參與了省及縣一級的行政・財政管理。1910年代以來，統治江蘇省的北洋派系的督軍・省長一直推行著背離地方利益的行政・財政政策。可是，這樣的行政・

財政管理經1920年代的省財政的破產與頻頻爆發的內戰，正朝著與地方緊密相聯，與鄉紳・商紳階層共享利害關係的方向發展。而這一變化的結果，是在孫傳芳主導下脫離北京政府，完全自立。卽江蘇省政府成爲純粹的"地域統治權力"了。可是從孫傳芳政權作爲完全意義上的"地域統治權力"，從而貌似實現東南五省（江蘇・浙江・安徽・江西・福建）的廣域整合的時期開始，江蘇省出現了各縣政府面對省政府加強其財政自立化的傾向。上級政府的收入主要依賴於下級政府・下級機關之稅金以及上繳的傳統的財政結構，不僅導致了統治權由中央政府分散至省政府的局勢，而且還衍生了各省政府的統治權擴散至各縣政府的現象。這是國家整合的崩潰所帶來的中央・地方關係的一個必然結果（第9章）。

就連1910年代以來，一直與北京政府保持政治上的關係的江蘇省政府，也化爲純粹的"地域統治權力"的事實表明，本該集中于中央的統治權的擴散達到了極點。到了1920年代後半期，北京政府的全國性體制在政治・軍事上的有機聯係極度缺乏，達到了很難稱其爲"體制"的地步了。而且，就象地方行政會議和善後會議的失敗所表明的那樣，通過中央・地方之間的協作，改革這種"體制"幾乎是不可能的了。儘管如此，卽使將這種狀態放置而不顧，也不會因此而自動消失。因此，一舉推翻這種統治權日趨擴散的"體制"決不是輕易的事情。摧毀這種體制的"革命"對政治・軍事上的割據勢力非采取各個擊破的手段不可。可是，這是一項極爲困難的任務。國民革命並沒有徹底摧毀掉這些政治・軍事勢力，而不得不以承認有力的"軍閥"的歸順的形式完成了北伐。因此，國民革命之後的國民黨，不得不費極大的力氣和歲月來完成國家整合的任務了（結論）。

あとがき

　本書の成り立ちのきっかけは、横山英編『中国の近代化と地方政治』(勁草書房、1985年) に収められた論文 (「1920年代前半における各省『法団』勢力と北京政府」) にまで遡る。当時の私は、国民革命期の上海総商会を扱った修論を書いたばかりであったから、本書で展開したような問題意識には全く思い至っていなかった。ところが、修論の一部を利用しつつ、地方勢力としての「法団」と国家統合との関係を探る、という観点から上の論文を執筆した後、〈近代中国の国家統合と中央・地方関係〉という課題設定が、ぼんやりとではあるが頭のなかで徐々に輪郭をもち始めるようになった。

　しかし、その後も商会・同業団体の研究と二股をかけていたため、そうした課題設定を掘り下げ、実証論文に結実させていく作業は遅々として進まなかった。大学院時代の朧げな着想から本書の刊行に至るまで、実に20年以上もの歳月を費やしたことになる。何とのろまな亀であったことか。だが、そんな遅々とした歩みではあったが、1995年10月から東洋文庫の本庄比佐子先生の下で半年ほど研修の機会を得たことは、本書の骨格を固めていく上で一つの転機となったように思う。東京での半年間は、主に袁世凱政権期に関する史料を精査したが、その作業を通じ、〈国家統合と中央・地方関係〉という枠組みで、1910年代から20年代に至る中華民国前期 (北京政府期) の政治史を再構成できるという見通しは確かなものとなっていった。そして、それ以降は、本書の章別構成を意識しながら個別論文を執筆することも可能となった。

　本書各章の基礎となった論文は以下の通りである。緒論と結論はほぼ書き下ろしだが、そのほかの各章の内容は、基礎となった論文と骨子においてそれほど大きな変化はない。しかし、単純な誤りの訂正だけでなく、論文執筆後に新たに収集した史料に基づく補足、或いは全体の構成との整合性から必要と判断

された削除・修正・加筆など、本書では全体に渡ってかなりの補整が施されている。史実の認識や評価において過去の論文と不一致がある場合は、本書の叙述を採られたい。

緒論・結論
「中華民国の国家統合と政治的合意形成」『現代中国研究』第3号、1998年
「1920年代前半における各省『法団』勢力と北京政府」横山英編『中国の近代化と地方政治』勁草書房、1985年、所収
「近代中国政治史研究と文書史料」『史学研究』第240号、2003年
第1章
「袁世凱政権における国家統一の模索と諮詢機関の役割」『東洋学報』第79巻2号、1997年
第2章
「袁世凱政権の地方財政機構改革」『歴史学研究』第723号、1999年
第3章
「袁世凱政権の県知事任用改革とその余波」『近きに在りて』第39号、2001年
第4章
「第一次大戦期、北京政府の産業行政と調査審議機関」『東洋学報』第88巻1号、2006年
第5章
「中華民国期の地方実業経費と殖産興業」『史学研究』第202号、1993年
第6章
「近代中国の地方産業行政機構と専門的人材」『アジア経済』第35巻7号、1994年
第7章
「1920年代前半、北京政府の『地方自治』政策と省自治風潮」横山英・曽田三郎編『中国の近代化と政治的統合』渓水社、1992年
第8章
「善後会議における中央と地方」『近代中国研究彙報』第27号、2005年
第9章
「1920年代の江蘇省『軍閥』統治の変容と地方行財政」『近きに在りて』第49号、2006年

あとがき 369

　本書の刊行に至るまで私は実に多くの方々のお世話になり、研究者として、そしてまた一個の人間として様々な恩恵と刺激を受けてきた。本書は、まさにその賜物といってよい。とりわけ、こうした形で研究成果をまとめることができたのは、広島大学の学部・大学院を通じ指導教官であった故横山英先生のおかげである。先生が、冒頭に掲げた本に論文を書くよう勧めて下さらなかったら、恐らく本書は生まれなかったと思う。先生は、紀事本末的な叙述スタイルを嫌われた。私なりに敷衍するなら、先生の研究スタイルは「論理と実証の統一」ということになろうか。この教えにどれほど応え得たものか甚だ心許ないが、本書の内容は泉下の横山先生に対する私なりのオマージュである。

　また、曽田三郎先生からも、出版社への推薦も含め、本書をまとめ刊行する過程で数々の暖かい支援や助言をいただいた。思い起こせば、学部生の頃から生意気な議論をふっかける私に先生は正面から応じて下さったが、研究者の端くれとなった後も、本書の基礎となった諸論文に対し常に有益な批評を頂戴することができた。それから、忘れてならないのは、広島中国近代史研究会に集った諸先生・諸先輩や研究仲間の存在である。下関という本州最西端の地に住み、しかも出不精の私にとって、例会に参加し議論に加わることは研究のモチベーションを維持する上で非常に有意義であった。

　それとの関連でいえば、勤務先の下関市立大学と教職員の方々にも謝意を述べるべきだろう。1990年に赴任して以来、私は1年間の国外研修1回（上海）、半年間の国内研修2回（東京・広島）を許されたが、これらの研修によって、関連史料を収集し、また本書を構想・執筆する上で極めて貴重な時間を得ることができた。なお、本書は下関市立大学後援会活性化援助事業（学術図書発行）に基づく刊行助成を受けている。

　また、本書の出版にあたり汲古書院の石坂叡志氏に格別のご尽力を賜ったことは、ぜひとも記しておかねばならない。昨今の厳しい出版事情のなかで、わがままな私の申し出を聞き入れ出版を引き受けて下さった石坂氏に、衷心より御礼申し上げたい。

　最後に私事で恐縮だが、私を常に暖かく見守ってくれた両親に感謝の意を表

したい。また妻の恭子は、「アンタの研究って何か役に立っとるの?」と、ときに歴史研究者の臓腑を抉るような鋭い問いを発しつつ、私の仕事を理解し支えてくれた。ありがとう。

2008年2月

金子　肇

索　引　371

人名地名索引

※本文及び註の文章中に登場した人名、地名を採録した。史料・記事名中や図表だけに登場するものは除外してある。また、人名は歴史上の人物に限った。

あ

アメリカ　62,156,223,226–229,240,241
有賀長雄　65,66
安徽　30,73,87,90,91,94,95,97,103,124,126,127,132,133,140,153,180,190,252,254,257,268,300,322,339
安東　161
イギリス　171,227
インドネシア　161
ウラジオストック　160
雲海秋　154
雲南　74,97,131,132,183,280,284,286,292,300,302,304
営口　158,161
栄宗敬　154
栄徳生　226
袁永廉　90,96
袁観瀾　224–226,309–311,313,317,332
袁克定　78
袁世凱　20,28,41,49–52,54–73,75,77–79,88,96,99–103,105–107,122,123,132,136,137,153,175,245,246,298,299,303,308,324,336,337
閻錫山　38
烟台　187
王其康　30,315,321
王環芳　88,89
王瑚　29,248,251
王克家　292,293
汪士元　90
王純　97
王汝圻　310,311,313
汪瑞闓　97
汪精衛　301
王占元　69,249

汪大燮　67
王洒斌　165
大久保利通　136
大隈重信　167
オーストラリア　160
温州　186

か

海門　155
楽守綱　90
郭則澐　163,165
郭同　284
郭秉文　226,228
柯鴻烈　159
賈士毅　89
夏壽康　249,251
何尚平　226,228,230,240
何宗蓮　132
過探先　223,228,232,240
葛敬中　228,230,232,240
嘉定　129,326
河南　72,90,95,122,126,133,137,140,153,183,186,271,300
何佩瑢　249
韓安　226
漢口　150,158
韓国鈞　28,29,43,103,106,124,140,224–226,231,309,310,312,313,318,325
甘粛　90,91,94,153,168,300
甘仲琴　309,313
広東　14,38,53,73,86–88,91,94,97,126,132,143,184,256,300,304,305
甘鵬雲　90
宜興　129,181
貴州　61,126,132,140,252,284,286,300

魏宸組　150,161,168
儀徴　31
吉林　29,90-92,94,127,140,153,158-160,
　　218,264,267,300
キューバ　160
龔心湛　165
曲卓新　90
許世英　63,75,292
許仲衡　311,313
靳雲鵬　255-257,260
金其照　201,212-214,218,222
金壇　129
金鼎　90
金陵　25,199,247,326
虞洽卿　150,154
屈映光　99,136,248,249
グッドナウ　65
句容　129
京師　62,63,161
京兆　153,296
景德鎮　161
嚴家熾　30,312
元山　160
倪嗣冲　69
阮尚介　226
原頌周　232
嚴慎修　277
阮忠樞　67,78
胡惟德　158
黄以霖　311,313,315
江陰　129,187,320,324
黄炎培　224-226,273,309-311,313,315,317,
　　332
興化　222
寇遐　295
黄慶瀾　315
高淳　129
江西　29,53,57,87,91,92,94,97,98,124,126,
　　136,143,246,248-250,252,254,262,268,
　　271,300,322,339
広西　91,93,95,96,264,267,286,300,304
江蘇　4,8,14,21,22,24-34,38,42-45,56,71,
　　73,86,90,91,93,94,96,97,104,115,116,118,
　　119,122,124-127,130,132,133,135-137,
　　139,140,142,153-160,163,173-177,179-
　　181,183-185,187,189-191,194,198-201,
　　207-209,211-213,219,221,222,224-229,
　　231,232,234-236,239,242,246-255,259,262
　　-264,268,271,273,277,294,295,300,305-
　　310,312-318,320-324,326,327,331,332,
　　336,338,339,341,342
侯鎮平　205,217
江都　179,181,187,220,319
江南　44,126,128,139,193,205,214,312,319
　　-322,324
江寧　25,129,179,195,197,201
江浦　129
江北　44,96,97,128,155,183,187,193,205,
　　214,218,229,309,319,320,322,328
高郵　342
高陽　150
胡漢民　53,56,57,94
黒龍江　90,175,176,264,267,300
呉敬恒　301
呉県　142,319-321,324,325,330,342
顧鰲　284,290,295
呉江　129,130
胡光杰　290
湖南　16,32,58,61,73,90,91,94,97,126,132,
　　133,143,252,277,280,284-292,294-296,
　　298,300-304
呉佩孚　279
湖北　61,73,90,122,126,132,133,153,246,249
　　-252,254,255,259,271,300
顧履桂　154
崑山　320,324

さ

蔡鍔　63,75,76
山西　38,90,93,96,153,160,171,277,300
山東　29,90,97,126,133,136,143,153,183,
　　186,187,236,242,246,248-254,260,263,
　　271,300
四川　29,73,92-94,122,126,132,280,284,
　　290,291,295,296,298,300,301
漆運鈞　158,159

錫良　55
ジャワ　158,160
上海　23,42,129,135,143,150,153-158,161,
　　163,179,181,183,185,187-189,192,195,
　　211,213,220,222,224,226,227,229,282,284,
　　306,309,313,319,320,330,331
周蔭人　294
周学熙　83-87,89-91,103,106,110,164,335
周自斉　99-101,259,260
宿遷　129,311
朱啓鈐　118,131,137
朱瑞　95
朱佩珍　154
順天府　126
聶雲台　223,226
蔣介石　322,340
饒漢祥　122
松江　45,118,311,319
紹興　136,249
蕭堃　286,301
鍾才宏　284,286,290,295
章士釗　300
常熟　319,323,330,331
蔣乘風　187,217
章宗祥　55
蔣懋熙　30,119
徐瀛　31
徐果人　317
徐世昌　102,106,162,256
徐鼎康　28,29,320,321,326
徐蘭墅　30,219,232,233,314,317
史量才　309,311
沈惟賢　311,313-315
沈恩孚　309,311
新義州　160
新疆　74,91,153,300
沈金鑑　247,251
沈式荀　96
沈聯芳　154
綏遠　152,153,160,300
瑞徵　55
鄒秉文　226,228
崇明　155,232

スラバヤ　160
青海　62,283,285,287,291
斉燮元　29,309,310,312
銭孫卿　321
盛竹書　309,311
西南諸省（各省）　38,162,176,211,247,252,
　　270-272,280,281,284,291-301,303
青浦　129,342
斉耀珊　247,249,260,265
斉耀琳　29,119,127,128,133,134,140,185,
　　193,211,212,218,247,248
戚揚　124,136,249
浙江　29,35,44,61,73,94,95,97-100,126,132,
　　133,136,153-157,175,180,183,187,190,20
　　1,246-249,251,252,255,259,260,271,272,2
　　77,294,300,312,316,322,339
薛南溟　309
川沙　129,155,224
銭承鋕　88
銭新之　226
銭穉孫　158
銭崇固　262,268,311,313
陝西　91,92,153,242,261,265,268,271,300
銭天鶴　228,240
銭能訓　162-165
宋漢章　309
宋教仁　59
曹錕　255,257,260,271,277,279,281,283,
　　300
宋壽徵　88
蘇錫岱　150
蘇州　135,181,185,186,188,189,196,197,
　　220,309,313
蘇属　44,214
蘇民生　309,311,313,315
孫玉書　228,232,240
孫振家　249
孫伝芳　14,28,29,189,232,294,306,312,316,
　　320-322,324,326,327,331,333,339
孫文　17,245,300,342
孫宝琦　164,165

た

泰県　187,225,309
太倉　104,342
段祺瑞　78,110,148,209,210,236,271,279-283,285,286,288,289,291-,294,298-301,303,304,312,315,337
段芝貴　97
丹徒　187,320,324
丹陽　320,324
チベット　283,285,287,291,296
察哈爾　132,152,296,300
張壽鏞　30,249
張軼歐　30,154,155,193,194,196,211-215,221,222,226,230,231,237
張一気　267
張一鵬　311
張勲　29,69,96,97,128
張君勱　309,311
張謇　60,104,225,226,273,309
趙恒惕　284,286,292,294
張国淦　149,150,152-154,161,209,210,215,236
張作霖　38,255,257,260,264,279,280,293,294,298,304,312
張詧　104
張志潭　255-261,264,270,337
張志澂　138
張壽齡　97
長春　161
張仁奎　322
張人駿　55
朝鮮　159,160,171,183
張宗昌　312,321,331
張仲仁　313,317,320
趙椿年　101
張福増　31
趙秉鈞　58
張鳳台　122,137
直隷　29,55,77,86,90,126,133,138,175,242,248,280,300
褚輔成　280,284-288,290,294,295,298,301,303

陳強　286
陳夔龍　55
鎮江　155,181,197,220,342
陳廷傑　122
陳陶遺　28,232,326,333
鎮南浦　160
陳陞　150
鄭謙　28,312,313,315
程徳全　29,56
天津　150,153,158,279
田中玉　249
田文烈　161
ドイツ　148,150,153,210,227
湯漪　292,293,302
湯一鶚　158,159
東海　129,181,187,202,220
唐継堯　292,294,304
碭山　320
銅山　179,181,187,220,319,330
東三省　38,55,132,268
杜福堃　217,218

な

南京　3,4,10,17,41,50,51,62,71,82,83,135,142,150,161,179-181,183-186,188-190,196,199,201,220,227,309,311-313,321,325,335,340,341
南昌　161
南通　129,155,189
日本　3,7,15,16,19,35,36,38,39,41,43,50,55,66,70,86,88,89,101,136,147,149-151,158,162,163,166-169,171-173,181,183,184,200,210,215,217,227,229,240,280,312
任可澄　131
寧属　44,214
熱河　152,261,296,300

は

馬玉仁　322
柏文蔚　95
白宝山　322,331
潘大道　301,302
ビルマ　161

索　引　375

フィリピン　217
馮玉祥　279,280,294,298
馮国璋　29,71,119,133,138
釜山　159,160
富士英　159
武進　129,134,181,220,319-321,324,325,330,342
福建　38,73,92,94,126,158,160,184,294,300,322,339
阜寧　310
フランス　70,86,89,150,158,210,215,227,240
聞漢章　154
文斅　248,273
北京　52,57,158,161,186,252,300,306
ベルギー　150,210,215,221,227
卞蔭庭　150
宝応　31
宝山　129,139,224
奉天　29,90,91,127,140,153,175,264,300,326
鮑友恪　31
穆藕初　154,222-224,226,228,240,309
保定　161
堀江帰一　158
ポンチアナク　161

ま

萬兆芝　268
ミャンマー　161
無錫　129,179,187,212,220,230,319-321,324,325,331,332,342
モンゴル　283,285,287,291,296,301

や

熊希齢　60,61,67,83-86,90,98-100,106,137,294,303,335
熊正琦　90
兪紀琦　247,248
楊宇霆　29,315
葉恭綽　260
揚州　155,187,197,199,230

楊壽枬　101
楊森　284,290
姚曾綏　154
揚中　342
楊木森　150

ら

雷多壽　88
駱継漢　263
李永振　224
陸栄廷　96
六合　129,187
李経羲　55,63,75,76
李啓琛　90
李景銘　88,100,101
李士偉　260
李思浩　88
李錫純　30,311,326,331
李純　29,69,97,133,247,248,273
溧水　342
溧陽　187,312,319,320,330
劉果　263
龍欽海　262,267-269
梁孝粛　158,159
劉若曽　77
劉馥　264,268,276
劉文嘉　158,159
梁啓超　60,71
梁士詒　58,62,294
廖仲愷　94,97
梁同恩　138
凌文淵　263
李烈鈞　53,56,57
黎元洪　25,61,62,67,122
楼振声　88
盧永祥　29,271,294,295,312-315,321
呂逸先　150
盧殿虎　226

わ

淮陰　31,179,181,197,220

事 項 索 引

※本文及び註の文章中に登場した事項を採録した。

あ

安徽派　247,255,256,279,312,315
育蚕試験所　179,186,187,217,220,230
緯成公司　185,190
稲作試験場　186
委任　26,43,68,161,209,215,218,219
印刷廠　179,196,218
因利局　314
袁世凱政権(政府)　8,10,15,17,18,20,21,23,
　25,27,31,32,40-42,44,50,53,56-58,67,70-
　72,82,83,96,98,99,102,105,106,108,115,
　116,119,122,126,130,132-137,148,174,
　200,209,253,288,304,320,324,332,335,336,
　340
掾属　26,129,222,233

か

改革開放　3,5,12,15,37
解款　8-10,105,253,325
会計司　88,97
画一現行各県地方行政官庁組織令　26
画一現行各省地方行政官庁組織令　25,59,
　74,109,110
各県地方款産経理処　318
各省国税庁官制草案　85,87,88,92
割税設庁　86,87,90,92-96,98-101,105,106,
　304,335,336
各地方制憲規程草案　287,289,290
華商紗廠聯合会　223,228,229,240
貨物税　32-34,197,198,253,254,262,307,
　308,310,311,314,321-323,329,331
華洋糸業聯合会　187
勧業道　209
監督財政長官考成条例　103
簡任　25,27,43,53,59,66,77,117,122,138,
　209,238
管理各実業機関奨懲条例　196
議会専制　51,52,288
櫃書　26,307,328
九九憲法　271,277
教育会　31,125,248,249,289,299,304,316,
　318-320,330,337
教育庁　8,29,211,313
教育部　27,118,211,259,264
協済公典　179,189
行財政構造　4,5,9-12,18,39,81,104,106,
　335,336,339,341,342
共産党→中国共産党
共産党政権　4,5,12
教実聯合会→江蘇教育実業聯合会
郷紳・商紳層　31,44,143,225,235,242,273,
　312-316,318-327,332,338,339,341,342
郷紳層　31,44,82,83,87,90,92,106,107,111,
　122,126,127,253,336
行政会議　25,26
行政諮詢院　53-58,60-62,70,73,74,78,335
行政諮詢員簡章　57
共和党　52,73,74
漁業技術伝習所　179
局所　84,87,92,93,95,102
金陵大学　227,230,240
軍閥　12-14,16,21,31,38,39,41,128,147,174,
　242,245,246,257,270,280,305,306,316-
　318,320-322,324,325,332,336,338,340
軍閥割拠　4,13,20,21,41,82,107,298,305
軍閥混戦　4
軍閥戦争　9,141,173
軍民分治　53,56,59,104,124
軍務院　71
経済調査会(中国)　21,147-151,153-159,
　161-168,170,211,338

索　引　377

経済調査会(日本)　147,149,163,167,168,
　172,229
経済調査局　165,172
経済調査分会　152-154,157,159,161,167,
　169,210,211,213,338
　　　―江蘇分会　154,155,157-159
　　　―浙江分会　154,155
京兆尹　159,248
下関商埠局　179
県官制　26,68,99,129
県議会　31,44,87,93,94,130,134,139,143,
　282,318-320
県議事会　44,92,125
苛捐雑税　4,322,341
県参事会　93,134,274,318,320
県自治　139,256,292,341,342
県実業局規程　233
県政府　9,129,134,139,140,142,143,233,
　242,308,311,318,319,325,327,339,341,342
建設宣言　281-283,289,292,293,300
県知事　8,20,22,25,26,33,34,95,97,100,101,
　103,104,115-137,140,142,143,154-157,
　213,214,217,218,233,242,247-249,307,308,
　311,313,315,316,318-325,327,332,336,
　339,341,342
県知事勧業考成条例　213,233
県知事公署　26,34,156,157,233
県知事政治研究所　128
洪憲帝制　50,71,78,105,336
公済公典　179,189,196-198
江浙皖糸繭総公所　190
江浙糸綢機織聯合会　185
江浙戦争　190,192,312
江蘇教育実業行政聯合会　196,224-235,
　239-241,273,338
江蘇銀行　179,192,197,198,314
江蘇暫行地方制　125
江蘇省商会聯合会　222
江蘇省制憲規程　271
交代　129,130,134,141,308,
交通部　166,172,263,264
江寧鉄路　179,195,197,201
候補県知事　121-123,127,128,130,132,136,
　137,217,218
公民織布廠　188,203
国税庁　10,68,82-88,92,95,100,106,107,
　109,253,335
国税庁総籌備処　87,88,90,100,106
国税庁総籌備処辦事章程　87,88
国税庁籌備処　22,82,87,88,90,92-102,104,
　106,107,112,
国税庁籌備処暫行章程　87-89
国地財政劃分　10-12,17,20,32,37,82,108,
　250,253,254,256-265,268
国民革命　18,41,245,340
国民経済　6,148,173
国民国家　16,79,262,339
国民政府　3,4,8,10,14,17-19,37,38,41,42,
　82,83,108,137,141,199,227,235,262,335,
　340-342
国民代表会議　281-283,285,291-293
国民党　52-54,56,59,60,73,74,87,94,95
国務院　22,51,53,54,56-58,60,64,72,73,86,
　94,95,100,111,116,147,148,150,162,163,
　166,172,236,285,302
国務会議　56-58,61,149,285
国務総理　51,58,60,61,73,98,110,117,118,
　120,137,162-165,260
国立大学教員俸給規程　221
護軍使　69,322
護国戦争　71,105,107,132,133,136
五・四運動　18
国家地方予算　94
国家統合　4,5,14,16-21,42,49,52,58,82,173,
　209,246,269,335-340
国共内戦　4
国庫財政　32-34,175,190,191,198,219,253,
　254,306,307,309,310,314,316-318,322
戸部　7,81,84,103
顧問院　53-55,57,73

さ

財政会議(大統統府)　100,101
財政会議(江蘇省)　308-313,316,317,326,
　329,332,339
財政監理官　84,88,90

財政稽核委員会　314,317
財政司　91,93-95,97-100,110
財政視察員　86,87,89,90
財政庁　8,22,25,27,29,32,33,43,68,82,98-107,119,130,134,175,176,212,222,247-250,254,273,303,308,311,312,314,315,321-323,325,326,331,332
財政庁辨事権限条例　102,103,113
財政部　7,8,22,27,32,34,43,57,68,83,84,86-90,92-98,100-107,111,130,175,176,212,259-261,263,264,303,306,310,315,
査辦　31,130,133,134,249
参議庁　43
参事会→県参事会、省参事会
参政院　65-67,70,77,261
蚕桑模範場　179,186,187,190,199,217,220,230
諮議局　31,44,87,92,110,125
市郷董　143,156,318,320
糸繭展覧会　180,189
諮詢機関　20,49,51,53-55,58-62,64-67,70,71,70,70,100,103,288,297,299,337
糸織手工伝習所　180,186,188,190
糸織模範工場　179,185,186,194-197,217,218
自治法草案(湖北省)　249,251,254
実業科　25,183,193,201,208,209,211-216,218,219,221-223,227,232-234,238,338
実業行政会議　182,222-224,230,233
実業局　233,242
実業司　209,236,238
実業視察員　205,218,219,222
実業庁　8,22,27,29,149,152-157,159-161,163,167,175,182,190,192-197,199,205,207-216,219,221-224,226,227,230-236,238,241,242,252,314,317,338,339
実業庁管理各実業機関辨法　195,231,241
実業庁長預保及任用辨法　236
執政府→臨時執政政府
司法部　68
社会主義　5,12
上海総商会　150,154-157,161,163,211,213,229

就地提款・籌款　321,322,331
粛政庁　64,65
巡按使　25,43,68,101-105,107,109,113,114,119,124,126-128,130-132,140,225,309,336
巡按使公署　25,42,182,209
巡撫　84
省営事業機関　22,179,180,193,196,197,199,201,202,213,214,217-220,222,223,225,230-233,238
商会　31,44,125,148-150,152-161,167,189,195,197,210,211,214,219,248,289,299,304,309,311,313,316,318,320,337
省官制　25,43,52,55,68,73,99,102
省議会(江蘇省)　31,32,43,44,94,125,133-136,154,177,185,192-194,214,218,219,222,225,232,247,248,250,259,262,265,268,271,273,277,307-310,316-318,320,323
省議会聯合会→全国省議会聯合会
省教育会(江蘇省)　31,224,226,229,242,273,309,311,313,317
省行政公署　22,25,59,110
将軍　27,28,64,69,71,78,104,105,119,132,133,336
将軍行署　27,68,119
将軍府　27,28,64,68,69
省憲法(省憲)　245,269,271,277,282,283,287,289,290,292,293,297,298
省庫財政　31-33,35,175,177,190-192,198,204,219,231,241,253,254,266,307,309,316,317
省国家行政　253-255
省国家財政　32
省参事会　250-257,259,261,264,266-270,274,277
省参事会案　258,265-267,269,274
省参事会条例　269,271
省自治　7,14,21,28,32,36,136,142,143,246,247,249,253-259,261,267,269-271,277,279,280,282-284,291-293,297-299,304,306,337
省自治風潮　10,30-32,134,136,142,143,200,246,249,250,254-256,259,260,266,

269,337
省制　52,55,73,251,263
省制草案(江蘇省)　248,250,251,253,254,
　263,274,276
省制大綱草案(山東省)　249,251,253,263
省政府(江蘇省)　14,21,22,32,43,128,130,
　133,134,177,180,181,185-189,192,193,197
　-199,219,242,251,264,307,310,311,320,
　321,323-327,339
省地方財政　32
省地方予算　94,267
省長(江蘇省)　22,25,26,28,30,43,130,133,
　134,136,142,143,154,185,188,193,195,196,
　211,214,218,231,232,247,248,250,251,255,
　271,305,308,309,311-313,315,316,318,
　320,325,326,339
省長公署　25-27,29,34,44,150,154-158,166,
　183,192,193,195-197,199,201,205,208,209,
　211-214,217,218,221,222,225,226,230,232
　-234,250,267,318,324,330,338
省農会(江蘇省)　31,309,313
商務局　209
省立工場　179-184,192-197,199,201,204,
　205,214,218,220,222,223,230,233,241
女子蚕業学校　187,217,230
辛亥革命　6,20,31,41,42,49,62,83,84,87,93,
　122,125,127,128,135,140,153,181,209,279,
　281,282,286,296-298,332,336
新政　10,17,44,84,85,87,90,92,106,150,174,
　179,180,198,200,207
新約法→中華民国約法
水電廠　179,196-198,201
枢密院　55,66,70
税局所　34,97,103,135,198,307,308,310-
　312,314-316,322,323,328,331
政治会議　53,59,61-63,67,70,75,96
政事堂　54,64,66,67,78,99
政治討論会　66,67,70,77,78,102,103
税務公所　8,34,119,128,218,331
政務庁　25-27,43,68,208,209,226
整理旧税所　101,102
清理江蘇省立各工場暫行辦法　199
整理財政委員会　310-313,316,322,323,
　326
清理財政委員会　314-316,322,323
清理財政局　84,90
清理財政処　84,90
浙江蚕桑学校　187,190
善後委員会　312-317,321,326,332,339
善後会議　11,21,108,114,279-281,283-286,
　290-295,297-301,303,304,337,338,340
全国商会聯合会　62,150,153
全国省議会聯合会　76,290,302
戦後経済調査会　21,147,148,162-167,171,
　172
善後借款　59,86,91
薦任　26,43,68,117,138,161,209,215
曹錕憲法　11,271,277,283
総督　55,73,84
漕糧　32,33,45,94,134,179,262,325
蘇社　225,273

た

第一工場　181-184,220
第一商品陳列所　179,189
第一造林場　179,186,199,217,220
第一農事試験場　158,179,199,217,220
貸款局　314
第九工場　181,217,220
第五工場　181,185,217,218,220
第三工場　181,183,197,220
第十工場　179,181,185,195,196,217
大総統　22,23,25,28,43,51-54,56,58-61,64
　-66,68-70,76-79,98,99,109,116,122,124-
　126,162,236,250,255,279,299,302
大総統親裁　64,67,68,71,76,78,96,98,105,
　106,304,336
大総統府　54,55,58,60,61,63,64,67,72,73,
　83,98,100-103,106,107
第七工場　181-183,220
第二革命　14,59,61,63,67-70,91,92,94-98,
　102,106,111,116,122-125,128,336
第二工場　181-183,196,217,220
第二次奉直戦争　231,279,312
第二農事試験場　179,186,199
第八工場　181,185,220

第四工場　181-183,197,220,238
大理院　61,64
第六工場　181-184,197,220
度支部　84,88,89,102,106
弾劾　31,51,53,64,65,96,103,134,136,143,
　　218,246,247,249,250,255,260,288,291,296,
　　297,299,302,303,319
攤派制　81,100,107,336
地域的統治権力　5-8,13,14,20,27,28,36,37,
　　49,60,69,70,81,106,107,115,167,245,279,
　　286,298,305,317,324-327,335,336,338,
　　339,341
知事試験　26,117,119-125,130,131,133,
　　135-137,141
知事試験暫行条例(試験条例)　117,118
知事指分令　121,132
知事任用暫行条例(任用条例)　117,121,
　　122,131
地丁　32,33,45
地方行政会議(江蘇省)　318-320
地方行政会議(内務部)　11,21,107,114,
　　136,172,246,251,256-263,265,269-271,
　　276,279,282,337,338,340
地方行政会議(熊希齢内閣)　60,61,75
地方行政(軍政)機関　5,6,9,13,14,36,49,70,
　　71,81,107,167,245,305,317,326,327,341
地方公款公産経理処　134,320
地方自治　7,21,36,38,44,93,116,123,125,
　　130,172,246,252,254-259,261-263,269-
　　271,282,304,318-320,325,327,337,341
地方実業経費　21,45,173-181,188-190,
　　196,198,200,213,219,241
地方分権制　6
地方保衛団　315
中央集権制　6
中華国貨維持会　189
中華民国約法(新約法)　49,54,59,62,64,65,
　　68,70,76,77,96,109,272,336
中華民国臨時政府制　281,285,288,290
中華民国臨時政府制修正案　284
中華民国臨時政府制草案　284
中華民国臨時約法(臨時約法)　49,51,52,
　　62,64,70,72,73,75,87,92,96,245,272,279,

281,288,302,303,335
中国合衆蚕桑改良会　187,190,227,228,
　　230,240
中国共産党　4,9,12,15,17,39,41,342
中国国民党　4,10,18,41,199,280,284,301,
　　304,335,340-342
中国同盟会　52,284
籌辦新税所　101
直隷派　255,256,279,309,312
直皖戦争　134,247-249,255
鎮守使　69,74,322
伝見考詢　118,131,132
電灯廠　179,196-198,201
田賦　4,8,26,32-34,45,81,84-86,88,94,95,
　　109,214,254,262,263,307,308,311,314,321-
　　326,328,341,342
田賦附加税　32,33,45,176,191-193,341
道尹　25,128,218,231,247,326
陶業工廠　179
董事会　125,274,277,318
統治形態　5,35,51,52,60,64,72,73,76,77,98
東南大学　197,223,226,227,230,240
同盟会→中国同盟会
督軍　27-30,44,133,136,153,162,163,211,
　　234,236,245,247-250,253,254,257,259,
　　264,268-270,272,273,300,305,309,312,316,
　　337,338
督軍公署　27,29,30,247
特任　25,27,28,43,54,58,64,67,68,109,290
督撫　3,6,7,28,55,67,84,87,103
督辦　27,28,284-286,290,294,295,300,315,
　　316,326
督辦軍務善後事宜公署　27
都統　132,152,153,159,160
都督　27,28,53-59,61,62,64,67,69,70,74,75,
　　77-79,86,87,92-98,100,102,104,106,109,
　　116,119,122,125,138
都督府　27,59,62,69,93,125,139,335

な

内務省　136
内務部　22,34,115-119,121,124,127,131,
　　132,135,136,139,172,212,246,251,255-

索　引　381

257,259-261,264-270,276,277,336,337
南京総商会　150,188,309,311
南京臨時政府　3,17,150
日中戦争　10,36,341,342
農会　154,156,219,232,248,289,304,311,318,319
農工商（鉱）局　209
農商部　27,147-151,153-168,175,192,193,195,200,208-215,219,221,231,233-236,264,338
農商部経済調査会章程　149,151
農商務省　163
農林委員会　197,232,233

は

廃省改道　60,67,69
反奉戦争　316,320,322,324,326
布政司　83,84,103
賦税司　88,90,92,97,100,101
物品展覧会　180,189,190,203,204
分税制　4,12,17,342
分発　118-125,127,128,130-132,136
兵災恤償委員会　314
平政院　64,65
北京政府　3-5,7-10,12-25,27-29,32,37-40,42,45,82,107,126,128,132,134,136,137,140-143,147-151,153,157,163-168,171,172,174,176,189,192,198,199,207-209,212,218,219,231,233-236,245-251,253-259,263-265,269-272,277,279-282,284,298,299,301,305,310-313,315-318,326,335,337-342
北京政府「勢力圏」諸省　246-250,253-258,263,268-270,280,337
法制局　55,58,64,77
法団　31,44,125,134,143,248,249,287,289,291,296,297,299-301,304,313,314,316,319,320,324,337
奉天派　28,231,255,264,279,293-295,304,312,315
法統　245,272,279,281,282,317
保境安民　14,305

北伐　4,241,322,340
北洋軍閥　15,18,38,39,306
保薦知事資格限制条目　118,119
保薦免試　126,128,131
本籍廻避　122,124,126-128,132,134-136,308

ま

馬電　281,283,292
民政長　25,27,43,59-64,67,76,77,87,90,92,93,95-102,106,109,116-122,125,137,209
綿作試験場　186

や

約法会議　59,62,63,66,67,70,76,77,96,261
約法会議組織条例　63,66
預算会議　134,319,320,330

ら

釐金　4,8,32,81,84,85,93,95-97,103,119,128,165,218,340-342
陸海軍大元帥統率辦事処　64,69
陸軍部　28,34,113
立法院　65-67,77
釐定国家税地方税法草案　85,87,89,90,92
利民柞綢紡織公司　189
臨時参議院（参議院）　51,52-60,62,73,74,85-87,92,288,292,296-299,335
臨時産業調査局　163
臨時参政院（四川省提案）　290,291
臨時参政院（執政政府）　292,295-297,303,307,327
臨時参政院条例　295,296,299,301
臨時実業視察員　218,219,238
臨時執政　279-281,283,285,288,290,291,295-297,299,312,333,337
臨時執政政府（執政府）　271,279,280,283-288,290-300,301,317,337
臨時大総統　20,51,299
臨時約法→中華民国臨時約法
臨時聯立参政院　285,287-289,295,301,302
臨時聯立参政院制草案　287,301,302

連合国経済会議　149,167,168
聯合辦事処　324,325
聯省自治　7,10,16,21,32,136,143,245,246,
253,269,270,271,277,280,282-284,286,
287,289-294,296-299,301,305,337

金子　肇（かねこ　はじめ）

1959年　島根県浜田市に生まれる。
1982年　広島大学文学部卒業。
1987年　広島大学大学院文学研究科博士課程後期単位取得退学。
現　在　下関市立大学経済学部教授、博士（文学）。

主な著書

横山英編『中国の近代化と地方政治』（勁草書房、1985年）
曽田三郎編『近代中国と日本』（御茶の水書房、2001年）
久保亨編『1949年前後の中国』（汲古書院、2006年）
「1930年代の中国における同業団体と同業規制」『社会経済史学』63-1 (1997年)
「清末民初の江蘇省における認捐制度」『東洋史研究』59-2（2000年）

近代中国の中央と地方——民国前期の国家統合と行財政——
　　2008年3月10日　　発行

定価11,000円＋税

著　者　金　　子　　　　　肇
発行者　石　　坂　　叡　　志
整版印刷　モ　リ　モ　ト　印　刷

発行所　汲　古　書　院
〒102-0072　東京都千代田区飯田橋2－5－4
電話 03(3265)9764　FAX 03(3222)1845

ⓒ2008　ISBN978-4-7629-2576-4　　汲古叢書77

汲古叢書

1	秦漢財政収入の研究	山田　勝芳著	本体 16505円
2	宋代税政史研究	島居　一康著	12621円
3	中国近代製糸業史の研究	曾田　三郎著	12621円
4	明清華北定期市の研究	山根　幸夫著	7282円
5	明清史論集	中山　八郎著	12621円
6	明朝専制支配の史的構造	檀上　寛著	13592円
7	唐代両税法研究	船越　泰次著	12621円
8	中国小説史研究－水滸伝を中心として－	中鉢　雅量著	8252円
9	唐宋変革期農業社会史研究	大澤　正昭著	8500円
10	中国古代の家と集落	堀　敏一著	14000円
11	元代江南政治社会史研究	植松　正著	13000円
12	明代建文朝史の研究	川越　泰博著	13000円
13	司馬遷の研究	佐藤　武敏著	12000円
14	唐の北方問題と国際秩序	石見　清裕著	14000円
15	宋代兵制史の研究	小岩井弘光著	10000円
16	魏晋南北朝時代の民族問題	川本　芳昭著	14000円
17	秦漢税役体系の研究	重近　啓樹著	8000円
18	清代農業商業化の研究	田尻　利著	9000円
19	明代異国情報の研究	川越　泰博著	5000円
20	明清江南市鎮社会史研究	川勝　守著	15000円
21	漢魏晋史の研究	多田　狷介著	9000円
22	春秋戦国秦漢時代出土文字資料の研究	江村　治樹著	22000円
23	明王朝中央統治機構の研究	阪倉　篤秀著	7000円
24	漢帝国の成立と劉邦集団	李　開元著	9000円
25	宋元仏教文化史研究	竺沙　雅章著	15000円
26	アヘン貿易論争－イギリスと中国－	新村　容子著	8500円
27	明末の流賊反乱と地域社会	吉尾　寛著	10000円
28	宋代の皇帝権力と士大夫政治	王　瑞来著	12000円
29	明代北辺防衛体制の研究	松本　隆晴著	6500円
30	中国工業合作運動史の研究	菊池　一隆著	15000円
31	漢代都市機構の研究	佐原　康夫著	13000円
32	中国近代江南の地主制研究	夏井　春喜著	20000円
33	中国古代の聚落と地方行政	池田　雄一著	15000円
34	周代国制の研究	松井　嘉徳著	9000円
35	清代財政史研究	山本　進著	7000円
36	明代郷村の紛争と秩序	中島　楽章著	10000円
37	明清時代華南地域史研究	松田　吉郎著	15000円
38	明清官僚制の研究	和田　正広著	22000円
39	唐末五代変革期の政治と経済	堀　敏一著	12000円
40	唐史論攷－氏族制と均田制－	池田　温著	近刊

41	清末日中関係史の研究	菅野　正著	8000円
42	宋代中国の法制と社会	高橋　芳郎著	8000円
43	中華民国期農村土地行政史の研究	笹川　裕史著	8000円
44	五四運動在日本	小野　信爾著	8000円
45	清代徽州地域社会史研究	熊　遠報著	8500円
46	明治前期日中学術交流の研究	陳　捷著	16000円
47	明代軍政史研究	奥山　憲夫著	8000円
48	隋唐王言の研究	中村　裕一著	10000円
49	建国大学の研究	山根　幸夫著	8000円
50	魏晋南北朝官僚制研究	窪添　慶文著	14000円
51	「対支文化事業」の研究	阿部　洋著	22000円
52	華中農村経済と近代化	弁納　才一著	9000円
53	元代知識人と地域社会	森田　憲司著	9000円
54	王権の確立と授受	大原　良通著	8500円
55	北京遷都の研究	新宮　学著	12000円
56	唐令逸文の研究	中村　裕一著	17000円
57	近代中国の地方自治と明治日本	黄　東蘭著	11000円
58	徽州商人の研究	臼井佐知子著	10000円
59	清代中日学術交流の研究	王　宝平著	11000円
60	漢代儒教の史的研究	福井　重雅著	12000円
61	大業雑記の研究	中村　裕一著	14000円
62	中国古代国家と郡県社会	藤田　勝久著	12000円
63	近代中国の農村経済と地主制	小島　淑男著	7000円
64	東アジア世界の形成－中国と周辺国家	堀　敏一著	7000円
65	蒙地奉上－「満州国」の土地政策－	広川　佐保著	8000円
66	西域出土文物の基礎的研究	張　娜麗著	10000円
67	宋代官僚社会史研究	衣川　強著	11000円
68	六朝江南地域史研究	中村　圭爾著	15000円
69	中国古代国家形成史論	太田　幸男著	11000円
70	宋代開封の研究	久保田和男著	10000円
71	四川省と近代中国	今井　駿著	17000円
72	近代中国の革命と秘密結社	孫　江著	15000円
73	近代中国と西洋国際社会	鈴木　智夫著	7000円
74	中国古代国家の形成と青銅兵器	下田　誠著	7500円
75	漢代の地方官吏と地域社会	髙村　武幸著	13000円
76	齊地の思想文化の展開と古代中國の形成	谷中　信一著	13500円
77	近代中国の中央と地方	金子　肇著	11000円
78	中国古代の律令と社会	池田　雄一著	15000円

（表示価格は2008年2月現在の本体価格）